元華文創
頂尖文庫 EA017

傳統中國的法與秩序

從地域社會的視角出發

小川快之　原著

趙　　晶　編譯

本書為北京市哲學社會科學青年項目「宋代司法官群體研究」
（項目號：13FXC029）之階段性成果。

目　次

第 一 編

專著《傳統中國的法與秩序》

序　言

　　通過閱讀有關明代江西的史料，我們可以發現，該地域被稱為「健訟」
（喜好訴訟的社會風潮、民眾經常依法而訴的社會風潮）的記載屢見不鮮（也
有記作「好訟」、「嚚訟」等，以下統稱為「健訟」）。[1]例如，《明憲宗實錄》
卷九一「成化七年（1471）五月戊子」條記載如下：

> 都察院等衙門會議，江西按察使牟俸奏。江西人民健訟，往往虛捏
> 情辭告訐。乞將洪武年間榜文及前後議奏事例再行。

又，《明憲宗實錄》卷五六「成化四（1468）年七月辛酉」條亦有類似記載：

> 巡按江西監察御史趙敔言。……切見江西小民俗尚健訟。有司官吏，
> 稍不順其情者，動輒捏詞告害。

這類記載也見於《明實錄》以外的史料（如明末王世懋的《饒南九三府圖說》、
趙秉忠《江西輿地圖說》、《明書》卷四〇《方域志・江西省》等）。其中，吉
安府之「健訟」被認為尤其嚴重。如《江西輿地圖說》之「吉安府」項下載
「小人務訟」、《明書》卷四〇《方域志・江西省》「吉安府」項下載「小人尚
氣多訟，頗為險健」。又，萬曆《吉安府志》卷一一《風土志》「永豐縣」和

---

[1] 有關「健訟」一詞，劉馨珺《明鏡高懸——南宋縣衙的獄訟》（五南圖書出版公司，2005 年）等曾予考
　察。

「安福縣」項下也有「健訟」之說，「永新縣」項下則載「獄訟繁而盜未衰息」。

　　對當時的地方政府來說，這種「健訟」成為嚴峻的問題。《明憲宗實錄》卷二八〇「成化二十二年（1486）七月壬戌」條有如下記載：

> 增設江西吉安府推官一員理刑，從知府張銳奏請也。銳以江西多大家，往往招納四方流移之人，結黨為非。如吉安一府健訟尤甚，囚犯監禁，常累至千人。緣官少不能決斷，多致瘐死。今宜增設推官一員，專理詞訟，不得以他事差遣。法司以其言宜從。從之。

因為訴訟過多，吉安府迫切需要增加專門處理訴訟的官僚（推官）。

　　然而，在近世（江戶時代）日本的地方社會中，如在自律的地方團體村裏發生的各種問題，基本上首先會謀求內部的解決之道，村裏發生的紛爭，在村的代表者莊屋（名主）的主導下，根據經由村民合議而制定的獨立的法──村規──予以處理。[2]相比於以上有關「健訟」的記載，我們可以獲得一個印象：這種近世日本的社會秩序狀況與明代中國大相徑庭。由此可以認為，在探究中國社會的傳統特徵方面，「健訟」這一社會風潮是我們的一個重要

---

[2] 可參考以下文獻等：橫田冬彥《近世村落中的法與規章》（《文化學年報（神戶大學）》五，1986 年）；水本邦彥《公儀的裁判與村規》（收於《近世的鄉村自治與行政》），東京大學出版會，1993 年）；大平祐一《近世的合法「訴訟」與非合法「訴訟」──救濟及其界限》（收於《民眾運動史 三 社會與秩序》，青木書店，2000 年）。水林彪等編《新體系日本史 二 法社會史》（山川出版社，2001 年）Ⅲ「近世」第四章「村與町」（執筆：大藤修）。

在前引書中，有關近世日本村所負責的統治，大藤氏認為「在村、町內部發生的紛爭，由村役人、町役人以及五人組、鄰居等進行仲裁、調停；與其他村、町的紛爭，由相關的村、町的役人進行相互交涉，以及由鄰近的村、町的役人等進行仲裁、調停，由此加以解決，這是原則。只有到和解無法達成時，方可向代官所、郡奉行所以及町奉行所等起訴」。又，有關近世的領主之法與村規的關係，橫田氏在上述論文中認為，近世領主之法只有為村所承受、成為村規，才能開始作為法發揮功能，相對於領主法，村規具有一定的獨立性。而且，關於公儀裁判與村規的關係，水本氏在上述論文中認為，在近世，村的刑罰體系與裁判具有不同於公儀體系的獨立性，作為基本原則的朝廷之法，以公儀掌握刑罰權為原則，極力強調對私的制裁權的否定。其首要目的不在於維持社會整體的公共秩序，而是為了維持公儀的威望。因此，在不公開化的限度內，私下的處理獲得允許，故而村落既可巧妙地不抵觸公儀之法，又可對紛爭加以處理。

綫索。以下，筆者擬以「健訟」入手，從地域社會的視角，考察傳統中國的社會秩序。

　　本書研究的時代主要是從宋代到明代，地域則主要聚焦於在明代被認為「健訟」、在宋代為農業等產業發達地區的江西，以及與江西一樣在宋代時農業已非常繁榮的浙西、浙東，對它們的社會秩序的具體狀況進行考察。雖然已對如此限定範圍進行了檢討，但還需對書名之所以用「傳統中國」這一語詞加以若干說明。

　　關於「傳統中國」一詞，實際上研究者之間展開了各種各樣的議論。[3]在時代性上，雖然也存在「舊中國」=「傳統中國」的看法等，[4]但大體上是指，以經歷了「唐宋變革」的北宋中期、南宋開始，到清末西洋列強對中國侵略（western impact）的正式化為止的這一社會。可以說，這種「傳統中國」的社會，奠基於宋元時代，完成於明清時代。[5]在筆者的印象中，強調與同時代其他國家和地域具有相似性的研究者傾向於不使用這一詞語，反之，強調區別性（這一時期中國社會的獨特性）的研究者則比較頻繁地使用這一詞語。當然，「傳統中國」社會既與同時代其他國家和地域有相似之處，也存在不同點。不過，本書尤其著意於不同之處，特別是與近世日本社會的相異點。其理由是：對於現在「亞洲型經濟體系」中持續存在的「文化信念」的理解，其必要性日益凸顯，[6]「日本人該如何更好地與生活在以『傳統中國』為背景的現代中國社會的人們進行交流？」深入思考這一問題，是筆者樸素的研究動機。

　　此外，關於「傳統中國」一詞，還存在一個大問題，即「傳統中國」所

---

[3] 參考青木敦《書評・大島立子編〈宋—清代的法與地域社會〉》（《法制史研究》五七，2008 年）等。

[4] 如小口彥太等《中國法入門》（三省堂，1991 年）將「秦漢以來的舊中國」作為「傳統中國」。

[5] 參考山本英史《日本的傳統中國研究與地域像》（收於《傳統中國的地域像》，慶應義塾大學出版會，2000 年）、上田信《傳統中國——「盆地」、「宗族」所見明清時代》（講談社選書 métier，1995 年）等。

[6] 參考原洋之介《亞洲型經濟體系——與全球主義相抗爭》（中公新書，2000 年）等。

具有的地域多樣性和時期性變化與「傳統中國」的特徵之間的關聯性。如慎重使用「傳統中國」一詞的研究者所言，「傳統中國」社會具有地域的多樣性與時期性變化，所以確實不能單純地說「傳統中國社會是……」。[7]因此，本書著眼於社會秩序的時期性、地域性特徵，其目的並非在於研究特定時期、地域的社會，強調它與其他時期、地域的不同之處，而是想要具體地、溯源式地考察各個時期、地域的社會秩序的特徵是在怎樣的地理、經濟環境中形成並展開的，由此解明社會秩序因應各種條件而變化的方式。如果只是研究各個地域、時期的社會，那麼只是在表面上呈現出一個大不相同的社會面貌。然而，如果採用某個地域社會因應條件變化以及不同而逐漸形成自身秩序這一視角，就可以思考為何會產生這種多樣性，也可以考察存在於多樣性背後、產生多樣性的共通的深層模式。總之，對於為什麼在這個情形下變成了這樣、在那個情形下變成了那樣的說明，不能僅限於兩者的不同之處，而應把握兩者共有的變化邏輯。至於這種共通的模式在何種範圍內被共有，筆者沒有進行充分考察，目前這一範圍較為模糊，暫且用「傳統中國」一詞來表述。因此，本書所謂「傳統中國」，並非一個被固定的共通特色所概括的範圍，而是指一個籠統的場域：這個場域既有時期性、地域性這樣的多樣性，也共享產生這種多樣性的秩序形成模式。

　　基於以上構想，本書將循以下順序對傳統中國的社會秩序進行研究。首先，在第一章檢討與「健訟」相關的研究史等，並交代研究上的課題以及本書的分析方法等。在此基礎上，第二至四章逐一檢證宋代江東信州的礦山，宋代江西、江東饒州與浙西、浙東的農業社會，宋代明州沿海地區的社會秩序的具體像，第五章則思考地域性差異、時期性變化的問題，為此對明代江西的開發與社會秩序的關係予以檢討。然後在結語部分對以上內容進行歸納，並嘗試深入探討傳統中國社會秩序地域性、時期性變化的邏輯。因與本書的主題相關，附錄收載了筆者對柳田節子專著《宋代的民婦》的書評。

---

[7] 參考前引青木敦《書評・大島立子編〈宋─清代的法與地域社會〉》等。

此外，本書雖以筆者業已發表的數篇論文為基礎而撰成，但書評以外的部分皆已進行大幅度改寫。本書與這些論文的相關性，已在後記中詳述，敬請參考。

【附記】

　　在宋代的地方社會中存在著不同社會階層的人們。在進入具體的檢討前，筆者想要根據既往研究，先確認這種社會階層，並說明本書所使用的稱呼。[8]眾所周知，在宋代，因科舉而產生的士大夫（正途出身的品官之家）與無官的讀書人（士人）是作為地方精英而存在於地方社會的上層。處於其下者，是擁有財力、在本地有勢力的富民（被稱為「富家」、「富人」、「富戶」、「有力之家」、「上戶」、「大家」、「大姓」、「巨室」、「富室」、「勢族」、「大戶」、「富強有力之家」等）。如果被官員視作「負面」存在，他們就會被稱為「豪民」、「豪戶」、「豪強」、「豪強之徒」、「土豪」、「豪富人」、「豪右」等。本書為考察之便，將他們統稱為富民。

　　另一方面，在宋代，也存在形勢戶這一社會階層。雖然形勢戶具體所指為何並不明確，但品官之家、擁有武階的下級官僚、胥吏、富民皆可被如此

---

[8] 參考以下文獻。梅原郁《宋代的形勢與官戶》（《東方學報》六〇，1988 年）。柳田節子《宋代形勢戶的構成》（收於《宋元鄉村制研究》，創文社，1986 年）。高橋芳郎《宋代的士人身份》（《史林》69-3，1986 年，後收入《宋—清身份法研究》，北海道大學圖書刊行會，2001 年）。松植正《元末浙西的地方官與富民——圍繞江浙行省檢校官王民的議案》（《史窗》五六，1999 年）。山本英史《清代康熙年間的浙江本地勢力》（收入《傳統中國的地域像》，慶應義塾大學出版會，2000 年）。佐藤明《前近代中國的地域支配的構圖——以南宋時期江南東西路為中心》（《中國史學》一，1991 年）。大澤正昭《中國社會史研究與《清明集》》（《Sophia》40-4，1991 年）。平田茂樹《宋代社會史研究的現狀與課題——以大澤正昭編〈主張的「愚民」們——傳統中國的紛爭與解決法〉為線索》（《人文研究（大阪市立大學）》50-11，1998 年）。檀上寬《元、明交替的理念與現實——以義門鄭氏為線索》（《史林》65-2，1982 年）。同氏《〈鄭氏規範〉的世界——明朝權力與富民階層》（收入《明清時代的政治與社會》，京都大學人文學科研究所，1983 年）。

稱呼。此外，在士大夫、士人、富民階層以外，地方社會中還存在著被稱為
「小民」、「貧民」、「細民」、「貧弱」、「下戶」、「小戶」等大量的
一般庶民（小農民、城市民等）。在行文中，為方便起見，將他們統稱為小
民。

第一章 「健訟」研究與問題所在

緒 言

序言已對明代江西的「健訟」認識予以論述,事實上,在明代以前,江西已被認為是「健訟」之地。因此本章第一節首先臚列包含明以前在內的有關江西「健訟」的言論。然後在第二至四節中,檢討與「健訟」相關的既往研究,以及其他與社會秩序相關的問題,並具體考察在思考傳統中國的社會秩序時所需注意的問題所在。在此基礎上,第五節嘗試說明本書依據何種方法,來闡明傳統中國社會秩序(地域性、時期性)的變化邏輯。

一、宋元明時期江西的「健訟」

如《馬氏南唐書》卷一一《王崇文傳》所載「吉州民多爭訟,古稱難治」,可知江西在五代十國時已被認為「健訟」。這類記載在宋代更為多見,如南宋黃榦在《勉齋集》卷六《復江西漕楊通老》中認為:

> 大抵江西健訟成風,斫一墳木則以發冢訴,男女爭競則以強奸訴,指道旁病死之人為被殺,指夜半穿窬之人為強盜,如此之類,不一而足。

又，《宋史》卷八《地理志・江南東西路》亦載：「其俗性悍而急，喪葬或不中禮，尤好爭訟」；黃庭堅《豫章集》卷一《江西道院賦》中也有這種記載：

> 江西之俗，士大夫多秀而文，其細民險而健，以終訟為能。由是玉石俱焚，名曰珥筆之民。雖有辯者，不能自解免也。

《夢溪筆談》卷二五載：

> 世傳江西人好訟，有一書名《鄧思賢》，皆訟牒法也。其始則教以舞文，舞文不可得則欺誣以取之。欺誣不可得則求其罪劫之。蓋思賢人名也，人傳其術，遂以之名書，村校中往往以授生徒。

這種為勝訴而學習的活動被稱為「訟學」，自宮崎市定以來已為諸多研究者言及。[1] 對此，《宋會要・刑法二之一五〇》「紹興七（1137）年九月二十二日」條記載如下：

> 明堂赦：訪聞虔、吉等州專有家學，教習詞訟，積久成風，脅持州縣，傷害善良。仰監司、守令遍出文榜，常切禁止，犯者重寘以法。

又，《宋會要・刑法二之一五〇》「紹興十三（1143）年閏四月十二日」條亦載：

> 尚書度支員外郎林大聲言：江西州縣有號為教書夫子者，聚集兒童，授以非聖之書，有如四言雜字，名類非一，方言俚鄙，皆詞訟語。

---

[1] 參考以下文獻：宮崎市定《宋元時代的法制與審判機構——元典章成立的時代、社會背景》（《東方學報（京都）》24，1954 年，後收入《宮崎市定全集》11，岩波書店，1992 年）。郭東旭《宋代之訟學》（《河北學刊》1988 年第 2 期，後收入《宋朝法律史論》，河北大學出版社，2001 年）。

宋代江西（江南西路）有如上「健訟」、「訟學」的存在，已為當時之人所認知。此外，南宋時期的審判文書集《清明集》卷一二《懲惡門・為惡貫盈》載「（江南東路）饒、信兩州，頑訟最繁」，而卷一一《人品門・治推吏不照例禳祓》載「本路獄事之多，莫如饒、信。居常繫獄者，動輒百十人，未見有獄空之時」。真德秀《西山先生真文忠公文集》卷四五《少保成國趙止惠公墓志銘》也有「饒州州民多喜訟」的記載。由此可見，對於後來被劃歸江西的饒州和信州，也有「健訟」的認識。

　　元代的江西同樣也被認為「健訟」。如《元典章・刑部》卷一五《訴訟・越訴》有如下記載：

　　　至元二十四（1287）年七月，江西行省據吉州路申：人民詞訟之劇，
　　　多有不候本路歸結，越經省府按察司控訴。

宋濂《宋學士文集》卷五八《元故處州路總管府經歷祝府君墓銘》也載：「吉俗多喜謗訐，女婦童子咸習法律如老吏」。這種「健訟」認識，也適用於明代初期的江西。《教民榜文》第二三有如下記載：

　　　兩浙、江西等處，人民好詞訟者多。雖細微事務，不能含忍，徑直
　　　赴京告狀……今後，老人須要將本里人民懇切告誡，凡有戶婚田土
　　　鬥毆相爭等項細微事務，互相含忍。

又，《御制大誥》三編「代人告狀」第三一亦有如此記載：

　　　天下十三布政司良民極廣，其習頑者雖有。惟江西有等頑民，奸頑
　　　到至極之處，變作痴愚。且如郭和卿告王迪淵等四十五名，皆係害
　　　民吏、皂隸、豪民，及至提到，其中二十名皆實，一十八名係是虛
　　　告……郭和卿不以前犯為懼，公然代人告狀，以致殺身亡家。

所以明代初期的江西（吉安府）也被視為「健訟」之地。到了後來的明代前期，江西還是繼續被認為「健訟」。如萬曆《吉安府志》卷一七《賢侯傳・安福縣・趙敏》載「永樂末，知安福……時互訐之風甚，起獄至累歲不能決」。又，《明宣宗實錄》卷二七「宣德二（1427）年四月乙酉」條也有以下記載（同樣的記載亦見於《明史》卷九三《刑法志》「宣德二年」條）：

> 江西按察司僉事黃翰言：……民間無藉之徒，好興詞訟，令老疾男婦誣告平人。

如上所載，江西在明代前期依然被認為「健訟」，而在中期以降，從本書序言介紹的記載所知，它同樣被認為「健訟」。由此可見，從宋代至明代，以吉州（吉安府）為中心，有關江西「健訟」的認識是一以貫之的。

二、「健訟」研究的現狀與課題

（一）宋代江西「健訟」研究的現狀與課題

有關宋代江西的「健訟」認識，已為諸多研究者所關注，且圍繞其背景提出了各種各樣的見解。如宮崎市定指出，江西「訟學」興盛的背景是五代南唐的和平環境致使人民權利伸張，以及宋初獲得的殖民地待遇。[2]大澤正昭認為，「健訟」與人口眾多、商品流通增加相關。[3]小林義廣也注意到交通與訴訟的關係，指出吉州被認為「健訟」的背景，是交通道路的發展、治安的

---

[2] 前引宮崎《宋元時代的法制與審判機構》。

[3] 大澤正昭《提出主張的「愚民」們──傳統中國的糾紛與解決法》（角川書店，1996 年）「結語」；同氏《〈清明集〉的世界──定量分析的嘗試》（《上智史學》四二，1997 年）。

惡化。[4]另一方面，程民生指出，好訟發生於人多地狹之處。[5]青木敦認為，相較於宮崎氏所言的南唐、宋初的狀況，以及大澤氏和小林氏所言的商品流通的增加，邊境地區移民流入、人口增加是更為直接的原因。[6]而關於元代江西的「健訟」，植松正發表了以人口流入為要因的見解。[7]

　　不過，宮崎氏沒有詳述南唐、宋初狀況的影響，其他的研究者對於人口流入、商品流通增加等的考察，也沒有詳細論述這些情況與產生「健訟」的社會秩序之間存在的具體關係。總之，我們不應僅著眼於人口流入、商品流通增加，而要在這種複雜的狀況下，去闡明當地人採取了怎樣的生活策略、經濟行為、行為模式，其結果又形成了怎樣的社會狀態。畢竟在當地生活的人們所采用的行為方式才是本地社會秩序形成的源泉，從而誘發「健訟」。

　　還須注意的是「健訟」一詞的使用背景。起初，「健訟」只是表達官僚等人的認知，實際情況如何並不清楚，也許只是書寫者本人的感受而已。寫下哪州「健訟」的判斷時，「健訟」只是作為一種模糊的印象而被使用，實際上，該州總體如何、州內部是否有所差別等具體問題則不易被確知。而且，「健訟」所表達的意思也因其書寫之人與時代的不同而有所差異。一般而言，寫入文獻史料的記載，以該書寫者的視角、感覺而寫就，不能徑斷為「所寫＝實態」，而有關「健訟」的史料，因為其內容頗為含糊，所以在處理史料之際尤需多加注意。總之，既然「健訟」一詞在使用上如此不明確，那麼探究「健訟」背景這種問題設定與研究方法就沒有那麼大的意義。筆者認為，對於被認為

---

[4] 小林義廣《宋代吉州的歐陽氏一族》（《東海大學紀要‧文學部》六四，1996年，後收入《歐陽修——其生涯與宗族》，創文社，2000年）。

[5] 程民生《宋代地域文化》（河南大學出版社，1997年）第一章第二節，一「南方風俗的基本特點」之二「好訟」。

[6] 青木敦《健訟的地域意象——圍繞11-13世紀江西社會的法文化與人口移動》（《社會經濟史學》65-3，1999年）。

[7] 植松正《元朝支配下的江南地域社會》（收入《宋元時代史的基本問題》，汲古書院，1996年）。植松氏在上引論文中論述道：「在憲宗蒙哥汗時代，湖廣地區自出現兀良哈台所率領的蒙古軍以來，人民便往鄰近的江西地區避難，而且還存在自江東、福建流入江西的人口。自此，在江西，地方社會內部便發生各種各樣的糾紛，因而政府需要面對諸多問題，如好訟風氣、頻繁發生的叛亂等」。

「健訟」的地方，如果能闡明導致其訴訟增加的具體機制，就可以逼近傳統中國社會秩序的具體像。

（二）宋一清「健訟」研究的現狀與課題

既往的「健訟」研究，其實曾論述過導致訴訟增加的因素。如關於宋代的「健訟」，陳智超認為，土地買賣盛行、土地流轉加速等乃是其原因。[8]許懷林認為，中唐以降農業發達，人口日增，在耕地不足的情況下，許多地主為了擴大自己的經濟基礎，兼併了大量的土地，再加上賦役負擔加重、胥吏腐敗以及民間學習法律，由此引發了訴訟。[9]草野靖認為，伴隨貨幣經濟的發達，田土交易、錢財借貸日常化，人口的增加加劇了地狹人稠的程度，人們寸土必爭，這是訴訟繁興的背景。[10]龔汝富指出，從宋代至清代，江西「健訟」的社會背景包括社會經濟的發展、私有財產關係的複雜化、法律制度與訴訟程序的發達、胥吏的腐敗、訟棍的出現等。[11]又，方志遠認為，明代江西吉安府「健訟」（爭訟）的直接原因是，在耕地減少、人口繁多的情況下，「大戶」（富裕之戶）兼併土地（田產墳地），他們之間發生爭奪，並轉嫁賦役，他還論及商品經濟發展等對此產生的影響。[12]

上述研究討論了土地買賣、土地兼併、錢財借貸這些經濟現象與「健訟」之間的關聯性。不過，在上述研究中，方氏的成果雖已算得上詳加檢證，但仍未論及這些現象引發訴訟的具體機制。以下成果對這些具體機制進行了考察。如夫馬進認為，在嘉靖至萬曆年間，鄉紳積聚土地以及倭寇的影響等導致訴訟增多，從而使得訟師秘本（訴訟手冊）廣為流傳，這又進一步激化了

---

[8] 陳智超《宋代的書鋪與訟師》（收入《劉子健博士頌壽紀念宋史研究論集》，同朋舍出版，1989 年）。

[9] 許懷林《江西史稿（第二版）》（江西高校出版社，1998 年）第九章「四，好訟、尚巫的風俗」。同氏《宋代民風好訟的成因分析》（《宜春學院學報（社會科學版）》24-1，2002 年）。

[10] 草野靖《健訟與書鋪戶》（《史潮》新一六，1985 年）。

[11] 龔汝富《江西古代「尚訟」習俗淺析》（《南昌大學學報（人社版）》33-2，2002 年）。

[12] 方志遠《明代吉安的爭訟》（收入《江西經濟史論叢》第一輯，1989 年）。

訴訟。[13]喬素玲通過分析與清代廣東相關的地方志，認為雖然這裏土地買賣盛行，但政府沒有制定有關土地買賣的必要的基礎性制度，因此導致私有財產無法得到保護，訴訟頻發。[14]至於明清時期以「健訟」之地而聞名的徽州府，卞利進行了總括性的研究，指出「健訟」的背景是徽州商人活動的盛行。[15]另一方面，熊遠報認為，明清時期徽州府「健訟」的原因是，土地財產所有形式的複雜化、商業的發達、離鄉謀生的人數增加、財產與納稅等代理業務的增加，以及不得不依存於不正當收入的地方行政情況等，而這些狀況的背景包括明代中期以降伴隨商業繁榮而來的貧富差距的擴大。[16]

　　以上研究揭示了訟師秘本的流傳與訴訟激化之間的關聯性，以及清代廣東土地買賣引發訴訟的相關機制。有關明清時期的徽州府，其引發訴訟的機制也已相當詳盡明晰。然而，現狀是，被堅信為「健訟」之地的江西還沒得到詳細檢證。而且明清時期徽州府的「健訟」，很大程度上是因為徽州商人活躍這一該地特有的因素，不能將它簡單地用於解釋江西等其他地方的「健訟」情況。從這個意義上說，對於被堅信為「健訟」之地的江西，我們有必要去檢證因何種機制導致了該地訴訟的增加。

（三）社會秩序的時期性變化、地域性差異與訴訟的增加

　　在闡明訴訟增加的機制時，我們還應留意的是在序言中已闡述過的社會秩序的時期性變化問題，亦即傳統中國的社會秩序發生了怎樣的時期性變化。在研究訴訟增加的機制問題時，必須將這一點考慮在內。例如，在江南三角洲地區，自十六世紀中葉開始詞訟（訴訟）增多，濱島敦俊對此認為，「與其僅將中國一般性地理解為傳統的訴訟社會，還不如認為十六世紀中葉發生

---

[13] 夫馬進《訟師秘本〈蕭曹遺筆〉的出現》（《史林》77-2，1994 年）。

[14] 喬素玲《從地方志看土地爭訟案件的審判——以廣東舊方志為例》（《中國地方志》2004 年第七期）。

[15] 卞利《明清徽州社會研究》（安徽大學出版社，2004 年）。特別是第十二章《明清徽州的民事糾紛與民事訴訟》。

[16] 熊遠報《清代徽州地區社會史研究》（汲古書院，2003 年）第二部第三章《村的糾紛、訴訟及其解決》。

的結構性變動導致了詞訟增加」。[17]而岸本美緒認為，田價（耕地價格）的變動與關於田產的訴訟之間具有明確的關係等。[18]這些觀點都沒有將中國傳統社會簡單地總結為訴訟社會（「健訟」的社會狀況），而是注意到了時期性的變化。因此，本書並不自限於宋代和明代，而是嘗試從長期性的視角（依據宋—明代的時代流變的視角）出發，研究訴訟繁興的機制以及地域社會中社會秩序時期性變化的規律。

又，在闡明訴訟增加的機制時，還有一點應予以留意。對此，序言也已述及，即地域性差異、地域多樣性的問題。一旦考慮到全國未盡一致、對江西等特定地區的「健訟」認識，以及前述明清時期徽州府訴訟繁興的背景與徽州商人的活躍這一該地特有因素之間的關係等，則有必要注意各個地方社會的地域性，以及研究傳統中國社會秩序的地域性變化的規律。本書也將嘗試對此進行研究和檢證。

三、嘗試分析經濟發展的狀況

為了明晰宋代至明代江西訴訟增加的機制，具體應採用怎樣的視角進行分析呢？筆者覺得，前述研究所論經濟現象和「健訟」之間的關聯性，是非常重要的。因此，此處將先介紹江西的地理情況，進而敘述該地的經濟概況。

江西位於長江中游地區（參考圖①「江西在中華人民共和國中的位置」），其中心有一個名為鄱陽湖的大湖泊（參考圖②「宋代江西與江東的饒州、信州」、圖③「宋代的信州、饒州及其周邊」、圖④「明代江西及其周邊」）。贛江、昌江、信江等流入該湖，以其流域為中心形成了江西這一地區。從這一

---

[17] 濱島敦俊《農村社會——研究筆記》（收入《明清時代史的基本問題》，汲古書院，1997 年）。

[18] 岸本美緒《有關明末田土市場的一點考察》（《山根幸夫教授退休紀念明代史論叢》，汲古書院，1990 年，後收入《清代中國的物價與經濟變動》，研文出版，1997 年）。

地區的地形來看，鄱陽湖周邊是三角洲地帶，贛江中游等多見河谷平原地帶
（坡度平緩的扇狀地），而贛江上游、與福建和廣東接壤的地區則是延綿的山
區。

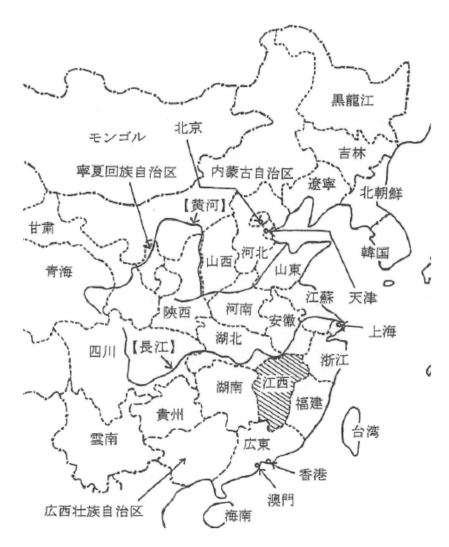

圖①：江西在中華人民共和國中的位置

（本書圖片皆用日文原著之原圖）

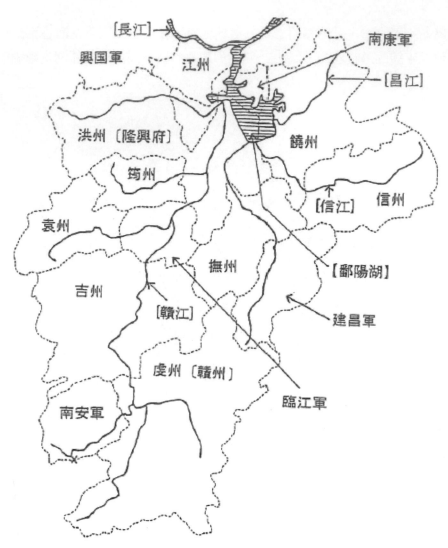

圖②：宋代江西與江東的饒州、信州（據《中國歷史地圖集》第 6 冊
「宋遼金時期」作成，地圖出版社，1982 年）

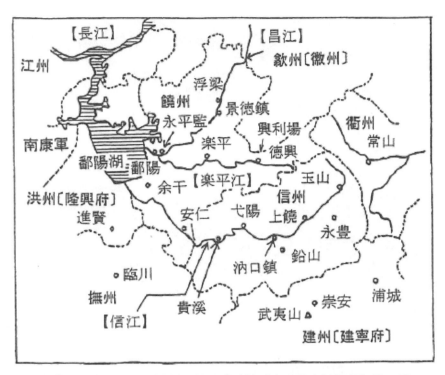

圖③：宋代的信州、饒州及其周邊（據《中國歷史地圖集》第 6 冊「宋遼金時期」作成，地圖出版社，1982 年）

　　擁有這種地形的江西，大約在六朝時期（魏晉南北朝時期）就開始了地區性的整合。[19]宋代時，在行政區劃上，它被劃分為江南西路與江南東路（饒州、信州、南康軍、江州）（參考圖②「宋代江西與江東的饒州、信州」）。明代以後，江南西路興國軍以外的地區被整合進來，形成了現在江西省這一行政區劃（參考圖④「明代江西及其周邊」）。因此，也有學者用明代江西的行政區劃來研究宋代，如 John W. Chaffee（賈志揚──譯者注）將這一地區稱為「贛江盆地」，其分析並不囿於宋代的行政區劃，「贛江盆地」是指由江南三

---

[19] 參考斯波義信《宋代江南經濟史研究》（汲古書院，1988 年）序章之二「宋代社會與長江下游地區」（112 頁）、前篇之五「局部地區的事例」（421 頁）。

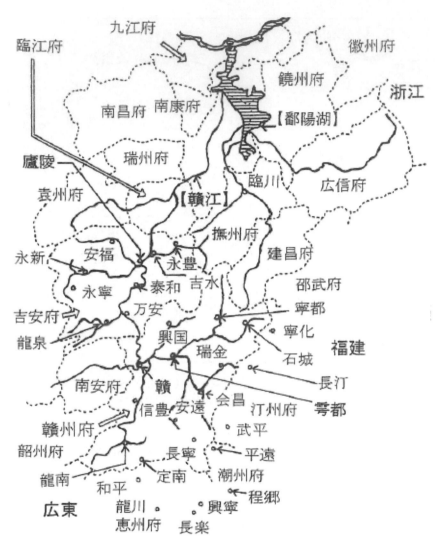

圖④：明代江西及其周邊（據《中國歷史地圖集》第 6 冊
「宋遼金時期」作成，地圖出版社，1982 年）

角洲地區、以福建為中心的東南沿海地區、四川地區所構成的科舉合格者眾多的區域。[20]

有關江西這一地區的歷史，許懷林作了綜合性研究，吳金成則有與明代相關的研究等。[21]根據這些成果可知，宋代的江西出現了以農業為中心的經濟大發展，特別是三角洲地帶較多的饒州與洪州、河谷平原地帶較多的吉州等地盛產穀物，[22]而收穫的穀物成為政府重要的財源。[23]

又，該地區並非只有農業，還存在礦山產業的大幅度發展，特別是信州的鉛山場成為產銅的中心地，支持著政府的銅錢生產。而且以眾所周知的饒州景德鎮為中心，陶瓷器業也得到了發展。伴隨著這種經濟發展，沿著贛江、昌江的流通之路也獲得發展，物流發達。

如此，宋代的江西在經濟上得到長足發展，且如上述，科舉合格者的大量涌現等表明，其文化層面也有進步。與此同時，如前所述，當時的江西也被人們更強烈地認定為「健訟」。有鑒於此，為了研究宋代江西的「健訟」情況和社會秩序，有必要對其產業狀況及其相關的社會情況（農業社會與礦山等）進行具體檢證。

據此，本書將對支持江西經濟發展的產業狀況進行分析。然而，由於宋代的穀物產地並非僅限於江西，位於長江下游地區、三角洲地帶較多的浙西

---

[20] John W. Chaffee, *The Thorny Gates of Learning in Sung China: A Social History of Examinations*, Cambridge University Press, 1985. 後于 1995 年由紐約州立大學出版社再版。中譯本《宋代科舉》（東大圖書公司，1995 年）。

[21] 前引許氏《江西史稿（第二版）》。同氏《試論宋代江西經濟文化的大發展》（收入《宋史研究論文集》，上海古籍出版社，1982 年）。吳金成（渡昌弘譯）《明代社會經濟史研究——紳士階層的形成及其社會經濟的職能》（汲古書院，1990 年）第二篇第一章「江西鄱陽湖周邊的農村社會與紳士」。以下則是其他文獻。陳文華、陳榮華主編《江西通史》（江西人民出版社，1999 年）。魏嵩山、肖華忠《鄱陽湖流域開發探源》（江西教育出版社，1995 年）。施由明《明清江西社會經濟》（江西人民出版社，2005 年）。黃志繁《「賊」「民」之間：12-18 世紀贛南地域社會》（三聯書店，2006 年）。

[22] 參考大澤正昭《宋代「河谷平原」地區的農業經營》（《上智史學》三四，1989 年，後收入《唐宋變革期農業社會史研究》，汲古書院，1996 年）等。

[23] 參考前引斯波氏《宋代江南經濟史研究》前篇之三「長江下游地區的市糴問題」附表「宋代江南的秋苗、和糴的統計」、島居一康《南宋上供米與兩稅法》（收入《宋代稅政史研究》，汲古書院，1993 年）等。

和河谷平原地帶較多的浙東皆盛產穀物，[24]所以為了探究宋代經濟發展狀況和社會秩序的關係，本書的檢證對象也不僅限於江西，而是涵蓋以上這些其他地區的情況，並將它們與江西進行比較。此外，作為這種檢證工作的一環，本書也對在海上貿易方面獲得發展的浙東明州的沿海地區進行考察，這是研究宋代經濟發展必不可缺的一個部分。

四、關於秩序維持、利害調整的情況

（一）關於秩序維持的問題

在逼近傳統中國社會秩序的具體像時，有關自律性秩序維持能力（共同性）的問題變得十分重要。在既往的研究中，一方面，有人指出，在傳統中國的地方社會中，既不存在村落共同體，也不存在能夠獨立解決糾紛的法共同體；[25]另一方面，也有人認為，扎根於宋代的地方社會（鄉里社會），存在著受到民眾支持、具有指導力和統率力、被稱為「父老」、「耆老」、「鄉老」等的長老知識人，地方社會裏存在以他們為中心的「共同體關係」。[26]而在明代前期，地方社會中也實行著承擔糾紛處理功能的里老人制度。因此，為了明晰社會秩序的具體像，有必要對以下問題進行檢討：地方社會中的居民採取何種行為，來維繫他們之間存在著的何種人際關係？這對秩序維持、利害調整產生何種影響？此外，所謂「共同體」的問題，並不是「沒有（江戶時

---

[24] 參考前引斯波氏《宋代江南經濟史研究》、前引大澤氏《宋代「河谷平原」地區的農業經營》等。

[25] 參考伊藤正彥《中國史研究的「地域社會論」——方法的特質與意義「（《歷史評論》五八二，1998 年）、川村康《宋代「法共同體」初考》（收入《宋代社會的網絡（宋代史研究會研究報告第六集）》，汲古書院，1998 年）等。不過，川村氏也言及，沒有發生糾紛的地區可能存在具有「法共同體」性的民間團體。

[26] 柳田節子《宋代的父老——與宋朝專制權力對農民的支配相關》（《東洋學報》81-3，1999 年，後收入《宋代庶民的女性》，汲古書院，2003 年）。

代村的）共同體＝沒有自律性秩序」，而是「在沒有共同體的情況下，形成了何種自律性秩序」、「這種秩序是如何成立的」之類的問題。

　　既往研究如何考察訴訟繁興的機制？如牛傑指出，在宋代，宗族勢力較弱，民眾與州縣之間不存在強有力的組織，鄉村的基礎司法機能較弱，因此訴訟頻發。[27]中島樂章則論述道，徽州的武口王氏在北宋時形成了累世同居的大家族，在南宋時其族人之間產生了階層分化，同族中的利害對立和訴訟便明顯化了。[28]濱島敦俊進一步指出，江南三角洲地區從十六世紀中葉開始詞訟增加的背景，是該地區的商業化與農民生活圈的擴大化，導致擁有主導地位的鄉居地主（即糧長層）消失，秩序的自律維持能力弱化。[29]因此，為了闡明傳統中國社會秩序的具體像，我們有必要對地方社會中自律性秩序的維持能力（共同性）、糾紛的自律解決能力的時期性變化進行研究。

（二）有關里老人制與「健訟」狀況之間的關係問題

　　在進行上述研究時，里老人制就成了一個重要的問題。如前所述，在明代前期，明朝政府實施了見於《教民榜文》的里老人制（老人制、里老審判制度）。這是一種從里的民眾中選出有德的年長者，將他作為「老人」並由他處理民事糾紛的制度。[30]總之，處理里這一地方社會內部糾紛的體制，是塑造

---

[27] 牛傑《宋代好訟之風產生原因再思考——以鄉村司法機制為中心》（《保定師範專科學校學報》19-1，2006年）。

[28] 中島樂章《從累世同居到宗族形成——宋代徽州的地域開發與同族結合》（收入《宋代社會的空間與交流》，汲古書院，2006年）。

[29] 前引濱島《農村社會——研究筆記》。

[30] 中島樂章在《明代訴訟制度與老人制——圍繞越訴問題與懲罰權》（《中國——社會與文化》一五，2000年）論述道，明代的老人制是宋元時代開始針對長江下游地區「健訟」等問題進行對策探索的最終結果，取得了一定的成效。此外，如有關里老人制導入的契機，則有以下研究。伊藤正彥《理解明代里老人制的建議——圍繞村落自治論、地主權力論》（收入《關於東亞社會、文化構造與異化過程的研究》，平成六一七年度文部省科學研究費研究成果報告書，1996年）。谷井陽子《明代審判機構的內部統制》（收入《前近代中國的刑罰》，京都大學人文科學研究所，1996年）。在上述論文中，伊藤氏認為，里老人制是為了「回避」與煩雜的小事相關的審判業務而創造出來的一種制度；谷井氏認為，地方上的訴訟窗口較少，里老人制的目的在於增加、擴散這種窗口。而中島樂章在《元代社制的成立與展開》（《九州

與「健訟」截然相反的社會狀況的一種嘗試。為了探究傳統中國社會秩序的具體像，我們有必要對里老人制與「健訟」狀況之間存在何種關係進行檢討。有關里老人制，已有諸多研究者進行了考察。[31]其中，中島樂章立足於宋代以來的社會秩序，展開其研究，[32]筆者試對其內容進行如下概括。

徽州（江南東西路山區的河谷盆地）從唐末開始了山村型的地域開發，在定居與開發之初，由於治安情況不佳，所以人們不論是否同族，都採取共同開發與自衛的方式；不久就進入北宋，這是第二階段的邊地開發，由於進行的是林業、火田農業以及勞動集約型、多邊性商品生產，共同勞動與分業的必要性凸顯，所以累世同居（大家族）就開始發達（另一方面，在江南東西路的中心平原地區，累世同居並不發達）。在這種情況下，糾紛由同族團體中的「長者」進行處理。然而，到了南宋時期，族人之間產生階層分化，同族內部的利害對立與訴訟就明顯化了。此後，宗族開始形成，鄉村中當地有勢力者、名望之家開始處理糾紛。這種糾紛處理亦見於元代，明代成立的老人制則以這種自生性糾紛處理為基礎。在老人制下，國家將審判、懲罰權賦予老人，因此他們被授予的不僅僅是簡單的民間調停的權力。在明代前期，所實行的是以老人為中心的、相當實質性的「鄉村審判」。總之，糾紛無需向官府起訴，大多由老人和里長在鄉村層級進行處理。到了明代中期（成化至正德年間），根據受理起訴的地方官的指示，老人和里長進行實地檢驗和事實調查，和解調停隨之增多。至十六世紀後半期，從海外流入數量龐大的白銀，商品經濟規模擴大，與之密不可分的是因邊境軍事支出所導致的農民負擔的

大學東洋史論集》二九，2001 年）中提出，元代的社制與明代的老人制不同，「社長獲得承認的只是任意性的調停權，明代的老人對民事糾紛則行使強制性的管轄、懲罰權，二者截然不同」，「歸根結底，社長獲得承認的只是民事糾紛的調停權，而訴訟處理則是地方官的職責，（且不論實態，僅就原則而言）社長對訴訟處理的參與是不被認可的」。

[31] 有關里老人制的研究動向，參考三木聰《明清時代的地域社會與法秩序》（《歷史評論》五八〇，1998 年）、同氏《明清福建農村社會研究》（北海道大學圖書刊行會，2002 年）第三部之附篇《明代里老人制再探討》的補論。

[32] 前引中島氏《從累世同居到宗族形成》、同氏《明代鄉村的糾紛與秩序》（汲古書院，2002 年）。

增大，在這一背景下，相對安定的、終局性的社會關係開始變化不定，糾紛與訴訟增加，以老人、里甲制為中心的糾紛處理結構開始動搖，糾紛處理的主體開始多元化。

上田信也論述道，自十五世紀中期以降，在明代徽州府，與山林經營相關的權利關係複雜化，其結果是里老無法解決糾紛，由此建立了與山林保護、管理相關的新體系——鄉約。[33]此外，有關里老人制的情況，三木聰認為，作為《教民榜文》所示的理所當然的行為——審判，從一開始就沒有得到實行，里老人制以調解為主（柔性審判），而且在里老人制解體之後（嘉靖至萬曆年間），鄉約、保甲制建立，它並不具有審判權和刑罰權，其糾紛處理的方式重視調解。[34]

這些研究詳細檢證了徽州府里老人制的實態。但是，有關徽州府以外、累世同居並不發達的江南東西路中心平原地區等情況，還不太明瞭。在地域性上與徽州府有別的地區，還有進一步檢證的必要。又，三木氏介紹了永樂年間福建里老人制沒有順利發揮作用的事例，以及蘇州府木瀆鎮老人進行調解的事例，[35]而在被認定為「健訟」的江西，關於里老人制與「健訟」情況之間究竟是什麼關係，也有必要進行考察。

（三）有關「械鬥」與「健訟」情況之間的關係問題

在傳統中國社會，還存在一種與里老人制的社會秩序、「健訟」都不一樣的社會狀況，即所謂「械鬥」（宗族等團體之間的武力衝突）繁興的社會風潮。對於這一社會風潮，既往研究是如何進行考察的呢？如仁井田陞認為，「械鬥」尤其多見於清代的福建、廣東；對於頻繁發生的同族部落之間的「械鬥」，官府幾乎沒有威嚇性、武力性的解決手段；對於部落之間的爭端，並不願意提

---

[33] 上田信《山林及宗族與鄉約——從華中山區的事例出發》（收入《地域的世界史 一〇 人與人的地域史》，山川出版社，1997 年）。

[34] 前引三木氏《明清福建農村社會研究》第三部附篇《明代里老人制再檢討》。

[35] 前引三木氏《明清福建農村社會研究》第三部附篇《明代里老人制再檢討》。

起訴訟；除同族部落之間的「械鬥」外，還存在土著部落與新來的移民部落之間的「械鬥」（被稱為「土客械鬥」）。[36]對於這個看法，北村敬直指出，對於「械鬥」（同族團體的爭端），一般最先採用的方式就是向官府提起告訴，且在福建、廣東地區，由於清初對外貿易繁榮，貨幣經濟的發達引發了同族團體之間（主要是「大姓」與「小姓」之間）的爭端。[37]鄭振滿認為，在清朝推行依靠「強宗大族」的地方統治之下，「強宗大族」開始壓榨「小姓」，而予以反抗的「小姓」則團結起來，建立「鄉族團體」，與「強宗大族」展開武力抗爭。[38]中島樂章進一步考察了明代徽州府的「械鬥」，他認為這一地區達到了集約性、山地型地域開發的極限，在此過程中，圍繞有限的資源所展開的競爭被激化，加上官治統制力不足，從而引發了「械鬥」。[39]

從以上研究可見，有關「械鬥」與訴訟的關係，仁井田氏與北村氏的觀點截然不同。二者的關係究竟為何，進而訴訟繁興的機制與「械鬥」頻繁的機制之間有何關係，以及中島氏所指出的官治統制力，皆需予以留意並加以探究。

五、本書的研究方法

以上，本書以「健訟」研究為中心，考察了關於傳統中國社會秩序的研究課題。為了解決這些課題，筆者打算從宋—明的長時段視角出發，同時也措意於秩序維持、利害調整的視角，嘗試分析江西、浙西、浙東的經濟發展情況（產業與貿易相關的社會狀況）與訴訟繁興的機制，並考察社會秩序的

---

[36] 仁井田陞《中國的同族部落的械鬥》（收入《中國的農村家族》，東京大學東洋文化研究所，1952 年）。

[37] 北村敬直《清代械鬥的一個考察》（《史林》33-1，1950 年）。

[38] 鄭振滿《清代閩南鄉族械鬥的演變》（《中國社會經濟史研究》1998 年第 1 期）。

[39] 前引中島氏《明代鄉村的糾紛與秩序》。

時期性變化、地域性差異。此外，為了更加明確地把握這一變化的規律特徵
與傾向，筆者擬通過設定某種「理想類型」的方式進行分析。這種「理想類
型」即如下述：

「健訟」一詞，一般被用作表示「社會秩序的安定狀態（糾紛很少）」的
對立面，另一方面，也與以暴力、自力救濟解決糾紛的情況相對立。根據這
一點，若以糾紛多發、頻繁為橫軸，以官府的存在（存在感、影響力、參與
度）的大小為縱軸，來嘗試研究社會秩序的「理想類型」，則可分為「訴訟繁
興型糾紛社會」、「武力鬥爭型糾紛社會」、「政府主導型安定社會」、「地方勢
力主導型安定社會」四類（參考圖⑤「社會秩序的理想類型」）。有關各個類
型的具體意象，則可作如下闡發：

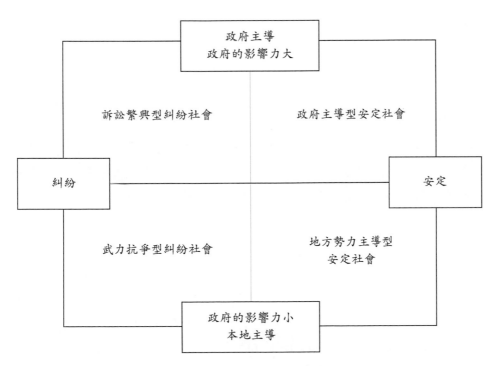

圖⑤：「社會秩序的理想類型」

「訴訟繁興型糾紛社會」：由於並不存在確立地方社會整體安定秩序的地方勢力，所以在地方社會中發生的利害對立，很難由地方社會內部進行調整。地方勢力並不擁有武力，官府負責維持治安，而地方社會的安定秩序（調整利害對立的秩序）無法建立。因此這是一個沒有武力抗爭，人們期待官府審判，訴訟此起彼伏的社會。但是官府的審判難以終結，訴訟屢屢被提起，因此糾紛狀態呈現恒常化。

「武力抗爭型糾紛社會」：由於並不存在確立地方社會整體安定秩序的地方勢力，所以在地方社會中發生的利害對立，很難由地方社會內部進行調整。地方勢力擁有武力，官府無法維持治安，且官府所作的審判幾乎沒有實效性。因此這是一個人們都不提起訴訟，而以武力進行抗爭的社會。

「政府主導型安定社會」：由於並不存在確立地方社會整體安定秩序的地方勢力，所以在地方社會中發生的利害對立，很難由地方社會內部進行調整，而由官府建立起針對整個地方社會的安定秩序（調整利害、對立關係的秩序）。地方勢力並不擁有武力，官府負責維持治安。因此，不存在人們以武力相抗爭的情況以及訴訟繁興的情況。即便偶爾有糾紛發生，官府的審判也能圓滿解決。因此，這是一個人們幾乎不提起訴訟，也不以武力相抗爭的社會。

「地方勢力主導型安定社會」：由於特定的地方勢力確立了地方社會整體的安定秩序，所以在地方社會中發生的利害對立，就由地方社會內部予以解決。地方勢力負責維持治安，官府基本上不加參與。因此，這是一個人們既不提起訴訟，也不以武力相抗爭的社會。

以上所示「理想類型」，是完全「理想型」的社會秩序像，筆者並非假設上述這種社會存在於現實之中。從某種意義上說，既然本書以地方社會的社會秩序（地域性、時期性）變化的規律特徵、傾向為研究對象，那麼「理想類型」是理解它們的「指標、手段」。在結語中，筆者將根據第二至五章的分析內容，運用這一「社會秩序的理想類型」，嘗試探求傳統中國社會秩序共有的地域性、時期性變化的規律。

第二章　宋代信州礦山糾紛的圖景

緒　言

　　如第一章所述，關於宋代江南東路的信州，也存在「健訟」的說法，事實上，《清明集》大量收錄了有關信州發生的訴訟的判文。[1]另一方面，在宋代，信州又以礦山業的長足發展而著名。與此相關的史料也留存於《宋會要》等中，如《宋會要・食貨 一一之四》太平興國八年（983）三月條記述如下：

> （張）齊賢任轉運使，求得江南偽承旨丁釗，盡知饒、信、處等州山谷出銅、鉛、錫處。齊賢即調發諸縣丁男採之。是年增數十倍。[2]

　　此後，信州的礦山經營逐漸正規化，《太平寰宇記》卷一〇七《江南西道・信州》「土產」項下記有金、銅、青碌（孔雀石）、鉛、銀；《宋史》卷一八五《食貨志》「坑冶」載，信州出產銀、銅、鐵。而且，由政府支配的主要礦山，被稱為「場」或「冶」，據《元豐九域志》卷六「江南路・信州」項下所載可

---

[1] 記載宋代信州相關之事的《清明集》卷一一「人品門」與卷一二至一四「懲惡門」，參考清明集研究會編《〈名公書判清明集〉（懲惡門）譯注稿（其一至五）》（清明集研究會，1991-1995 年，汲古書院出售）、同編《〈名公書判清明集〉（人品門）譯注稿（上下）》（清明集研究會，2000、2002 年，汲古書院出售）。

[2] 此外，《續資治通鑑長編》卷二四太平興國八年三月乙酉條載：「初，李氏歲鑄六萬貫，自克復，增冶匠，然不過七萬貫，常患銅及鉛、錫之不給。（張）齊賢乃訪得江南承旨丁釗，歷指饒、信、虔州山谷產銅、鉛、錫之所，又求前代鑄法，惟饒州永平監用唐開元錢料，堅實可久，由是定取其法。」

知，上饒縣有丁溪場（銀、銅），弋陽縣有寶豐場（銀）、貴溪縣有黃金場（銀），
鉛山縣有鉛山場（銀）。本章檢證這些留存於《宋會要》等史料中的相關記載，
並嘗試考察宋代信州的礦山開發狀況與社會秩序的關係。[3]

一、鉛山場的設立與發展

　　宋代信州的礦山業十分興盛，其中重要性逐漸提升的礦山是鉛山場。有
關這個礦山的設立情況，《太平寰宇記》卷一〇七《江南西道・信州・鉛山縣》
載「鉛山，在縣西北七里，又名桂陽山。舊經云：山出鉛。先置信州之時鑄
錢，百姓開採得鉛，什而稅一」，即當初百姓開採時，所繳之稅為其開採量的
十分之一。該處又載：「按《上饒記》云：出銅、鉛、青碌。本置鉛場，以收
其利。舊在寶山，偽唐昇元二年遷置鵝湖山郭水西鄧田阪，即廨署是也；至
四年於上饒、弋陽二縣析五鄉以為場，後升為縣。皇朝平江南後，直屬朝廷」。
據此，南唐昇元二年設立官署，四年設場，後又升為縣，到宋代就由政府直
接經營。

　　然而，它不久之後就停產了。據前引史料所載，太平興國八年（983）三
月曾調查過礦山資源；據《宋會要・食貨三三之三》所載，端拱二年（989）

---

[3] 有關宋代的礦業，詳見以下研究。中嶋敏《支那銅礦業的沿革》（《帝國大學新聞》八五八、八五九，
1941 年，後收入《東洋史學論集──宋代史研究及其周邊》，汲古書院，1988 年）。同氏《支那濕式收
銅的沿革──主要關於宋代的膽銅煉製》（《東洋學報》27-3，1940 年，後收入前引《東洋史學論集》。
同氏《高宗孝宗兩朝貨幣史》（收入前引《東洋史學論集》）。同氏《宋代礦業技術》（《月刊高校通
信東書日本史世界史》一五四，1989 年，後收入《東洋史學論集續編》，汲古書院，2002 年）。千葉燖
《北宋的礦山經營》（收入《東洋史學論集第二（中國社會與宗教）》，不昧堂書店，1954 年）。同氏
《南宋初期的礦業》（收入《東洋史學論集第三》，不昧堂書店，1954 年）。古林森廣《制鐵業與鐵加
工業》（收入《宋代產業經濟史研究》，國書刊行會，1987 年）。王菱菱《論宋代的礦冶戶》（收入《宋
史研究論集》，河北大學出版社，1990 年）。同氏《宋代礦冶經營方式的變革和演進》（收入前引《宋
史研究論集》）。同氏《宋代礦冶業研究》（河北大學出版社，2005 年）。此外，有關宋代江西地區的
礦業，則有許懷林《宋代江西的銅礦業》（收入《宋史研究論文集》，浙江人民出版社，1987 年）。本
文的分析仰賴上述研究之處所在多有。

再度置場，熙寧四年（1071）再次停產。《續資治通鑑長編》卷三五〇元豐七年（1048）壬寅條載：「提點江浙等路坑冶鑄錢胡宗師言：信州鉛山縣銅坑發，已置場冶……」，可知至北宋中期元豐七年時，場冶已設置，此後政府繼續經營礦山。

有關鉛山場開採的礦物，《元豐九域志》卷六「江南路‧信州」只提到銀，而宋代主要的礦物却是銅。《宋會要‧食貨三四之二一》乾道元年（1165）條載：「李大正言：自昔坑冶銅課最盛之處，曰韶州岑水場，曰潭州永興場，曰信州鉛山場，號三大場。」在宋代，鉛山場與廣南東路韶州岑水場、荊湖南路潭州永興場並列，被目為三大銅場之一。

那麼鉛山場是如何產銅的呢？有關宋代的銅業生產，中嶋敏對其技術進行了實證性研究。據其成果可知，銅的煉製法可分為乾式法與濕式法兩種。乾式法是將礦石投入爐中，以爐火的高溫加以煉製，由此生產的銅被稱為「黃銅」；濕式法是燒煮銅坑（含有硫酸銅）坑內之水，提煉出膽礬（水溶液），然後投入鐵屑，產生電化學反應，從而採集沉澱銅的方法，而且此法又可進一步分為膽水浸銅（浸銅）和膽土煎銅（淋銅）二種方法，以這些方法生產的銅被稱為「膽銅」。因為北宋後期礦產資源枯竭，所以利用乾式法的生產量較為低下，濕式法是生產的主要方式。[4] 有關鉛山場，據沈括《夢溪筆談》卷二五載「信州鉛山縣有苦泉，流以為澗。挹其水熬之，則成膽礬。烹膽礬則成銅。熬膽礬鐵釜久之亦化為銅」，可知加工過程中所用的特殊的泉水十分充沛，所以從紹聖年間（1094-1097）開始浸銅，成為濕式法的生產中心。[5]

---

[4] 參見前引中嶋《支那濕式收銅的沿革》、《高宗孝宗兩朝貨幣史》。

[5] 前引中嶋《支那濕式收銅的沿革》寫道，鉛山場的膽銅生產，「召集坑戶來取膽土、行淋銅，煉製由官府的兵匠進行」。又，關於鉛山場浸銅的開始，中嶋認為各種史料的記述存在差異，「難以詳究哪個正確，只能說是紹聖年間的事情」。

二、鉛山場的糾紛與訴訟

　　鉛山場如何進行礦山經營呢？宋代的礦山經營，在北宋前期主要採用由
政府役使廂兵和罪人進行開採的「勞役制」，為了提高生產力，北宋中期（王
安石變法）以降則主要採用募集資金與勞動力的擁有者、由他們給付租金的
「召募制」以及資金與勞動力的擁有者進行承包經營的「承買制」。在「承買
制」的情況下，承包者繳納一定額度的礦產（作為稅）給政府，再以政府買
取一定額度以上的礦產作為對價回報。在「召募制」與「承買制」中，也存
在官方出借資金，或是官方配置資金、使用役兵進行經營的情況。[6]應官方募
集進行採礦、採炭、精煉等各種作業之人被稱為坑冶戶。他們也存在於官方
直接經營的大礦山，與官方的役兵並存，兩者之間分工合作。[7]

　　關於南宋中期鉛山場的坑冶戶，《宋會要·食貨三四之二七》淳熙十二年
（1185）七月十二日條載有敷文閣待制、提舉佑神觀兼侍講、兼同修國史洪
邁的上書，其中引用永康知縣余璟之言：

> （耆老）皆云：昔系是招集坑戶，就貌平官山鑿坑，取垢淋銅，官
> 中為置爐烹煉，每一斤銅支錢二百五十。彼時百物俱賤，坑戶所得
> 有贏，故常募集十余萬人，晝夜採鑿，得銅、鉛數千萬觔。

南宋時期的鉛山場，採用的是坑冶戶承包經營的體制，由政府買取礦產（銅、
鉛），承包經營的坑冶戶收取相應的價款，由此獲得豐厚的利益。在這種引入
承包經營體制的情況下，坑冶戶為獲得金錢收入而進行經營，使得礦山經營

---

[6] 參見前引千葉《北宋的礦山經營》；王菱菱《論宋代的礦冶戶》、《宋代礦冶經營方式的變革與演進》、
《宋代礦冶業研究》。

[7] 前引千葉《北宋的礦山經營》認為：「與所謂‘坑冶戶’同義的稱呼，還有坑爐戶、坑戶、爐戶或冶戶
等……當時的坑戶兼顧開采與煉製，總而言之，坑戶＝坑冶戶＝坑爐戶。」又，前引王菱菱《論宋代的
礦冶戶》將坑冶戶分為上等、中等、下等。

具有濃厚的商業色彩。為了謀求這種利益，很多人聚集在鉛山場。關於這一景象，江少虞《事實類苑》卷二一《官政治績‧諸監爐鑄錢》載：「信州鉛山縣出銅無算，常十餘萬人採鑿，無賴不逞之徒萃於淵藪。官所市銅鉛數千余萬斤，大有餘羡」。「十餘萬人」這一數字自然是誇張，但許多人聚集於此應是事實。雖然具體內容已不可知，但從「無賴不逞之徒」一句來看，聚集在那裏的坑冶戶中，很可能有擾亂礦山秩序的人。另一方面，在前引關於礦山狀況的史料中有「耆老皆云」字樣，由此來看，坑冶戶中也存在被稱為「耆老」的權勢人物。

這些坑冶戶並不僅僅從事於礦物開採作業，也參與金屬加工業。《續資治通鑑長編》卷二六二熙寧八年（1075）四月己丑條載：「如信州等處，鐵極好，匠極工，向見所作器極精。」坑冶戶自身的經濟基礎之一，就是用鐵製造刀劍、器具等金屬製品，加以販賣。[8]

從上述情況來看，在南宋時期的鉛山場，坑冶戶為商業性利益（金錢）而進行的礦山經營（通過礦產、金屬加工品的出售實現營利目的的經營）十分活躍。

但是到了南宋中期，坑冶戶陷入苦境之中，各地的礦山經營頗為低迷。[9]有關當時的狀況，《宋會要‧食貨三四之二七》淳熙十二年（1185）七月十二日條有以下記載：

> 數十年以來，百物翔貴，官不增價收買，坑戶失利，散而之他。而官中兵匠不及四百人，止得銅八九萬斤。人力多寡相去幾二百倍，宜乎所得如是之遼絕也。

---

[8] 參見前引王菱菱《論宋代的礦冶戶》、《宋代礦冶經營方式的變革與演進》；古林《制鐵業與鐵加工業》、《宋代礦冶業研究》。

[9] 關於礦業不振的原因，前引中嶋《高宗孝宗兩朝貨幣史》認為有四：礦山資源枯竭、經營失當、國土縮小、戰亂與騷亂。

宋代的物價，北宋初期較為低下，至中期則上升，王安石變法之時暫時回落，到了末期又上漲，南宋也呈現出上漲的趨勢。[10]雖然物價有如此變動，但官方買入礦產的價格却沒有變化，因此坑冶戶的經營和生活就變得相當艱苦，停止承包者不斷出現，生產力因此變得低下。在這些坑冶戶中，很多人應該需要支付金錢去購買食物，因此金錢收入的減少對他們的生活造成極大衝擊。

關於政府最初的應對之法，《宋會要‧食貨三四之二七》淳熙十三年（1186）正月二十八日條所載江淮等路提點坑冶鑄錢耿延年的上書有如下描述：

> 遵稟指揮，行下信州及鉛山縣官、鉛山場官並本司屬官，先次措置
> 招召民戶，從便採鑿，賣銅入官。據逐官報到，各於地頭榜諭，經
> 今兩月，並無情願應募之人。

由此可知，礦山復興相當困難。然而，南宋時期具體如何經營礦山呢？《宋會要‧食貨三四之一九》紹興二十七年（1157）條對此有如下記載：

> 兼權戶部侍郎陳康伯等言：近有陳請，諸路州縣管下坑冶停閉荒廢
> 去處，勒令坑戶抱認課額。已委逐路提刑司檢視相度，以所收多少
> 分數認納，不得抑勒。尚慮有停閉坑冶內却有實貨去處，一概作停
> 閉，致減損國課。今措置，欲委逐路轉運司行下所部州縣，應有停
> 閉及新發坑冶去處，許令人戶經官投陳，官地給有力之家，人戶自
> 己地給付本戶。若本地主不赴官陳告，許鄰近有力之家告首，給告
> 人，候及一年，成次第日，方從官司量立課額。其告發人等坑戶自
> 備錢本採煉，賣納入官。從《紹興格》特與減壹半數目，依全格推

---

[10] 參見全漢昇《北宋物價的變動》、《南宋初年物價的大變動》、《宋末的通貨膨脹及其對於物價的影響》
（收入《中國經濟史論叢》一，新亞研究所1972年）；井上正夫《宋代的國際通貨──以王安石的通貨
政策為中心》（《經濟論叢（京都大學）》151-1、2、3，1993年）。

賞補官。從之。[11]

政府採取的對策是，私有地由其土地所有人承包，官有地則由「有力之家」
承包，也就是說，只讓那些具備承包經營之財力的富民來承包。只不過，如
果私有地的所有人沒有申請承包、沒有繳納礦產，那麼鄰近的富民就可以告
發，由此可見土地所有人很不願意申請承包。如果將坑冶戶參與金屬加工品
出售的情況合併進行考慮的話，筆者認為，在物價上漲與政府買入礦產價格
不變的嚴酷情勢下，一部分坑冶戶因利益減少而沒有承包開採（向官府繳納
礦產），但相應於物價上漲，礦產的價格也提高了，他們就想法設法賣給百姓
以謀取利益。

如果從其他角度來看，讓鄰近富民告發沒有申請承包開採之人的政策，
意味著當時礦山之內有很多頗具財力的富民。寫於淳熙十三年（1186）二月
癸亥的《南澗甲乙稿》卷一六《鉛山周氏義居記》也載「鉛山又在南，孕金
青，殖寶貨，壤厚而泉沃，類多大家」，可知在礦產資源豐富的鉛山縣，有許
多「大家」即富民。

就政府而言，在礦產買入價格不變的另一方面，如果有人能夠自行配置
資金、繳納規定數量的礦產，那麼就可以被擢用為官吏（據後引史料，可能
是坑冶監官），而且超額收繳坑冶戶所得的官員還能升遷。《宋會要‧食貨三
四之一九》隆興二年（1164）條載：「鑄錢司言：坑冶監官歲收買金及肆千兩、
銀及拾萬兩、銅錫及肆拾萬兩、鉛及壹伯貳拾萬斤者，各轉壹官，知、通、
令、丞部內坑冶每年比祖額增剩者，推賞有差。」[12]有鑒於此，政府想要通過
褒賞有能力的富民，讓他們承包採礦（繳納礦產），從而使礦山經營正常化。

然而，在這些措施實行的背景下，也產生了一些與礦山經營相關的社會

---

[11] 此外，《宋會要‧職官四三之一五八》乾道二年（1166）四月十二日條載：「已降紹興二十七年正月二
十一日指揮，坑戶自備錢本採煉寶貨，賣納入官，從《紹興格》，特與減一半數目，依全格推賞補官。」

[12] 同樣內容的記載亦見於《宋會要‧食貨三四之三六》隆興二年（1164）條、《文獻通考》卷一八《坑冶》。

問題。對此，上述引文中已交代了一些以前的情況，《宋會要・食貨三四之一七》紹興十三年（1143）條則有如下記載：

> 臣僚言：伏睹東南諸路舊來所管坑冶雖多，其間有名無實者固亦不少，加以近年人工料物種種高貴，比之昔日，增加數倍，是致爐戶難以興工。或有新發坑冶去處，初有人戶買撲，後因破壞產業，拖欠課額，被拘留監繫者甚眾。近者朝廷以人言謂可以增添鼓鑄錢額，乃督責州縣興復堙廢坑冶，必欲管認舊來銅鉛之數。州縣遵承，竭力奉行，間有狡猾之徒乘此搔擾，或欲強占人戶山林，或就官中先借錢本，却虛認課額，及至得錢，見礦材微薄，所得不償，便自逃竄。其所認數目已為州縣定額，無由豁除，緣此多有拖欠。知縣、監官雖已得替，以課額不足，不得放行批書離任。官吏懼罪，不免冒法，多方營求，往往將錢寶銷熔，充補課額。督責愈嚴，冒法益甚。

「狡猾之徒」（因給政府留有不好的印象，所以被稱為「狡猾之徒」，實際上就是坑冶戶）搶奪其他坑冶戶的山林，這就表明擁有好的土地就獲得相應的利益，所以坑冶戶之間圍繞這些好的土地展開爭奪。而且在坑冶戶中，通常的承包無法獲利，所以有人就從官府那裏騙取本金，最後加以私吞。

坑冶戶在爭奪土地時也採用訴訟（訴之以法）這種手段。《宋會要・食貨三四之一八》紹興十四年（1144）條有以下記載：

> 宰執進呈戶部言：諸路坑冶，其間有興採日久，坑壑深遠，不以歲月，抑令依舊認納去處，及無圖之人，挾仇妄行告發，其見興發有力之家，却致作弊減免，令下戶虛認。合行措置。今欲將見今坑冶其間委的有名無實去處，即令照應祖額及見今興採到實收分數，重別立定酌中課額，令逐州開具供申。所有金銀坑冶，亦乞就委提刑、

轉運司依此施行，不得別致抑勒，抱認虛數。仍切覺察，（每）〔毋〕
令有力之家計囑幸免，却致下戶受弊。

政府獎勵鄰近的「有力之家」即富民告發沒有申請承包開礦的土地所有人，「無
圖之人」（從能夠告發這一點來看，他們實際上就是富民）為了搶奪其他富民
的土地經營權，肆意進行告發。而且在沒有爭奪土地的情況下，因為官府買
入礦產的價格不變，富民迫於繳納義務，轉而以低廉的雇傭費強迫「下戶」
（在富民之下工作的勞動者）交出不合理數額的礦產。在另一方面，富民暗
中提前安排，想方設法地獲得不當減免，讓自己不受損害。

　　富民之間的這種爭奪所引起的糾紛，從南宋中期開始激化。雖然沒有鉛
山場的例子，但關於南宋中期兩浙東路處州礦山的情況，《宋會要・食貨三四
之二九》乾道七年（1171）條記載如下：

> 權發遣處州姚述堯言：被旨措置銀銅坑，緣當來銀銅興發之初，本
> 州就令業主開採，却別令豪戶請佃，又所差監官多用本土進納等人，
> 以致互起爭訟。今本州龍泉等縣見有石堰等銀坑十處，庫山等銅坑
> 九處，合將銀、銅分作兩所，銀坑即令採銀官監折合，以分數與坑
> 戶，銅坑即令取銅官監烹煉，以銀作本，立定價值，就坑戶收買，
> 使採銀者不為銅課之迫，採銅者別無意外之望。兩處合差監官兩員
> 互相提督，並用監轄使臣兩名往來機察，庶無日前土豪稍勾乾沒銷
> 毀錢寶之患。（方言「稍勾」，謂利上取利之意。）從之。

按照基本方針，政府讓土地所有人承包開採，但因為從土地上能夠獲得很多
好處，「豪戶」亦即一部分富民就開始運作、搶奪。對此，因多為繳納而成為
坑冶監官的土地所有人就起訴那些富民，兩者之間的訴訟戰就發生了。

　　政府讓富民出身的坑冶監官統合以富民為首的坑冶戶，想要讓礦山經營
正常化。然而從富民告發等可知，在當時的礦山中，坑冶監官並沒有很好地

發揮利害調整的功能。據前引史料，礦山中還存在「耆老」（父老），從前述
的狀況來看，僅就掌握到的礦山狀況，我們不得不認為他們並未發揮指導力。
而且，礦山的管理者並非只有坑冶監官，從調動武官可知，當時的礦山也是
發生治安問題的不安定場所。

有關鉛山場的情況，《宋會要・食貨三四之二三》嘉定十四年（1221）七
月十一日條有以下記載：

> 臣僚言：產銅之地，莫盛於東南。……又信之鉛山與處之銅廊，皆
> 有膽水，春夏如湯，以鐵投之，銅色立變。夫以天造地設，顯畀坑
> 冶，而屬吏貪殘，積成蠹弊。諸處檢踏官吏大為民殃，有力之家悉
> 從辭避，遂致坑源廢絕，礦條湮閉。間有出備工本為官開浚，元佃
> 之家已施工力，及自用財本起創，未享其利，而嘩徒誣脅，檢踏官
> 吏方且如追重囚，黥配估籍，冤無所訴。此坑冶所以失陷。[13]

在南宋中期，鉛山場的礦物資源尚未枯竭，因此對其豐富的礦產資源的爭奪
就發生了。在表面上，這是胥吏爭奪富民（「有力之家」）的權利，但因為胥
吏無法承包經營，所以其背後應當是胥吏與富民的勾結。若是如此，「嘩徒」
的本質則是胥吏以及與他們勾結的富民或是富民的手下。總之，胥吏以及與
他們相勾結的富民搶奪其他富民的權利，獨占了礦山經營的利益。

胥吏與富民相勾結，並不向官府繳納礦產，又通過在民間的出售而獲得
巨大的利益，有損政府的收益。可以說，由富民承包經營、向官府繳納礦產
的基本政策完全被胥吏與一部分富民的行為所扭曲。如果從其他角度來考慮
這種現象，這也表示一部分富民（例如「耆老」等）很難作為主導力量凝聚
礦山業界的全體人員、調整坑冶戶之間的利害關係。

對於上述現象，政府有何應對之策？《宋會要・食貨三四之三七》端平

---

[13] 《文獻通考》卷一八「坑冶」有基本相同的記載，但《宋會要》更為詳細。

三年（1236）條有如下記載：

> 敕曰：諸路州縣坑冶興廢，在觀寺、祠廟、公宇、居民墳地及近墳
> 園林地者，在法不許人告，亦不得受理。訪聞官司利於告發，更不
> 究實，多致擾害。自今許人戶越訴，官吏再訟者重置典憲。

　　結合前述情況，進行不正當的告發之人就是勾結胥吏、想要得到附近富
民權利的富民。他們就是政府口中的「豪戶」。在官府受理這類不當告發的背
景下，從前引史料所載因胥吏之故而使受害者「冤無所訴」可知，胥吏有不
正當的行為。針對這種情況，政府為了維持以如數繳納礦產的富民為中心的
秩序，鼓勵被害的富民向上級官府越訴提告，從而處理案發地官府的不正行
為。[14]政府如此應對進一步證明了前述礦山業界的整體衰弱。因此，礦山處於
坑冶戶（富民）互相告發競爭對手、爭奪利益（以及守護利益）的非協調性、
爭奪性的狀態之下，為了追求、保持利益，形成了競合性的社會狀態。
　　從《清明集》保存下來的書判可知，有些訴訟事件發生於鉛山場所在的
鉛山縣。撰寫書判的官僚是江東提點刑獄蔡杭（號久軒），他是紹興二年（1229）
的進士，這與鉛山場糾紛嚴重化基本處於同一時期。其中《清明集》卷一一
《人品門‧十虎害民》有如下記載：

> 當職昨過鉛山縣，聞有十虎，極為民害，如程仁、張權、徐浩、周
> 厚、余慶、詹澄、陳明、周麟、徐濤等是也。盤據本縣，酷毒害民。……
> 本縣吏人輒以私意嘅煉，希冀財物，抄估家業，乃並他人行李欲掩

---

[14] 關於南宋時期的越訴，參見郭東旭《南宋的越訴之法》（《河北大學學報（哲社版）》1988-3，後收入
　　《宋朝法律史論》，河北大學出版社2001年）、青木敦《北宋末~南宋的法令所附越訴規定》（《東洋
　　史研究》58-2，1999年）。在上述論文中，郭東旭認為歷代統治者都禁止越訴，但北宋至南宋皆予許可，
　　並實施越訴之法，南宋統治者實施越訴之法的目的在於抑制官吏對人民的違法加害行為，強化中央集
　　權，其結果是由此擴大了人民的民事訴訟權。而青木敦在上述論文中分析了北宋末至南宋的越訴，認為
　　宋朝開啟了民戶直接訴於上級監察官之路，以此應對地方官吏、豪民與一般民戶之間的糾紛。

而有之，不為無罪。

《清明集》卷一一《人品門‧責縣嚴追》中亦載「配吏程偉等橫斂虐取，鉛山縣民怨入骨髓，訟之者不可勝計」。胥吏如此搶奪民財，被害者也不斷提起訴訟。有關胥吏加害行為的具體內容，《清明集》卷一一《人品門‧鉛山贓吏》有如下記載：

> 當職未入境，已聞鉛山縣有配吏程、徐、張、周四人，為百姓之害，及入境，則百姓交訟之。如徐浩乞取官會三百貫，則招吳興陳論，乞取官會五百貫，則招劉言陳論。……霸役年深，民懼如虎，號為燒熱大王。……如張謹接受官會三百二十五貫，則招楊青陳論，接受官會二百二十五貫，則招徐超陳論。又如曹介祉所訴，則張謹三人共討十八界會三百餘貫。狠毒酷暴，不啻狼虎。周厚身為典押，政以賄成，乞取官會二百貫，則招王祥陳論，乞取官會三百餘貫，則招劉仁陳論。……惟程偉一名……陰險幹民之利，更強占二婦以居家，創起月數局，監納無名錢。

胥吏們強奪民財，收受賄賂，曲法行政。雖然此處並未具體言明，但從被害者持有許多官會來看，這很有可能與鉛山場的胥吏對富民的加害有關。被害的吳興、劉言等雖被稱為「民」，因其持有大量官會，應該是富民。

三、礦物運輸與糾紛、訴訟

鉛山場等礦山業的發達，當然帶來了以礦山為中心的礦產和金屬製品輸送，以及坑冶戶消費物品流通的活躍化。以下擬進一步考察礦產輸送及由此影響到的人們的生活狀況。有關信州的交通路，《元和郡縣圖志》卷二八《江

南道‧信州》載「東至衢州二百五十里，西北至饒州五百里，東南至建州五百里。（考證：建州作五百四十里）」，而《太平寰宇記》卷一○七《江南西道‧信州》載「東至衢州二百五十里，南至撫州三百二十里，西北至饒州陸路五百里，西北（《元和郡縣志》作東南）至建州五百四十里」。從衢州開始的交通路到杭州就接上了大運河。總之，信州處於杭州至鄱陽湖的交通路與福建建州開始的交通路的連接點上。[15]

到了南宋時期，《輿地紀勝》卷二一《江南東路‧信州》「風俗景勝」引《上饒志‧風俗門》載「福建、湖廣、江西諸道悉出其塗。昔為左僻，今為通要」，可知其交通路已有明顯發展。據《宋會要‧食貨一六之一○》「商稅」載，作為交通路連接點的汭口鎮，繳納商稅 683 貫。

在交通路如此發展的情況下，礦產是怎樣被輸送的呢？如前所述，鉛山場用鐵來制銅（膽銅），為了銅的生產，就有必要輸入大量的鐵。那麼作為原料的鐵是如何搬進來的？據《宋會要‧食貨三三之二二》、《食貨三三之二三》「各路坑冶興發停閉及歲收額‧鐵坑」可知，乾道元年（1165）鐵是從哪些地方搬入鉛山場的，[16]由此做成下表（表 1）：

表 1：將鐵輸入鉛山場的縣、礦山

路	府州軍	縣	產額＝實收
江東	信州	鉛山	五萬九千斤
江東	信州	上饒	五萬斤
江東	信州	弋陽	十萬斤
江東	信州	玉山	三萬五千斤
江東	信州	貴溪	一萬三千斤
江東	池州	貴池	三千二百五十四斤八兩◎

[15] 參考以下文獻：青山定雄：《唐宋時期的交通與地志地圖研究》，吉川弘文館，1963 年；江西省交通廳公路管理局編：《江西公路史》第一冊，「古代道路、近代道路」，人民交通出版社，1989 年；江西內河航運史編審委員會編《江西內河航運史（古、近代部分）》，人民交通出版社，1991 年。

[16] 參見前引中嶋《支那濕式收銅沿革》、千葉《南宋初期的礦業》。

路	府州軍	縣	產額＝實收
江西	撫州	未詳・東山場	十一萬七千斤
江西	隆興府	進賢	三千五百四十斤◎
江西	江州	德安	一萬三千八百二十四斤五兩◎
江西	興國軍	大冶	二萬四千九百八十八斤◎
淮西	舒州	懷寧	一萬五千二百八十斤◎
荊北	辰州	叙浦	一千一百斤◎
荊北	辰州	辰溪	二千二百斤◎
福建	建寧府	浦城・仁風場	四萬斤
浙東	處州	麗水	一百斤
浙東	處州	青田	一千二百二十斤

* 據《宋會要・食貨三三之二〇～二二》「各路坑冶興發停閉及歲收額・鐵坑」做成。◎標示的是含輸入鉛山場以外地方的鐵的數量。

　　據此可知，鉛山場所使用的鐵不僅取自信州各縣，還來自江南東路池州，江南西路撫州、隆興府、江州、興國軍，淮南西路的舒州，荊湖北路的辰州，福建路的建寧府，兩浙東路的處州。至於這些產地至信州的交通路，處州（兩浙東路）的鐵經由衢州，池州（江南東路）、隆興府、江州、興國軍（江南西路）、舒州（淮南西路）、辰州（荊湖北路）的鐵經由鄱陽湖，撫州（江南西路）的鐵由陸路接貴溪縣，而建寧府（福建路）的鐵則經由福建為起點的交通路。

　　鉛山場使用上述輸入的鐵來生產「膽銅」，作為銅錢的原料。而關於使用信州所產之銅鑄造的錢，可製成下表（表2）。由此表可知，鉛山場生產的「膽銅」輸送至鄰州的饒州永平監以及嚴州（兩浙東路）的神泉監。

表 2：信州所產之銅與鉛的輸送地

礦山	種類	產額＝實收	輸送地
鉛山場	膽銅	九萬六千三百三十六斤	江東饒州永平監、浙東嚴州神泉監
鉛山場	鉛	十一萬五千二百六十七斤	江東饒州永平監、浙東嚴州神泉監
寶豐場	黃銅	二十斤	江東饒州永平監

* 據《宋會要・食貨三三之一九～二〇》、《食貨三三之二三～二五》「各路坑冶興發停閉及歲收額・鉛坑」做成。

　　《宋會要・食貨三四之二五》淳熙元年（1174）七月十日條載：「提點坑冶鑄錢司言：信州鉛山場所產膽水浸鐵成銅，每發二千斤為一綱，至信州汭口鎮，用船轉發應副饒州永平監鼓鑄」。由此可知，從鉛山場出發，到附近的汭口鎮搬上船，下信江而運至饒州。至於去嚴州，恐怕也是從汭口鎮出發，經衢州進行運輸。而且，由表 2 可知，鉛山場開採的鉛與弋陽縣寶豐場開採的黃銅也使用上述交通線路，運送至各個鑄錢監。

　　總之，以上就是江西、江東、浙東、福建所產之鐵輸入鉛山場，鉛山場所產之銅輸出至江東、浙東的礦產運輸路線。由此可見，在宋代的信州，以礦山為中心，礦產運輸活動十分活躍。[17]那麼，這些礦產運輸如何進行？以此為中心的社會狀況又如何？北宋時期的穀物運輸即漕運，一開始以官船運輸為中心，隨著民間商業與運輸業的發達，開始由民間承包經營，許多富民都參與到經營中來，接著以江東為中心，開始使用客船（民間的運輸船），到南

---

[17] 茶作為其他運輸物資，也應被特別提及。信州也產茶，但主要是利用信州的交通路運輸福建建州（建寧府）所產之茶。衛博《定庵類稿》卷四《與人論民兵書》載「至於徽、嚴、衢、婺、建、劍、虔、吉數州，其地阻險，其民好鬥，能死而不能屈，動以千百為群，盜販茶鹽，肆行山谷，挾刃持梃，視棄軀命與殺人如戲劇之易、飲食之常」。在與信州相鄰的衢州與建州，茶商（茶賊）多為私販。信州位於建州到衢州的交通路上，由此可推測信州也盛行茶葉私販。又，劉石吉《明清時期江西墟市與市鎮的發展》（收入《山根幸夫教授退休紀念明代史論叢》下，汲古書院 1990 年）認為，在清代，建寧府武夷山所採之茶由崇安縣運送至鉛山縣河口鎮，河口鎮因作為茶的中轉站而繁榮。

宋進一步擴大。[18]而且宋代在關、渡設置務與場，對商人徵收商稅，對於這種徵稅事務，也採用承包制，被稱為「土豪」、「豪民」的富民們獨占承包的現象屢見不鮮。[19]考慮到這種狀況，富民參與信州如此活躍的礦產運輸的可能性就很高了。

在宋代，金屬製品的流通，是由客商（進行遠程交易的商人）赴鐵和鐵制器具的產地，從直接的生產者制鐵業者、加工業者那裏買入製品，從而進入全國性的流通路綫中。[20]由於信州的礦山業與相關的金屬加工業都很發達，所以以富民為中心的坑冶戶所處之地也聚集了來自各地的商人，買取金屬製品並運送到各地去。另一方面，坑冶戶用從礦山經營中獲得的財富，購買日用生活品和工具等，[21]因此各地來的商人都到礦山來出售這些物品。有關這一情況，《續資治通鑑長編》卷八七大中祥符九年（1016）戊申條載：「信州陰（鉛）山等處銅坑，自咸平初興發，商旅競集，官場歲買五六萬斤」。據此可知，因為礦山業的發達，在宋代的信州，以礦山這一生產場所、消費場所為中心的物流十分活躍。

《清明集》卷一一《人品門・慢令（蔡杭的判決）》記載了與這種物流活躍相關的事件：

> 當職入境之初，即聞弋陽縣吏楊宜、彭信不法害民，及入邑境，則
> 百姓陳有等凡二十九狀，俯伏轎前，哀訴不已。本即追配，而知縣

---

[18] 參見大崎富士夫《宋代漕運運營形態的變革——以客船的起用為中心》（《史學研究》10，1952 年）、斯波義信《運船業的經營結構》（收入《宋代商業史研究》，風間書房 1968 年）等。

[19] 可參見以下文獻：加藤繁《宋代商稅考》（收入《支那經濟史考證》下，東洋文庫 1953 年）、梅原郁《宋代商稅制度補說》（《東洋史研究》18-4，1960 年）、曾我部靜雄《宋代商稅雜考》（收入《宋代政經史研究》，吉川弘文館 1974 年）、斯波義信《宋代的力勝稅——國家與商業的一個關係》（收入《宋代商業史研究》，風間書房 1968 年）、大崎富士夫《宋代稅場的買撲》（《廣島修大論集・商經編》14-1，1974 年）。關於承包（買撲）之法，上述梅原論文認為「采用實封投狀的辦法，根據投標的收稅權來決定授權給誰」。

[20] 參見前引古林《制鐵業與鐵加工業》。

[21] 參見前引王菱菱《論宋代的礦業戶》、《宋代礦冶業研究》。

再三以見起綱運護留。後來裝綱已畢，本縣申來，謂已別差典押，
其楊宜、彭信並榜逐矣。實則二人者，霸據縣權，出入縣庭自若
也。……近者弋陽管下南港渡，自有陳府恰造大船，通濟往來，忽
被楊宜、彭信以綱運名色，占載行李。五月十七日，大水泛漲，渡
子只以小船撐渡，致死者三十餘人。

　　從擁有運輸船來看，這裏出現的陳家是富民。僅從這一記載，無法判斷
爭議的內容，但考慮到弋陽縣是產鐵之地（表1），所爭之物很可能是礦產、
金屬製品以及坑冶戶必需的各種物品。胥吏與富民爭搶這些物資的運輸，搶
奪其運輸工具。其結果是被害的富民起訴胥吏。然而，僅僅依靠胥吏自身的
實力，是無法實現對大船的奪取與獨占的。實際上，誰有實力從事搬運活動，
那麼就應該是誰幹的，所以筆者認為這是與特定的富民相勾結的結果。考慮
到這一點，就無法輕下斷言。隨著礦山業的發展，信州的物資運輸變得活躍
起來，因此很可能就出現了以下情況：富民之間圍繞這些所得利益展開爭奪，
其利害關係難以得到調整。

結　語

　　宋代信州的礦山業興盛。它的開發一開始採用「勞役制」這種政府影響
力很強的體制，因生產力無法提高，在中期以後就實施「召募制」與「承買
制」。其結果是，許多勞動者為了追求利益，從周邊地區蜂擁而至。在如此情
況下，逐漸形成了富民（「有力之家」）承包經營的體制。富民因官府買取礦
產而獲得巨大的利益。因此礦山所實行的是以商業性利益為目的的經營。然
而，在南宋時期，物價上漲，官府買入的價格卻不變，因此富民不再承包，
取而代之的是把礦產賣給民間，導致礦產繳納量減少。對此，政府對擁有土
地的富民課加繳納礦產的義務，對於擁有土地卻不繳納礦產者，讓附近的富

民予以告發。而且官有地也讓富民承包，並實施多為繳納而成為坑冶監官的政策。由此政府試圖通過構建由富民出身的坑冶監官統合富民的體制，使礦山經營正常化。

　　然而，事情並沒有像政府所想的那樣發展。作為對政府期待的回應，一部分富民繳納礦產、被拔擢為坑冶監官；另一方面，由於政策上獎勵人們告發那些擁有土地、但逃避承包的坑冶戶，所以一部分富民對其他富民採取不正當告發的手段，從而奪得他們的土地。對此，被害的富民就提起了訴訟。富民之間展開了利益爭奪且他們自身無法解決，由此發展為訴訟。這顯示出礦山中富民之間的團結度較低，凝聚力較弱。政府將統合富民的希望寄托於坑冶監官和有權勢的人物「耆老」身上，但在調整坑冶戶利害關係和解決糾紛上，他們也沒有發揮指導作用。政府以構建坑冶監官指導下的安定性體制為目標，但由於他們對坑冶戶之間利害關係的調整能力較弱，且由政府導致了對不正當告發的獎勵，兩者相互作用產生了訴訟頻發的結果。這種特點並不限於礦山，在伴隨礦山業發展而發達起來的物資運輸中，人們之間的關係也存在這種情況。

　　本章以上考察的是在宋代發展起來的信州礦山中的社會狀態與糾紛景象。以商業性利益為目的的礦山經營的開展和坑冶戶之間非協調性的爭奪行為互為促進，由此形成了競合性社會狀態，而且這種狀態又與政府獎勵不正當告發相互作用，從而導致訴訟多發。但是，要說礦山這種社會秩序是宋代經濟發展之特色的話，僅憑其內容是無法斷言的。原本因為實施「召募制」和「承買制」，周邊地區之人為了賺錢而自由進入，使得南宋時期以降的信州礦山成為流動性很高的地方。在這個以出售產品為前提的商業性色彩很強的開發最前綫，當人們匯聚於此地時，他們用什麼方式進行開發？社會秩序呈現何種狀態？在考慮這些問題時，本章的內容可資參考。為了深入考察宋代經濟發展以及隨之形成的社會秩序的特色，接下來有必要檢討當時經濟的支柱產業──農業，因此下章將對農業的狀況進行進一步檢證。

追 記：

有關本書的疏漏之處，承蒙趙晶教授賜正，以下補充說明兩點：

第一，第二節引用的《宋會要・食貨三四之二七》淳熙十二年（1185）七月十二條以及淳熙十三年（1186）正月二十八日條的記載，「淳熙」二字原文作「紹興」。然而，做出這一建言的洪邁於淳熙三年（1176）出任同修國史，與「紹興」的年代不符。所以點校本訂正為「淳熙」。拙著日文版把它作為「紹興」的史料進行分析，此次加以訂正，並修改相關內容。

第二，根據第二節所引《宋會要・食貨三四之一九》紹興二十七年（1157）條「其告發人等坑戶自備錢本採煉，賣納入官。從《紹興格》特與減壹半數目，依全格推賞補官」，以及《宋會要・食貨三四之二九》乾道七年条（1171）「所差監官多用本土進納等人」的記載，筆者認為「多為繳納的坑戶可以成為坑冶監官」，而王菱菱《宋代礦冶業研究》則認為「坑冶戶」無法成為「監官」，這點需要進一步討論。

第三章　宋代江西、江東饒州的農業與訴訟

緒　言

在宋代，鄱陽湖周邊即江南西路洪州（隆興府）、臨江軍與江南東路饒州的三角洲地帶是糧食盛產之地。例如，關於洪州，《方輿勝覽》卷一九《隆興府形勝》所引《南豐門記》稱「其田宜秔稌，其賦粟輸於京師，為天下最」，而且黃震《黃氏日抄》卷七五《申安撫司乞撥白蓮堂田產充和糴莊》稱「大江以西，隆興、吉州等處皆平原大野，產米居多」。由此可以判斷，洪州多平原，即使從全國來看，也是糧食盛產之州。另一方面，有關饒州，洪邁《容齋四筆》卷五《饒州風俗》稱「嘉祐中，吳孝宗子經者作《餘干縣學記》云……蓋饒之為州，壤土肥而養生之物多。其民家富，而戶羨蓄百金者不在富人之列」，由此可知該地土壤肥沃，易於培育作物，人們從中頗多獲利。

第二章確認了宋代信州的礦山是訴訟多發之地，本章則將進一步檢討宋代盛產糧食的江西、江東饒州三角洲地帶的農業社會狀況，並考察圍繞宋代經濟之支柱——農業——所產生的人際關係以及這一農業社會中的社會秩序。[1]此外，在對江西、江東饒州三角洲地帶農業社會狀況進行檢證的基礎上，

---

[1] 就本章的討論而言，可參見以下文獻：斯波義信《宋代江南經濟史研究》（汲古書院 1988 年）、大澤正昭《唐宋變革期農業社會史研究》（汲古書院 1996 年）、牟發松《唐代長江中游的經濟與社會》（武漢大學出版社 1989 年）、黃玫茵《唐代江西地區開發研究》（臺灣大學文學院 1996 年）、地濃勝利《南宋時期江南西路產米的市場流通》（《集刊東洋學》38，1977）、許懷林《江西史稿》（第二版，江西高校出版社 1998 年）。

本章還將探究與三角洲地帶所營農業有所不同的江西河谷平原地帶的農業社會狀況，並對三角洲地帶與河谷平原地帶的農業社會狀況進行比較，由此考察宋代江西農業社會的特徵。而且本章還將把它們與同樣盛產糧食的浙西、浙東的狀況進行比較，從而思考宋代農業社會的特徵。

一、江西、江東饒州三角洲地帶的農業與訴訟

（一）三角洲地帶的農業形態

從唐代後半期開始，江西與江東饒州的三角洲地帶就進行了堤防建設、耕地作業。例如，有關洪州三角洲地帶的情況，《新唐書》卷四一《地理志》「江南道・洪州豫章郡」中載：

> 縣南有東湖，元和三年，刺史韋丹開南塘斗門以節江水，開陂塘以溉田。……（建昌）南一里有捍水堤，會昌六年攝令何易于築。西二里又有堤，咸通三年令孫永築。

不過，這個三角洲地帶也有水災。例如，《宋史》卷四二六《程師孟傳》載，程師孟「知洪州，積石為江堤，浚章溝，揭北閘以節水升降，後無水患」。反過來說，這意味著在水利設施建設以前發生過水災。事實上，《宋史》卷四三〇《李燔傳》載：「洪州地下，異時贛江漲而堤壞，久雨輒澇，燔白於帥、漕修之，自是田皆沃壤」。由於發生了水災，所以就開始建設堤防。另一方面，臨江軍的三角洲地帶雖然建設了水利設施，但維持不易，水災時有發生，即《宋史》卷四三三《程大昌傳》載：「清江縣舊有破坑、桐塘二堰，以捍江護田及民居，地幾二千頃。後堰壞，歲罹水患且四十年，大昌力復其舊」。有關饒州三角洲地帶，《新唐書》卷四一《地理志》「饒州鄱陽郡」有如下記載：

（鄱陽）縣東有邵父堤，東北三里有李公堤，建中元年刺史李復築，
以捍江水。東北四里有馬塘，北六里有土湖，皆刺史馬植築。

　　饒州鄱陽縣在唐代就已經通過水利設施的建設進行治水，不止建造了堤
防，還有貯水池。而且《太平寰宇記》卷一○七《江南西道・饒州餘干縣》
有如下記載：

興業水，一名安仁港，在縣南一百二十里，發源自貴溪縣西漏石村，
經縣過合餘干江。……居人賴其膏澤之利，首冠一境，溉地一百二
十頃。

　　在餘干縣，因為建設了興業水這條水路，農業開始興盛。據上述史料可
以確認，由於從唐代到宋代進行了水利設施建設，饒州的農業獲得了某種程
度的發展。不過，它並不是非常發達。《宋會要・食貨五八之五》乾道五年
（1169）四月十四日條載「詔：饒、信州連歲旱澇，細民艱食，可出常平義
倉米以賑之」，而且同日之條還載「權發遣江南路路計度轉運副使趙彥端等
言：臣等近恭奉御筆處分，以饒、信二郡嘗有水患，令臣等協力應辦儲蓄賑
濟」。又，《宋會要・食貨五八之九》乾道七年（1171）八月二十二日條有如
下記載：

資政殿學士、知建康府洪遵言：饒州、南康軍今歲旱災非常，早種
不入土，晚禾枯槁，兩郡饑民聚而為盜。乞檢照江西、湖南已行賑
濟體例，憑遵施行。從之。

　　而且《後村集》卷七九《與都大司聯御申省乞為饒州科降米狀》亦載：「自
紹定元年至今十八年間，惟八年得稔，而十年皆以水旱減放」，可知在南宋時
期，饒州發生了大規模的水旱災害。元代張伯淳《養蒙先生文集》卷三《餘

干陞州記》也有如下記載：

> 其東近接彭蠡，雖廣袤沃衍，水潦時至則為壑，民不勤且嚚。南廣
> 信，西豫章，境內穀粟絲枲仰焉。然分乎兩郡，奸慝易於出沒……
> 自昔號難治。

綜合以上所述可知，饒州的水利設施建設不能說十分完備，因此時有水
旱災害發生。自唐代以來，鄱陽湖周邊的三角洲地帶雖然屢次修築堤防，但
並不完備，水災頻繁。

在這種狀況下，人們從事何種農業生產？例如，關於洪州三角洲地帶，
吳泳的《鶴林集》卷三九《隆興府勸農文》載：

> 豫章之農，只靠天幸。故諺曰：十年九不收，一熟十倍秋。惰所基
> 也。勤則民富，惰則民貧。

而關於饒州三角洲地帶的情況，《淳熙新安志》卷二《敘貢賦》記載如下：

> 宣、饒之田，彌望數百畝，民相與秔稉之。歲才一芸，時雨既至，
> 禾稗相依以長，而其人亦終歲飽食，不待究其力。

由上可知，宋代江西與江東饒州三角洲地帶經營的是粗放式的三角洲型
農業。有關這種三角洲型農業，大澤正昭認為，基本上是粗放經營，數年一
次大豐收，因此能夠維持再生產，相應地，就每個年度而言，其生產是不穩
定的。[2]因此三角洲地帶的農業，由於土地肥沃，即使不投入勞動力也能有所
收穫。只不過，歉收的時候也多，每個年度的生產量非常不穩定。

---

[2] 大澤正昭《宋代「河谷平原」地區的農業經營——江西撫州的情況》（《上智史學》34，1989 年，後收入前引《唐宋變革期農業社會史研究》）。

與這種農業相關的社會狀況又是怎樣的呢？關於三角洲地帶的饒州，《景定建康志》卷二三《城闕志》「諸倉・平糴倉」所引《嘉定省札》載：

> 惟饒、信舊來產米，却緣溪港夏漲，則販鬻貪價，多輸泄於下流。
> 歲事或稍不登，則秋冬水涸。縱使有米接濟，亦無逆水可致之利。

在豐收之時，人們並沒有儲存糧食以備荒年，而是盡可能地將收穫的糧食賣掉，來換取金錢。由此可知，人們所採取的是出售糧食這種重視商業利益的行為。只不過，從沒有儲存糧食而導致窮困來看，這些行為可以說完全不是「為了販賣而栽種」。自前引史料可見，在饒州，饑民淪為盜賊，惡行累累，在這種狀況下，人們的生活就變得不安定了。

（二）民田、官田糾紛的展開

在如此不安定的社會中，三角洲地帶發生了各種糾紛。例如，《建炎以來朝野雜記》甲集卷五《經界法》載：

> 饒州浮梁人云：然諸路田稅由此始均，今州縣砧基簿半不存，點吏
> 豪民又有走移之患矣。

乘地籍賬冊缺失之機，在富民（豪民）中出現了肆意改變土地邊界、逃稅漏稅之徒。為了解決這個問題，政府施行經界法。所謂經界法，是為了改善南宋時稅收減少這一嚴重問題，南宋初期兩浙轉運副使李椿年所提出的政策。[3]據《宋史》卷一七三《食貨志・農田條》淳祐十一年（1251）條載「是

---

[3] 曾我部靜雄《南宋的土地經界法》（收入《宋代政經史研究》，吉川弘文館 1974 年）。關於土地經界法，還可參見周藤吉之《南宋鄉都的稅制與土地所有──特別是與經界法的關係》（收入《宋代經濟史研究》，東京大學出版會 1962 年）等。有關宋代（特別是南宋）賦課過重的問題，參見曾我部靜雄《宋代財政史》（生活社 1941 年，後由大安於 1966 年重印）。又，八木充幸《南宋地方財政的一個檢討》（《集刊東洋學》44，1980 年）認為，由於稅收加重化、無視承擔能力所制定的上供額等，地方財政難以正常化運

歲,信常饒州、嘉興府舉行經界」,可知為了解決上述問題,饒州也施行了經界法。有關李椿年的建議,《宋會要・食貨六之三六》紹興十二年(1142)十一月五日條有如下記載:

> 兩浙轉運副使李椿年言:臣聞孟子曰:仁政必自經界始。井田之法壞,而兼併之弊生,其來遠矣。況兵火之後,文籍散亡,戶口租稅,雖版曹尚無所稽考,況於州縣乎?豪民猾吏因緣為奸,機巧多端,情偽萬狀,以有為無,以強吞弱,有田者未必有稅,有稅者未必有田。富者日以兼並,貧者日以困弱,皆由經界之不正耳。夫經界之正不正,其利害有十。[4]

由此可知,南宋時期,兼併他人土地的行為橫行無忌,在富民肆意改變土地邊界的背景下,他們大量兼併土地。人們為了獲得更多的金錢,採用了兼併他人土地的非合作性(也可以說是爭奪性)行為。這種行為易於採取的背景是,三角洲型的粗放性農業使得人們即使不合作也能實施農業經營。宋代糧食的價格(米價)在北宋初期下降,中期上漲,王安石變法期間暫時回落,在末期又上漲,在南宋初期暫時下降後又回升。[5]若是糧食的價格上漲,生產糧食的土地價格(田價)也應該上漲。土地兼並橫行的背景是北宋中期、南宋時期田價飛漲。

在這種背景下,土地兼併成為一個問題,而另一方面,部分富裕之人勾結胥吏,進行不正當運作,為自己購入的耕地逃避繳納稅金。饒州有很多三角洲地帶,屢屢遭受水旱災害,據《後村集》卷七九《與都大司聯御申省乞

作。

[4] 《宋會要・食貨七〇之一二四》「紹興十二年十一月五日」條有同樣的記載。

[5] 有關米價的變動,參考全漢昇《北宋物價的變動》、《南宋初年物價的大變動》、《宋末的通貨膨脹及其對於物價的影響》(收入《中國經濟史論叢》1,新亞研究所 1972 年)、井上正夫《宋代的國際通貨──以王安石的通貨對策為中心》(《經濟論叢(京都大學)》151-1、2、3,1993 年)等。

為饒州科降米狀》所載「紹定三年、四年、五年、六年，袁提刑四次檢放十七萬八千餘石。嘉熙三年史提刑檢放八萬餘石。此三數年內，租稅十分之中，失其七八」，可知當時免除了租稅。關於歉收時免除租稅，《宋會要‧食貨六一之七四》紹興四年（1134）九月十五日條有如下記載：

> 敕：契勘水旱災傷，檢放官不能遍詣田所，吏緣為奸，受賕囑托，或以少為多，或以有為無，或觀望漕司，吝於檢放，致貧民艱於輸納，有流離凍餒之患。今後並委提刑司檢察，如有不實，按劾以聞，當議重責。

據此，在決定租稅免除額的時候，胥吏收受賄賂，對行賄者予以優待，這種現象十分普遍。那麼行賄者都是些什麼人呢？劉克莊《後村集》卷一九二《戶案呈委官檢踏旱傷事》載：

> 當職更歷州縣，每見檢旱官吏，所至與豪富人交通，凡所蠲放，率及富強有力之家，而貧民下戶鮮受其惠。又逐鄉逐里，各有奸猾之人，與所差官廳下吏卒計囑欺偽，雖賢官員聰明，有不能察。加以民田萬頃，極目連接，主家鄉老，或不能指定其孰豐孰歉，況見任官素與土俗不相諳，一覽之頃，又何以得其實耶？不過在轎子內咸憑吏卒里胥口說，遂筆之於案牘耳。……如饒州餘干縣今年旱禾，當職訪之土人與過往官員，皆言今年通收七分之類，却於三分損內斟酌普放一番，庶幾實惠及民，貧富均沾，免使官司有檢放之名，豪強受檢放之實，貧弱反不在檢放之列。

劉克莊希望能夠避免發生「豪強」被免除租稅而「貧弱」不免的結果，反過來說，饒州很可能已經出現了這種狀況。從這一史料可知，富民（「豪富人」、「富強有力之家」）因向胥吏行賄而被不正當地免除了稅錢，「貧民」（自

耕農、小民）則不免，苦於稅錢負擔。從上引史料出現的鄉老來看，在農業社會中存在著有權勢的人物，而這些鄉老也無法掌握豐收還是歉收的情況。從「豪強」不正之舉橫行的現象來看，鄉老在農業社會中的指導力與糾紛解決能力較弱。

以上一系列阻止富民兼併土地、逃稅的政策，試圖讓徵稅正常化，且還為此實施了經界法，但曾我部靜雄認為，南宋時期賦課過重，此舉沒有什麼效果。[6]在饒州，經界法施行以後，上述狀況依然持續。不過，人們在兼併他人土地時，還運用了訴訟手段。《後村集》卷一九二《饒州州院申徐雲二自刎身死事》有如下記載：

> 豪家欲併小民產業，必捏造公事以脅取之。王叔安規圖徐雲二義男徐辛所買山地為風水，遂平空生出斫木盜穀之訟。……今體究官到地頭，王叔安山與徐雲二山既隔涉，又地頭却無倉屋，斫木盜穀二事皆虛。而徐雲二者，不堪吏卒追擾，貧家惟有飯鍋，亦賣錢以與寨卒，計出無憀，自刎而死。……樂平距本司僅百餘里，豈得擅差寨卒下鄉生事。王叔安恃其豪強，妄訟首禍，致人於死，徒三年。……縣吏鄧榮，舞文妄覆，寨卒周發、周勝，受賕擾民，各決脊杖三十，編管五百里。

這裏出現的寨兵，是縣尉、巡檢手下的捕快。「小民」雖然被記為「小民」，却擁有被奪走的土地而且還是有爭奪價值的土地，所以哪怕擁有的是一小片土地，那也是「田主」。在這個意義上，富民（「豪家」）奪取小民的土地，可以被稱作「田主」之間的土地爭奪戰。從這些土地爭奪戰展開時發生的訴訟來看，即使是富民，若不借助公權力，也無法順利地完成土地兼併。富民向胥吏行賄，利用公權力來擴大自己的利益。

---

[6] 前引曾我部《南宋的土地經界法》。

　　上述所見土地兼併，其實未必都是兼併土地，很多人都只是在他人土地上肆意耕作、收取糧食，但不交稅罷了。有關這種情況，李椿年在前引建言的其他部分曾提到「人戶侵耕冒佃，不納租稅」。由此來看，其目的不在於獲得土地，而是為了從這塊土地上收穫糧食。因此，乍看之下，土地兼併橫行似乎是人們貪戀土地所造成的後果，但實際上並不以保有土地為目的，而是為了獲得在那裏出產的糧食。在這種情況下，他們雖然沒有兼併土地，但採取了肆意耕種、收穫糧食的行為。在三角洲地帶，人們雖然不怎麼投入勞動力，對土地的貪戀度也較低，但依然重視土地出產的糧食。

　　然而，面對土地兼併、糧食搶奪以及逃稅，受害的那些人又採取了何種應對之策？上引李椿年建言的後續部分云：「立賞召訴，則起告訐之風；差官括責，則有搔擾之弊。」[7]李椿年還提到：「兵火以來，稅籍不足以取信於民，每遇農務假開（天頭注：疑暇閑）之時，以稅訟者，雖一小縣，日不下千數，追呼搔擾，無有窮盡。」為了解決逃稅橫行、稅收減少的問題，政府獎勵對逃稅的告發行為，因此被強行攤派稅賦者就開始積極地提起訴訟。

　　臨江軍新淦縣有很多三角洲地帶，黃榦為那裏的父老所撰的《新淦勸農文》（《勉齋集》卷三四所載）有以下記載：

> 田主、債主與夫貪黠誅求，侵刻欺詐，以害我農人者，盍亦深思均
> 氣同體之義與吾衣食之所自來，相賙相給，使我農人亦得遂其生平
> 之願，爭訟不興，里閭安靜。

　　從「農人」被「田主」剝削的狀況以及「田主」衣食所費皆出自「農人」來看，「農人」是「田主」的佃戶，也就是說「田主」剝削佃戶。只不過，從前引史料無法獲知，「主家」（地主）自己的土地究竟是豐收還是歉收，但從

---

[7] 《宋會要·食貨六之三九》紹興十二年（1142）十二月二日條載：「仍將所隱田沒入官，有人告者賞錢並田給告人」；《宋會要·食貨六之四〇》紹興十五年（1145）二月十日條亦載：「如有欺隱，不實不盡，致人陳告，其隱田畝並水色人並從杖一百斷罪。仍依紹興條格將田產盡給告人充賞」。

有些人在他人土地上肆意耕作的現象來看，在「田主」沒有直接管理的所有地上，以佃種為生的那些人也可能被別人隨意搶走收穫到的糧食。作為富民的「田主」兼併土地，並將土地出租給佃戶，讓他們繳納糧食，事實上，還存在從他人那裏搶奪糧食的情況。所以，在三角洲地帶的農業社會中，「田主」（富民、小民皆有）和佃戶之間以收穫的糧食為中心，爭奪利益，這可以說是一種不安定的社會狀態。

地方官在上引對父老的勸諭中，表達了希望由父老調停人們對於糧食（以及由此獲得的金錢）之爭的期待。只不過，反過來思考這種勸諭之言，就知道當時父老對於制止這些紛爭沒有發揮其指導作用。因為父老與鄉老的紛爭處理能力較弱，所以紛爭無法在他們的指導下解決，由此就發展為訴訟了。

以上所述限於民田，而同樣的情況也發生在沒官戶絕田（因戶絕等理由而沒收入官的耕地）上。陸九淵《象山先生全集》卷八《與蘇宰》中有以下記載：

> 其初出監簿陳君，初官江西，因見臨江之新淦、隆興之奉新、撫之崇仁，三縣之間有請佃沒官絕戶田者，租課甚重，罄所入不足以輸官。佃者因為奸計，不復輸納，徒賄吏胥以圖苟免，春夏則群來耕獲，秋冬則棄去逃藏。當逃藏時，固無可追尋，及群至時，則倚眾拒捍，其強梁奸猾者如此。若其善良者，則困於官租，遂以流離死亡，田復荒棄，由是侵耕冒佃之訟益繁，公私之弊日積。

在臨江軍的新淦縣、隆興府的奉新縣、撫州的崇仁縣這三縣之間，三角洲地帶最為密集。在當時的官田中，除了沒官戶絕田以外，還有屯田和營田等，因此由佃戶承包耕作，讓他們繳納租課。[8]只不過，此地的沒官戶絕田租

---

8 參見柳田節子《宋代的官田與形勢戶》（《學習院大學文學部研究年報》26，1980年，後收入《宋代社會經濟史研究》，創文社 1995 年）等。

課很重，佃戶無力繳納，就紛紛開始想法設法逃避交租。其結果是，頻繁出現農人成群結隊地前來耕種，又帶著所收穫的糧食逃走以及肆意耕種他人土地的現象，因此時常引起訴訟。也就是說，由於租課負擔沉重，人們不再留戀承包地，而是爭奪此地出產的糧食。不在這片土地上定居却依然有可能進行農業勞作，這也是三角洲型的農業形態。至於租課負擔沉重的背景，《與蘇宰》也有記載：

> 陳既被召為職事官，因以此陳請，欲行責括，減其租課，以為如此則民必樂輸，而官有實入。此其為說，蓋未為甚失。其初下之漕臺，布之州縣，施行之間，已不能如建請者之本旨，遂並與係省額屯田者一概責括，亦鹵莽矣。蓋佃沒官絕戶田者，或是吏胥一時紐立租課，或是農民遞互增租劃佃，故有租重之患，因而抵負不納。或以流亡拋荒，或致侵耕冒佃，而公私俱受其害。陳監簿之所為建請者，特為此也。

所謂「農民遞互增租」，是指為了實現劃佃（替換佃戶）而加重租課。[9]「農民」之間雖然爭奪承包地，但更多的是追求利益。他們從原本希望持續性地占有承包地，轉而關注三角洲地帶豐收時可獲得的大量糧食。因此，這種劃佃事實上也引發了訴訟。《建炎以來繫年要錄》卷一八〇紹興二十八年（1158）七月乙酉條有如下記載：

> 詔：諸路沒官田並令出賣。時所在州縣閑田頗多，舊許民請佃，歲

---

[9] 在地主佃戶的論爭中，劃佃是引人注意的一種現象。例如，宮崎市定將它視為近世的現象，周藤吉之認為它是在佃權沒有產生的狀況下出現的，與周藤的觀點相反，草野靖則指出它與佃權的關聯。上述各位的論文如下：宮崎市定《宋代以後的土地所有形態》（《東洋史研究》12-2，1952 年，後收入《宮崎市定全集》11，岩波書店 1992 年）、周藤吉之《宋代佃戶的劃佃制——以官田為中心》（《野村博士還曆紀念論文集——封建制與資本制》，有斐閣 1956 年，後收入《唐宋社會經濟史研究》，東京大學出版會 1956 年）、草野靖《宋代的劃佃》（《史草》11，1970 年）。

利厚而租輕，間有增租以攘之者，謂之劃佃，故詞訟繁興。

　　前引史料記載，肆意耕種他人的承包地，是引起訴訟的原因，而由此處記載可知，在三角洲地帶的官田上，為了追求豐收時從承包地獲得的巨大利益，人們爭搶耕地，由此導致訴訟頻發。

　　通過以上檢證可以確認的是，對於江西、江東饒州三角洲地帶的民田、官田，人們通過彼此搶奪對方的收穫物而獲利，由此導致了競合性趨勢較強的不安定的社會狀態。在三角洲地帶，與礦產開採一樣，無需持續性地使用土地以及大量投入勞動力，就能夠獲得糧食。在這個意義上，人們易於流動，但互相之間的利害關係就難以調整了。有鑒於此，我們有必要進一步檢討的是，在必須投入大量勞動力的產業中，人們是如何行為的。所以本章的後半部分將探究宋代江西河谷平原地帶的狀況，它經營的是安定程度較高的河谷平原型農業。

二、江西河谷平原地帶的農業與訴訟

（一）河谷平原地帶的農業形態

　　在宋代，位於江南西路贛江中游地區的河谷平原地帶是與鄱陽湖周邊三角洲地帶並列的糧食生產之地。其中糧食生產量很高的是吉州與撫州。例如，有關吉州的情況，前引《黃氏日抄》卷七五稱「大江以西隆興、吉州等處，皆平原大野，產米居多。惟本州與建昌為山郡」；《輿地紀勝》卷三一《江南西路・吉州風俗形勝》所載《宋晞顏修城狀》也稱「其戶口繁衍，田賦浩穰，實為江西一路之最」，而且該書同卷所載《唐皇甫湜盧陵縣廳壁記》也稱「土沃多稼，散粒荊陽」；李正民《大隱集》卷五《吳運使啟》還稱：「江西諸郡，昔號富饒，盧陵小邦，尤稱沃衍。一千里之壤地，秔稻連雲，四十萬之輸將，

舳艫蔽水。朝廷倚為根本，民物賴以繁昌」。吉州多有肥沃之地，盛產糧食，人民也頗多獲利。至於撫州，謝蘯《謝幼槃文集》卷八《狄守祠堂記》載：「撫於江西為富州，其田多上腴，有陂池川澤之利，民飽稻魚，樂業而易治」；曾鞏《南豐先生元豐類稿》卷一八《擬峴台記》亦載：「多良田，故水旱蟓螣之災少」。由此可知此地也多良好的耕地，農業興盛。從以上情況來看，宋代江西的河谷平原地帶已開發得相當不錯了。[10]

那麼河谷平原地帶的農業形態為何呢？以下根據既往研究，首先討論這一點。吉州頗多河谷平原地帶，曹彥約《昌谷集》卷一九《故利州路提點刑獄陳君墓志銘》稱「其在永豐時，訪境內水利，得舊陂十有八所。諭豪民併力疏鑿，訖事不擾。堤防既密，水積益富，用以溉田，為頃二萬有奇」。而且王庭珪《盧溪文集》卷二《寅陂行》載：

> 安成西有寅陂，溉田萬二千畝。歲既久，官失其籍，大姓專之，陂旁之田，歲比不登。邑丞趙君搜訪耆老，盡得古迹。乃浚溪港，覓堤闕，躬視阡陌，灌注先後，各有繩約，俾不可亂。

可見吉州建設陂塘進行灌溉的方式。撫州也多河谷平原地帶，前引《謝幼槃文集》卷八《狄守祠堂記》稱「有陂池川澤之利」，也在建設陂塘。只不過，這種陂塘建設不能說十分普及，如《宋會要・食貨七之四六》紹興十六年（1146）十一月條載：「前知袁州張成己言：江西良田，多占山崗上，資水利以為灌溉，而罕作池塘以備旱暵」。

有關這種狀況下的農業情況，如《黃氏日抄》卷七八《咸淳八年春勸農文》有載：「今撫州多有荒野不耕。……撫州勤力者，耕得一兩遍，懶者全不

---

[10] 中島樂章《從累世同居到宗族形成——宋代徽州的地域開發與同族結合》（收入《宋代社會的空間與交流》，汲古書院 2006 年）認為，南宋時期的徽州進入累世同居型大家族衰微期，同族內部貧富差距顯現，由此發生族內糾紛，而唐代以前吉州等呈現的是累世同居現象。由這一觀點可知，江西河谷平原地帶在南宋時期家族崩潰，進入邊地開發的終結期。

耕」。大澤正昭對此加以分析，認為此處是集約型農業的「自耕」式地主經營和粗放型農業並存。[11]但是從陂塘建設、集約型農業存在的普及程度來看，與同時期的三角洲地帶相比，河谷平原型農業的勞動力在耕地上的投入程度高，較為安定。

（二）圍繞耕地、水利設施、糧食買賣的糾紛

在經營上述農業的江西河谷平原地帶，土地交易活躍。例如，有關吉州屯田（官有地的一種）的情況，《文獻通考》卷七《田賦考・官田》政和元年（1111）條有如下記載：

> 知吉州徐常奏：諸路惟江西乃有屯田，非邊地。其所立租則比稅苗特重，所以祖宗時許民間用為永業，如有移變，雖名立價交佃，其實便如典賣已物。其有得以為業者，於中悉為居室墳墓，既不可例以奪賣，又其交佃歲久，甲乙相傳，皆隨價得佃。今若令見業者買之，則是一業而兩輸直，亦為不可。而況若賣而起稅，稅起於租，計一歲而州失租米八萬七千餘石，其勢便當損減上供，是一時得價，而久遠失利。

在屯田上，佃戶長期耕種承包地，也進行「立價交佃」（承包地交易）。[12]由屯田上發生如此活躍的土地交易可知，周邊民田的交易很可能也非常活

---

[11] 參見前引大澤《宋代「河谷平原」地區的農業經營》。

[12] 關於「立價交佃」，從來就有各種解釋。例如，周藤吉之認為「立價交佃」是買賣佃權的意思；草野靖認為，「立價交佃」的對價是佃作者在佃田上投入的資本、勞動所折算出來的金錢，即佃戶工本錢；而高橋芳郎認為，「立價交佃」是承佃者之間基於田土價格所作的交易行為。參見以下論文：周藤吉之《宋代官田的佃權買賣——關於資陪或酬價交佃》（《東方學》7，1953 年，後收入《中國土地制度史研究》，東京大學出版會 1954 年）、草野靖《中國近世的寄生地主制——田面慣行》（汲古書院 1989 年）、高橋芳郎《宋代官田的所謂佃權——其本質與歷史性定位》（《史朋》5，1976 年，後收入《宋代中國的法制與社會》，汲古書院 2002 年）、《宋代官田的「立價交佃」與「一田二主制」》（《東北大學東洋史論集》4，1990 年，後收入前引《宋代中國的法制與社會》）。

躍。與三角洲地帶相比，人們對土地的依戀度較高。在這一狀況下，與水利設施相關的糾紛就發生了。楊萬里《誠齋集》卷一二二《新喻知縣劉公墓表》有以下記載：

> 始公未仕，恤恤然有及物意。安福西寅陂，歲溉田萬三千畝，擅於
> 豪右，貧民病之。公為作釣水約，上之官，事下至今利焉。

此處所述為前述吉州安福縣寅陂的情況，前引《盧溪文集》卷二《寅陂行》也言及類似事實「官失其籍，大姓專之，陂旁之田，歲比不登」。通過梳理這些記載可知，南宋時期，寅陂為富民（「大姓」、「豪右」）獨占，周邊「貧民」（小規模自耕的小民）的耕地無法引入水源，所以劉廷直向縣裏進呈了均分水量的規約，由趙縣丞予以處置。富民獨占水利設施，這種極不合作的行為由此浮現出來。劉廷直採用的解決辦法，並不是與富民、小民等寅陂周圍的人商量水利設施的利用方法，然後制定「釣水約」，讓人們據此約定利用水利設施，而是將自己制定的「釣水約」上呈官府，由作為地方官的趙縣丞加以處置，若逆向思考的話，這說明在這個地方很難推行水利設施的自律性、合作性使用。

也就是說，從這一史料可以確認，在農業社會中，一方面存在著像劉廷直那樣關心近鄰問題並煞費苦心地想要予以解決的有德的有權勢者，另一方面，他們在調整與農業相關的利害關係上、在解決與農業相關的糾紛上卻沒有足夠的影響力。

在宋代江西的河谷平原地帶，剩餘的糧食在市場上大量出售，糧食買賣十分活躍。關於吉州的情況，歐陽守道《巽齋文集》卷四《與王吉州論郡政書》記載如下：

> 鋪戶所以販糴者，本為利也。彼本浮民，初非家自有米，米所從來，
> 蓋富家實主其價，而鋪戶聽命焉……尋常此等富家與鋪戶俱糴，小

民日糴斗升於富家，既足以殺鋪戶、獨擅長價之勢，而鋪戶近有此
等富家可恃，若舡米偶不至，則轉糴於此等，亦足以暫時應副鋪面
至闊販。勒分定例之後，富家既蓄為應命之需，於是官場未開之先，
鋪戶與小民往叩其門而不應矣……但得富家出糴價平，小民有處可
糴則足矣。

在吉州各地，生產出來的一部分糧食由富民（「富家」）與「浮民」出身
的鋪戶販售給吉州各地的城市居民。[13]由此可知，吉州各地出產的剩餘糧食被
運往縣城等城市，以城市居民為對象的糧食買賣十分活躍，即追求商業性利
益的行為很活躍。在糧食買賣中，富民與「浮民」出身的鋪戶參與其間，從
「富家既蓄為應命之需，於是官場未開之先，鋪戶與小民往叩其門而不應矣」
的情況來看，並沒有產生調整富民與鋪戶等利害關係的組織。亦即，在買賣
糧食的地方，富民與「浮民」出身的鋪戶相互之間討價還價，想要追求利益。
在這種情況下，人們的買賣競爭被激化了。在前引《巽齋文集》卷四《與王
吉州論郡政書》中，作者認為當時的地方官改為實施「不讓米價上漲的禁令」，
阻礙糧食的流通，讓縣城居民深受其苦：

市井常言，凡物之價，聞賤即貴，聞貴即賤。人聞廬陵米貴之聲，
如此彼有米者豈不願乘此而爭趨之？若舡隻流通，趨者湊集，則即
賤矣。蓋不禁米價，乃前世良守救荒之所已行也。兼糴者，但當誘
之使來，不可恐之使匿。彼若米載而來，生事之徒與之喧闐，以增
價犯禁告，則所增之錢不足以了訟費。人思及此，豈復肯來？

由此可知，糧食並非由農業協會式的組織進行統一采購，然後在市場上
出售，而是由每個生產者在市場上自行販售，所以此時人們都想以更高的價

---

[13] 參見前引地濃《南宋時期江南西路產米的市場流通》。

格出售，由此展開激烈的競爭。而且買賣雙方之間展開激烈的討價還價，在交易之地，被稱為「生事之徒」的人暗中活動，與出售者之間發生糾紛。出售者因無法支付訴訟費用，所以難以提出訴訟。從反面來說，如果能湊夠訴訟費用的話，他們就會提起訴訟了吧。一般來說，激烈競爭本身並不少見，但在糧食交易之地易於發生上述糾紛與訴訟，則可以說是具有特色的趨勢吧。

　　由目前為止的檢證可知，競爭性的不安定的社會狀態並非僅見於三角洲地帶，也出現在河谷平原地帶。關於這種社會狀態，曾鞏《南豐先生元豐類稿》卷一七《分寧縣雲峰院記》也有以下相關記載：

　　分寧人勤生而嗇施，薄義而喜爭，其土俗然也。自府來抵其縣伍百里，在山谷窮處，其人修農桑之務。……田高下磽腴，隨所宜雜殖五穀，無廢壞。……富者兼田千畝，廩實藏錢，至累歲不發。然視捐一錢可以易死，寧死無所捐，其於施何如也？其間利害，不能以秭米，父子、兄弟、夫婦，相去若弈棋然。於其親固然，於義厚薄可知也。長少族坐里閭，相講語以法律。意向小戾，則相告訐，結党詐張，事關節以動視聽，其喜爭訟，豈比他州縣哉。

　　分寧縣位於洪州（隆興府）的河谷平原地帶。上引內容當然有誇張之處，但由此可以窺見，一方面，此地農業興盛，另一方面，人們貪戀金錢，互相之間爭奪利益，有訴訟戰頻發的傾向。在吉州的河谷平原地帶也存在類似情況，在這種具有強烈的競爭性傾向、不安定的社會狀態中，人們運用訴訟手段來展開相互競爭的可能性很高。如第一章所述，在宋代，吉州因被認為「健訟」而出名，此地的農業社會所見上述情況對此是有影響的。[14]

---

[14] 大澤正昭在《對中間層論與人們關係論的一個視角——為了理解九世紀以降的中國社會史》（收入《東亞專制國家與社會、經濟》，青木書店 1993 年）中指出，與水稻種植相關的小農經營，「與宋代以降生產力的各要素一起發展，其經營基礎更為強固。但是另一方面，獨立性增強的小農經營無法成就地域性合作組織——村落共同體」。這種情況以競爭性傾向明顯的社會狀態為背景。

結 語

　　宋代的江西與江東饒州的三角洲地帶，因盛產糧食而出名，它們所經營的粗放型農業，無需投入太多勞動力就能有所收穫。豐收時有極大的效益，但歉收的時間也很多。但是人們沒有在豐收時儲備糧食，以備荒年，而是出售糧食，換取金錢，這是一種商業色彩極強的糧食處理方式。在此情況下，土地爭奪戰打響，富民屢屢提起不正當的訴訟，來搶奪他人土地。而佃戶則隨意耕種他人土地，拿走收穫物，以逃避交稅。在三角洲地帶，由於沒有太多的勞動力投入到耕地中，人們的目光對準的是出產的糧食而非耕地，準確地說，應該是賣掉糧食後獲得的金錢，由此展開互相爭奪。而且，人們一方面要確保糧食收入，另一方面則處心積慮地盡可能地逃避交稅。其結果是，能夠行賄於胥吏的富民成功逃稅，而無法行賄的小民不但無法減輕負擔，反而不斷加重。為了處理胥吏的不正之風和人們的逃稅行為，政府獎勵告發逃稅的行為。因此告發違法行為的訴訟多有發生。在三角洲地帶的農業社會中，也存在著被稱為鄉老與父老等的有權勢者，地方官期望他們能夠制止富民對於他人土地的掠奪行為等，然而從政府獎勵告發逃稅的政策可知，他們對於制止富民的不正當行為以及解決土地紛爭問題等缺乏指導力。

　　由以上所述可以確認的是，三角洲地帶的農業社會呈現出人們爭奪由糧食所產生的利益的競爭性狀態。再加上政府對於告發逃稅的獎勵，人們之間的紛爭無法在鄉老、父老的指導下解決，所以訴訟頻發。總之，這是一種人們互相競爭且運用訴訟手段的社會狀態。正如《清明集》卷一二《懲惡門‧為惡貫盈》所載「饒、信兩州，頑訟最繁」，三角洲地帶的饒州被認為是「健訟」，上述狀況正是在這一背景中發生。

　　這種傾向在「農民」承包經營的官田上更加明顯。「農民」們把目光聚焦於官田所產糧食上，爭搶承包官田。但是他們所關心的，與其說是承包地的持續性占有，還不如說是對該地出產糧食的獲取。爭搶承包地的結果是，租

課提高，而人們隨意耕種，然後帶著收穫物逃逸。這是「農民」圍繞糧食獲得而展開的爭搶。訴訟作為爭搶的一種手段也就廣為流行了。

本章考察的是關於江西與江東饒州三角洲地帶的情況，而宋代浙西三角洲地帶也是作為糧食盛產地區而出名。[15]這一地區推行圍田（用堤防把土地圍起來，以此整治耕地的活動，將水田旱田化），其主流還是三角洲型的粗放性農業。修築起來的圍田，因為其修築秩序的不完備，也處於不安定的狀態。大土地所有到處可見，他們采用的是商業性地主經營方式，並非「親自耕種」，而是委任佃戶進行耕作，再讓佃戶上交所得利益。從其社會階層的構成來看，中產、自耕農階層較少，極少數的大地主階層與大多數的下層主戶階層構成了社會。在這種情況下，如晁補之的《雞肋集》卷六五《奉議郎高君墓志銘》所載「佃戶靳輸主租，訟由此多」，在民田上，佃戶對地主採用抗租（不交租）的方式。[16]針對這一事態，地主無法通過自力救濟徵收未繳納的田租，所以提起訴訟。亦即，在地主（大地主）與佃戶（下層主戶）之間，施行的是並非親自耕種的商業性地主經營，兩者的關係較為疏遠，所以兩者圍繞糧食（以及由此獲得的金錢）展開爭奪，其利害關係難以調整。無論是浙西的三角洲地帶，還是江西與江東饒州的三角洲地帶，人們都互相爭搶糧食。如樓鑰的《攻媿集》卷三六《吏部員外郎雷深直煥章閣知平江府》稱兩浙西路的蘇州

[15] 關於宋代浙西三角洲地帶的農業，有很多研究成果。可參見以下文獻：足立啟二《宋代兩浙水稻種植的生產力水準》（《文學部論叢（熊本大學）》17，1985 年）、大澤正昭《「蘇湖熟天下足」——在「虛像」與「實像」之間》（《為了新歷史學》179，1985 年，後改題為《宋代「江南」的生產力評價》，收入前引《唐宋變革期農業社會史研究》）、宮澤知之《宋代發達地區的階層構成》（《鷹陵史學（佛教大學）》10，1985 年）。下層主戶是少量土地的所有者，通過承包耕種來貼補家計。主戶是擁有稅產的兩稅承擔者。

[16] 有關抗租，可參見以下文獻。前引周藤《中國土地制度史研究》、柳田節子《宋代土地所有制所見兩個類型——發達與邊境》（《東洋文化研究所紀要》29，1963 年，後收入前引《宋元社會經濟史研究》）、草野靖《宋代的頑佃抗租與佃戶的法律身份》（《史學雜志》78-11，1969 年）、高橋芳郎《宋代的抗租與公權力》（《宋代的社會與文化》〔宋代史研究會研究報告第一集〕，汲古書院 1983 年，後收入前引《宋代中國的法制與社會》）、丹喬二《南宋末江南三角洲的抗租——以對黃震〈慈谿黃氏日抄分類〉的分析為中心》（《史叢（日本大學）》31，1983 年）、德永洋介《南宋時期的糾紛與裁判——從主佃關係的現場出發》（收入《中國近世的法制與社會》，京都大學人文科學研究所 1993 年）。

「地大物阜，訴訟實繁」，也被認為有好訟之風。由此可見，不僅是江西，作為宋代經濟發展的重要一環，長江中下游地區的三角洲地帶也表現出很強的訴訟傾向。

然而，在三角洲地帶，與礦產的開採一樣，無需持續地使用土地和大量投入勞動力，就能獲得糧食。在這個意義上，人口本來就易於流動，而相互之間的利害關係却很難進行調整。因此，乍看之下，此地之人易於紛爭的原因似乎是這種流動性的環境。然而，不安定的社會狀態並非僅見於這種流動性的環境中。宋代江西的河谷平原地帶經營著安定程度較高的河谷平原型農業，也出現了這種情況。河谷平原地帶推行陂塘建設，普及集約型農業，與三角洲地帶相比，其糧食生產較為安定，而從耕地情況來看，土地交易頗為活躍。在此狀況之下，富民採取了獨占陂塘的非合作性行為。有德的有權勢者雖然以陂塘的合作性使用為目標，但因指導力較弱，只能借助地方官之手來解決問題。而且，大量的剩餘糧食在市場上出售給城市居民，他們對商業性利益的追求相當活躍。與這種出售所生產的糧食相關，富民與「浮民」出身的鋪戶之間相互討價還價，進行交易活動。而在這種交易現場，容易發生糾紛、提起訴訟。再加上農業興盛，人們貪戀金錢，史料中也有打訴訟戰、互為爭利的記載。因此江西河谷平原地帶所經營的農業雖然比三角洲地帶安定，但與三角洲地帶一樣，也有明顯的競爭性傾向，處於不安定的社會狀態中，其結果是出現訴訟頻發的社會狀態。

同一時期的兩浙東路（浙東）河谷平原地帶比江西更為積極地推行河谷平原型農業。從其社會階層來看，中產、自耕農階層與下層主戶階層較多，中產、自耕農階層建造小規模的陂塘（池塘），推行集約型農業。[17]在這種狀況下，也發生了耕地紛爭。例如，婺州頗多河谷平原地帶，呂祖謙《呂東萊

---

[17] 參見以下文獻：渡邊紘良《宋代福建、浙東社會小論──圍繞自耕農的諸問題》(《史潮》97，1966年)、本田治《宋代婺州的水利開發──以陂塘為中心》(《社會經濟史學》41-3，1975年)、前引宮澤《宋代發達地區的階層構成》、上田信《明清時期浙東的生活循環》(《社會經濟史學》54-2，1988年)、前引大澤《宋代「河谷平原」地區的農業經營》。

文集》卷七《朝散潘公墓志銘》稱「婺田恃陂塘為命，天不雨，尺競寸攘，鬥鬩斃踣者相望」。有關元末明初的情況，宋濂《宋學士全集》卷六九《元故王府君墓志銘》稱「里中有池塘，延袤可二十畝。其二婚家力爭之，數訟於有司，不決……」。由這些記載可知，浙東的河谷平原地帶雖然更為積極地經營河谷平原型農業，但人們還是爭奪陂塘和耕地。在另一方面，如《清明集》卷一三《懲惡門・資給人誣告》所載「婺州東陽，習俗頑囂，好鬥興訟，固其常也」，在南宋時期此地也被認為「健訟」。由此看來，宋代浙東河谷平原地帶也可能處於人們互為紛爭的不安定的社會狀態中。

　　只不過，到了元代，婺州（金華）等地以富民為中心，致力於建設自律性的社會秩序。[18]例如，檀上寬認為，基於元朝對江南支配的脆弱性和南人在政治上的疏遠等因素，元朝的江南存在腐敗的構造，「私利追求型」富民、地主階層的存在變得十分明顯，在另一方面，也有如金華的義門鄭氏等「鄉村維持型」富民、地主階層，而明朝則以這種「鄉村維持型」富民、地主階層為基礎，致力於王朝國家的建設。這種富民的動向，對浙東河谷平原地帶的社會秩序產生了巨大影響，這是今後想要研究的課題。

---

[18] 參考以下文獻：濱島敦俊《明代江南農村社會研究》（東京大學出版會 1982 年）第一部《明代江南的水利習慣》、檀上寬《明朝專制支配的歷史性構造》（汲古書院 1995 年）第二部《元、明革命與江南地主的動向》、中島樂章《元代社制的成立與展開》（《九州大學東洋史論集》29，2001 年）。

第四章　宋代明州沿海地區的糾紛與秩序

緒　言

　　在宋代，伴隨經濟的發展，海上貿易也十分活躍。明州（現在的寧波。
後改稱為慶元府，方便起見，以下統稱為明州）就是作為這種海上貿易的中
心地之一而獲得發展。在唐宋時期，由於大運河與港口的修治，明州作為遠
程商業的據點發展起來，且在宋代時，設置了管理海上貿易的市舶司。正是
因為這種商業的繁榮，城市獲得發展，城市人口也得到了增加。[1]另一方面，
關於明州的社會狀況，《輿地紀勝》卷一一一《慶元府‧風俗形勝》所載《晝簾
堂記》稱「鄞民訟繁夥，十倍山陰」，指出其訴訟繁多。而且，雍正《寧波府
志》卷一八《名宦‧鄞縣‧明‧李亨》載「洪武三十一（1398）年，縣令。……
刻三思碑以戒好訟，健訟者多悔悟罷去」，認為在明代初期，該地的社會風潮
是好訟。在第二章中，筆者討論了信州礦山所見易起訴訟的情況，而在第三
章中，筆者也證實了在南宋時期成為穀物生產中心地的江西、浙西、浙東農
業社會具有易於引發訴訟的特徵。由此可知，維持宋代經濟發展的產業和經
濟狀況容易引發訴訟，只是這一點是否僅適用於礦山與農業社會，則需要進
一步檢討。本章擬對維持宋代經濟發展的海上貿易進行探討，以宋代海上貿
易活躍的明州沿海地區的社會秩序為具體的研究對象。

---

[1]　參考斯波義信《宋代江南經濟史研究》（汲古書院，1988 年）等。

一、海上貿易的繁榮

宋代明州沿海地區的居民原本以漁業為生。關於這一點，如《寶慶四明志》卷二《錢糧・昌國縣》「石弄山砂岸、秀山砂岸」載「照得：本府瀕海細民素無資產，以漁為生。所謂砂岸者，即其眾共漁業之地也」；《開慶四明續志》卷八《蠲放砂岸》也載「砂岸者，瀕海細民業漁之地也。浦嶼窮民無常產，操網罟，資以卒歲」。另一方面，居民們也栽培、採集農作物。如《寶慶四明志》卷二《錢糧・昌國縣》「石弄山砂岸、秀山砂岸」載「至竹木薪炭，莫不有征。豆麥果蔬亦皆不免」，這便可以反證，居民們收穫竹木、薪炭、豆麥、果物、野菜之類，賴以為生。如此，在沿海地區（砂岸）生活的人們以漁業、農作物的栽培和採集為生計手段。

到了南宋時期，這一沿海地區的海上貿易開始繁榮起來了。如《寶慶四明志》卷一四《四明奉化縣志・官僚》「鮚埼寨巡檢」載：

> 寨在鎮北五里，聽事在漂溪。嘉定七年尚書省劄節文白劄子：奉化縣管下地名戰埼袁村皆瀕大海，商舶往來，聚而成市。十餘年來，日益繁盛。邑人比之臨安，謂小江。下去縣五六十里南，隔山嶺海濱。習俗素悍，富者開團出船，藏納亡賴，強招客販。貧者奪攘鬥毆，雄霸一方，動致殺傷。縣道前來，擇有事力者，委充甕長，未能借之鈐束，反以資其武斷。

大約到南宋中期，在遠離明州奉化縣縣治的沿海地區，商船往來，形成市場。在這一市場中，富民參與貿易，但他們集結「亡賴」，出現了強迫「客販」交易的現象以及暴力事件。

二、稅場的設置與「砂主」勢力的出現

　　這一問題發生在明州沿海的各個地區。《寶慶四明志》卷六《雜賦》「鄞縣桃花渡每界額錢、定海江南渡每界額錢」載：「頤仲到任之初，首聞砂岸與官渡均為四明之害。」有關這一具體內容，前引史料於別處有如下記載：

> 尚書省箚子備據本府申：本府管屬有桃花渡在鄞縣之東，有定海渡在本縣之南。其水交匯，其塗四達，近通六邑，遠出大洋。是為民旅往來之衝，農牧出入之地……十數年來，府第買撲歸私，置場設肆。於收錢外，凡所以為徵取計者，殆將百出。又有一等凶悍不逞無籍之人，入為梢工篙手，相助為虐，則毀辱衣巾，損壞器物，或加捶縛……其為民害甚矣。

　　此地為旅人往來的據點、農民及飼養家畜之人行經之所在，由「府第」（官僚之家）承包徵稅，且有違法徵收的行為，[2]又因「無籍之人」流入，為非作歹，使治安出現惡化。至於承包徵稅的弊害，與明州同處於浙東沿海地區的溫州也有相關事例，如《宋會要‧食貨一八之六》「乾道九年（1173）五月十六日」條記載如下：

> 臣僚言：溫州平陽縣有私置漁野稅鋪，為豪右買撲，乘時於海岸琵曹小鑊等十餘所置鋪，瀕海細民兼受其害。昨來戶部住罷，已及三年。今豪民詭名，又復立價承買。

　　有關違法徵稅，《寶慶四明志》卷二《錢糧‧昌國縣》「石弄山砂岸、秀

---

[2]　有關違法徵稅，參考以下文獻等。曾我部靜雄《宋代商稅雜考》（收入《宋代政經史研究》，吉川弘文館，1974年）。梅原郁《宋代商稅制度補說》（《東洋史研究》18-4，1960年）。

山砂岸」也有進一步記載：

> 照應淳祐六年二月二十三日准尚書省箚子備朝議大夫右文殿修撰知
> 慶元軍府事兼沿海制置副使顏頤仲狀：……數十年來，龍斷之夫，
> 假抱田以為名，唁有司以微利，挾趁辦官課之說，為漁取細民之謀。
> 始焉照給文憑，久則視同己業。或立狀投獻於府第，或立契典買於
> 豪家，倚勢作威，恣行刻剝。有所謂艚頭錢，有所謂下莆錢，有所
> 謂曬地錢，以至竹木薪炭，莫不有征，豆麥果蔬，亦皆不免。

綜考上述史料可知，富民（「富者」、「豪右」、「豪民」）是以「府第」之
名包稅該地，倚仗其權勢，向人們違法徵稅的人。而且從竹木、薪炭、豆麥、
果物、野菜也被課稅就可以知道，與砂岸相關的所有產業都成了壓榨的對象。
關於這一實施違法行為的富民實體，上引《寶慶四明志》卷二《錢糧‧昌國
縣》「石弄山砂岸、秀山砂岸」同條接下來還有如下記載：

> 民者無藝，利入私室，怨歸公家已非一日。甚至廣布爪牙，大張聲
> 勢。有砂主，有專櫃，有牙秤，有攔腳，數十為群，邀截衝要，強
> 買物貨，捏托私鹽，受亡狀而詐欺，抑農民而採捕，稍或不從，便
> 行羅織。私置停房，甚於囹圄，拷掠苦楚，非法囚民，含冤吞聲，
> 無所赴愬。鬥毆殺傷，時或有之。又其甚者，羅致惡少，招納刑餘，
> 揭府第之榜旗，為逋逃之淵藪。操戈挾矢，搖鼓鳴鉦，倏方出沒於
> 波濤，俄復伏藏於窟穴。強者日以滋熾，聚而為奸，弱者迫於侵漁，
> 淪而為盜。

通過考察這一內容可知，富民一方面以「府第」之名包稅砂岸，受「府
第」所保護，另一方面將「亡狀」、「惡少」、「刑餘」網羅為屬下，形成數十
人以上的團體，而這個團體則被稱為「砂主」等（為方便起見，以下將這種

勢力稱為「砂主」勢力）。那些為謀求利益而聚結於與「府第」有人脉關係的富民之處的人，被記作「惡少」，若考慮到前引史料有關「弱者」（小民）成為盜賊的記載，這些「惡少」實際上是為了生計而托庇於有勢力的富民的小民。關於這一情況，在記錄政府為了防備而徵用民船的《開慶四明續志》卷六「省劄」中還有以下相關記載：

> 本司自嘉熙年間准朝廷指揮團結，溫台慶元三郡民船數千隻分為十番，歲起船三百餘隻前來定海把隘，及分撥前去淮東鎮江戍守。夫以百姓營生之舟而拘之，使從征役，已非人情之所樂。使行之以公，加之以不擾，則民猶未為大害。奈何所在邑宰非貪即昏，受成吏手。各縣有所謂海船案者，恣行賣弄，其家地富厚，真有巨艘者，非以賂囑胥吏隱免，則假借形勢之家拘佔。惟貧而無力者，則被科調。其二十年前已籍之船，或以遭風而損失，或以被盜而陷沒，或以無力修葺而低沉，或以全身老朽而弊壞，往往不與銷籍，歲歲追呼，以致典田賣產，貨妻鬻子，以應官司之命。甚則棄捐鄉井而逃，自經溝瀆而死。其無賴者則流為海寇。每歲遇夏初，則海船案已行檢舉，不論大船小船、有船無船，並行根括一次。文移遍於村落，乞取竭於雞犬，環三郡二三千里之海隅，民不堪命，日不聊生。

據此處記載，一部分平民不堪胥吏無理徵收，最終淪為「海寇」，而聚集於富民之下者，無疑也有如此出身之人。這意味著，「砂主」勢力是一種以富民和小民追求利益的慾望為基礎而結成的人際關係，進而言之，這可以說是一種算計性的人際關係，而這種算計性人際關係也可以說是「府第」與富民的關係。

在這種砂岸上，由於人們被逐漸吸聚到與「府第」有人脉關係的、承包徵稅的富民之下，所以地方勢力形成，且這種勢力呈四處割據狀態。這種「砂主」勢力憑藉其在地方上的勢力，以不正當的價格從客商手中徵購貨物，又

將私鹽強行賣給人們，而且任意設置「停房」（拘留所），對不順從的人實施暴力。

三、稅場的廢止與訴訟

到了南宋末期，為了消除砂岸包稅帶來的相關弊害，沿海制置副使顏頤仲所提倡的對策得到了採用。關於其內容，《寶慶四明志》卷二《錢糧‧昌國縣》「石弄山砂岸、秀山砂岸」記載如下：

> 頃歲廷紳奏請，欲令品官之家不得開抱砂岸。蓋慮法不能禁，則奸宄日出，貽禍無窮。……頤仲嘗推求其故，亦緣州縣利及歲入之額，致使豪強藉為漁奪之媒。若欲此令行，先自有司始。……如砂岸之為民害，見於詞訟者愈多。州郡豈敢較此數萬緡，坐視海民困苦而不之救。今挨究，本府有歲收砂岸錢二萬三貫二百文。……欲截。自淳祐六年正月為始，悉行蠲放。……支遣州郡，既率先捐以予民，則形勢之家亦何忍肆虐以專利。應是砂岸屬之府第豪家者，皆日下聽，令民戶從便漁業，不得妄作名色，復行占據。其有占據年深，腕給不照。……欲乞公朝特為敷奏，頒降指揮，著為定令，或有違戾，許民越訴，不以蔭贖，悉坐違制之罪。庶幾海島之民可以安生樂業，府第豪戶不得倚勢為奸。

沿海制置副使顏頤仲認為，對砂岸課稅正是弊害的原因所在，應停止向砂岸課稅，並取消「府第」、富民（「豪強」、「豪家」、「豪戶」）的承包。可是，此後這一問題仍未得到解決。《開慶四明續志》卷八「蠲放砂岸」記載如下：

> 砂岸者，瀕海細民業漁之地也。……巨室輸租於官，官則即其地龍

斷而徵之，或興或廢。寶祐四年秋，大使丞相吳公之開閫也。人謂
砂岸廢，而民無統，寇職以肆。公因民之欲而奏復之。越一年，人
又謂主砂者砂者苛徵，而相吞噬者則滋訟。公知其擾民也，亟奏寢
之。或止或行，悉因民欲，民亦知公之心無他也。

在砂岸停止徵稅後出現「民無統」的現象，這意味著由富民（「巨室」）
承包徵稅的體制儘管會產生相關弊害，但也帶來了砂岸秩序的安定。可以說，
以徵稅承包為媒介，政府與「砂主」勢力相互補充，以此謀求秩序的維持。
取消由富民承包徵稅，便出現「民無統」的現象，沿海制置大使吳潛又要在
砂岸徵稅，因此承包者也隨之違法徵稅，而後承包之爭便發生了。關於這一
系列措施，吳潛在《開慶四明續志》卷八所載的「榜」中寫道：

當使前歲領郡之初，人或謂，近年海寇披猖，如三山小榭等處有登
岸焚劫之事，皆起於罷砂岸而砂民無所統率之故。遂具申奏，乞行
興復。既復之後，雖藉所收錢物，以助養士、恤軍等費，然或又謂，
大家上戶不能不因此掊克沿海細民，又且詞訴迭興，更相吞併，殊
失本司興復之初意。又胡家渡瀨浦二稅場人亦謂，住罷之後，官司
更無纂節，因此數十里之內，莽為盜賊出沒之區。亦遂具申奏，乞
行興復。繼而議者又謂，於公家利益甚少，而稅場為民害者不貲。
徐而察訪，言亦非虛，當使於是復思變通之術。

從此文可知，砂岸徵稅承包被停止以後，因承包而得到巨大利益的「砂
主」勢力便被斬斷了這一收入來源，因此成為「海寇」，開始實施掠奪。而當
承包被恢復以後，富民（「大家」、「上戶」）再度承包徵稅，向沿海（砂岸）
小民（「細民」）違法徵稅，受害的小民便提起訴訟，而且富民之間也圍繞徵
稅所帶來的利益展開爭奪。徵稅承包失去保障之後，富民就失去了對「砂民」
（砂岸的居民）的統率力，這意味著富民本來並不具有統率「砂民」的實力。

綜考前引史料的內容，可以認為，富民一旦失去徵稅承包和與「府第」之間的人脈關係，便無法統率「砂民」，而富民之間的相互爭奪則表示富民之間並不團結。由此可知，在政府力量缺位的情況下，富民所主導的調整「砂民」之間利害關係的組織並不是自然形成的。因此，富民與小民之間的糾紛無法解決，訴訟事件便產生了。此外，關於這些「砂民」之間的訴訟事件，相關記載也見於《寶慶四明志》卷二一「商稅」：

> 淳熙四年有旨：續置砂岸並除罷。慶元二年，陳景愈於爵溪、赤坎、後陳、東門等處並置稅兒，縣令趙善與以擾民白府罷之。……嘉定二年，楊圭冒置，分布樊益、樊昌等為海次爪牙。鄭宥等訴之主簿趙善瀚，歷陳其害。五年，守王介申朝廷除罷，毀其五都團屋，版榜示民。寶慶元年，胡遜、柳椿假府第買魚鮮之名，私置魚團。鄭宥等又有詞，倉使齊碩攝府，杖其人而罷之。

鄭宥幾次提起訴訟的現象顯示，「砂民」一般採用提起訴訟的方式來擊敗對手。

而後，為了改變這一混亂的情況，吳潛推行了新的措施。關於其內容，《開慶四明續志》卷八「榜」中記載如下：

> 將砂岸諸嶴差官團結，使本境之盜無所容，外境之盜不可入，則前所謂砂岸無所統率，而盜賊縱橫之事不必慮矣。又於浹港置立小屯，則前所謂數十里之內官司並無纂節，而莽為盜賊出沒之區者，不必慮矣。遂行具奏，乞將砂岸兩稅場仍舊住罷，庶幾除害而弛利，可以為此郡悠久之計。

關於此處所錄上奏的內容，《開慶四明續志》卷八「乞蠲砂租奏請」記載如下：

> 臣始者之興復砂岸稅場，不過欲為清海道、絕寇攘之計。今已將應

於砂岸諸嶴並行團結，具有規繩，本土之盜不可藏，往來之盜則可
捕。又淡港既有戍卒，則胡家渡、瀚浦一帶不至空曠，防閑備禦，
粗為周密。於是昨來興復砂岸稅場所入之課利，仍可盡弛以予民矣。

停止砂岸徵稅後，在砂岸組建「團結」（民兵組織），派遣官僚與「戍卒」
（守衛之兵），防止富民盜賊化。本來，在宋代的東南沿海地區，一方面，海
上貿易活躍，另一方面，政府無法控制之處所在多有，海盜活動十分活躍。
在此狀況之下，南宋時四處設立水寨，水軍將官積極討伐海盜。[3]總之，由於
前述所及「砂民」內部的利害關係無法得到調整，「砂民」向盜賊化發展，所
以政府不得不動用軍事力量，進行秩序建設。
　　此外，吳潛不只是組建了「團結」，關於因防備所需而徵用民船這一方面，
使得胥吏不能實施違法勾當。關於這一系列措施的來龍去脉，《開慶四明續志》
卷六「三郡隘船」記載如下：

嘉熙間制置使司調明、溫、台三郡民船，防定海，戍淮東、京口，
歲以為常。而船之在籍者，垂二十年，或為風濤所壞，或為盜賊所
得，名存實亡。……寶祐五年七月，大使丞相吳公……乃立為義船
法。白於朝，下之三郡，令所部縣邑各選鄉之有材力者，以主團結，
如一都歲調三舟，而有舟者五六十家，則眾辦六舟，半以應命，半
以自食其利，有餘貲，俾蓄以備來歲用。

該卷所載「省箚」也有這些記載：

恐臣已結為義船法，謂如一都每歲合發三舟，而有船者五六十家，

---

[3]　參考以下文獻等。曾我部靜雄《南宋貿易港泉州的水軍及其海盜防衛策略》（收入《宋代政經史研究》，
　　吉川弘文館，1974 年）。大崎富士夫《南宋時期福建的擾亂──尤其與走私貿易相關》（《修道商學》
　　29-2，1989 年）。深澤貴行《南宋沿海地域社會與水軍將官》（《中國──社會與文化》二〇，2005 年）。

則令五六十家自以事力厚薄辦船六隻。……於是有船者無倖免之
理，無船者無科抑之患，永絕奸胥猾吏賣弄乞覓之苦，永銷濱海居
民破家蕩產之憂。

至於吳潛所採取的包括強化軍事力量在內的一系列對策的原委，《開慶四明續
志》卷一「贍學砂岸」簡要地概括如下：

皇子魏王判四明日，嘗撥砂岸入學養士。淳祐間，嘗蠲之，就本府
支錢代償。寶祐五年正月，大使丞相吳公奏請，復歸於學，繼而爭
佃之訟紛。……六年五月，以砂岸煩擾，復奏請弛以予民。

其發端在於南宋中期淳熙元（1174）年魏王趙愷治明州時在砂岸推行徵
稅。[4]僅以此處所見可知，由富民承包徵稅的狀態長期持續，富民就會向「砂
民」違法徵稅，追求掠奪性的利益，從而造成了混亂，因此到了南宋末期的
淳祐六（1246）年，徵稅便被取消了。[5]然而，因隨後出現了「盜賊出沒之區」，
作為沿海制置大使的吳潛又於寶祐五年恢復了稅場，又因之後發生爭奪承包
的訴訟事件，於翌年再度廢止稅場。即如上述，這是在謀求治安維持的強化。

結 語

南宋時期，在海上貿易活躍的明州沿海地區（砂岸），富民雇傭「惡少」
為部下而呈現「海寇」化，掠奪人們財產的事件頻繁發生，易於形成「盜賊

---

[4] 《宋史》卷二四六《魏王愷》載：「淳熙元年，徙判明州。輟屬邑田租以贍學。……七年，薨於明州，
年三十五。」

[5] 《宋史》卷四一八《吳潛傳》載：「四年，授沿海制置大使，判慶元府。至官，條具軍民久遠之計，告
於政府，奏皆行之。」

出沒之區」。在砂岸徵稅之後，富民承包了徵稅，並以其與「府第」之間的人脉關係為背景來增強實力，大量小民被吸聚於麾下，從而形成了以富民與小民結成的算計性人際關係為基礎的「砂主」勢力。然而，這些「砂主」勢力之間逐漸開始爭奪承包，而且他們對「砂民」（砂岸之民）進行違法徵稅，從而導致訴訟頻繁發生。考慮到富民若非承包徵稅便無法統率「砂民」的情況，我們就不能說他們原本就是「砂民」的主導者。在砂岸上，很難建立起由富民主導的調整「砂民」利害的組織，以富民為核心的「砂主」勢力之間也無法相容共存，所以易於發生糾紛，而且一旦糾紛無法在「砂民」之間解決，便會發展為訴訟。由此，伴隨海上貿易的活躍，在砂岸上孕育出了具有強烈競爭性傾向的不安定的社會狀態。通過以上論述可以窺知，在砂岸上，如果設置稅場、政府力量得到強化，那麼就發生訴訟；若是廢止稅場、政府力量減弱，那麼就形成暴力支配的狀態。筆者認為，究竟是形成訴訟頻發的狀態，還是形成「砂主」勢力之間進行武力抗爭的狀態，其原因就在政府與「砂主」勢力之間的關係變化。本章緒言言及對明州鄞縣的「健訟」認識，此地被認定為「健訟」的背景也可能與上述社會狀況有關。

　　以上是本章對於明州沿海地區社會秩序的考察，而在東南沿海的其他地區中，也可以發現，作為海上貿易據點的港口存在著訴訟繁興的傾向。如關於作為貿易港口發展起來的泉州，《彭城集》卷二一《新差權發遣泉州朱服可知婺州朝散郎胡宗師可權發遣泉州制》稱「南方之劇郡，泉山、婺女並為稱首。其民機巧趨利，故多富室，而訟牒亦繁」。又，同樣作為貿易港獲得發展的廣州，《永樂大典》卷二一九八四所載「廣州府移學記」稱「蓋水陸之道四達，而蕃商海舶之所湊也。……其俗喜游樂，不耻爭鬥，婦代其夫訴訟，足躡公庭」。從這些記載來看，今後有必要依循本章的內容逐一檢討這些地方海上貿易與社會秩序的關係。

　　而且，宋代的廣州和泉州存在著蕃商居住的蕃坊。有關那裏的糾紛處理，在朱彧的《萍州可談》卷二中有如下記載：

廣州蕃坊，海外諸國人聚居。置蕃長一人，管勾蕃坊公事，專切招
邀蕃商入貢。用蕃官為之，巾袍履笏如華人。蕃人有罪，詣廣州鞫
實，送蕃坊行遣，縛之木梯上，以藤杖撻之，自踵至頂，每藤杖三
下折大杖一下。蓋蕃人不衣褌袴，喜地坐，以杖臀為苦，反不畏杖
脊。徒以上罪則廣州決斷。

又，《宋史》卷四〇〇《王大猷傳》載：「故事蕃商與人爭鬥，非傷折罪，
皆以牛贖，大猷曰：『安有中國用島夷俗者，苟在吾境，當用吾法。』」關於
這種情況，藤田豐八與桑原騭藏等皆已言及，且有關它的狀況，也存在各種
各樣的解釋。[6]可以確定的是，在宋代廣州的蕃坊中，當蕃人犯罪時，由廣州
衙門審問後，送還蕃坊進行處罰，而且對於蕃商之間的糾紛，除了傷害罪外，
以島夷之法（牛犢）進行解決。值得注意的是，由蕃長處理民事案件這種糾
紛處理的狀況，與「健訟」截然相反。今後有必要進一步考察包括這種情況
在內的宋代沿海地區的社會秩序。

---

[6] 參考以下文獻等。藤田豐八《宋代的市舶司以及市舶條例》（《東洋學報》7-2，1917年，後收入《東西
交流史研究・南海篇》，同書院，1932年）。桑原騭藏《蒲壽庚事迹》（岩波書店，1935年）。蘇基朗
《論宋代泉州城的都市形態》（收入《唐宋時代閩南泉州史地論稿》，臺灣商務印書館，1991年）。

第五章　明代江西的開發與社會秩序

緒　言

　　在宋代的江西，無論是無需投入太多勞動力到耕地上，就能在豐收時就
有較大收穫的三角洲地帶，還是建設陂塘、普及集約型農業，比三角洲地帶
投入更多勞動力到耕地上的河谷平原地帶，都出現了有明顯競爭性傾向的不
安定的社會狀態。針對這一狀況，政府對告發逃稅的行為予以獎勵，導致了
訴訟頻發。那麼，這一地區的社會秩序在此後如何展開？因為元末軍閥陳友
諒將此地作為根據地，所以元代的江西捲入動亂，農業發展停滯較為嚴重。
不久之後就進入明代，三角洲地帶修復元代末期被破壞的陂，河谷平原地帶
也修築陂塘，陸續復興農業。只不過，與明代中期相比，其前期的田價較為
低迷，[1]由此推測，江西的農業並沒有完全恢復。有關明代江西的農業社會情
況，吳金成和許懷林已有綜合性的詳細研究。[2]以下參考兩位學者的研究等，

---

[1] 岸本美緒《關於明末田土市場的一個考察》（《山根幸夫教授退休紀念明代史論叢》，汲古書院1990年，
後收入《清代中國的物價與經濟變動》，研文出版1997年）。

[2] 吳金成（渡昌弘譯）《明代社會經濟史研究──紳士階層的形成及其社會經濟性功能》（汲古書院1990
年）第二篇第一章《江西鄱陽湖周圍的農村社會與士紳》、《明中期以後江西社會的動搖及其特徵》（收
入《第七屆明史國際學術討論會論文集》，東北師範大學出版社1999年）、許懷林《江西史稿（第二版）》
（江西高校出版社1998年）、施由明《明清江西社會經濟》（江西人民出版社2005年）。本稿還參考
了以下其他文獻：魏嵩山、肖華忠《鄱陽湖流域開發探源》（江西教育出版社1995年）、王社教《蘇皖
浙贛地區明代農業地理研究》（陝西師範大學出版社1999年）、傅衣凌《明清農村社會經濟》（三聯書
店1961年）、草野靖《中國近世的寄生地主制──田面慣行》（汲古書院1989年）、小山正明《明清
社會經濟史研究》（東京大學出版會1992年）、濱島敦俊《明代江南農村社會研究》（東京大學出版會
1982年）。

試圖檢討以明代江西農業社會為中心的開發情況與社會秩序的關聯性。而且，明代初期實行「里老人（老人）制」（由鄉村的有德者處理糾紛的政策，參見第一章），這對明代江西的社會秩序有何影響，也是本章想要考察的問題。

一、江西三角洲地帶的開發與社會秩序

在明代江西三角洲地帶，人們為了耕種水田等而修築了圩（堤），尤其是南昌府（宋代的洪州）與饒州府建造了很多圩與堤。明代中期以降，這種趨勢加強，在官府主簿的領導下，水利工程多所興修。[3]關於這一情況，《明邑人張元禎富大二圩碑記》（載於同治《南昌府志》卷三《地理・南昌圩堤》）有如下記載：

> 吾南昌鍾陵等都父老群詣吾廬言：各都下……民田殆數十萬畝，民賦殆數十百石。常年章江水漲，下流為趙家等圩障扼水輒溢入，大為民田之災。……蓋富人擇田多高饒，小民余田多卑窪。卑窪之田雖迭被災傷，而賦役有定，非可脫者，賠納承當不免舉貸，舉貸不足繼以典鬻，典鬻已罄不容不逃，其為痛苦無告百有餘年於茲矣。宣德、正統間，鄉官教諭胡希岳嘗奉文興築長圩，貧民無福，功竟未舉。今弘治十二年冬十月吾等鄉老具情走愬於郡守祝侯。

三角洲地帶（低濕地）從明代前期開始造圩，因為不甚完備，所以時常決口而發生水災。對此，都的父老們到訪鄉老張元禎家，訴說以下情況：在三角洲地帶耕作的農人遭遇水災後，繳稅的負擔加重。所以張元禎與其他鄉老一起去向知府祝瀚請願。繼續閱讀此段記載之後的文字就可知道，受理這一訴

---

[3] 參見前引吳金成《明代社會經濟史研究》第二篇第一章《江西破養父周邊的農村社會與士紳》。

願的祝知府下令修建了大有圩和富有圩。有關這些圩的修建、管理方法，有如下記載：「各立圩長以分督其功程。圩長各蠲雜役，以永責其修葺」。

由此史料可知，明代中期左右，三角洲地帶的鄉老與父老形成了人的結合，他們熱心於解決本地發生的問題，而圩的管理也由本地的相關人員來負責。只不過，人們對於圩還是很難實現自律性運作。

有關這一三角洲地帶的耕作實態，《江西輿地圖說》「南昌府・南昌縣」項下載：「逐末趣利，鮮懷居，故逋負……且瀕江田曠……流民亡賴者率眾佃耕，其來不可禦。稻登則竊攘以逃，其去不可追。富室歲歲厭苦之，甚至作奸亡」。關於宋代江西三角洲地帶的官田情況，陸九淵《象山先生全集》卷八《與蘇宰》稱：「春夏則群來耕獲，秋冬則棄去逃藏。當逃藏時，固無可追尋，及群至時，則倚眾拒捍，其強梁奸猾者如此」。將上引兩條史料的內容相比較，筆者認為雖然宋代的這番言論有可能部分地成為此後的套話，[4]但是人們還是很有可能采取與宋人基本相同的行為。至少在明代後期，與宋代相同，此地所推行的是投入較少的勞動力但能獲得糧食的三角洲型農業，人們爭奪糧食的傾向趨於明顯。

而且在這種狀況下，人們在明代後期也開始逃稅了。《江西輿地圖說》「南昌府・新建縣」項下載：「圩田既興……賦籍逋而吏弊滋熾」；《饒南九三府圖說》「饒州府・餘幹縣」項下載：「厥田上上，歲多二熟……民富而奸，好隱匿，積逋負，佐猾吏，為欺舞。蠹弊糾結，不復知有上法」。賣掉糧食、獲得金錢之後，逃避納稅的行為橫行。這種行為與社會秩序之間的關係無法詳加檢證，但據《饒南九三府圖說》「饒州府」項下所載「其民刁而好訟，其賦繁而多逋」、《江西輿地圖說》「南昌府」項下所載「俗……薄義喜爭，彈射騰口，囂訟鼓舌」，可以確認當時訴訟多發的情況。由以上所述來看，雖然因賴以為據的史料較少而依然留有繼續檢討的餘地，但以管見所及的史料為限，可以

---

[4]　山本英史《健訟的認識與實態──清初江西吉安府的情況》（收入《宋─清代的法與地域社會》，財團法人東洋文庫 2006 年）指出，與「健訟」相關的言論在此後便成為一種套話。

窺知明代後期的江西三角洲地帶也處於不安定的社會狀態中，呈現出容易發生訴訟的趨勢。

二、江西河谷平原地帶的開發與社會秩序

吉安府、撫州府和臨江府等多河谷平原地帶，由萬曆《江西省大志》卷四「溉書」所載可知，這些地方多陂塘。如第三章所述，從宋代開始，這些地方推行的是使用陂塘的河谷平原型農業，集約型農業相當普及，明代也是如此。這種陂塘由何人負責（修築、維護）呢？例如，關於宋代所修陂塘之一的吉安府安福縣寅陂，康熙《西江志》卷一五《水利・吉安府》項下有如下記載：

> 明洪武初年，州判潘樞重修。正統六年，知縣何澄修築寅陂，兼引蜜湖為渠，灌注民田。嘉靖間，縣丞王鳴鳳大加修築。

同書同卷同項之下還載：

> 明洪武三年，萬安知縣陳廷輝督修陂塘。二十七年，邑人匡思堯以民間旱潦之苦，繪圖陳奏，特命官為修舉。……二十八年，遣官修築信豐女陂、袁屋陂、李莊陂，共灌田八十六頃有奇。

在明代前期，由百姓提出請求，在官府的主導下修築了陂塘。然而在另一方面，明代前期也存在民間主導的陂塘修築。例如，乾隆《泰和縣志》卷三《輿地・陂塘》有如下記載：

> 尹上陂，亦在雲亭鄉，自逢嶺發源。明永樂八年，鄉人尹務厚率農

修築，因以得名。

　　從尹務厚被稱為「鄉人」並帶領農民的記載來看，他應是父老之類的人物。在泰和縣，這類具有父老性質的「鄉人」帶領農民修築陂塘。而這種民間修築陂塘的活動延續到之後的明代中期，乾隆《龍泉縣志》卷一二《政事志‧水利》「大豐陂」項下有如下記載：

> 即古南澳陂。……四廂三都之田俱受灌注。……明天順甲申，里民王思誠倡義重修。邑人項倬記。[5]

有關這個陂塘修築的情況，同書同卷同處所載項倬的《重修大豐陂記》載：

> 天順甲申，邑士七十二翁王君思誠惻然興念曰：大豐陂之作，當順水勢，依岸築堤，上接灘水，乃經久之計也。會其田畝，量其工力，為圳二百餘丈，每田一石出穀二斗五升，大約八百餘石可以傭工，遂介工勤合志者，專理工人日餉。七月八日，思誠翁自費牲酒於靈祠，會諸鄉傑盟誓，不許隱田，併力齊心，始終無怠。遂售泰和工人三十人，造小舟五隻與工人載石。經始於天順八年八月三日，功成於成化元年三月之晦也。

　　王思誠也被稱為「邑士」，從他在陂塘修築中發揮的主導性作用來看，這是有財力的父老型「邑士」。在龍泉縣，父老型「邑士」立定志向並通力合作，采用雇傭工作人員的形式來修建陂塘。此外，這種民間主導的水利工程也存在於明代末期。例如，關於修渠（水道），康熙《西江志》卷一五《水利‧吉

---

[5]　曹樹基《明清時期的流民和贛南山區的開發》（《中國農史》1985-4）指出，龍泉縣作為山區，沿江也有平原，但作為整體還是山區為主。我想所修陂塘應在平原附近。

安府》載：

> 明萬曆二十八年，泰和邑人郭元鴻募工疏鑿雲亭阜濟渠，三月而成，
> 渠長六里，蔭田萬畝。

　　有明一代，父老型的「邑士」、「鄉人」主導著陂塘與渠的修築。當然，被地方志特別記載的，一定是比較大規模的工程，因此數量不會太多，根據萬曆《江西省大志》卷四《溉書》的記載，當時存在很多陂塘，「民間諸陂塘亦數修治，得不敗」，可見民間很可能到處都在修建小規模的陂塘。

　　其結果就是，吉安府等河谷平原地帶盛產糧食。若據吳金成所制之表（「江西登記的農田面積的變化」），在明代初期的洪武二十四年（1391），吉安府登記的耕地面積為四萬八千五百三十四頃（江西省第三位），到了推行丈量（土地面積調查）的明末萬曆年間，就上升到五萬五千五十頃，依然維持江西省第三的地位。根據吳金成的研究，在明代，對於長江三角洲地區而言，江西是作為糧食輸出中心地而發展起來的，吉安府所生產的糧食就佔了其中很大一部分。在這種情況下，「邑士」們一邊主導著陂塘的建設，一邊也通過糧食生產，增強經濟實力。只不過，在有財力的「邑士」當中，也出現了獨占陂塘之人。例如，萬曆《江西省大志》卷四《溉書》載：

> 諸縣陂塘歲久藉湮廢，大家勢族稍鶩利專之。有壅溉己田者，填淤
> 為平地者，眾持不修者，縣官不時察，致佔塞，爭訟繁興。

　　明代中期，田價普遍上漲，[6]在江西河谷平原地帶，隨之而來的就是頻繁發生圍繞陂塘的糾紛與訴訟。因此不能說陂塘是在「鄉人」互相合作的秩序下使用的。在前引《重修大豐陂記》中，王思成自備牲酒，供奉靈祠，與「鄉

---

[6] 參見前引岸本《關於明末田土市場的一個考察》。

傑」（鄉里有權勢者）立下盟誓，「不許隱田，併力齊心，始終無怠」，若反過來思考這種立誓的必要性，可以推想當時不合作的行為十分普遍。也就是說，有道德的「鄉人」、「邑士」追求合作性的、自律性的秩序，也有予以響應的「鄉人」、「邑士」，但他們的指導力是有限的，破壞合作的有權勢者也大量存在。在田價上漲的明代中期以後，各種非合作性的陂塘利用就越來越多了。而且，在「鄉人」中，不只是占有陂塘，兼併土地（耕地）者也大量存在。《皇明條法事類》卷二〇《戶部類・債主關俸問不應》載：

> 成化十年八月初八日，禮部等衙門題，為建言民情事。計開：江西布政司吉安府廬陵縣民王集典言一件：方今天下為小民之害者，莫甚於豪強之徒，挾其富豪之勢，又有伴當為爪牙，以助其威。彼貧民佃其田者，雖凶災水旱，亦不免被其勒取全租，貪其錢者，則皆被其違禁酷取。……或挾要其子女，以為驅使；或勒寫其田宅，以為己有。有因戶役而勒害，有因稅糧而過徵，使小民不得安生，而多逃移他處。為今安養小民之計，必先於除去民害。

王集典雖然口稱「天下」，但此處提到的事情主要發生在吉安府。當地的富民（「豪強之徒」）向那些承包自己土地的「貧民」（自耕兼佃耕的小民）徵收不合理的佃租，搶奪小民的耕地與住宅。富民並不注重與那些被徵收不合理佃租的小民保持合作關係，僅僅追求相關利益。因此受害的小民就對富民提起了訴訟。對此，《皇明條法事類》卷四八《刑部類・缺題》有如下記載：

> 成化十一年十二月二十一日，禮部等衙門尚書等官等題，為建言民情事。計開：一、直隸池州府貴池縣儒學訓導陳離言事一件，民害事。臣等竊見江西地方小民，多被勢要土豪大戶占種田地，侵奪墳山，謀騙產業，毆傷人命。狀投里老，畏懼富豪，受私偏判，反告到縣。平日富豪人情稔熟，反將小民監禁，少則半年，多則一二年

之上。賄屬官吏，止憑里老地鄰保結，妄行偏斷。小民屈抑，又逃
司府伸訴，又行吊查原案。本縣妄稱問結，一概朦朧申覆，屈抑不
伸。及赴御史處伸冤，御史又行查審，曾經司府州縣里老剖判過者，
俱不行准狀，以致小民卒至含冤受苦。

雖然被稱為「小民」，但從他們擁有被奪走的田地來看，「小民」也擁有一定
數量的土地。亦即，富民（「勢要」、「土豪」、「大戶」、「富豪」）搶奪作為自
耕農的小民的田地、墓地，其結果是被害的小民不斷提起訴訟，但因為富民
預先在政府與里老處進行勾兌，所以無法得到妥當的處理。又因為無法得到
妥當的處理，小民被逼入不得不逃亡的境地。

　　這表明，至少到明代中期，因富民勢力擴大，由里老人（老人）解決糾
紛的體制就很難發揮作用了。而另一方面，從小民首先訴諸里老人的程序來
看，在明代中期，里老人制還是在某種程度上發揮了作用。與明代中期相比，
其前期的田價較低，所以「鄉人」追求利益的欲望較弱，而且如前所述，明
代中期父老型「邑士」在鄉村的指導力較高等，考慮到這些，應當可以推論，
在明代前期，里老人制也發揮了某種程度的作用，因為里老人制的實施，在
父老的指導下，居民之間互相合作的傾向較為明顯。但如第一章所觸及的那
樣，當時的吉安府也被認為是「健訟」，因此這一體制也有其局限。

　　不過，富民自己也會提起不正當的訴訟。《明憲宗實錄》卷二八〇成化二
十二年（1486）七月壬戌條對此有所記載：

增設江西吉安府推官一員理刑，從知府張銳奏請也。銳以江西多大
家，往往招納四方流移之人，結黨為非。如吉安一府健訟尤甚，囚
犯監禁，常累至千人。緣官少不能決斷，多致瘐死。今宜增設推官
一員，專理詞訟，不得以他事差遣。法司以其言宜從。從之。

富民（「大家」）實施不正當行為的結果是，有人被捕，成為犯人。從這一過

程來看，被捕的犯人應該是被富民起訴，以不合理的罪名加以逮捕之人。富民提起不正當的訴訟，目的在於追求相關利益。其結果是訴訟增加，地方政府疲於應對，不得不增加專門處理訴訟的人員。因此在明代中期，「健訟」成為增加政府負擔的嚴重問題。不過，富民以起訴來爭奪利益的對象也並不必然是小民，還包括作為競爭對手的富民。《明憲宗實錄》卷五六成化四年（1468）七月癸未條載：

> 賜江西吉安府知府許聰敕。聰將之任上言：吉安地方雖廣，而耕作之田甚少；生齒雖繁，而財穀之利未殷；文人賢士固多，而強宗豪右亦不少，或互相爭鬥，或彼此侵漁，囂訟大興，刁風益肆。近則投詞狀於司府，日有八九百，遠則致勘合於省臺，歲有三四千。往往連逮人眾，少不下數十，多或至百千。

據前述吳金成的研究，吉安府本身的農田面積增加，耕地與糧食所產生的利益却減少，這應該意味著農田增加的幅度低於人口增加。在明代中期的吉安府，糧食盛產加上人口增多，富民（「強宗」、「豪右」）互相爭奪因糧食而產生的利益，伴隨而來的就是惡性訴訟的增加。只有在這樣的情況下，前述王思誠那樣致力於構建地方社會的合作性秩序的有德「邑士」才會在靈祠集結其他有權勢者，舉行誓約儀式。所以，在明代中期農業發展之際（田價上漲時期），富民采取掠奪性的行為，富民之間的爭奪、富民與小民之間的糾紛被激化，里老人的糾紛調解能力弱化，從而出現了競爭性傾向明顯的社會狀態。其結果就是糾紛發展為訴訟。

　　到了明代後期，特別是 16 世紀到 17 世紀初，賦役負擔加重，因此產生田價回落，而且支撐當時財政的白銀出現不足，由此導致穀賤（農產品價格停滯），所以前述的狀況出現了新的變化。[7]正德十五～十六年（1520～1521），

---

[7] 前引岸本《關於明末田土市場的一個考察》等。

時任江西監察御史的唐龍在《均田役疏》（陳子壯《昭代經濟言》卷三所載）
中對江西河谷平原地帶的情況有如下敘述：

> 江西有等巨室，平時置買田產，遇造冊時，賄行里書。有飛灑見在
> 人戶者，名為活灑。有暗藏逃絕戶內者，名為死寄。有花分子戶，
> 不落戶限者，名為畸零帶管。有留在賣戶，全不過割者，有過割一
> 二，名為包納者。有全過割者，不歸本戶，有推無收，有總無撒，
> 名為懸挂掏回者。有暗襲京官方面，進士舉人腳色，捏作寄莊者，
> 在冊不過紙上之捏，在戶尤皆空中之影。以致圖之虛以數十計，都
> 之虛以數百計，縣之虛以數千萬計。遞年派糧編差，無所歸者，俱
> 令小戶陪償。小戶逃絕，令里長，里長逃絕，令糧長，糧長負累之
> 久，亦皆歸於逃且絕而已。由是流移載道，死亡相枕，戶口耗矣。
> 由是鼠狗竊發，劫掠公行，盜賊興矣。由是爭鬥不息，告訐日滋，
> 獄訟繁矣。大抵此弊惟江西為甚，江西惟吉安為甚，臨江次之。故
> 凡人遇僉當糧長，大小對泣，親戚相弔。民間至有寧充軍，毋充糧
> 長之謠。[8]

一般而言，當時的富民（「富豪」）因賦役負擔加重，賣掉田地來擺脫窘境。[9]
然而，從上述史料來看，在吉安府等江西河谷平原地帶，因為糧食產量增加，
富民並沒有賣掉田地，而是反過來大肆兼併。這種現象出現的背景恐怕是，
白銀不足導致穀賤，為了維持既往的收入，需要更多的田地。但是一旦實施
兼併，賦役負擔自然就會加重，因此富民們與里書（胥吏）搭上關係，想要
逃避負擔。而且與中央官僚、進士等有關係者會「詭寄」（將自己的耕地掛到

---

[8]　關於這段史料所載「詭寄」的內容，清水泰次《明代的田土詭寄》（《地政》6-4，1941 年，後收入《明
代土地制度史研究》，大安 1968 年）有詳細考察。

[9]　前引岸本《關於明末田土市場的一個考察》。

他人名下）於享有賦役特權的鄉紳身上。[10]沒有這種人脉的富民就只能承擔起原本歸屬他人的負擔，其結果便是滯納、逃亡。總之，在賦役負擔加重的情況下，富民們動用各種人脉，爭相逃避，其結果是訴訟頻發。《江西輿地圖說》「撫州府・臨川縣」項下載「頃來逋賦日多，草竊漸起，獄訟滋熾」，由此可見，河谷平原地帶頗多的撫州府也出現了同樣的情況。

以上展現了以吉安府為中心的江西河谷平原地帶的農業社會變遷，從其內容可知：首先，在明代前期，此地田價低迷，「鄉人」並不汲汲於逐利。政府將鄉村的糾紛處理委諸父老（里老人制），所以父老型「邑士」在農業社會的指導力提高，居民相互之間的合作性也增強。其次，到了明代中期，因陂塘建設，使得糧食生產發展，田價上升，「鄉人」們采取了非合作性的行為，競爭性傾向明顯的社會狀態逐漸顯現，訴訟開始頻繁發生。在明代後期，這種訴訟處理成為政府的巨大負擔，給人以強烈的「健訟」印象。此外，這種「健訟」所爭的對象，在田價上漲的明代中期，主要是陂塘與耕地，而到了後期，因賦役負擔加重，與逃稅相關的糾紛就增多了，這些都是受到經濟變動影響而發生的變化。

三、江西山區的開發與社會秩序

在贛州府等廣東與福建交界的山區（包含贛州府在內的周邊山間地被稱為「廣東、福建、江西交界地區」），特別是明代中期以後，被稱為「土賊」與「山寇」等的武裝勢力頻繁掀起騷亂。[11]位於贛江上流的贛州府、南安府等

[10] 參見以下文獻等：清水泰次《明代的稅、役與詭寄（上、下）》（《東洋學報》17-3、4，1928、1929年）、《明代的田土詭寄》（《地政》6-4，1941 年，後收入《明代土地制度史研究》，大安 1968 年）。

[11] 參見以下文獻等：今湊良信《明代中期的「土賊」——以南贛地區葉氏為中心》（收入《中國史上動亂的構圖》，雄山閣 1986 年）、甘利弘樹《明末清初廣東、福建、江西交界地區的廣東山賊——特別是以五總賊、鍾凌秀為中心》（《社會文化史學》38，1998 年）、《華南山區研究的路徑——以廣東、福建、江西交界地區為中心》（《歷史評論》663，2005 年）、唐立宗《在「盜區」與「政區」之間：明代閩

頗多山地,那麼這些江西山區的社會秩序又是如何呢?以下將檢討作為其中心地的贛州府的情況。

如《皇明條法事類》附編「禁約江西大戶逼迫故縱佃僕為盜,其竊盜三名以上充軍例」所載「南、贛二府地方,地廣山深,居民頗少」,贛州府本來是山多、居民少的地方,從唐宋時期開始,以山間盆地為中心進行開發、移民,廣泛推行像平原河谷地帶那樣使用陂塘的農業,但從多個領域推進的山地開發並不正規,盜賊行為與少數民族等的叛亂頻繁發生。[12]而且宋代的贛州被認為「健訟」,從上述情況來看,這種社會風潮應該出現在以陂塘推進開發的地區。[13]

可是,到了明代中期左右,在經濟作物交易活躍的狀況下,其他地區流入的人口(無產失業的農民)等開始在山區種植經濟作物並逐漸正規化(這種經濟發展的方式被稱為「山區經濟」)。[14]有關其具體情況,嘉靖年間時任南贛巡撫的周用在《乞專官分守地方疏》(載《周恭肅公集》卷一九《奏疏》)中有如下描述:

> 南贛地方田地山場坐落開曠,禾稻竹木生殖頗蕃,利之所在,人所

粵贛湘交界的秩序變動與地方行政演化》(臺灣大學文學院 2002 年)、黃志繁《「賊」「民」之間:12-18 世紀贛南地域社會》(三聯書店 2006 年)。

[12] 有關宋代贛州的情況,可參見以下文獻等:曹樹基《明清時期的流民和贛南山區的開發》、青木敦《健訟的地域性景象——以 11～13 世紀江西社會的法文化與人口移動為中心》(《社會經濟史學》65-3,1999 年)、佐竹靖彥《宋代贛州情況素描》(《青山博士古稀紀念‧宋代史論叢》,省心書房 1974 年,後收入《唐宋變革的地域性研究》,同朋舍 1990 年)、前引黃志繁《「賊」「民」之間:12-18 世紀贛南地域社會》。另外,黃志繁《「賊」「民」之間:12-18 世紀贛南地域社會》指出,此地成為「強悍」之地的背景是,官府統治力變弱,而私鹽販賣團夥的活動頗為活躍。

[13] 參見前引青木敦《健訟的地域性景象——以 11～13 世紀江西社會的法文化與人口移動為中心》。

[14] 關於明清時期贛州府的「山區經濟」,可參見以下文獻等:傅衣凌《明末清初閩贛毗鄰地區的社會經濟與佃農抗租風潮》(收入《明清社會經濟史論文集》,人民出版社 1982 年)、曹樹基《明清時期的流民與贛南山區的開發》、蕭麗《明清時期贛南地區的開發與城鄉商品經濟》(收入《第七屆明史國際學術討論會論文集》,東北師範大學出版社 1999 年)、楊國楨《明清東南區域平原與社區經濟研究序論》(《中國社會經濟史研究》1995-2)。

共趨。吉安等府各縣人民年常前來謀求生理，結黨成群，日新月盛，
其搬運谷石、斫伐竹木及種靛栽杉、燒炭鋸板等項，所在有之。又
多通同山戶田主，置立產業，變客作主，差徭糧稅，往來影射，靠
損貧弱。又有一種來歷不明之人前來佃田傭工，及稱齋人教師等名
色，各多不守本分，潛行盜竊。間又糾集大夥，出沒劫掠，不可踪
迹。

　　在南贛地區，鄰縣的人成群地前來謀求糧食、竹木等帶來的利益，由此
推進了此地的開發（山地開墾）。從鄰縣來的人們向本地的山戶（田主）承包
耕種土地等，並且串通田主，逃避徭役租稅。

　　有關明代中期到後期的社會狀況，北村敬直、森正夫、今湊良信、唐立
宗、黃志繁等的研究皆有詳細論證，以下參考這些研究，擬對社會秩序的變
遷作一考察。[15]主要依據今湊氏與唐立宗的研究，對明代中期的社會變遷作如
下概述。在明代中期，地主（田主）招集無產失業的農民，形成盜賊團夥，
而農民在地主的影響下脫離本業，成為強盜，因此治安情況惡化，弘治八年
（1495）為此設置了南贛巡撫。然而，到了正德年間，無產失業的農民人口
超出了地主階層招集收容的限度，而原本以經濟作物種植為生計的少數民族
畬族與這些無產失業的農民合流，從而發生叛亂。他們的叛亂被南贛巡撫王
守仁鎮壓，為了建設新秩序，王守仁頒立《南贛鄉約》。此後這一群體作為投
降者（新民），時而為官兵，時而為叛亂軍，到萬曆初年，仍繼續維持相當的

---

[15] 上述研究如下：北村敬直《寧都的魏氏——清初地主的一個例子》（《經濟學年報》7、8，1957、1958
年，後改題為《魏氏三兄弟及其時代》，收入《清代社會經濟史研究》，朋友書店 1972 年）、森正夫《十
七世紀福建寧化縣的黃通抗租叛亂（一、二、三）》（《名古屋大學文學部研究論集（史學 20、21、25）》
59、62、74，1973、1974、1979 年）、前引今湊《明代中期的「土賊」——以南贛地區葉氏為中心》、
前引甘利《明末清初廣東、福建、江西交界地區的廣東山賊——特別是以五總賊、鍾淩秀為中心》、《華
南山區研究的路徑——以廣東、福建、江西交界地區為中心》、前引唐立宗《在「盜區」與「政區」之
間：明代閩粵贛湘交界的秩序變動與地方行政演化》、前引黃志繁《「賊」「民」之間：12-18 世紀贛南
地域社會》。

勢力。這些新民為中心的本地武裝勢力形成了獨自的秩序。[16]

　　在這種狀況下，如何解決地方社會中發生的糾紛呢？天啟《重修虔臺志》卷八《事紀五》嘉靖四十五年（1566）五月條記載了被稱為「三巢賊」的本地勢力的情況：「即今廣東之和平、龍川、興寧，江西之龍南、信豐、安遠諸縣，版圖業已蠶食過半，一應錢糧、詞訟，有司不敢詰問者，積有年歲矣」。在這些新民為中心的本地勢力的支配下，官府事實上無法參與糾紛的處理。如天啟《贛州府志》卷一八《紀事志》嘉靖三十六年（1557）三月條載「（龍南賊賴）清規本平民素有機知，嘗從征三浰有功，後充本縣老人，善為人解紛息鬥，縣官常委用之」，可知其具體情況是，以本地勢力的指導者為中心來調停糾紛，縣官也將糾紛處理之責委任給他們。龍南縣、安遠縣等在廣東、福建交界之處，山地特別多，且在明代推進山區開發，所以上述情況在這些地方十分顯著。而且從今湊氏和唐立宗所舉事例來看，本地勢力之間有時也會借助官方之力，進行武裝互鬥。因此，在明代中期的山區，存在著自律性很強的秩序，它以被稱為「土賊」且武裝化的本地勢力為核心，地方社會中發生的糾紛在本地勢力的指導下進行調停，本地勢力之間也進行武裝互鬥。

　　這種糾紛解決方式與明代末期（萬曆年間）鎮壓「土賊」、設置新縣（長寧縣、定南縣）等、強化朝廷對該地區的統治能力的做法不同。例如，有關贛州府信豐縣的情況，如《江西輿地圖說》「贛州府・信豐縣」項下所載「客主為敵國，頻年構訟」，從其他縣來的人與本地人之間的對立發展為訴訟。又，關於距廣東、福建交界地稍遠的興國縣的情況，乾隆《興國縣志》卷八《官師・蔡鍾有》有如下記載：

　　　萬曆末，由鄉舉知縣事。……邑中僑戶多桀黠喜訟，不得逞，則更

---

[16] 前引今湊《明代中期的「土賊」──以南贛地區葉氏為中心》、前引唐立宗《在「盜區」與「政區」之間：明代閩粵贛湘交界的秩序變動與地方行政演化》。另外，有關《南贛鄉約》的研究很多，但關於其實態的研究却不多，如黃志繁《鄉約與保甲：以明代贛南為中心的分析》（《中國社會經濟史研究》2002-2）、前引《「賊」「民」之間：12-18世紀贛南地域社會》等。

托他藉或一人而三四藉者遍控，於其地關提清亂熒惑耳目，視必不
勝之處，則堅匿不赴，既受拘，復截奪於路，以為常。鍾有請於上
僚，痛鞫治之。

在「土賊」勢力弱化的狀態下，「僑戶」（從其他縣來的人）頻繁提起訴
訟。而據前引史料所載，鄰縣之人成為佃戶，維持生計，從這點來看，這些
「僑戶」中很多都是佃戶。關於這些佃戶在清代初期的情況，道光《瑞金縣
志》卷一六《雜志‧兵寇》載：

舊按，田賊之害，雖由奸民鼓眾倡亂，亦由當時有司姑息縱奸所致。
其設心以為田主之勢足以欺壓佃戶，必有額外苛索，故力為鋤抑，
以博不畏強禦之名。不知此在江浙撫吉之處，勢家宦族容或有之，
若贛屬則佃強主弱，事勢迥別。……雍正七年，有皖人來為郡守，
無荊公之學術，而有其執拗，意在偏袒下戶。奸徒窺見意旨，遂乘
釁而動，聚諸游手，沿鄉科斂，按畝索錢，挺身為詞首，創立名款，
用誣田主。其大端則以革批贌、桶子、白水為詞，郡守信之，檄行
各縣，悉為革除，以致主佃相獄，累歲未已。不知批贌者，瑞邑之
田，價重租輕，大約佃戶所獲三倍於田主，又有晚造、豆、麥、油
菜及種烟與薯芋、薑菜之利，例不收租，田主既費重價，又納糧差，
凡陂塘水利歲有修理，佃戶一切不與。故於批耕之時，量出些微，
以少答田主之重費，嗣後十年一次，尚不及百分之一，未為過也。[17]

在贛州府，田租很低，再加上種植豆、麥、油菜、烟草、薯芋、薑菜等
無需交租的作物，佃戶所得利益三倍於田主，但陂塘等管理及其所需費用大
部分由田主承擔。而且還不止如此，為了謀求更多的利益，佃戶還惡意挑剔，

---

[17] 關於這則史料，前引草野《中國近世的寄生地主制》等有詳細介紹。

誣告田主。在明代末期所見「僑戶」頻繁提起訴訟的狀況中，可能已有佃戶
的這種動向了吧。

　　此外，說是「土賊」勢力弱化，但即使到萬曆年間，在與廣東交接處的
定南縣，如《江西輿地圖說》「贛州府・定南縣」項下所載「定南故巢峒地，
隆慶中，撫剿安集之。……民性獷悍……難以文法治也」，與其說是「健訟」，
還不說繼續處於動亂的狀態中。依據北村氏的研究，在明末清初（特別是三
藩之亂前後），「土賊」又與佃戶聯合發起動亂（這一聯合體被稱為「田賊」），
攻擊田主，官府也沒有出手干預。[18]由此可知，在山區，「土賊」勢力強大時，
該地處於動亂狀態，當他們勢力變弱，則進入訴訟多發的狀態。

結　語

　　在明代前期，田價總體低迷，江西又受到元末動亂的影響，農業十分蕭
條。其中，在河谷平原地帶，因田價低迷，「鄉人」追求利益的活動並不活躍，
政府實施委託父老處理鄉村糾紛的政策（里老人制），所以父老型「邑士」的
指導力增強，居民們在他們的指導下修築陂塘、處理糾紛，表現出明顯的合
作傾向。然而，在明代中期以降，糧食盛產、田價上漲，侵害其他「鄉人」
的行為等變得活躍起來，富民之間、富民與小民之間的糾紛不斷發生。其結
果是訴訟多發。另一方面，關於明代前期三角洲地帶的情況，筆者無法進行
充分檢討，但在明代中期，鄉老、父老是能夠發揮其指導力的。只不過，到
了明代後期，就漸漸進入到不安定的社會狀態中。

　　在明代中期的江西山區，經濟作物的種植頗為興盛，人們從其他地方移
居到此，從事「山區開發」，不久之後，「土賊」式的本地勢力出現，因政府
支配力弱化，糾紛由本地勢力的指導者處理，形成了較強的自律性秩序。另

---

[18] 前引北村《魏氏三兄弟及其時代》。

一方面，本地勢力之間也發生了武裝鬥爭。只不過，在明代末期，「土賊」式的本地勢力被討伐，政府支配力增強，又呈現出訴訟多發的趨勢。從以上敘述可知，在政府支配力弱化的時期，就會出現武力鬥爭型的社會狀態，而當政府支配力變強時，又會轉為訴訟多發的社會狀態。由此可知，社會秩序隨著政府對地方社會支配力的變化而變化。

結　論

　　眾所周知，經歷了所謂的「唐宋變革」，宋代的農業和礦山業等興旺發達，剩餘的農作物大量在市場上出售，貨幣經濟得到發展，海上貿易也十分活躍。只是支撐這種經濟發展的農業和礦山業無法調整人們的利害關係，所以互相爭奪、競爭的不安定的社會狀態也隨之發展起來（便宜起見，以下將這種社會狀態稱為「競爭性社會狀態」）。本書致力於闡明其實態，結語部分則對這一內容加以整理，並擬用第一章所述「社會秩序的理想類型」，去探究傳統中國社會秩序所共有的（地域性、時期性的）變化邏輯。

　　對於宋代有名的、具有代表性的礦山──江東信州的鉛山場，政府實施礦山經營的承包制（「承買制」），富民隨即採取了不互助合作的態度，為追求商業性利益，互相競爭。另一方面，在盛產穀物的江西和江東饒州的三角洲地帶，雖然耕地並不需要投下太多勞動力，但在農作時獲得大量穀物的三角洲型農業中，富民還是會提起不正當的訴訟，從而追求搶奪他人土地的非合作性、掠奪性的利益。而且「農民」們搶奪他人耕地上產出的穀物，却把納稅義務依舊強加在他人頭上，表現出逃稅的非合作性姿態。與此同時，他們又會迅速賣掉穀物，追求商業性利益並互相競爭。在這種狀況下，江東信州的礦山和江西三角洲地帶的農業社會都形成了「競爭性社會狀態」。

　　當社會呈現出這種狀態時，政府推行訴訟制度（州縣受理訴訟的制度），本地社會的父老等無法發揮處理訴訟的作用，再加上政府通過「獎勵告發不正當的（逃稅）行為」來應對富民等的非法作為，人與人之間的紛爭就演變為訴訟戰。其結果是「訴訟繁興型糾紛社會」的出現。尤其是宋代特有的「對

告發不正當行為的獎勵」政策，很大程度上促使了「訴訟繁興型糾紛社會」的產生。總之，伴隨產業發達而來的「競爭性的社會狀態」與「以政府為主體的訴訟處理體制」、「政府對告發不正當行為的獎勵」相互作用，宋代江東信州的礦山和江西三角洲地帶的農業社會出現了「訴訟繁興型糾紛社會」的狀態。

像礦山和三角洲地帶那樣的「競爭性社會狀態」並非僅見於人群流動性高的地方。在江西的河谷平原地帶，因為推行陂塘建設、普及集約型農業，對耕地投入了大量的勞動力，所以也像三角洲地帶那樣盛產穀物，而富民則獨占陂塘之水，排斥別人使用，採取出了另一種非合作性姿態。而且在穀物買賣的地方，生產者互相競爭，以求賣掉自己所產的糧食，非常容易發生與利益相關的糾紛與訴訟。所以河谷平原地帶的農業社會也進入了「競爭性的社會狀態」。在這個地方，也有一些人希望能夠實現陂塘的合作性利用，但他們很難憑藉自己的力量去解決糾紛、實現合作性的社會秩序，只能借助於官府的（行政）力量。在江西的農業社會中，存在著被稱為父老的地方頭面人物和探索陂塘合作性利用之道的人，所以應當認為江西河谷平原地帶在一定程度上存在著自律性的秩序，但就糾紛的解決而言，這種父老很難發揮指導力，亦即這種指導力是有限的。總之，「父老處理糾紛能力弱」和「以政府為主體的訴訟處理體制」交互作用，使得身處「競爭性社會狀態」中的人們由競爭發展為訴訟戰，從而出現「訴訟繁興型糾紛社會」的狀態。在宋代，這個地方已獲得了相當程度的開發，因此「訴訟繁興型糾紛社會」的狀態是伴隨著開發的推進而來的。其中，所謂「訟學」因需而盛，呈現出強烈的「訴訟繁興型糾紛社會」的傾向。

上述「訴訟繁興型糾紛社會」的狀況同樣見於作為宋代海上貿易中心的明州（慶元府）沿海地區（「砂岸」）。政府的影響力原本很難覆蓋到這個地區，而為了追求海上貿易所得之利，以富民（「大家」、「上戶」）為中心的本地勢力（「砂主」勢力）致力於搶奪民眾的利益。由此可知，這裏呈現出強烈的「武力抗爭型糾紛社會」的傾向。而當這種社會狀態出現的時候，政府在這裏設

置了稅場，影響力開始增強，本地勢力之間為了承包徵稅而展開激烈的角逐，由此演變成訴訟戰。從富民一旦失去徵稅承包這一名目，就無法統率沿海地區的民眾（「砂民」）來看，在沿海地區，富民原本就很難發揮調整「砂民」利害的組織功能，因此這裏也是「競爭性社會狀態」。在這個地方，政府影響力增強的結果就是呈現強烈的「訴訟繁興型糾紛社會」的傾向。究竟是「訴訟繁興型糾紛社會」還是「武力抗爭型糾紛社會」，取決於「政府影響力的狀況」。由此可知，傳統中國的社會秩序容易因為「政府對當地影響力」的變化而變化。

由此可以確知，在維持宋代經濟發展的農業、礦山業以及海上貿易中，存在著容易產生「訴訟繁興型糾紛社會」的各種元素。那麼因此而出現的「訴訟繁興型糾紛社會」狀態在此後又有什麼發展呢？元代的江西也被認為「健訟」、「訟學」發達，所以恐怕也延續了宋代的狀況。但是進入明代後，這種狀態發生了很大的變化。明朝政府大幅度改變了「以政府為主體的訴訟處理體制」、「對告發不正當行為的獎勵」等原來的施政方針，致力於構建父老（里老）負責處理民事訴訟的體制，即所謂的里老人制（老人制、里老裁判制度）。可以說，這種政策是國家強化父老（里老）的指導力、構建「本地主導型安定社會」的一種努力。如果著眼於國家推行里老人制這一點，那麼也可以稱之為「政府主導型安定社會」的體制。

在明代前期的江西河谷平原地區，經濟較為低迷，如穀物生產不振、田價低落等，人們對利益的訴求不高，所以在父老型「邑士」的主導下，富民之間多有合作整修陂塘的事例，「競爭性社會狀態」出現了向「合作性社會狀態」轉變的傾向。但是社會狀態基本上還是蘊藏著競爭的特性，這從明代前期依然被認為「健訟」就可窺知。所以在明代中期以後，穀物恢復盛產，田價上升，經濟得到發展，之後富民大肆兼併土地，對於陂塘、耕地的爭奪也被激化。「合作性社會狀態」再度演變為「競爭性社會狀態」。其中，里老人制逐漸喪失其原本的功能，「本地主導型安定社會」的狀態走向崩潰。其結果是訴訟頻生，「訴訟繁興型糾紛社會」的傾向再度強化。到了明代後期，賦役

負擔增加，（將納稅義務轉嫁給他人的）逃稅行為橫行，與此相關的訴訟增加，「訴訟繁興型糾紛社會」的傾向進一步加強。雖然檢討並不充分，但是在明代後期，這種傾向在三角洲地帶確實也變得更為明顯。

另一方面，明代中期以後，在江西的山區出現了不同於河谷平原地區的社會秩序。當時，經濟作物的栽培在當地得到推進，也有來自其他地方的移民，被稱為「土賊」的當地勢力抬頭，政府影響力低下，所以出現了由本地勢力作為指導者的「本地主導型安定社會」狀態。對於當地社會發生的糾紛，政府不得不委諸這些指導者。政府並不是把糾紛處理「委託」出去，而是「不得不委託」出去，這一點就體現出當地已建立起「強有力的自律性秩序」，可以說這是與河谷平原地帶的區別所在。然而，在本地勢力主導這種社會狀態的另一面，本地勢力之間也發生了激烈的武力鬥爭。如果從山區的整體來看，這是一種「武力抗爭型糾紛社會」的狀態。江西山區的這種狀況在明代後期發生了很大變化。因為明朝政府討伐被稱為「土賊」的當地勢力，所以政府影響力由此增強，本地社會不再出現具有強大指導力的指導者，人們的紛爭只能發展為訴訟，「訴訟繁興型糾紛社會」的傾向在這個地方得到強化。因此，在糾紛景象存在差異的明代末期，不僅是河谷平原地帶，連山區也可見「競爭性社會狀態」，呈現為「訴訟繁興型糾紛社會」。在江西三角洲地帶，伴隨著像宋代那樣的三角洲型農業，明代末期也出現了「競爭性社會狀態」，呈現為「訴訟繁興型糾紛社會」。

到了清代，江西各地是否依然維持著「競爭性社會狀態」和「訴訟繁興型糾紛社會」的狀況？根據既往研究，當時土地交易進一步發展，被稱為「田面田底慣行」、體現雙重所有權的土地習慣法出現，[1]而且江西還是被繼續認

---

[1] 參考以下文獻。草野靖《中國近世的寄生地主制——田面田底慣行》（汲古書院，1996 年）、施民《清代贛南的租佃制初探》（《贛南師範學院學報》1995-5）、寺田浩明《田面田底慣行的法律性質——以概念分析為中心》（《東洋文化研究所紀要》93，1983 年）、《清代土地法秩序中「慣行」的結構》（《東洋史研究》48-2，1989 年）。

為「健訟」。[2]清朝政府並沒有實施像明初那樣的里老人制。[3]由此似乎可以認為（今後還有詳細檢討的必要），當時依然延續了「訴訟繁興型糾紛社會」的狀態。總之，宋代江西出現的「訴訟繁興型糾紛社會」成為一種「基本」狀態，其間雖有變化，但至清代仍然得到延續。夫馬進認為，明代的里老裁判制度崩潰以後，訟師十分活躍，訟師秘本廣為流傳，由此誘發訴訟。[4]而山本英史認為，伴隨著正規化的士人階層包攬詞訟，清代的訴訟制度引發了「健訟」。[5]宋代的江西「訟學」也是一樣，在「訴訟繁興型糾紛社會」的狀態中孕育出來的訟師和訟師秘本進一步推動了這種社會的發展。

本書的檢討方式是從地域社會的視角出發，著眼於經濟發展的情況來分析法（裁判、訴訟）與社會秩序的關係，由此能否闡明傳統中國的社會秩序（所共有的變化邏輯）為何？關於明清時期的「健訟」，夫馬氏認為「產生『好訟之風』、『健訟之風』的根本原因在於明清時期的訴訟本身是向千萬人開放的」；[6]山本氏認為「並非江西所特有，清代訴訟制度與科舉制度或多或少發揮了作用」。[7]訴訟制度是產生「健訟之風」的根本原因，這雖是事實，但從本書所論來看，正如山本氏所問「宋元時期因何形成此風」，[8]僅靠這一原因，

---

[2] 參考山本英史《健訟的認識與實態——清初的江西吉安府》（收入《宋—清代的法與地域社會》，財團法人東洋文庫，2006 年）、本書第五章所引道光《瑞金縣誌》卷一六《雜誌・兵寇》的記載等。

[3] 參考中島樂章《明代鄉村的糾紛與秩序——以徽州文書為史料》（汲古書院，2002 年）等。中島氏在該書的結語部分提出：「整體上，16 世紀以後伴隨老人、里甲制的動搖，鄉村的糾紛處理、秩序維持體系的動搖，大致到 18 世紀初，暫且已能應對社會總體的流動化，並形成比較穩定的框架。總體上，清政府在家、宗族直至國家的上述多重秩序（糾紛）構造中，沒有施行像明初政權那樣的政策，沒有將特定階層，具體來說，就是沒有將鄉村定位成以老人、里甲、糧長為中心的社會構成和秩序化」。

[4] 夫馬進《明清時代的訟師與訴訟制度》（收入《中國近世的法制與社會》，京都大學人文科學研究所，1993 年）、《訟師秘本〈蕭曹遺筆〉的出現》（《史林》77-2，1994 年）、《訟師秘本的世界》（收入《明末清初的社會與文化》，京都大學人文科學研究所，1996 年）。

[5] 前引山本氏《健訟的認識與實態》。

[6] 前引夫馬氏《明清時代的訟師與訴訟制度》。

[7] 前引山本氏《健訟的認識與實態》。

[8] 前引山本氏《健訟的認識與實態》。

「訴訟繁興型糾紛社會」的狀況是不會出現的。如果從制度性的角度來考慮的話，極端地說，縣受理訴訟的制度從秦漢時就已確立，[9]那麼此後在受皇帝專制統治的地方社會常常出現「訴訟繁興型糾紛社會」的情況也並不奇怪。然而，「健訟」之所以顯眼而引人注意，是因為宋代經濟發展之故。從本書所論來說，至少在江東信州的礦山與江西三角洲地帶、江西河谷平原地帶的農業社會等，在訴訟制度之下，伴隨著宋代「競爭性社會狀態」，經濟、產業的發展是「訴訟繁興型糾紛社會」狀況出現的條件。總之，（州縣為主體的）訴訟制度與經濟、產業相關的「競爭性社會狀態」（更為根本的是，非合作地、爭搶著追求有關經濟、產業利益的人性）二者齊備，才會導致「訴訟繁興型糾紛社會」狀況的出現（反之，如果沒有出現「競爭性社會狀態」，那麼在同樣的訴訟制度之下，不會產生「訴訟繁興型糾紛社會」的狀態，也就是說，可能會出現「訟簡」的狀態。這一點打算在今後進行討論）。一旦具體這兩個條件，「訴訟繁興型糾紛社會」的狀態沒有出現，那麼就會像宋代明州沿海地區和明代江西的山區那樣，政府影響力弱化，（州縣為主體的）訴訟制度無法充分發揮作用，相比於「訴訟繁興型糾紛社會」，「武力抗爭型糾紛社會」的傾向就會增強。也就是說，傳統中國的社會秩序會因兩個條件的不同而產生「多種姿態」。此外，本書並沒有詳細討論與人口增加相關的因素，但清代初期的江西吉安府，人口雖然減少，但仍被認為「健訟」，[10]從這些來看，在人口增加以前該地就已形成的「競爭性社會狀態」，易言之，伴隨「競爭性社會狀態」的開發的推進，對「訴訟繁興型糾紛社會」狀況的出現產生較大的影響。這需要詳細地檢討，其論證思路可以是，在易於發生訴訟的土地上，人口增加可能並未帶來「訴訟繁興型糾紛社會」傾向的增強。

在清代，江西依然延續著「訴訟繁興型糾紛社會」的狀態，但另一方面

---

[9] 有關刑事訴訟，籾山明《中國古代訴訟制度研究》（京都大學學術出版會，2006 年）終章「司法經驗的再分配」認為「刑事訴訟原則上由案發地的縣廷裁決。屬縣的下級官吏，具體而言也就是被稱為獄吏（獄史）的書記官作為最末端的司法主體」。

[10] 前引山本氏《健訟的認識與實態》。

也出現了與此前不同的狀況。如明代末期以來，中國各地都興起了以自律性
秩序為目標的鄉約，而這個鄉約也承擔著糾紛調停的職責，[11]江西也在明代中
期創設了「南贛鄉約」（參見第五章）。而且中國各地宗族（父系的同族網絡
關係）興盛，福建等地也出現了宗族之間的武力對抗（「械鬥」，參見第一章），
江西也是如此。[12]

　　如《清稗類鈔》第五冊《風俗類·樂平械鬥》描述了清代饒州府樂平縣
風氣：

> 樂平屬江西。人皆慓悍，輒以雞豚細故，各糾黨以械鬥，而東南兩
> 鄉為尤甚。其俗，凡產一男丁，須獻鐵十斤或二十斤於宗祠，為製
> 造軍械之用。……以故族愈強者，則軍械巨炮愈多。

饒州在宋代就是「健訟」之地，到了清代，因為宗族勢力的擴大，出現了「武
力抗爭型糾紛社會」的狀態。所以在清代的江西，「訴訟繁興型糾紛社會」狀
態持續的同時，本地社會還產生了鄉約和宗族等各種各樣的人際結合，其結
果是這些組織在糾紛的產生與解決中發揮了各種各樣的作用。[13]由以上所述來
看，關於清代江西的社會秩序，鄉約和宗族勢力發揮著相當的影響，當然這
還需要進一步的具體論證。

---

[11] 參考寺田浩明《明清法秩序中「約」的性質》（收入《從亞洲出發進行思考（4）社會與國家》，東京大
學出版會，1994 年）等。另外，三木聰在《明清福建農村社會研究》（北海道大學圖書刊行會，2002 年）
第三部附篇「明代里老人制再檢討」中言及，里老人制度解體後，鄉約、保甲制成立，它們並不擁有裁
判權、刑罰權，在糾紛處理中重視調解。

[12] 參見施由明《明清江西社會經濟》（江西人民出版社，2005 年）第三章「二、以宗族為基本結構單位的
農村社會結構」、黃志繁《「賊」「民」之間：12-18 世紀贛南地域社會》（三聯書店，2006 年）。

[13] 參見冀汝富《淺議中國傳統社會民間法律知識形成路徑——從江西地方法律文獻來分析》（《江西財經
大學學報》2006-5）等。另外，有關清代徽州府的糾紛解決，熊遠報在《清代徽州地域社會史研究》（汲
古書院，2003 年）第二部第三章「村的糾紛、訴訟及其解決」中言及，「對於鄉村中各種各樣的社會矛
盾與頻繁的糾紛、訴訟，個人、血緣、地緣組織、官府為了恢復秩序，呈現出互相補充的網狀結構，發
揮著不同的作用」。

　　此外，序言所論及的近世（江戶時代的）日本的地方社會，如果從「社會秩序的理想類型」來討論，因為村調整利害關係的能力較高、村承擔幕府治理等，所以可以說是「本地主導型安定社會」傾向較強的社會（亦即，在社會秩序的結構上，與上述「訴訟繁興型糾紛社會」傾向較強的傳統中國社會有相當大的差別）。這一點有待今後進一步討論。在這個意義上，不僅是近世日本，我們也有必要對朝鮮王朝的社會秩序等進行比較討論。這些都是今後的課題所在。

附錄　書評：柳田節子著《宋代的民婦》

　　本書的作者柳田節子是在宋朝專制統治、鄉村社會與社會經濟史等研究領域有著諸多卓越業績的學界第一人，對於中國史尤其是宋史的研究者而言，她的業績有太多值得學習之處。另一方面，說起宋代女性的研究，她也是作為開拓者而廣為人知。她的主要目的在於，「拋開節烈和從屬這種固定觀念，對於民婦的其他方面略加」瞭解、探究「這種女性與宋朝專制統治之間的連接點」、研究「宋朝的專制權力如何面對她們所生活的地方——鄉村社會，人民統治的狀況如何」（第2頁），由此將自己歷年來的業績集結為本書。近年來，有關宋代社會中女性狀況的討論日益活躍，本書所收的論文對於討論產生很大的影響。而且關於宋代的社會秩序，學界原本就存在著共同體有無等各種討論，本書的觀點對於這些問題的討論也有許多可以學習的地方。本書的構成如下（方便起見，標以⑴～⒀的序號）：

　　前言。一、宋代的民婦：⑴宋代女子的財產權；⑵宋代裁判中的女性訴訟；⑶宋代的義絕與離婚、再嫁；⑷宋代的女戶；⑸元代女子的財產繼承；⑹書評：永田三枝《南宋時期的女性財產權》；⑺書評：高橋芳郎《亡親的女子》；⑻書評：合山究《節婦烈女論》；⑼書評：Kathryn Bernhardt《中國史上的女子財產權》；⑽書評：游惠遠《宋代民婦的角色與地位》；⑾《趙翼與女性史》。二、宋代鄉村社會與專制統治：⑿宋代鄉原體例考；⒀宋代的父老。後記。

　　由於評者才疏學淺，對於很多內容沒有討論的能力，以下僅就閱讀本書（主要是⑴～⑸、⑿、⒀）的相關感受和想要進一步瞭解的部分展開敘述。

　　一、宋代的民婦。南宋時期書判集《名公書判清明集》所見「女子分法」是否具有女子財產繼承權的意義，這是關係宋代女性形象的重大問題，引起了很多研究者的關係，爭論不斷。這被稱為「女子分法（女子財產權）」爭論，眾所周知，由滋賀秀三、仁井田陞二氏發端（爭論的動向，詳見拙稿《〈清明集〉與宋代史研究》，《中國一社會與文化》18，2003 年）。仁井田氏認為女子也可以享受「與祭祀無關的財產繼承」，與此相對，滋賀氏認為，在所謂承繼的繼承模式中，財產的概括繼承和祭祀義務不可分割地連結在一起，不具有祭祀父親資格的未婚女子被排除在承繼的序列之外，「女子分法」是「從慣習中游離出來的」、「異質的」東西。質疑滋賀氏的這一看法、再次引起爭論的重要論文正是⑴《宋代女子的財產權》。其中，柳田氏認為：「在南宋時期，戶絕財產按照法律規定確立了分配率，在室、歸宗、出嫁女等作為女承分人，與養子（命繼）一起分配財產」，而且「相關的法律規定出於對書判作者任職地的考慮，相當廣泛地適用於南宋的江南地區」，其結論就是這是「一定程度的女子財產權的積極體現」（第 24 頁）。由此可以窺知她的視角是，暫且放下原理的討論，從社會的實態中尋找並解決問題。然而，這篇論文並沒有明確解釋「女子分法」是在什麼樣的背景下出現的。她在書評（⑹、⑺、⑼）中批評了從國家角度進行解釋的永田三枝和高橋芳郎的看法，注意到 Bettine Birge 與青木敦關注該法與各個地區狀況之間的關係，並認為無法解釋的地方依然很多，有待於今後進一步分析社會狀況。

　　在接下來的⑵《宋代裁判中的女性訴訟》中，她進一步逼近女性的真實面貌，認為那些「不好惹的、決不放棄的女子們」「自己成為起訴主體，妾婢對主人和主人一族、妻對夫、母對子、兒媳對婆婆、婆婆對兒媳提起訴訟，嫂叔相爭，宗室、士大夫的女眷以官為起訴對象」（第 57 頁），而「官僚們受理女性提出的各種起訴，判斷曲直，做出符合情、理的書判，以此實現王朝秩序的維持、安定」，「專制權力在現實中顯得特別靈活」（第 58 頁）。我認

為，該文提出了一個思考社會秩序狀況的重要觀點，即通過「靈活」應對女性自身的主張，從而實現王朝秩序的維持。

為了進一步瞭解女性所處的實際境遇，(3)《宋代的義絕與離婚、再嫁》考察了作為離婚原因的「義絕」，認為「夫妻因義而合，義失則犯義絕，因此離婚，這並非是對妻子的單方面要求」（第 73 頁），「雖然夫妻之間有很大的地位差別，但義絕律……對夫妻雙方都予以規制」（第 67 頁）。(4)《宋代的女戶》考察了王朝對於女性財產所有的應對之道，「女戶是包括田土在內的財產的所有人，政府以她為戶主進行掌控，賦予她在戶等中的位置，課以包括兩稅在內的各種賦稅」（第 77 頁）。這些內容讓我們重新認識到，有必要根據女性的影響力，對宋朝的體制和社會諸相進行檢討。

此外，為了闡明中國傳統社會的女性狀況，有必要檢討這種宋代情況如何在後代展開。關於這個問題，(5)《元代女子的財產繼承》認為，在元代，「女子的財產繼承基本承自宋制」（第 113 頁）；(1)《宋代女子的財產權》推測，「到了明清時期，女子的財產權就顯現出低落的勢頭」（第 25 頁）。

二、宋代鄉村社會與專制統治。以下考察的是女性生活的地方（鄉村社會）與專制統治的情況。(12)《宋代鄉原體例考》考察了宋代史料所見的「鄉原體例」，認為「各個地方的鄉村有著不同的地理、自然條件，土地的生產力也有等級差別，所以經過漫長的歲月形成了各個鄉村的慣例、習俗」（第 187 頁）。而關於這些鄉村習慣與專制統治的關係，(13)《宋代的父老》認為「宋朝專制統治的形成，是在吸收民間既有的組織、習慣等的過程中逐步實現的」（第 216 頁）。我們動輒就會把宋代社會理解為無差別的一個整體，因此鄉村社會中存在各種習慣的觀點是非常重要的。

(13)《宋代的父老》進而指出，宋代史料所見的父老，「熟知自己所在鄉村的田土、水利、丁產、戶口等農民的狀況和動向，關係到農業再生產。在與農業關係甚深的祈雨、祈晴中，也以民間信仰為背景，發揮著帶頭、指導的作用，受到民眾的支持」（第 210 頁），「是在本地鄉村社會的共同體關係中，受到民眾支持、具有指導力和統率力的長老知識人」（第 217 頁）。對於中國

傳統社會的鄉村社會是否存在共同體的問題，原本就有各種討論。而在宋代
的鄉村社會中，以江西為中心的地區被稱為「健訟」，出現了訴訟繁興的社會
狀況，近年來學界對於為何會出現這樣的社會狀況等進行了熱烈討論。對於
思考這一問題而言，柳田氏的觀點具有很強的吸引力。應當說，目前有關宋
代社會秩序的研究尚不充分，所以有必要推進這方面的研究。

　　然而，有關父老與鄉村社會的關係，還有想要進一步瞭解的地方。在研
究共同體的存在時，以下問題是很重要的：鄉村社會中發生的糾紛有多少是
在其社會內部進行處理的？從這一點來研究父老的存在時，就有必要去思考
父老如何處理鄉村社會的糾紛。這也與明代的里老人制如何形成相關。本書
介紹了在鄉村中發生的糾紛事例，例如婺州蘭溪縣發生了與田界爭端相關的
訴訟，由此認為「持續多年的訴訟，根據扎根於父老所在地的知識，逐漸得
到解決」（第 199 頁）。此處斷決訴訟的人並不是父老，而是地方官（縣尉）。
而且還有史料載：「（合淝主簿）有田訟積歲不決，以質諸父老，莫能知」（第
203 頁）。總之，儘管父老「熟知自己所在鄉村的田土、水利、丁產、戶口等
農民的狀況和動向」（第 210 頁），但從所舉史料來判斷，他們對於鄉村社會
的糾紛解決似乎沒有什麼指導力。柳田氏在別處指出「在地主的大土地經營
和佃戶統治中，公權力已經介入」（第 187 頁），如果認為父老的指導力也有
所極限，或許會更好吧。從這一點來看，關於父老與鄉村社會的關係，在進
一步檢討各個地方的情況時，也有必要考察它的特徵。

　　父老「在本地鄉村社會的共同體關係中，受到民眾支持、具有指導力和
統率力」，而⑿《宋代鄉原體例考》認為「地主階層作為有權勢的大戶，不僅
對佃戶，還對周邊的農民有一定的統治力，政府公權力掌控相關的地主階層，
以地主階層在鄉村內對小農民的影響力為媒介，實現對鄉村的統治」（第 188
頁）。地主階層「對周邊的農民有一定的統治力」，這也是有關社會秩序的重
要觀點。那麼他們與父老的關係為何？被稱為父老的人們究竟為何被稱為父
老？如果父老「熟知農民的狀況和動向」是理由之一的話，那麼他們是如何
熟知這些東西的呢？關於這些內容，也想進一步予以瞭解。

　　根據這些與鄉村社會有關的內容，來思考「一、宋代的民婦」所收論文的觀點，也還有想知道的事情。這就是「不好惹的、決不放棄的女子們」（第57頁）與「本地鄉村社會共同體式的關係」（第217頁）之間具有何種具體關係。與此相關的問題是，促使「女子分法」出現的習慣是如何形成的。這一點還想請柳田氏賜教。

　　以上所述都是一些甚為駁雜、不得要領的內容，以及想要進一步瞭解的、與本書相關的東西。本書認為，女性擁有很大的影響力，而且擁有各種自律性習慣的鄉村社會構成了宋代社會，宋朝的專制統治也因「靈活」應對這種鄉村社會的實際情況而得以維持。這些都是我們思考宋代社會時需要留意的地方。應當說，我們在研究宋代社會（中國傳統社會）時，有必要將這些觀點置於腦中。評者的理解能力、對事實的認識都有不足，所以誤解當然很多。敬請柳田先生與讀者不吝批評、指正。

　　　　　　　　　（汲古書院，2003年4月出版，四六判，222頁，3000丹）

　　【追記】對於本書評，柳田教授生前曾通過私信賜予認真的教示。這本來就不以發表為前提，在此刊布並不合適。但柳田教授已經亡故，考慮到內容的重要性，在得到其遺屬的理解後，發表相關的部分（對於欣然允諾的柳田教授的遺屬，謹致謝忱）。以下則是原文：

　　「有關共同體，並非是通常所說的、作為嚴謹的術語的『共同體』，我只是說『共同體式的關係』。例如在鄉村中，水利問題等與人際關係相結合，無法構成再生產。這種關係就是我所謂的『共同體式的關係』。通過閱讀史料，父老作為事實關係而呈現出來。」「父老或許出身於鄉村的地主階層、是『知識人』。正如周藤（吉之——引用者）先生的研究所稱，在鄉村中存在著與胥吏勾結、貪婪地謀求擴大土地所有、『武斷鄉曲』的豪民階層，但也廣泛存在著自耕農、小

自耕農等,而在後者的情況下,史料所見父老都是作為胥吏的對立面出現的。父老對其所在鄉村狀況的認識都被寫下來了。我認為,沒有裁判權,而關於爭奪土地等糾紛的解決,從宏觀上推測,或許可以關聯到明代的里老人吧?」

(2004 年 10 月 6 日)

後 記

　　我之所以關心本書的主題「傳統中國的法（訴訟）與社會秩序」，是因為
參加上智大學大澤正昭教授的大學院研討課以及大澤教授主辦的清明集研究
會，研讀南宋時期書判集《清明集》。在清明集研究會中，我不僅有幸參與《清
明集》的譯注，還得到了大澤教授為首的戶田裕司、石川重雄、佐藤明、兼
田信一郎等各位老師，以及佐佐木愛女士、小島浩之先生、金子由紀女士、
中林廣一先生、今泉牧子女士等的各種指點。在對《清明集》的研讀過程中，
我對其中所述「健訟」這一好訟的社會風潮產生了興趣，以此為線索嘗試研
究宋代社會。在此動機之下完成了以下論文：①《宋代信州的礦業與「健訟」
問題》（《史學雜志》110-10，2001 年），②《宋代饒州的農業、陶瓷器業與「健
訟」問題》（《上智史學》46，2001 年）。此後，以這些論文為基礎，撰寫了
博士學位論文《宋～明代江西地區的糾紛、訴訟與社會秩序——以產業和「健
訟」的關係為中心》（東京大學大學院綜合文化研究科，2003 年）。擔任審查
的并木賴壽（指導教官）、岸本美緒、安富步、黑住真、三谷博等各位教授在
百忙之中，從各種角度給予了認真的指導。從就讀大學院開始，小島毅教授
也給予了各種關照，分享了有關論文寫作的心得等。而後，作為對上述研究
的進一步發展，我又撰寫了③《宋代長江中下流域的農業與訴訟》（收入宋代
史研究會編《宋代的長江流域——從社會經濟史的視角出發》〔宋代史研究會
研究報告第八集〕，汲古書院，2006 年）。撰寫之際，得到了編集委員久保田

和男教授的幫助，而且相關內容曾在中國社會文化學會 2004 年度大會上發表，廣島大學岡元司教授予以寶貴的評論。而且岡教授也在此事之外多所惠助。

現在想起來，自己一開始對傳統中國社會產生興趣，可能是受到高中時喜歡閱讀《儒林外史》、《浮生六記》、《紅樓夢》、《聊齋志異》、《陶庵夢憶》等有關傳統中國社會的書籍的影響。而後，從參與上述研究活動開始，在與中國友人、熟人的交流過程中，想要去瞭解「與日本社會狀況、日本人的行為模式不一樣的中國社會狀況、中國人的行為模式」。在大學、東京都立高中負責東洋史、中文的教學時，切實感受到，加深對中國社會狀況和中國人的行為模式的理解，雖然對與中國關係較深的現代日本很有必要，但在研究、教育活動中卻無太多推進。因此，我進而認為不僅是對現代中國社會，對於形成現代中國社會的歷史背景和傳統中國社會，也有理解的必要。而且為了理解這個傳統中國社會，我們不僅要關注存在於《清明集》中的宋代社會的狀況，也有必要去考察至清代為止的社會狀況。

正在思考這些問題的時候，我有幸獲得財團法人東洋文庫「前近代中國的法與社會」研究班（負責人是愛知大學的大島立子教授）的邀請，得以參加這一研究活動。這一研究班的研究主題是「思考宋代到清代的法與社會」，所以對於僅學習過宋史、很難研究元代至明清時期的自己來說，是一個學習相關研究方法的機會。受惠於這樣的研究環境，我撰寫了④《明代江西的開發與法秩序》（收入大島立子編《宋—清代的法與地方社會》，財團法人東洋文庫，2006 年）。在這篇論文的撰寫中，研究班的成員大澤、大島、岸本、寺田浩明、濱島敦俊、柳田節子、山本英史等教授給予了各種指導。在此期間，我也完成了⑤《書評：柳田節子〈宋代的民婦〉》（《歷史學研究》793，2004 年），有幸直接得到柳田教授許多寶貴的教示（參考本書附錄的「追記」）。與此同時，我又受邀於文部科學省科學‧研究補助金‧特定領域研究「東亞的海域交流與日本傳統文化的形成——以寧波為焦點的跨學科創造」

（簡稱為寧波計劃，主持人是小島毅教授）的法文化班（「中國法文化的特徵、變化以及地域性差異研究」，主持人是大阪大學的青木敦先生）。2006 年，研究班在臺灣召開會議（宋代法文化研討會，臺北），我報告了本書第四章的初稿。通過研究班的活動，我受教於成員青木、上杉和彥、王瑞來、津田芳郎、劉馨珺等各位教授。我之所以能夠獲得包括日本史在內的諸多知識，都是因為參加上述課題。

本書由因上述機緣所撰拙稿與研討會報告等彙編而成。在編集過程中，我又補入了新的考察所得，對①～④的拙稿內容再行檢討、重組，予以大幅度修改。因此，與上述拙稿相關的章節在許多內容上與前稿有相當大的差別。如果可能的話，敬請讀者在參考上述拙稿時，一併閱讀本書的內容。在本書集結的時候，也得到了各方的關照。岸本教授在繁忙的工作中，一再通閱粗拙的本書初稿，每次都給予認真的指導。承蒙大澤、戶田兩位教授的關照，清明集研究會提供了討論本書相關內容的機會，各位參加者賜下了有意義的教示。特別是參加大澤研討課的研究生杉浦廣子、樂滿かおり、上悠紀等各位女士，為討論會的準備而盡心盡力。在原稿的印刷階段，還得到了野本敬、赤羽目匡由兩位先生的幫助。如果沒有這些人的助力，本書是無法完成的。還需提到的是，大島、青木、熊遠報、祁建民、吳曉林等各位教授總是一次次地鼓勵我出版本書。另外，雖然我在上文沒有特別提到名字，但還有許多老師給予過指教；雖然我總是給周圍的人添加各種麻煩並讓他們擔心，但他們依然報之以鼓勵與支持。在各個方面都不成熟的我走過「細長」之路，總算能夠將本書付梓，這得歸功於以上諸位。再次表達深深的謝意。

本書的內容如果還略有新意的話，都是承蒙以上各位的教導，如果有不足之處，那是因為我沒有吸收這些教誨，責任在我，希望讀者能夠理解。另外，原本這種著作的結集應該建立在研究者修為積聚的基礎上，本該更加謹慎，此次貿然出版是想要得到更多的教示，從而推進今後的研究。如能得到讀者的教導，實在幸甚至哉。在本書刊行之際，得到汲古書院石阪睿志先生、

小林詔子女士的大力協助。若非汲古書院的特別關照，本書難以面世。在進行與本書的相關研究時，寧波計劃（法文化班）與豐田財團研究資助給予支持，由衷感激。

小川快之

2009 年 3 月

第 二 編

相關論文與綜述

1980 年以來日本宋代法制史研究的
現狀與課題

一、緒言

　　日本的宋代法制史研究，經仁井田陞、宮崎市定、曾我部靜雄、滋賀秀三等開創，其基礎事項已然明瞭。[1]此後，1983 年在北京圖書館、上海圖書館發現了南宋時代的裁判文書集《名公書判清明集》（以下略稱《清明集》）的明版，高橋芳郎於 1986 年將它的圖版帶到日本，各地譯注明版的活動很是活躍。

　　該影響所及，日本自 1980 年代後半期開始，與宋代法制、裁判相關的研究，以訴訟為著眼點，又，以判語（判詞＝判決書）史料為綫索的地域社會研究也趨於繁榮。尤其是裁判的判斷標準（法、情、理的關係）和刑罰體系

---

[1] 仁井田陞：《唐宋法律文書的研究》，東方文化學院東京研究所，1937 年；《支那身份法史》，東方文化學院東京研究所，1942 年；《中國法制史研究——刑法》，東京大學出版會，1959 年；《中國法制史研究——土地法、交易法》，東京大學出版會，1960 年；《中國法制史研究——奴隸農奴法、家族村落法》，東京大學出版會，1962 年；《中國法制史研究——法與習慣、法與道德》，東京大學出版會，1964 年；宮崎市定：《宋元時代的法制與裁判機構——〈元典章〉成立的時代背景和社會背景》，《東方學報（京都）》24，1954 年；曾我部靜雄：《宋代的法典類》，《東北大學文學部研究年報》15，1965 年；滋賀秀三：《中國家族法論》，弘文堂，1950 年；《讀仁井田升博士的〈中國法制史研究〉》，《國家學會雜志》80-1、2，1966 年；《中國家族法的原理》，創文社，1967 年；佐伯富：《有關宋代重法地的情況》，《羽田博士頌壽紀念 東洋史論叢》，東洋史研究會，1950 年等。參見岡野誠：《宋刑統》，《中國法制史——基本資料的研究》，東京大學出版會，1993 年；川村康：《慶元條法事類和宋代的法典》，《中國法制史——基本資料的研究》。

（律與敕的關係與折杖法等）、「女子分法」（女子財產權）、「健訟」（好訟的社會風潮）等課題，引起了許多研究者的興趣，使得研究得到推進、討論活躍。本文以 1980 年代後半期以來的研究為中心，逐一回顧與宋代法制史相關的研究對象，如基本史料、裁判、刑罰體系、家族和家族法、土地法和身份法、地域社會和社會秩序等主題，並嘗試對今後的課題進行展望。

二、研究動向

（一）基本史料

1.法典

唐代律、令、格、式這種法典形式在宋代發生了變化，經歷了刑統、編敕（針對刑統的修正性法典）、令、式之後，宋刑統和敕、令、格、式這種形式在北宋神宗元豐年間得以確立。以下則嘗試梳理經此變化所形成的宋代法典的概況。[2]基本法典：刑統（《宋刑統》）＝律（刑法典）。副法典：敕（輔助性刑法典）、令（不含刑罰的法規集成）、格（以賞賜給予標準為主的規範）、式（各種公文書的格式等）。申明刑統（針對刑統的修正性法典）、隨敕申明（針對敕的修正性法典）、敕書德音（與恩赦相關的規定為主）。每次修訂副法典的敕、令、格、式時，由敕令所對它們進行編集，並附以看詳（立法理由書）而頒布。而且，出於便利性的考慮，自南宋孝宗淳熙年間開始編集對敕、令、格、式按事項分門別類的「條法事類」。此外，在宋代，除了作為一般法（海行法）的敕、令、格、式之外，還有作為特別法的敕、令、格、式（一司一務一路一州一縣敕：適用範圍僅限於特定官府管轄和特定地域的法

---

[2] 參見梅原郁：《唐宋時代的法典編纂——律令格式和敕令格式》，《中國近世的法制與社會》，京都大學人文科學研究所，1993 年；滋賀秀三：《中國法制史論集——法典與刑罰》，創文社，2003 年；川村康：《慶元條法事類和宋代的法典》等。

令，以及與特定要務相關的法令）。特別法的整理由詳定一司敕令所負責，而
以各地為對象的特別法的整理則主要由各地方官府擔當。然而，這些宋代法
典鮮有留存至今者。現在其內容可以確定的是《宋刑統》和南宋寧宗慶元年
間將敕、令、格、式、隨敕申明分門別類的「條法事類」——《慶元條法事
類》，再加上戴建國所發現的北宋仁宗天聖年間的令——《天聖令》[3]等。另外，
在宋代裁判中，與法典並處重要地位的是「斷例」（與刑事司法相關的先例）。

　　梅原郁《唐宋時代的法典編纂——律令格式和敕令格式》和滋賀秀三《中
國法制史論集》對以上所述的宋代法典編纂史有詳細的說明。此外，梅原郁
還發表了《宋史》刑法志的譯注。[4]岡野誠的《宋刑統》對《宋刑統》及其相
關研究、川村康《慶元條法事類和宋代的法典》對《慶元條法事類》及宋代
法典進行了解說。與《慶元條法事類》相關的還有語彙輯覽、[5]對書志學的考
察[6]和諸本對校表。[7]兼田信一郎對《天聖令·田令》進行了介紹，[8]並對《天
聖令》的研究動向進行了梳理。[9]對《天聖令》的研究，可參考大津透《北宋
天聖令的公布及其意義——日唐律令比較研究的新階段》、[10]岡野誠《北宋的
天聖令——它的發現、刊行、研究狀況》。[11]此外，川村康《宋代斷例考》、[12]《法

---

[3]　參見戴建國：《天一閣藏明抄本〈官品令〉考》，《歷史研究》1999-3。

[4]　《譯注中國近世刑法志（上）》，創文社，2002 年。

[5]　梅原郁：《慶元條法事類語彙輯覽》，京都大學人文科學研究所，1990 年。

[6]　瀧川政次郎：《有關宋代的慶元條法事類（1、2）》，《法學協會雜誌》58-10、11，1940 年；中嶋敏：
　　《〈慶元條法事類〉諸本源流小考》，《圖書學論集：長澤先生古稀紀念》，三省堂，1973 年；吉田寅
　　《〈慶元條法事類〉的書志學考察》，《中嶋敏先生古稀紀念論集（下卷）》，汲古書院，1981 年。

[7]　吉田寅：《〈慶元條法事類〉諸本對校表（稿）》，立正大學東洋研究室，1992 年。

[8]　《關於戴建國發現的天一閣博物館所藏北宋天聖令田令——介紹與初步整理》，《上智史學》44，1999
　　年。

[9]　《天一閣所藏北宋天聖令研究的現狀——以〈天一閣藏明鈔天聖令校正〉為契機》，《歷史評論》693，
　　2008 年。

[10]　《東方學》114，2007 年。

[11]　《歷史與地理》614，2008 年。

[12]　《東洋文化研究所紀要》126，1995 年。

誕生以前》[13]對斷例進行了論述。

2. 判語史料（清明集）

作為與法制史相關的重要史料，還有前述的《清明集》等判語史料。[14]《清明集》有宋版與明版，而高橋芳郎則考察了明版的編纂經過及其與宋版的關係。[15]此外，對《清明集》進行考察的研究以及與《清明集》相關的研究整理則有仁井田陞《清明集戶婚門的研究》、[16]高橋芳郎《名公書判清明集》、[17]大澤正昭《中國社會史研究與〈清明集〉》、[18]《〈清明集〉的世界──定量分析的嘗試》、[19]小川快之《〈清明集〉與宋代史研究》、[20]「Qingmingji 清明集 and Song History Studies in Japan」、[21]石川重雄《中國社會科學院歷史研究宋遼金元史研究室點校〈名公書判清明集〉上、下》、[22]《〈清明集〉相關研究論文一覽》、[23]川村康《宋史研究者的必讀史料〈清明集〉》[24]和古垣光一《首現全貌的明版〈名公書判清明集〉》。[25]此外，就《清明集》而言，明版發現以前，京都大學人文科學研究所等對宋版進行輪流講讀。明版發現以後，在東京大學

---

[13] 《法誕生之時》，創文社，2008 年。

[14] 參見陳智超：《明刻本〈名公書判清明集〉述略》，《中國史研究》1984-4。

[15] 《上海圖書館所藏〈名公書判清明集〉校本的對校本》，《史朋（北海道大學）》35，2003 年；《〈名公書判清明集〉的編印者和版本》，《有關傳統中國的訴訟、裁判史料的調查研究》，北海道大學大學院文學研究科東洋史研究室，2007 年。

[16] 《中國法制史研究──法與習慣、法與道德》。

[17] 《中國法制史──基本資料的研究》。

[18] 《智慧》40-4，1991 年。

[19] 《上智史學》42，1997 年。

[20] 《中國──社會與文化》18，2003 年。

[21] *Journal of Song-Yuan Studies*, Vol.36, 2006。

[22] 《立正大學東洋史論集》1，1988 年。

[23] 《宋元釋語語彙索引》，汲古書院，1995 年。

[24] 《東方》90，1988 年。

[25] 《東方》95，1989 年。

東洋文化研究所由池田溫主持的讀書會和清明集研究會等進行了輪流講讀。

　　以這些活動等為基礎，梅原郁、清明集研究會（以下略稱「清明研」）、高橋芳郎的譯注漸次刊行，目前全卷的譯注已經完成。[26]以下則是各卷與其譯注對應關係的整理：卷一官吏門（清明研：2008 年；高橋芳郎：2008 年），卷二官吏門（高橋芳郎：2008 年；清明研：2010 年），卷三賦役門、文事門（高橋芳郎：2008 年），卷四、五戶婚門（梅原郁：1986 年；高橋芳郎：2006 年），卷六、七戶婚門（高橋芳郎：2006 年），卷八、九戶婚門（梅原郁：1986 年；高橋芳郎：2006 年），卷一〇人倫門（清明研：2005 年），卷一一人品門（清明研：2000、2002 年），卷一二──一四懲惡門（清明研：1991、1992、1993、1994、1995 年）。

　　此外，對於梅原郁的《名公書判清明集》，高橋芳郎進行了訂誤，[27]而梅原郁也對此訂誤進行了回應，[28]還有滋賀秀三的書評。[29]另一方面，在清明研的譯注中，各分冊的緒言收錄了來自各方面的意見（清明研：1992 年以後），而滋賀秀三對清明研（1991、1992 年）也有書評問世。另外，大澤正昭就《清明集》、《後村先生大全集》所載的劉克莊（號：後村）的判語進行了分析。[30]

3. 其他

　　在對宋代法制和裁判進行考察的同時，也有必要參考官箴書（記載地方

---

[26] 梅原郁：《名公書判清明集》，同朋社，1986 年；清明研：《〈名公書判清明集〉（懲惡門）譯注稿（1、2、3、4、5）》，清明集研究會，1991、1992、1993、1994、1995 年；《〈名公書判清明集〉（人品門）譯注稿（上、下）》，清明集研究會，2000、2002 年；《〈名公書判清明集〉（人倫門）譯注稿》，清明集研究會，2005 年；《〈名公書判清明集〉（官吏門）譯注稿（上、下）》，清明集研究會，2008、2010 年；高橋芳郎：《譯注〈名公書判清明集〉戶婚門──南宋時代的民事糾紛與判決》，創文社，2006 年；《譯注〈名公書判清明集〉官吏門、賦役門、文事門》，北海道大學大學院文學研究科，2008 年。

[27] 《梅原郁譯注〈名公書判清明集〉訂誤》，《名古屋大學東洋史研究報告》12，1987 年。

[28] 《有關高橋芳郎對拙譯〈清明集〉的「訂誤」》，《名古屋大學東洋史研究報告》13，1988 年。

[29] 《法制史研究》37，1988 年；《譯注〈清明集〉書評補》，《東洋法制史研究會通信》3，1989 年。

[30] 《劉後村的判語──〈名公書判清明集〉與〈後村先生大全集〉》，《中國史研究（韓國）》54，2008 年。

官執政心得的書）和小說史料等。古林森廣對官箴書的代表之一《晝簾緒論》
和南宋時代的官箴書《州縣提綱》的內容進行了探討。[31]此外，還有佐竹靖彥
對北宋時代官箴書《作邑自箴》的內容進行的探討[32]和譯注，[33]以及赤城隆治、
佐竹靖彥的宋代官箴書語彙的綜合索引[34]和佐立治人對小說史料的探討。[35]

（二）裁判

1.「法、情、理」論爭

　　南宋時代的裁判標準，尤其是「國法、人情、天理（法、情、理）」的關
係是與審判相關的問題，因而引起了研究者的熱烈爭論。滋賀秀三認為，在
中國傳統的裁判中，案件以國法、天理、人情（三者雖有區別但不衝突，但
實際運行上互為融合而形成「情理」〔常識性的衡平感覺〕）為基準進行裁
定。[36]對於他以伴隨威壓的說教取得當事人服判的說法，佐立治人在《〈清明
集〉的「法意」與「人情」──由訴訟當事人進行法律解釋的痕迹》[37]中認為，
《清明集》的民事裁判是依據法律對當事人主張的是非對錯進行二選一的判
定，絕非是滋賀所言的在情理基礎上的教諭式的調停。[38]對於該意見，滋賀在
對佐立論文的書評等文[39]中反駁道：不能將南宋時代的裁判輕率地斷言為「二

---

[31] 《有關宋代的官箴》，《吉備國際大學開學紀念論文集 國際社會研究的觀點》，高梁學園吉備國際大學，
1990 年；《有關南宋的官箴書〈州縣提綱〉》，《兵庫教育大學研究紀要》10-2，1990 年。

[32] 佐竹靖彥：《作邑自箴──官箴與近世中國的地方行政制度》，《中國法制史──基本資料的研究》；《〈作
邑自箴〉的研究──它的基礎的再構成》，《人文學報（東京都立大學）》238，1993 年。

[33] 佐竹靖彥：《作邑自箴譯注稿（1、2、3）》，《岡山大學法文學部學術紀要》33、35、37，1973、1974、
1977 年。

[34] 赤城隆治、佐竹靖彥：《宋元官箴綜合索引》，汲古書院，1987 年。

[35] 佐立治人：《南宋後期的怪談集〈鬼董〉中的法制史料》，《藝林》56-2，2007 年。

[36] 《清代中國的法與裁判》，創文社，1984 年。

[37] 《中國近世的法制與社會》。

[38] 參見劉馨珺：《明鏡高懸──南宋縣衙的獄訟》，五南圖書出版公司，2005 年。

選一」。[40]此外，大澤正昭對《清明集》所載判語的性質進行了分析，認為當時「名公」們的判決標準是以天理為核心的人情與國法二者。[41]

2. 司法制度

關於司法制度，梅原郁對宋代中央（刑部、大理寺、御史臺）和地方（縣、府・州、路）的司法官制和司法行政及其相互關係等問題進行了詳細的說明，[42]而高橋芳郎《譯注〈名公書判清明集〉戶婚門》的解說也有助於掌握與訴訟制度相關的基礎知識。平田茂樹對王安石的「試法官」的制定目的進行了論述。[43]平田茂樹分析了《朱文公文集》卷百「約束榜」，梳理了從起訴至受理的審判程序。[44]高橋芳郎[45]和植松正[46]則考察了起訴時限和審理時限等。石川重雄對南宋時期民事案件中實質上帶有上訴性質的番訴進行了論述。[47]在北宋末到南宋的法令中，多見允許為律所禁的越訴（越過規定的訴訟受理官府，直接向上級機關起訴）的規定，青木敦認為由於這種規定未見於其他王朝，所以表現出宋朝重視制度的態度。[48]另外，長井千秋對提點刑獄司（路級司法行政機關）的成立和職能進行了考證，並對宋代地方司法行政的特殊性進行

---

[39] 書評《中國近世的法制與社會》，《東洋史研究》52-4，1994 年；《關於清代的民事裁判》，《中國——社會與文化》13，1998 年。

[40] 何忠禮《論南宋刑政未明之原因及其影響——由〈名公書判清明集〉所見》，《東方學報（京都）》61，1989 年，認為，人情為當時的刑政所左右。

[41] 《胡石璧的「人情」——〈名公書判清明集〉定性分析的嘗試》，《宋——清代的法與地域社會》，財團法人東洋文庫，2006 年。

[42] 《宋代司法制度研究》，創文社，2006 年。

[43] 《「試刑法」考——以王安石的刑法改革作為線索》，《文化（東北大學）》52-3、4，1989 年。

[44] 《南宋裁判制度小考——以〈朱文公文集〉卷百「約束榜」為線索》，《集刊東洋學》66，1991 年。

[45] 《務限法與茶食人——宋代裁判制度研究（1）》，《史朋（北海道大學）》24，1991 年。

[46] 《務限法與務停法》，《香川大學教育學部研究報告・第Ⅰ部》86，1992 年。

[47] 《南宋時期的民事訴訟與番訴——以〈名公書判清明集〉為線索》，《立正史學》72，1992 年。

[48] 《關於北宋末到南宋的法令中越訴的規定》，《東洋史研究》58-2，1999 年。

了考察。[49]研究提點刑獄的還有渡邊久《北宋提點刑獄的考察》。[50]石川重雄考察了南宋時期的驗屍制度的實態，並指出負責驗屍官員的不正之風。[51]岡野誠《北宋的區希範叛亂事件與人體解剖圖的產生》，則對《區希範五臟圖》產生的來龍去脉進行了考察。[52]

（三）刑罰體系

1. 律和敕的關係

　　關於宋代的刑罰體系，有關律（《宋刑統》）和敕的關係的研究多有進展。[53]針對曾我部靜雄《宋代的法典類》所主張的「以敕代律」說（敕取代了律的現行刑罰法典的地位），[54]宮崎市定《宋元時代的法制與裁判機構》則提出了「以律補敕」說（律成為輔助法，取律而代之的敕則成為根本法），[55]還有梅原郁《唐宋時代的法典編纂》所提出的「以敕補律」說（律仍然是根本法，而敕則作為補充法發揮作用）。[56]在對這一系列研究再檢證之後，川村康《宋代用律考》仍主張「以敕補律」說，滋賀秀三《中國法制史論集》也持同樣見解。

---

[49] 《宋代的路的再審制度——以翻異別勘為中心》，《前近代中國的刑罰》，京都大學人文科學研究所，1996 年。

[50] 《龍谷史壇》123，2005 年。

[51] 《南宋時期的裁判與驗尸制度的調整——以「檢驗（驗屍）格目」的施行為中心》，《立正大學東洋史論集》3，1990 年。

[52] 《明治大學社會科學研究所紀要》44-1，2005 年。

[53] 參見川村康：《宋代用律考》，《日中律令制的諸相》，東方書店，2002 年。

[54] 王雲海主編《宋代司法制度》，河南大學出版社，1992 年、郭東旭《宋代法制研究》，河北大學出版社，1997 年，也持同樣的見解。

[55] 徐道鄰《宋朝的刑書》，《中國法制史論集》，志文出版社，1975 年，持相同看法。

[56] 江必新、莫家齊《「以敕代律」說質疑》，《法學研究》1985-3，戴建國《宋刑統制定後的變化——兼論北宋中期以後〈宋刑統〉的法律地位》，《宋代法制初探》，黑龍江人民出版社，2000 年，薛梅卿《宋刑統研究》，法律出版社，1997 年，持同樣見解。

此外，關於敕的形成，相對於久保惠子所認為的敕乃是應對違反專賣等犯罪行為而制定的觀點，[57]海老名俊樹則認為敕是對五代之敕的繼承，敕的成立與律令體制的崩壞相關。[58]

2.折杖法、「主刑」爭論

在宋代，依律（唐律的五刑：死刑、流刑、徒刑、杖刑、笞刑）量刑，但流刑以下的刑罰執行則因折杖法而折換成杖刑（但是，流刑包括杖刑和作為勞役刑的配役）。[59]川村康《宋代折杖法初考》、[60]《政和八年折杖法考》、[61]《宋代用律考》對這一具體內容進行了闡明。辻正博《北宋配隸芻議》、[62]《宋代的流刑與配役》[63]和川村康《宋代配役考》[64]對配役的實態進行了論述。

此外，與此折杖法研究相關，還有關於「主刑」存在方式的爭論。爭論圍繞著如何理解唐律的五刑（主刑）與新出現的編配（編管、羈管、配軍）的關係而展開。所謂編管，是指遣送至指定的遠州的流放刑，受刑者除了定期到地方官府呈驗外，與其他當地居民一樣自由生活。所謂羈管，乃是監管程度輕於編管的流放刑。所謂配軍，乃是配入承擔各種雜役的地方廂軍的刑罰。在配入之際，還分為用墨刺面（刺字）與不刺面（不刺字）兩種。另外，在廂軍中，勞役的輕重順序依次為本城軍、牢城軍、重役軍等三種。[65]宮崎市定《宋元時代的法制與裁判機構》認為編管介於死刑和流刑（配役）之間，

---

[57] 《違反北宋朝專賣制度的犯罪的處罰規定》，《御茶水史學》24，1981 年。

[58] 《關於五代宋初敕的刑罰體系》，《立命館史學》9，1988 年。

[59] 參見高橋芳郎《譯注〈名公書判清明集〉戶婚門》的解說。

[60] 《早稻田法學》65-4，1990 年。

[61] 《裁判與法的歷史的展開》，敬文堂，1992 年。

[62] 《滋賀醫科大學基礎學研究》5，1994 年。

[63] 《史林》78-5，1995 年。

[64] 《法與政治（關西學院大學）》51-1，2000 年。

[65] 參見高橋芳郎《譯注〈名公書判清明集〉官吏門、賦役門、文事門》，第 44 頁等。

而辻正博《宋初的配流與配軍》、[66]《北宋配隸芻議》、《宋代的流刑與配役》、
《杖刑與死刑之間——宋代的流放刑、勞役刑的展開》，[67]則認為配軍是死刑
的代替刑（「減死一等之刑」：由配流變化而來）。川村康則通過對《清明集》
記載的分析，對此進行了批評，並主張編配（配流制度化的結果）是不在主
刑之列而隸屬於其他系統的刑罰。[68]此外，辻正博還對滋賀秀三有關編管的認
識[69]進行了批判，認為編管是一種「附籍，並對罪人進行監督和管理的刑
罰」。[70]

3.其他

　　曾我部靜雄對黥墨和刺配進行了論述。[71]志田不動麻呂對北宋時期的流刑
地——沙門島進行了闡述。[72]佐伯富、[73]小岩井弘光[74]對牢城軍進行了考察。而
愛宕松男還指出了宋代所確立的緩刑。[75]審判無滯期地進行，以至於沒有被收
容的未決犯的現象被稱為「獄空」，石川重雄則對宋朝「獄空」政策的意義進
行了論述。[76]

　　宋代的死刑有絞和斬、新出現的凌遲處死（將受刑者的肢體切斷的刑罰）

---

[66] 《東洋史研究》52-3，1993 年。

[67] 《前近代中國的刑罰》。

[68] 《宋代主刑考》，《法與政治（關西學院大學）》48-1，1997 年。

[69] 《刑罰的歷史——東洋》，《刑法的理論與現實》，岩波書店，1972 年。

[70] 《宋代編管制度考》，《東洋史研究》61-3，2002 年。

[71] 《關於宋代軍隊的黥墨》，《東洋學報》24-3，1937 年；《關於宋代的刺配》，《中國律令史的研究》，
吉川弘文館，1971 年。

[72] 《沙門島》，《東方學》24，1962 年。

[73] 《關於宋代的牢城軍》，《劉子健博士頌壽紀念宋史研究論集》，同朋舍，1989 年。

[74] 《宋代兵制史的研究》，汲古書院，1998 年。

[75] 《封案——柝斷之制——關於宋代的緩刑》，《東方學會創立二十五周年紀念 東方學論集》，東方學會，
1972 年。

[76] 《高麗時代的恤刑——以應囚、疏決、獄空為中心》，《民族文化論叢（嶺南大學校）》37，2007 年；
《宋代的獄空政策》，《唐宋法律史論集》，上海辭書出版社，2007 年。

以及重杖處死＝杖殺（重杖六十的刑罰）。海老名俊樹對凌遲處死的制定與宋朝刑罰規定的細分化傾向之間的關聯性進行了考察。[77]此外，川村康則論證了重杖處死＝杖殺，絞刑則以杖殺代之。[78]川村康《宋代死刑奏裁考》論述了宋代的死刑案件在原則上無須皇帝裁斷，並考察了由皇帝裁斷的死刑案件的條件及其變遷。[79]川村康《〈鬥殺遇恩情理輕重格〉考》則論述了宋代鬥殺案件的處理與赦降適用之間的關聯，以及有關其處理標準的詳細規定的制定等。[80]

關於處罰對象，川村康對復仇者進行了考察，論述了北宋中期以後課予復仇者的一些刑罰處分。[81]翁育瑄則論述了處罰宋代奸罪的特點。[82]此外，梅原郁《宋代司法制度研究》則考察了對官員的處罰和懲戒。

（四）家族、家族法

1.「女子分法（女子財產權）」論爭

與家族、家族法相關，以「女子分法」為中心的研究和爭論頗為活躍。《清明集》卷八戶婚門「女婿不應中分妻家財產」中所記載的「女子分法」（在法，父母已亡，兒女分產，女合得男之半），是否意味著女子的財產繼承權，乃是爭論的來源。對「女子分法」的存在給予積極評價的研究者（仁井田陞、柳田節子、板橋真一等人）及其反對者（滋賀秀三、永田三枝、高橋芳郎等人），就中國家族法、所在地的習慣、國家政策等與「女子分法」之間的關係展開討論。[83]此外，自 1990 年代後半期以來，也出現了有關「女子分法」相關史

[77] 《關於宋代的凌遲處死》，《宋代的社會與宗教》，汲古書院，1985 年。

[78] 《建中三年重杖處死法考》，《中國禮法與日本律令制》，東方書店，1992 年；《唐五代杖殺考》，《東洋文化研究所紀要》117，1992 年；《宋代杖殺考》，《東洋文化研究所紀要》120，1993 年。

[79] 《東洋文化研究所紀要》124，1994 年。

[80] 《東洋史研究》53-4，1995 年。

[81] 《宋代復仇考》，《宋代的規範與習俗》，汲古書院，1995 年。

[82] 《宋代的奸罪》，《御茶水史學》50，2006 年。

[83] 相關研究則有袁俐：《宋代女性財產權述論》，《宋史研究集刊》2，杭州大學歷史系宋史研究室，1988

料本身和「女子分法」出現的社會背景等研究。以下則嘗試梳理出這一爭論的來龍去脉。

首先，在明版《清明集》發現以前，滋賀秀三和仁井田陞之間的爭論便已展開（滋賀、仁井田爭論）。仁井田陞《宋代家產法中女子的地位》[84]認為，「女子分法」是江南習慣的反映，女子也可享有與祭祀無關的財產承繼。與此相對，滋賀秀三《中國家族法論》、《中國家族法補考①-④──讀仁井田陞博士〈宋代家產法中女子的地位〉》[85]認為，在承繼這一繼承樣式中，財產的總括繼承和祭祀義務是不可分割的結合體，無祭祀父親資格的未婚女子在承繼序列之外，「女子分法」是一種游離習慣的例外。這以後，爭論一度平息。

可是，明版《清明集》發現以後，自柳田節子《關於南宋時期家產分割中的女承分》[86]一文發表開始，爭論再度興起。柳田在她的論文中，認為「女子分法」以女性所具有的對家產分割的繼承權，證明了對財產的所有權。此後，柳田節子又發表了《宋代女子的財產權》、[87]《宋代的女戶》、[88]《宋代裁判中的女性訴訟》，[89]對自己的觀點進行了展開。針對柳田的學說，永田三枝提出見解：「女子分法」僅適用於戶絕之時，不能視為女子在一般情況下享有對家產的承繼權。[90]對此，板橋真一支持柳田說並批判了永田說。[91]高橋芳郎則基於支持永田說的立場，認為「女子分法」是宋朝為了讓無依無靠的未婚女子能像普通人一樣結婚而作出的應對性的社會政策。[92]

年。

[84] 《中國法制史研究──奴隸農奴法、家族村落法》。

[85] 《國家學會雜志》67-5、6、9-12，68-7、8，1950、1953、1954、1955 年。

[86] 《劉子健博士頌壽紀念宋史研究論集》。

[87] 《法政史學》42，1990 年。

[88] 《柳田節子先生古稀紀念 中國的傳統社會與家族》，汲古書院，1993 年。

[89] 《論集中國女性史》，吉川弘文館，1999 年。

[90] 《關於南宋時期女性的財產權》，《北大史學》31，1991 年。

[91] 《圍繞宋代的戶絕財產與女子的財產權》，《柳田節子先生古稀紀念 中國的傳統社會與家族》。

[92] 《雙親亡故的女子們──關於南宋時所謂的女子財產權》，《東北大學東洋史論集》6，1995 年。

對此，1990 年代後半期以來，對上述爭論所依據的史料本身的相關研究也出現了。Bernhardt Katherine（白凱）認為「女子分法」並不存在，或者是一種反常的存在。[93]而佐立治人則認為目前復原的唐戶令應分條的條文存在錯誤，「女子分法」是《宋刑統》所載戶令的規定或是延續該規定的法律。[94]另一方面，翁育瑄則使用北宋的墓志史料以論證北宋時期也存在「女子分法」。[95]

此外，隨著社會史和地域社會研究的活躍，還產生了有關「女子分法」得以出現的社會背景的研究。大澤正昭著眼於女子分法具有有效性的當時社會的狀況，認為女子分法是從背面支撐男性原理的現實的法。[96]而青木敦認為「女子分法」不是難於闡釋的例外法令，而是江西法文化等的反映。[97]此外，大澤也將「女子分法」的問題納入到宏觀的家族與女性的討論之中。[98]

2. 其他

川村康《宋代養子法——以判語為主的史料（上、下）》對養子法進行了考察。[99]川村康《宋代贅婿小考》則考察了贅婿與妻家財產之間的關係。[100]大島立子的研究表明，在質問非直系承繼者的正當性的訴訟中，承認承繼者正當性的條件在宋、元、明均有所不同，同時也揭示了產生此種不同的原因。[101]

---

[93] 《中國歷史上的女子財產權——宋代法是否「例外」？》，《中國——社會與文化》12，1997 年。

[94] 《對唐戶令應分條的復原條文的質疑——圍繞南宋的女子分法的議論及其關聯》，《京都學園法學（京都學園大學）》29，1999 年。

[95] 《關於北宋墓志所見的與財產權相關的史料》，《上智史學》48，2003 年。

[96] 《南宋的裁判與女性財產權》，《歷史學研究》717，1998 年。

[97] 《南宋女子分法再考》，《中國——社會與文化》18，2003 年。

[98] 《唐宋時代的家族與女性——新視點的摸索》，《中國史學》15，2005 年。

[99] 《早稻田法學》64-1、2，1988、1989 年。

[100] 《柳田節子先生古稀紀念 中國的傳統社會與家族》。

[101] 《從「繼承」判例所見的法的適用——從宋、元、明代的比較開始》，《宋——清代的法與地域社會》。

柳田節子考察了宋代的義絕、離婚、再嫁。[102]高橋芳郎探討了「妝奩」（妻子帶來的財產），並指出它在事實上是妻子的物品，在法律是上夫妻的財產，在丈夫死後則為妻子單獨所有。[103]

（五）土地法、身份法

1. 耕作權、佃戶的法律身份

　　土地法和身份法與所謂「地主佃戶論爭」相關，因而對耕作權和佃戶的法律身分問題的研究成果頗多。由於宮澤知之[104]等已經對「地主佃戶論爭」相關動向進行了整理介紹，以下則試圖對其他方面的成果進行梳理。

2. 土地法

　　關於土地法，與裁判的存在方式的考察有以下成果。在傳統中國存在附買回條件的土地買賣（典、活賣），即賣方在一定期間後可買回（回贖），並向買方要求追加價格（找價），也有完全出賣（絕賣）。可是，絕賣後也會發生賣方要求找價的情況。岸本美緒從宋——清的長時段視點出發，分析了圍繞「找價回贖」的糾紛和官府對此的應對，指出從宋到明清逐漸形成了穩定的找價習慣，以及裁判中很少提及「法」等。[105]此外，青木敦則在探討土地典賣關係法的同時，考察了處理民事糾紛的宋代判語中重視法律的背景。[106]

---

[102] 《宋代義絕與離婚、再嫁》，《慶祝鄧廣銘九十華誕論文集》，河北教育出版社，1997 年。

[103] 《妝奩是誰的東西？——以南宋為基點》，《史朋（北海道大學）》40，2007 年。

[104] 《宋代農村社會史研究的展開》，《戰後日本的中國史論爭》，河合文化教育研究所，1993 年。

[105] 《土地市場與「找價回贖」問題——宋至清的長期的動向》，《宋——清代的法與地域社會》。

[106] 《開發、地價、民事的法規——圍繞〈清明集〉所見的若干土地典賣關係法》，《待兼山論叢（史學篇）》40，2006 年。

3.身份法

關於身份法，高橋芳郎指出，宋代已經形成身份地位次於現任官僚和鄉官，而高於庶民的無官讀書人階層（士人階層），他們在役法與刑法上享有優免的特權。[107]此外，1990 年以來，與佃戶的法律身份相關的成果則有丹喬二《關於宋至清佃戶、奴婢、雇工人的法律身份》、[108]《宋代佃戶的遷徙自由、不自由問題與「主僕之分」》。[109]

（六）地域社會、社會秩序

1. 概觀

1990 年代後半期開始，國內外著眼於訴訟（「健訟」），另外以判語史料（《清明集》）為線索的宋代（傳統中國）地域社會（地域秩序）的存在方式的研究也十分活躍。大澤正昭《主張的「愚民」們——傳統中國的糾紛與解決法》[110]作為一種概論性的書籍，有助於概括認識這一研究所論及的「健訟」世界及地域社會的各個方面。該書主要分析了《清明集》的記載，並同時論述訴訟的各個方面（如訟棍、士人和宗室犯罪、豪民的存在方式等）、特有的社會現象（宗教、信仰等）及其社會背景（如村落共同體、中間團體的闕如與國家、中間階層、庶民的相互對立和依靠形成的構造等）。[111]

2.「健訟」

作為傳統中國社會（宋—清代的社會）的重要現象，「健訟」引起了許多

---

[107] 《關於宋代的士人身份》，《史林》69-3，1986 年。

[108] 《松村潤先生古稀紀念 清代史論叢》，汲古書院，1994 年。

[109] 《史叢（日本大學）》62，2000 年。

[110] 角川書店，1996 年。

[111] 參見戶田裕司：《糾纏衙門的亡靈》，《季刊中國》48，1997 年；平田茂樹：《宋代社會史研究的現狀與課題》，《人文研究（大阪市立大學）》50-11，1998 年。

研究者的注意。在宋代，尤其是江西和江東饒州、信州的「健訟」和「訟學」（以勝訴為目的而進行的學習法律等活動），為當時人們所悉知。[112]宮崎市定《宋元時代的法制與裁判機構》認為，宋代江西「訟學」興盛的原因是五代、南唐的和平狀態使人民的權利得到伸張和宋初所給予的殖民地待遇。另一方面，草野靖指出了伴隨貨幣經濟發達而來的田土交易、人口增加與訴訟繁盛的關聯性。[113]大澤正昭《主張的「愚民」們》、《〈清明集〉的世界》注意到人口繁多和物流增加與「健訟」的關係，小林義廣則認為江西吉州的「健訟」與交通道路的發展相關。[114]青木敦在探討以上研究的同時，還論證了人口的流入和邊境的狀況與「健訟」的背景的關係。[115]

小川快之《宋代信州的礦業與「健訟」問題》、[116]《宋代饒州的農業、陶瓷器業與「健訟」問題》、[117]《宋代長江中下游流域的農業與訴訟》，[118]試圖闡明宋代長江中下游流域的礦山和農業社會中訴訟多發的具體結構。此外，小川快之《明代江西的開發與法秩序》[119]則論證了明代江西的開發和社會秩序之間的關係。小川快之《傳統中國的法與秩序──從地域社會的視點》[120]探討了此前的「健訟」研究，該書以上述《宋代信州的礦業與「健訟」問題》、《宋代饒州的農業、陶瓷器業與「健訟」問題》、《明代江西的開發與法秩序》、《宋代長江中下游流域的農業與訴訟》的內容為基礎，從宋──明代的長時段的

---

[112] 參見許懷林：《宋代民風好訟的成因分析》，《宜春學院學報（社會科學）》2002-1；龔汝富：《江西古代「尚訟」習俗淺析》，《南昌大學學報（人社版）》，2002-2；劉馨珺：《明鏡高懸》。

[113] 《健訟與書鋪戶》，《史潮》新 16，1985 年。

[114] 《關於宋代吉州的歐陽氏一族》，《東海大學紀要（文學部）》64，1996 年。

[115] 《健訟的地域的形象──圍繞 11-13 世紀江西社會的法文化與人口移動》，《社會經濟史學》65-3，1999 年。

[116] 《史學雜志》110-10，2001 年。

[117] 《上智史學》46，2001 年。

[118] 《宋代的長江流域──從社會經濟史的視點》，汲古書院，2006 年。

[119] 《宋──清代的法與地域社會》。

[120] 汲古書院，2009 年。

視點出發，考察了傳統中國的社會秩序的結構。該書指出，在宋代的礦山和農業社會中，伴隨經濟、產業的發達而來的「競爭性社會狀態」和「政府主體的訴訟處理體制」、「政府獎勵告發不正行為」的互相作用，導致了「訴訟繁興型糾紛社會」的局面出現。而且，又由於上述條件的狀態不同，社會秩序也會顯現出「多樣形態」。

此外，翁育瑄考察了北宋墓志史料所見的「健訟」言論。[121]其他有關「健訟」和「法與秩序」的相關研究，則有渡邊紘良《圍繞宋代潭州湘潭縣的黎氏——外邑新興階層的聽訟》、[122]赤城隆治《關於南宋時期的訴訟——「健訟」與地方官》、[123]《訴訟的性質及其周邊——從中國中、近世史的近作出發》、[124]德永洋介《南宋時代的糾紛與裁判——基於主佃關係的實況》、[125]川村康《宋代「法共同體」初考》[126]等。

3.地方行政和豪民（富民）

在宋代的地域社會中，既有上層地方精英的士大夫、士人，也有居於他們之下的擁有財力與當地勢力的富民。在被認為是「負面」存在的場合，他們被官員稱為豪民。佐藤明通過對《清明集》的分析，討論了地方行政的狀況，論證了地方上有勢力者以胥吏為媒介，和國家權力相互補充，從而實現對地方支配的見解。[127]戶田裕司也通過《清明集》對地方領袖（豪橫）的狀

---

[121] 《北宋的「健訟」——對墓志的利用》，《高知大學學術研究報告（人文科學編）》56，2007 年。

[122] 《東洋學報》65-1、2，1984 年。

[123] 《史潮》新 16，1985 年。

[124] 《史潮》新 21，1987 年。

[125] 《中國近世的法制與社會》。

[126] 《宋代社會的網絡》，汲古書院，1998 年。

[127] 《前近代中國的地域支配的構圖——以南宋時期江南東西路為中心》，《中國史學》1，1991 年；《中國前近代的都市行政的內幕——南宋（12-13 世紀）江南的場合》，《新東亞圖景的研究》，三省堂，1995 年。

況進行了論述。[128]今泉牧子則對以縣令為中心的地方行政和地方社會關係進行了考察。[129]上述今泉《宋代縣令的一個層面》通過對判語史料的分析，指出了地方行政的多樣性，而《關於〈名公書判清明集〉中的縣令的判語》則指出《清明集》中縣令判語中與不動產、爭財相關的案件頗多。其他有關士大夫與法的關係的論述則有孫學君《宋代的法律家──科舉出身的社會精英的實像》。[130]

三、今後的課題

從上述宋代法制史的相關研究動向可見，對《清明集》等基本史料的研究和譯注活動得以推進，裁判中的判斷標準和刑罰體系、「女子分法」、地域社會的狀況等種種事項也可得以確證。可是，關於上述事項，我想今後可探究的課題還很多。以下是有關這些課題的今後思考。

首先，第一個課題是《清明集》等判語史料所記載的地域社會的狀況和現實中地域社會狀況的關係如何。川村康《宋代「法共同體」初考》指出，判語史料難以反映沒有糾紛的日常生活，因此僅以判語史料論述社會整體頗具危險性。又，判語史料所見的地域社會狀況，乃是基於書寫判語的官僚們的認識，它的內容也有不能反映現實的地域社會狀況的可能性。對於判語史料所記載的地域社會狀況和現實宋代地域社會狀況之間的關係，我想與判語以外的史料（《宋會要輯稿》、小說史料、墓志史料等）記載進行比較並進一

---

[128] 《唐仲友案的現實與評價──南宋地方官的貪污與系累》，《名古屋大學東洋史研究報告》31，2007 年。

[129] 《宋代縣令的一個層面──以南宋的判語為綫索》，《東洋學報》87-1，2005 年；《關於宋代縣令赴任地的考察》，《上智史學》50，2005 年；《關於宋代福建縣令的考察》，《紀尾井史學》26，2007 年；《舉留與地方官──宋代地方社會的實態》，《上智史學》53，2008 年；《關於〈名公書判清明集〉中的縣令的判語》，《中國史研究（韓國）》59，2009 年。

[130] 《橫濱國際社會科學研究》，8-3，2003 年。

步深入考察，乃是必要之舉（這種分析至今已有進行）。

第二個課題是與迄今已然明瞭的法制、裁判、地域社會的實態背景相關的問題。例如，滋賀秀三《中國法制史論集》論述道，在律令變形期的宋代，對法的追求達到了頂峰，與其他王朝不同，它編纂了許多特別法的法典。高橋芳郎也認為，宋代出現了法律准據主義的傾向與為數不少的民事法律，對其原因有必要加以思考。[131]又，川村康《宋代用律考》指出，為何宋代將《宋刑統》作為基本法典留存而沒有編纂其獨有的律？至於其他，如「女子分法」為何出現、士人階層為何形成、江西等「健訟」為何被認知等，皆是問題所在。對於這些問題，已有的各種見解皆有涉及，但我想今後必須探究的課題還很多。此外，有關士人階層的形成，川上恭司《科舉與宋代社會——落第士人問題》所指出的科舉落第者的增加，[132]近藤一成《蔡京的科舉、學校政策》所指出的北宋末年的學校政策與州縣學生的增加之間的關係，[133]我想皆有驗證的必要性。

第三個課題是與宋代法制、裁判、地域社會狀況的歷史特點相關的問題。概言之，宋代法制、裁判、地域社會的狀況在中國歷史（特別是，宋——清）長河中處於何種地位？例如，高橋芳郎《〈清明集〉講述的南宋法文化》認為，宋代民事法繁多，而明、清時代不怎麼採用通過法格式化的解決方法，幾乎沒有民事法，其理由為何則有思考的必要性。滋賀秀三《中國法制史論集》所指出的宋代特別法繁多的原因、川村康《宋代用律考》指出的宋代沒有其特有律的原因，我想也都有從宋——清代的長時段視點進行考察的必要。而且，關於女子財產權，柳田節子《關於南宋時期家產分割中的女承分》還指出了明清時期女子的財產權恐怕出現下降趨勢。又，岸本美緒《土地市場與「找價回贖」問題——宋至清的長期的動向》也指出，從宋到明清逐漸形成了穩定的找價習慣，裁判中很少提及「法」等。以此為出發點，在思考中國

[131] 《〈清明集〉講述的南宋法文化》，《亞洲遊學》96，2007 年。

[132] 《待兼山論叢（史學篇）》21，1987 年。

[133] 《東洋史研究》52-1，1994 年。

歷史進程的同時，我覺得有關宋代法律體系和財產權的狀況、裁判和法律的關係等歷史特點，皆有進一步探究的必要。在思考明代的里老人制（老人制）、明清時代的民間習慣和法律的關聯性的時候，我感覺有必要對宋代「對法的追求」進行具體驗證。另外，對這些問題進行思考時，池田溫《傳統中國的法與社會（宋——清）》、[134]中島樂章《明代的訴訟制度與老人制——圍繞越訴問題與懲罰權》、[135]《不能賣墓地？——唐——清代的墓地出賣禁令》、[136]大島立子《從「繼承」判例所見的法的適用》、山本英史《健訟的認識和實態——清初的江西吉安府》[137]等也可參考。

　　以上是對日本宋代法制史相關研究的動向和今後課題的論述。對於這些情況，儘管小川快之《〈清明集〉與宋代史研究》、「*Qingmingji* 清明集 and Song History Studies in Japan」、《宋——清代法秩序民事法關係文獻目錄》[138]皆已有所整理和介紹，可是我覺得依然不能說海外已經盡悉日本的研究狀況。另一方面，我想也不能說日本的研究者已盡知海外的研究動向（海外的研究動向可參見小川快之《宋——清代法秩序民事法關係文獻目錄》。又，中國有關《清明集》的研究狀況則可參考鄧勇《〈清明集〉研究在中國的現狀與未來》[139]）。我希望今後通過國際學術交流的推進，使以上這些課題獲得闡明，推進宋代法制史、地域社會的研究。

譯自：《法制史研究》，遠藤隆俊、平田茂樹、淺見洋二編：《日本宋史研究の現狀と課題——1980 年代以降を中心に》，汲古書院，2010 年 5 月 27 日。

---

[134]《中國——社會與文化》3，1988 年。

[135]《中國——社會與文化》15，2000 年。

[136]《九州大學東洋史論集》32，2004 年。

[137]《宋——清代的法與地域社會》。

[138]《前近代中國的法與社會——成果與課題》，財團法人東洋文庫，2009 年。

[139]《中國史研究（韓國）》43，2006 年。

關於宋代女子財產權的爭論

前 言

　　宋代女子是否擁有財產（家產）的繼承權？《宋刑統》卷十二〈戶婚律〉
「卑幼私用財」條所載《戶令》（唐《戶令》第二十七條應分條）對於家產繼
承規定如下：

> 諸應分田宅者及財物，兄弟均分。妻家所得之財，不在分限。兄弟
> 亡者，子承父分。兄弟俱亡，則諸子均分。其未娶妻者，別與聘財。
> 姑姊妹在室者，減男聘財之半。寡妻妾無男者，承夫分。若夫兄弟
> 皆亡，同一子之分。（以上錄文省略了注文）

　　總之，家產由兄弟均分，姊妹不參與分配（女子分得家產僅限於沒有男
性繼承人的場合），未婚的兄弟可分得「聘財」，而未婚的姊妹則分得「妝奩」
（兄弟「聘財」的一半份額）。從這個規定來看，唐代以降女子沒有財產繼承
權（「妝奩」除外）。

　　然而，從南宋時代與裁判相關的文書集《名公書判清明集》（以下簡稱《清
明集》）的記載中，可以窺知當時存在著女子被允許分得家產的規定。如《清
明集》卷八〈戶婚門・分析〉「女婿不應中分妻家財產」（劉克莊）有以下記
載：

在法，父母已亡，兒女分產，女合得男之半。遺腹之男亦男也，周
丙身後財產合作三分，遺腹子得二分，細乙娘得一分，如此分析，
方合法意。

此處有「父母已亡，兒女分產，女合得男之半」的條文。然而，這一法
律現在已經佚失。又，《清明集》卷八〈戶婚門・女承分〉「處分孤遺田產」
（范應鈴）有以下記載：

准法，諸已絕之家而立繼絕子孫，謂近親尊長命繼者。於絕家財產，
若只有在室諸女，即以全戶四分之一給之，若又有歸宗諸女，給五
分之一。其在室並歸宗女，即以所得四分，依戶絕法給之。止有歸
宗諸女，依戶絕法給外，即以其余減半給之，余沒官。止有出嫁諸
女者，即以全戶三分為率，以二分與出嫁女均給，一分沒官。若無
在室、歸宗、出嫁諸女，以全戶三分給一，並至三千貫止，即及二
万貫，增給二千貫。

不論「在室女」（未婚女子）、「歸宗女」（離婚後回娘家的女子）、「出嫁
女」（已婚女子），此條都規定過了她們的繼承份額。只是分配的標準有所不
同。這一系列體現「女子家產分配」的規定被稱為「女子分法」，而且僅見於
南宋時代。對於以上史料所見家產繼承情況，整理如下：

【宋代的財產（家產）繼承方式←《宋刑統》所載《戶令》】
家產→男子（兄弟均分。存在祭祀義務→宗祧繼承）
〔＋女子（兄弟繼承份額的一半）←「女子分法」≠宗祧繼承？〕
聘財→男子。妝奩→女子（聘財之半）

該如何看待這一「女子分法」呢？有關這一問題，有的研究者積極肯定

「女子分法」的存在（仁井田陞、柳田節子、板橋真一等），有的研究者對此評價不高（滋賀秀三、永田三枝、高橋芳郎等），他們之間圍繞中國家族法、當地習慣、國家政策等與「女子分法」的關係展開討論。1990 年以後，有關「女子分法」史料本身的研究、「女子分法」出現的社會背景研究等進一步出現。

　　有關日本學界的討論，即所謂「宋代女子財產權（女子分法）爭論」的動向、展開，筆者曾予介紹，[1]近年來，中國大陸與台灣學界以這些討論為基礎，進行了十分活躍的討論。本文將囊括近年來中國大陸、台灣地區的研究，對宋代女子財產權爭論的各種觀點重新進行整理、檢討，由此考察可資研究的課題所在。

一、爭論的觀點①：對「女子分法」的評價

　　由於現在並沒有發現規定「女子分法」本身的法律，所以當時究竟是否真的存在如此規定，這本身就是一個問題，研究者之間存在意見分歧。「女子分法」被認為是「有效的法」，那麼該如何看待它的存在？是否可以說存在著女子的財產繼承權？爭論圍繞這些觀點展開。以下對先行研究的論點逐一進行整理。

（一）積極評價「女子分法」的學說

　　首先是積極評價「女子分法」的學說。這一學說認為，既然見於《清明集》，那麼一定是存在的，應是「有效的法」。[2]

---

[1] 小川快之：〈法制史研究〉，《日本宋史研究的現狀與課題——以一九八〇年代以降為中心》，汲古書院，2010 年。

[2] 仁井田陞：〈宋代家族法中的女子地位〉，《家族法的諸問題（穗積先生追悼論文集）》，有斐閣，1952年，後收入《中国法制史研究——奴隸農奴法・家族村落法》，東京大學出版會，1962 年；柳田節子：

「女子分法」究竟是具有何種特徵的法律？宋代的法律包括以全國為對象的一般法（海行法）和限定適用範圍的特別法（地方法），大澤氏[3]認為「女子分法」可能是特別法，[4]而相比於嚴格執行法律，南宋的審判更多地考慮「人情」來靈活應對現實，所以超越了唐戶令「兄弟均分」原則與「女子分法」這一雙重標準。[5]

另一方面，佐立治人認為現在復原的唐戶令「應分條」的條文有誤，「女子分法」是《宋刑統》所載戶令的既有規定，或是繼承該規定的法律。[6]而柳立言認為，《宋刑統》「唐戶令應分條」的規定為「聘財之半法」（舊法：以聘財為標準），《清明集》的規定為「男二女一法」（新法：以男子財產繼承份額為標準。作為結果，「在室女」取得的份額比舊法要多），新法適用於沒有給「聘財」、「嫁資（妝奩）」的時候，此時女子所得到的並不是與男子一樣的財

〈南宋期家產分配中的女子承分〉，《劉子健博士頌壽紀念宋史研究論集》，同朋舍出版，1989 年；柳田節子：〈宋代女子的財產權〉，《法政史學》第 42 號，1990 年；柳田節子：〈宋代的女戶〉，《柳田節子先生古稀記念・中國的傳統社會與家族》，汲古書院，1993 年；柳田節子：〈宋代裁判中的女性訴訟〉，《論集中國女性史》，吉川弘文館，1999 年，以上柳田氏諸文後皆收入《宋代的民婦》，汲古書院，2003 年；郭東旭：〈宋代財產繼承法初探〉，《宋史研究論叢》，河北大學出版社，1990 年；板橋真一：〈宋代的戶絕財產與女子的財產權〉，《柳田節子先生古稀記念・中國的傳統社會與家族》，汲古書院，1993 年；大澤正昭：〈南宋的裁判與女性財產權〉，《歷史學研究》第 717 號，1998 年，後收入《唐宋時代的家族・婚姻・女性》，明石書店，2005 年；宋東：〈簡析宋代在室女的財產權〉，《青海師範大學學報・哲學社會科學版》2002 年第 1 期；Birge Bettine（柏清韻）："Inheritance and Property Law from Tang to Song: The Move away from Patrilineality"，《唐宋女性與社會（上下冊）》，上海辭書出版社，2003 年；青木敦：〈南宋女子分法再考〉，《中國─社會與文化》第 18 號，2003 年；柳立言：〈宋代分產法「在室女得男之半」新探（上・下）〉，《法制史研究（台灣）》第 5、6 期，2004 年，後收入《宋代的家庭和法律》，上海古籍出版社，2008 年；柳立言：〈南宋在室女分產權探疑──史料解讀及研究方法〉，《中央研究院歷史語言研究所集刊》第 83 本第 3 分，2013 年。

[3] 大澤正昭：〈南宋的裁判與女性財產權〉。

[4] 戴建國對相關史料進行再檢討，也得出了同樣的結論。參見氏著《唐宋變革時期的法律與社會》，上海古籍出版社，2010 年。

[5] 魏天安也提出了同樣的看法。參見魏天安：《宋代財產繼承法之「女合得男之半」辨析》，《雲南社會科學》2008 年第 6 期。

[6] 佐立治人：〈質疑唐戶令應分條的復原條文──與南宋女子分法的討論相關〉，《京都學園法學（京都學園大學）》第 29 號，1999 年。對此，青木敦等提出了否定的看法。參見青木敦《宋代民事法的世界》，慶應義塾大學出版會，2014 年。

產繼承權，而是「嫁資」和生活費，這個份額高於舊法的背景是「厚嫁」盛行。[7]

伊佩霞也認為「在室女」財產權的擴大就是「嫁資」的增加，[8]宋東俠考察了宋代「厚嫁」之風的背景與「在室女」對「嫁資」要求的提高、「在室女」財產權的擴大之間存在的關聯性。[9]

關於「女子分法」的評價，有觀點認為「女子分法」意味著「女子財產權」。[10]仁井田陞認為女子也可以進行與祭祀無關的財產繼承。[11]柳田節子則指出，「女子分法」是當時保障女子對財產分配的繼承權、財產所有權的法律，在充分瞭解該社會中女子所面臨的法律、社會、經濟等諸多制約的情況下，要將它作為一定程度的女子財產權予以積極看待。[12]

對於這種意見，高橋芳郎指出，無法實證性地說明這種權利是在怎樣的歷史背景下存在，或許有必要放棄權利的面向，而從其他角度進行觀察。[13]張曉宇認為要慎重對待將它看作家產的觀點。[14]

（二）對「女子分法」不加肯定的學說

接下來想要考察的是對「女子分法」不加肯定的學說。該學說認為，「女

[7] 柳立言：〈宋代分產法「在室女得男之半」新探（上‧下）〉；〈南宋在室女分產權探疑——史料解讀及研究方法〉。

[8] Ebrey Patricia, *The Inner Quarters: Marriage and the Lives of Chinese Women in the Sung Period*, University of California Press, 1993. 中譯本是伊佩霞《內闈——宋代的婚姻和婦女生活》，江蘇人民出版社，2004 年。

[9] 宋東俠：《簡析宋代在室女的財產權》，《青海師範大學學報（哲學社會科學版）》2002 年第 1 期。

[10] 仁井田陞：〈宋代家族法中的女子地位〉；柳田節子：〈南宋期家產分配中的女子承分〉、〈宋代女子的財產權〉、〈宋代の女戶〉、〈宋代裁判中的女性訴訟〉；板橋真一：〈宋代的戶絕財產與女子的財產權〉。

[11] 仁井田陞：〈宋代家族法中的女子地位〉。

[12] 柳田節子：〈南宋期家產分配中的女子承分〉。

[13] 高橋芳郎：〈亡親的女子——南宋時所謂的女子財產權〉，《東北大學東洋史論集》第六輯，1995 年；後收入《宋代中國的法制與社會》，汲古書院，2002 年。

[14] 張曉宇：《奩中物——宋代在室女「財產權」之形態與意義》，江蘇教育出版社，2008 年。

子分法」雖因《清明集》有載而是一個客觀存在，但應當被視為制度的例外，只在「戶絕」（夫婦沒有立嗣就死亡的狀態，沒有男子繼承人的狀態）這種特殊情況下實施，「女子分法」不能被說成是女子的財產權。[15]

「女子分法」及其評價，滋賀秀三認為，在承繼這種繼承模式中，財產的概括繼承與祭祀義務不可分割地結合在一起，未婚女子沒有祭祀父親的資格，被置於承繼序列之外，因此「女子分法」是從慣行中游離出來的異質的東西，[16]他進一步提出，「女子分法」可能是劉後村「別具一格的解釋」。[17]

永田三枝指出，「女子分法」是僅適用於「父母不在了」、「男子還年幼」、「女子在室」的情況，一般而言，女性沒有對家產的繼承權。[18]白凱認為，該法與關於女子繼承權的一系列的既存法律完全矛盾，所以「女子分法」並不存在，或者說即使存在，也是極為特殊的東西，對於法律的、社會的習慣而言，基本沒有實際的影響。[19]

邢鐵認為，這是對特殊家庭採取的臨時性的家產處理方法，即使有間接性的關於「聘財」和「嫁妝」（妝奩）比例的規定為依據，也不能說是普遍性的家產繼承原則。[20]另外，關於滋賀氏之說，高橋芳郎指出，對於為何存在這

---

[15] 滋賀秀三：《中國家族法論》，弘文堂，1950 年；〈中國家族法補考①～④──仁井田陞博士《宋代家族法中的女子地位》讀後〉，《國家學會雜誌》第 67 卷第 5‧6 號、第 9‧10 號、第 11‧12 號、第 68 卷第 7‧8 號，1953、1954、1955 年；滋賀秀三：《中國家族法原理》，創文社，1967 年，2000 年改訂；永田三枝：〈南宋時期女性的財產權〉，《北大史學》第 31 號，1991 年；高橋芳郎：〈亡親的女子──南宋時所謂的女子財產權〉；Bernhardt Katherine（白凱）著，澤崎京子譯：〈中國史上的女子財產權──宋代法是「例外」？〉，《中國──社會與文化》第 12 號，1997 年；Bernhardt Katherine, *Women and Property in China: 960-1949*, Stanford University Press, 1999，中譯本是白凱《中國的婦女與財產：960-1949》，上海書店，2003 年；高橋芳郎：〈再論南宋「兒女分產」法〉，《法制史研究》第 13 期，2008 年；邢鐵：〈南宋女兒繼承權考察──《建昌縣劉氏訴立嗣事》再解讀〉，《中國史研究》2010 年第 1 期。

[16] 滋賀秀三：《中國家族法論》、〈中國家族法補考①～④──仁井田陞博士《宋代家族法中的女子地位》讀後〉。

[17] 滋賀秀三：《中國家族法原理》。

[18] 永田三枝：〈南宋時期女性的財產權〉。

[19] Bernhardt Katherine（白凱）著，澤崎京子譯：〈中國史上的女子財產權──宋代法是「例外」？〉。

[20] 邢鐵：〈南宋女兒繼承權考察──《建昌縣劉氏訴立嗣事》再解讀〉。

種例外，無法提出有說服力的證明，而對於白凱之說，青木敦、戴建國等都提出了反對。[21]

關於「戶絕財產」的處理，永田三枝、白凱都進行了考察，[22]在唐代，「戶絕財產」是在沒有繼絕子（父母死亡之後所立的養子）和遺囑的情況下，開始由女兒（「在室女」、「歸宗女」、「出嫁女」並無區別）進行繼承，到了宋代，就變成繼絕子和女兒分產，「在室女」、「歸宗女」、「出嫁女」有所區別，「在室女」以外的女兒的份額逐漸減少，而元代以後，又漸漸回歸唐代的狀況。

永田氏還指出，女兒取得「戶絕財產」的份額有減少的趨勢，可以從中看到宋朝政府積極地將「戶絕財產」收歸國庫的姿態。[23]而白凱認為，由於國家取得「戶絕財產」的份額增加，所以宋朝制定過關於「戶絕財產」的詳細處理辦法。[24]

二、爭論的觀點②：「女子分法」出現的背景

「女子分法」為何出現？「女子分法」出現的背景為何？關於這個問題，各方已從各種角度加以檢證，提出了各種說法。以下將對每個觀點的內容進行確認。

---

[21] 青木敦：〈南宋女子分法再考〉、《宋代民事法的世界》；戴建國：〈南宋時期家產分割法：「在室女得男之半」新證〉，《鄧廣銘教授百年誕辰（1907-2007）紀念論文集》，中華書局，2008 年；《唐宋變革時期的法律與社會》。

[22] 永田三枝：〈南宋時期女性的財產權〉；Bernhardt Katherine（白凱）著，澤崎京子譯：〈中國史上的女子財產權——宋代法是「例外」？〉。

[23] 永田三枝：〈南宋時期女性的財產權〉。關於這一點，板橋真一提出了不同的看法。參見氏著〈宋代的戶絕財產與女子的財產權〉。

[24] Bernhardt Katherine（白凱）著，澤崎京子譯：〈中國史上的女子財產權——宋代法是「例外」？〉。

（一）「反映中國南方的習慣等」說

仁井田陞認為，「女子分法」反映了江南的習慣。[25]島田正郎也指出，這是在需要女子勞動力的背景下所形成的江南流域的習慣法。[26]青木敦認為，「女子分法」不是難以解釋的、異乎尋常的法令，而是反映了江西法文化、非漢族的習慣等。[27]李淑媛指出，應該著意於「女子分法」施行的南宋地區（長江以南）。[28]另外，針對仁井田氏的觀點，滋賀秀三對於仁井田氏賴以為據的史料解釋提出質疑，指出「女子分法」是從習慣中游離出來的異質之物。[29]

（二）「著眼於女性存在的重要性」說

大澤正昭認為，「女子分法」與其說反映了習慣，還不如說是貼近社會、具有一定現實性的法令。而且我們應該著眼於當時女性存在的重要性，如果女兒的待遇問題不能解決，那麼繼承問題也無法解決，「女子分法」的確是男子解決繼承問題的必要的法令。[30]

（三）「『女子分法』＝『社會政策的應對』」說

相比於強調「女子分法」彰顯女子權利的觀點，高橋芳郎則提出了一些疑問：此法為何存在於南宋時期？在當時具有何種意義？他注意到，這種繼承發生在「戶絕」這種特殊狀況下，與通常的家產承繼不同，所謂「女子分法」守護的是未成年男子的財產與生命，也是宋朝為了讓沒有依靠的未婚女子正常結婚（保障「在室女」的「嫁資」，提供經濟性的保護）而做出的法律

---

[25] 仁井田陞：〈宋代家族法中的女子地位〉。

[26] 島田正郎著，卓菁湖譯：《南宋家產繼承法上的幾種現象》，《大陸雜誌》第30卷第4期，1965年。游惠遠也持同樣看法。參見氏著《宋代民婦的角色與地位》，新文豐出版公司，1998年。

[27] 青木敦：〈南宋女子分法再考〉、《宋代民事法的世界》。

[28] 李淑媛《爭財競產——唐宋的家產與法律》，五南圖書出版公司，2005年，北京大學出版社2007年。

[29] 滋賀秀三：〈中國家族法補考①～④——仁井田陞博士《宋代家族法中的女子地位》讀後〉。

[30] 大澤正昭：〈南宋的裁判與女性財產權〉。

性、社會政策性的應對。[31]對於高橋氏的觀點，佐立治人認為，此法也存在著適用於「在室女」以外之人的例子，因此很難斷言。[32]

劉馨珺認為「兒女分產法」（女子分法）是重視女兒結婚的宋人所制定的與「撫孤」（孤兒的養育）相關的社會政策。[33]而羅彤華指出，「兒女分產法」作為宋代慈幼政策之一環而得到實施，目的在於保全「孤幼」的財產與生活。[34]

三、研究上的課題

以上整理、檢討了研究者們圍繞宋代女子財產權論證的各種觀點。以下則想要思考筆者所關注的研究上的課題所在。

（一）民間「分配給女子家產」的習慣

關於民間「分配給女子家產」的問題，仁井田陞和滋賀秀三曾展開過爭論，[35]其問題點包括民間原本是否「分配給女子家產」、是否存在《清明集》以外的事例、「分配給女子家產」能否稱得上是習慣。

有關「分配給女子家產」的事例，翁育瑄調查了北宋的墓誌史料，對此

---

[31] 高橋芳郎：〈亡親的女子——南宋時所謂的女子財產權〉、〈再論南宋「兒女分產」法〉。樓菁晶也持同樣看法。參見氏著〈「女合得男之半」——從《名公書判清明集》看南宋的女分法〉，《浙江社會科學》2011 年第 10 期。

[32] 佐立治人：〈質疑唐戶令應分條的復原條文——與南宋女子分法的討論相關〉。

[33] 劉馨珺：《〈唐律〉與宋代法文化》，國立嘉義大學，2010 年。

[34] 羅彤華：〈宋代的孤幼檢校政策及其執行——兼論南宋的「女合得男之半」〉，《中華文史論叢》第 104 期，2011 年。

[35] 仁井田陞：〈宋代家族法中的女子地位〉；滋賀秀三：〈中國家族法補考①～④——仁井田陞博士《宋代家族法中的女子地位》讀後〉。

進行挖掘。[36]例如〈朝奉大夫知洋州楊府君墓誌〉（呂陶《淨德集》卷二二，楊宗惠墓誌）載「朝請公（宗惠之父）長女既適朝散郎宇文昭度，愛之留於家，與君共居三十年，內外無間言。洎析產為二，君乃占瘠土，故伏臘冠婚之費有不給，而終身猶貧」，從中可獲知楊宗惠與姐姐二分財產，進行繼承。

又，「贈刑部侍郎孫公墓表」（劉摯《忠肅集》卷一四，孫成象墓表）載：「娶夫人李氏，家多貲，嘗析其屋，同門婿以女分，每將有訴，公曰：『婚姻以利，末俗事也。而又以訟乎？是非士人之所為。』因謝絕之」。由此可知，孫成象夫人李氏的娘家在分配財產時，女婿以「女分」為由，提起訴訟。

因此民間存在相關事例是能夠確認的，接下來就是這種做法在宋代能否被稱為「習慣」的問題。以下則再次檢討仁井田氏和滋賀氏展開爭論的史料。《宋會要輯稿》刑法二之四九「大觀三年（1109）五月十九日」條（以下稱為史料A）的如下記載，便是問題所在：

> 臣僚言：「伏見福建路風俗，刻意事佛，樂供好施，休咎問僧，每多淫祀。故民間衣食，因此未及豐足，獄訟至多，紊煩州縣。家產計其所有，父母生存，男女共議，私相分割為主，與父母均之。既分割之後，繼生嗣續，不及繈褓，一切殺溺，俚語之薅子，慮有更分家產。建州尤甚，曾未禁止。伏乞立法施行。」上批：「遠方愚俗，殘忍薄惡，莫此之甚。有害風教，當行禁止。……」

從以上史料中可以窺知，在福建，兒子與女兒在父母在世的時候，就合議均分家產，進行繼承。對於這段文字，仁井田氏認為「『男女共同商量，均分家產』，這無疑是行於當時之事」，而滋賀氏認為「雖然可以從『男女共議』一句推導出也要跟女兒商量、女兒也有發言權，但它並沒有言及女兒最終能夠保留多少份額」，「與父母均之」一句的意思也不明確。

---

[36] 翁育瑄：〈北宋墓誌所見與財產權相關的史料〉，《上智史學》第 48 號，2003 年。

而元代以後，與這種「分配給女子家產」相關的事例、習慣是否存在，同樣也是問題所在。既往的研究並沒有展開正規的史料挖掘工作，一般認為元代以後並不存在這種習慣。[37]然而，實際上清代的史料中也存在與上述文句相關的記載。清代江西南部南安府上猶縣廩生朱論所寫〈戒溺女文〉（載於光緒《上猶縣志》卷一七〈藝文〉，以下稱為史料 B）[38]敘述如下：

> 竊嘗推求其故，或以女貽累有六焉。一憂長無淑行；一患賠奩致貧；一生男尚孩，苦於懷抱，兼妨工作；一頻仍舉女，急於承祧，懼無男生；一鑒父母之分財姐妹，遂為子計，以免割恩；一聽日者之推求禍福，因為女謀以絕後悔。甚至家庭戚屬，因而慫恿，遂致有已就繈褓而復行淹溺者，慘目傷心，莫此為甚，吁亦愚矣。

其中，「分配給女子家產」作為「溺女」的原因。在「鑒父母之分財姐妹」外，另列「患賠奩致貧」一項，可見所分配的財產中可能不包括「妝奩」。此外，這段文字之後還有一句「若夫以分財之故，而遂自殘其女，則見尤不明」。

有爭議的史料 A 將「家產分割」作為「不舉子（薙子）」（溺女）的原因，而史料 B 也蘊含同樣的邏輯。如此看來，被滋賀氏認為有問題的文句，表達的也應是「分配給女子家產」的意思吧。史料 A 是關於施行禁令的文字，史料 B 是勸誡「溺女」的文字，從必須禁止的程度或是社會問題化的程度來看，「分配給女子家產」很可能是扎根民間的習慣。

關於「分配給女子家產」現象的背景，宋代以後，尤其是明清時期，福建、江西盛行「厚嫁」，「妝奩」飛漲，由此誘發「溺女」，這被視為一個社會問題，[39]而柳立言等也都已指出，這與「厚嫁」盛行相關。[40]由上可知，從宋

---

[37] 滋賀秀三：〈中國家族法補考①～④——仁井田陞博士《宋代家族法中的女子地位》讀後〉。

[38] 常建華也曾用到這則史料。參見氏著《婚姻內外的古代女性》，中華書局，2006 年。

[39] 參見小川快之：〈清代江西、福建的「溺女」習俗與法——以與「厚嫁」、「童養媳」等習俗的關系為中心〉，《中國近世的規範與秩序》，研文出版，2014 年。

代到清代,「分配給女子家產」習慣的存在與福建、江西的「厚嫁」盛行相關。但是,分配給女子的家產與「妝奩」的關係,分配給女子的家產具有何種特徵、是用於補足「妝奩」還是具有其他意義,這些都是今後需要檢討的問題。

此外,關於「溺女」和「分配給女子家產」的關係,還有可進一步追問之處。這就是如何來看待「溺女」這種男尊女卑的行為與(乍看之下完全相反的)「分配給女子家產」的關係問題。筆者在考察清代福建、江西的「溺女」習俗時發現,同樣是江西、福建,既有「溺女」習俗的盛行,也有不「溺女」化的趨勢,而且就「溺女」習俗而言,其盛行也不完全限於同一背景,所以地方官的應對也會考慮各個地方的實際情況。[41]而「分配給女子家產」的現象、習慣(及其背景)可能也有地域性差異,無法簡單斷言僅限於南方,地方官的應對可能也不統一,會考慮各地的狀況而有所不同。這些也都需要在今後進行檢討。

由上可知,民間並不遵守男子繼承(兄弟均分)的原則,將家產分配給女子的現象常常發生。[42]換言之,「分配給女子家產」可能並非宋代的特殊現象,正是因為原本就存在不遵守的情況,為了確保男子對家產的繼承,唐戶令「應分條」規定了男子繼承的原則,之後也繼續得到貫徹。

對此,在北宋時期的墓誌和清代的地方志中存在著相關史料,由此也可以推測,從南宋到清代的墓誌和地方志等中也有許多相關史料,今後需要進一步立足於從宋代到清代的長時段視角,並上溯唐宋變革期以前,發掘「分配給女子家產」的事例,檢討這一習慣之有無等。

(二)有關國家法與民間「分配給女子家產」現象的關係

民間存在「分配給女子家產」的現象,而前引史料又記載了明令禁止的

---

[40] 柳立言:〈宋代分產法「在室女得男之半」新探(上・下)〉。

[41] 小川快之:〈清代江西、福建的「溺女」習俗與法──以與「厚嫁」、「童養媳」等習俗的關系為中心〉。

[42] 根據王利華的研究,漢代在一定程度上也存在著「分配給女子家產」的現象。參見氏著《中國家庭史》第一卷(先秦至南北朝時期),廣東人民出版社,2007年。

文字，這與國家、政府的法律認識（「女子分法」的成立）有何關聯，現在很難明了。而且為何取男子份額之半，也是一個問題。[43]

如大澤正昭所說，民間所見「分配給女子家產」現象，也與「女子存在的重要性」相關，那麼是否會因為「女子存在的重要性」而使做出應對的必要性提高，由此形成「女子分法」？今後也有必要把這一點與「厚嫁」盛行和「女子分法」的關係合併進行檢討。

此外，有關朝鮮半島，井上和枝曾檢討（與宋代同時的）高麗女性的財產繼承，認為高麗的女子也擁有繼承權，分析了高麗「應分條」中沒有「兄弟均分」條目的社會背景。[44]

至於「女子分法」僅見於宋代，高橋芳郎指出，地方官在唐代和明清時代被委以自由裁量權，而在宋代，則存在著通過立法、以法為審判依據的傾向。[45]青木敦認為，與唐、明清所確立的法律體系相比，無論是儒教思想，還是全體的整合性，宋朝的法律體系都顯得極為繁雜，地方性法律、習慣因其存在程度很容易就成為國家的「法」，所以在中國史上的各個朝代、時期，法律的狀況及其運用方式本身都是不一樣的，無法簡單地與其他時代進行比較。[46]

高橋氏曾舉出一些清代地方官判決補貼「嫁資」的事例，那麼在明清時期地方行政的末段，是否存在著與「分配給女子家產」相關的事例，對於這些事例該如何處斷，這些與補貼「嫁資」的事例之間有何關聯（也包括與「撫孤」、「慈幼」政策之間的關係），這些問題都有必要進行檢討。

---

[43] 青木敦、柳立言等都曾進行討論。參見青木敦：〈南宋女子分法再考〉、《宋代民事法的世界》；柳立言：〈宋代分產法「在室女得男之半」新探（上・下）〉。

[44] 井上和枝：〈高麗時代的女性財產繼承〉，《柳田節子先生古稀記念・中國的傳統社會與家族》，汲古書院，1993 年。

[45] 高橋芳郎：〈亡親的女子——南宋時所謂的女子財產權〉。

[46] 青木敦：《宋代民事法的世界》。

附記 1：本文的初稿報告於「唐宋變革與性別秩序的變化」工作坊（2014 年
　　　　9 月 15 日，東洋文庫）。在工作坊中，得到了小浜正子、佐佐木愛兩
　　　　位教授與板橋曉子女士的諸多關照。擔任評論的五味知子博士以及
　　　　其他出席者也給予了有益的指教。謹此申謝。

附記 2：筆者尚未讀到的論文有柳立言〈妾侍對上通仕：剖析南宋繼承案《建
　　　　昌縣劉氏訴立嗣事》〉，《中國史研究》2012 年第 2 期。

明清時期的江西商人與社會秩序

緒 言

明清時期的商人，以徽州商人（新安商人、安徽商人）與山西商人最為出名，當時與他們並列的江西出身的商人們，也都很活躍。他們被稱為「江西商人」、「江右商」、「江右幫」等（以下統一稱為江西商人）。眾所周知，在明清時期，包括以上商人在內的十餘個商人集團，活動相當活躍（一般把他們統稱為「十大商人」）。

明清時期這些商人集團出現的背景、他們的活動方式、他們的活動對中國各個地方的社會秩序造成的影響，反映出他們出現、活動之地的狀況有別，通過商人集團，表現出各種不同之處。因此，為了研究傳統中國的商人，有必要對各個商人集團進行具體性的考察。

向來有許多研究者關注徽州商人和山西商人，他們活動的展開情況已得到相當詳細的闡明。[1]而關於江西商人，傅衣凌、許懷林、吳金成等的成果業已觸及，方志遠也有詳細的研究。[2]在考察江西商人之際，有必要先整理、檢

---

[1] 關於徽州商人、山西商人的研究，可參見以下文獻等：寺田隆信《山西商人研究——明代的商人以及商業資本》，東洋史研究會，1972 年；張海鵬等：《徽州商人研究》，安徽人民出版社，1995 年；王振忠：《明清徽商與淮揚社會變遷》，三聯書店，1996 年；臼井佐知子：《徽州商人研究》，汲古書院，2005年；熊遠報：《清代徽州地域社會史研究——境界、集團、網絡與社會秩序》，汲古書院，2003 年；中島樂章：《徽州商人與明清中國》，山川出版社，2009 年。

[2] 關於江西商人的研究，可參見以下文獻等：傅衣凌：〈明代江西的工商業人口及其移動〉，《明清社會經濟史論文集》，人民出版社，1982 年；許懷林：《江西史稿》（第 2 版），江西高校出版社，1998 年；吳金成：〈明中期以後江西社會的動搖及其特性〉，《第七屆明史國際學術討論會論文集》，東北師範

討一下這些先行研究成果。

從宋代至清代的社會（傳統中國社會）來看，當時社會中存在著「健訟」（喜好訴訟的社會風氣）與「械鬥」（宗族之間的武力衝突）等特有的社會現象，近年來著眼於此研究當時社會秩序狀況的研究也很活躍。[3]

只是，現有研究並未充分解明各個時代的每個地區、每種產業的「糾紛圖景」與「訴訟行為所承擔的社會功能與意義」，也未對傳統中國固有的社會秩序進行深入的考察。[4]為了推進以上這些研究，我認為有必要就江西商人的活動、其活動對社會秩序的影響進行研究。因此，本文擬對現有江西商人的研究進行整理、檢討，在此基礎上主要考察它與社會秩序的關係。

一、江西商人研究的現狀與課題

關於江西商人出現的背景與他們的互動，既往研究是如何進行闡述的呢？以下擬對相關研究所提出的觀點進行整理、檢討。

大學出版社，1999 年；方志遠、黃瑞卿：〈明清江右商的經營觀念與投資方向〉，《中國史研究》1991
年第 4 期；方志遠、黃瑞卿：〈江右商的社會構成及經營方式〉，《中國經濟史研究》1992 年第 1 期；
方志遠、黃瑞卿：〈明清時期西南地區的江右商〉，《中國社會經濟史研究》1993 年第 4 期；方志遠：
〈明清江右商與商事訴訟〉，《南昌大學學報（社會科學版）》第 26 期增刊，1995 年；方志遠：〈地
域文化與江西傳統商業盛衰論〉，《江西師範大學學報》2007 年第 1 期；方志遠：〈明清湘鄂贛地區的
「訟風」與地域文化的轉移〉，《文史》2004 年第 3 輯。

[3] 關於「健訟」、「械鬥」的研究，可參見以下文獻等：拙著《傳統中國的法與秩序——從地方社會的視
角出發》，汲古書院，2009 年；拙稿〈宋—清代法秩序民事法關係文獻目錄〉，《前近代中國的法與社
會——成果與課題》，財團法人東洋文庫，2009 年；拙稿〈法制史研究〉，《日本宋史研究的現狀與課
題》，汲古書院，2010 年；關於清代商業社會中的規則與秩序，孫麗娟《清代商業社會的規則與秩序》
（中國社會科學出版社，2005 年）進行了考察。此外，與拙著相關的書評，有洪成和（載韓國《明清史
研究》第 34 號，2010 年）、寺田浩明（載《法制史研究》第 60 號，2011 年）各撰一篇，相關介紹與批
評則可參考劉馨珺《〈唐律〉與宋代法文化》，國立嘉義大學，2010 年，第 5-6 頁。

[4] 參考前引寺田氏〈書評：《傳統中國的法與秩序——從地方社會的視角出發》〉等。

【觀點①】江西商人的出現

江西的商人活動從宋代開始活躍起來，但到了明代，江西商人的存在才被明顯認識到。其原因何在？關於江西商人的出現，傅衣凌有以下看法：「（在宋元時代）土地逐步向著私人地主的道路前進……土地的高度集中，帶來廣大農民的失地……（同時）沿江交通便利，亦有利於經商行賈……為著上述種種原因……明初即已見江西人口大量向外移動……明代江西商人在國內各地的活動是十分活躍的，為著保護自己，發展商業，曾仿效同時代徽商的習慣，組成商幫組織……他們的為工為商，主要在於糊口，而非是從自然經濟分裂出來的」。[5]

另一方面，許懷林認為：「農村自然經濟逐步發展，經濟作物增多，國內市場擴大，都推動了商業貿易趨向活躍。激烈的土地兼併，從農村分離出大量人口，其中一部分人轉入流通領域，販易商貨，逐利四方。江南各省經濟水平提高以後，商品量增加。……明代人認為，江西經商的人多，是地狹民貧所致。……江西得交通地勢之利，也是商業昌盛的一個原因。……活躍在全國各地的江西商人，勢力頗大，在同別地商人競爭角逐之中，逐漸形成『江右幫』。……雲南、貴州、四川，是江西商人的匯集區。……江西商人的一些活動，引起地方官府的憂慮」。[6]

而吳金成有如下認識：「明建國初的三四十年間，因勸農、開墾、里甲制的實施等政策，江西社會有所穩定，農業生產力也得到了迅速恢復。但是從永樂年間開始，因各種社會矛盾激化，里甲制秩序逐漸瓦解，各地農村社會解體，農民也開始到處流散。其原因是：土地集中紳士、勢豪家手中；第二，賦役繁重且日趨不公平；第三，『地窄人稠』問題，逐漸發展到深刻的地步，其結果連屬於地主階級的里長戶也開始不斷沒落，屬於甲首戶階級的中小農民，更無法維持生計。……明代中期江西省內人口流動的形式為，從農村地

---

[5] 傅衣凌：〈明代江西的工商業人口及其移動〉。

[6] 許懷林：《江西史稿》（第2版）。

區向城市或手工業地區流動，而成為商人或傭工」。[7]

　　至於方志遠，則論述如下：「江西商人的活躍，實以江西經濟的進步為前提。……（宋代）江西社會經濟的發展，也使部分地區開始出現人口過剩現象，並刺激了豪族大戶對土地的兼併。……這種情況一直延續到明代，加上官府的繁役重賦，尤其是賦役的不均，從而導致鄱陽湖區和吉泰盆地等經濟發達區大量農民的脫籍外流。……明代江西商人的興起，正是江西流民運動的產物」，[8]「從江西商人的社會構成中可以看出，無論是棄農經商還是棄學經商，大都為家境貧寒所迫」。[9]

　　綜括上述既往研究的觀點可知，在明代江西經濟發達地區（三角洲地帶多在鄱陽湖周邊，河谷平原地帶則多在吉泰盆地等）的農村社會中，發生了「鄉紳、地主對土地的兼併」、「賦役的加重與不均」、「人口的增加」，再加上江西交通狀況的便利，其結果就是失去土地、陷於窮困的農民為了維持生活，轉變為商人，出到縣外（雲南、貴州、四川等），進而在國內各地組織「商幫」。由此可以確認，既往研究將江西的人口遷移與江西商人的出現密切聯繫在一起。

　　在明代，如「江西填湖廣」這句話所示，出現了從江西到湖廣的大規模人口流動，這也與江西商人的活動開展有關。然而，到了清代初期，湖廣的開發大概達到極點，下一階段則表現為人口從湖廣流向四川。江西商人在四川的活動也隨之活躍起來。[10]

　　另外，濱島敦俊和臼井佐知子研究了明代對於商人看法的變化和職業的流動化。[11]山田賢發現，清代四川的移民一般在夏季從事農耕，冬季經營商

[7] 吳金成：〈明中期以後江西社會的搖及其特性〉。

[8] 方志遠：〈地域文化與江西傳統商業盛衰論〉。

[9] 方志遠、黃瑞卿：〈江右商的社會構成及經營方式〉。

[10] 參見山田賢：《移民的秩序——清代四川地域社會史研究》，名古屋大學出版會，1995 年。

[11] 濱島敦俊：〈土地開發與客商活動——明代中期江南地主之投資活動〉，《中央研究院第二屆國際漢學會議論文集（明清與近代史組）》，中央研究院，1989 年；濱島敦俊：〈明代中期的江南商人〉，《史

業。[12]由上述方氏的觀點可知，這些現象也能在江西商人身上體現出來。總之，江西商人的存在，是江西當地人生活戰略的一種形態，並不具有職業上的固定性，他們在生活中也從事農業等商業活動以外勞動。

【觀點②】江西商人活動的開展

江西商人如何開展活動？在明清時期的江西，隨著商業的活躍，商業城市（市鎮）發達起來。因茶、紙的貿易而發展起來的河口鎮等，都是靠著特定生產物的交易而得到發展的市鎮，劉石吉對此有詳細的討論。[13]江西商人也參與了這些貿易。另一方面，明清時期的江西商人也到北京等江西以外的地區，設立了很多「會館」（稱為萬壽宮、真君宮等），以此為據點展開活動。[14]

【觀點③】江西商人活動的衰落

到了清代末期，江西商人的活動衰落。衰落的原因為何？關於清代江西商人的活動及其衰落，方志遠闡述如下：「江西商人在活躍了五百年之後，迅速走向衰落，並基本上在國內市場喪失了地位。如果分析其具體原因，大致有以下數端。一是戰亂……二是交通格局的變化……三是經濟格局的變化……四是自身的弱點。江右商在晚清至民國時期的衰落，不僅有外部的原因，也有自身的弱點。比較而言，後者尤其重要。……長時期以個體經營為主要方式，使得本來就分散的資本難以集中」。[15]

「由於江西商人多為因家境所迫而外出謀生的小商人，因之江西商人中最常見、最大量的經營方式是個體經營，而整個家庭，則是以農業為本，以

朋》20，1986 年；白井佐知子：《徽州商人研究》。

[12] 山田賢：《移民的秩序——清代四川地域社會史研究》。

[13] 劉石吉：《明清時代江南市鎮研究》，中國社會科學出版社，1987 年；劉石吉：〈明清時代江西墟市與市鎮的發展〉，《山根幸夫教授退休紀念 明代史論叢》（下），汲古書院，1990 年。

[14] 范金民：《明清江南商業的發展》，南京大學出版社，1998 年；方志遠：〈明清江右商與商事訴訟〉。

[15] 方志遠：〈地域文化與江西傳統商業盛衰論〉。

商補農。於是男子外出妻子持家，或父兄外出、子弟持家，就成為江西商人家庭的基本分工。……這種狀況，與江西商人的社會構成、經營方式及特點等都有極大的關係。……加上江西商人經營觀念上的某些自我束縛，這一切，反過來又使江西商人的商業資本難以富聚並向近代金融資本和產業資本過渡。因而，隨著近代外來資本主義勢力入侵的衝擊，隨著傳統的、發達的江西農業經濟基礎的削弱，江西商人在近代經濟史上很快失去了原有的地位。」[16]

「江西商人的投資大致可歸結為三大類，即生活性投資、社會性投資和生產性投資。一、生活性投資。這類投資包括置辦田產、房屋、贍養家人、周濟宗族等。……二、社會性投資。這類投資包括建祠修譜、捐糧助餉、辦學助讀以及修橋筑路、平爭息訟等。……三、生產性投資。……江西商人支配產業還遠未成為普遍現象……江西商人商業資本未能大量地流向產業，轉化為產業資本。」[17]

關於江西商人的衰落與宗族的關係，許寰也進行了如下考察：「（宗法勢力）對商品經濟的發展起著多面的阻抑作用，宗法勢力是造成清代江西經濟落後的主要原因之一。……宗族與宗族之間，大多比鄰而居，由於人多地少的矛盾在清代日益突出，宗族之間的衝突時有發生」。[18]

根據上述方氏與許氏的觀點，江西商人衰落的根本原因，與其說是清末戰亂與交通狀況的變化，還不如說是很難轉向近代金融資本形成的江西商人的行為模式（以個體經營為中心，將商業性利益投向宗族等的行為方式）。

以上詳細介紹了關於江西商人的既往研究成果，並對各種觀點進行了整理、檢討。那麼，他們與社會秩序之間有著怎樣的關係呢？首先要研究的是，江西商人的出現與活動的開展對明清時代的江西社會秩序產生了何種影響。

---

[16] 方志遠、黃瑞卿：〈江右商的社會構成及經營方式〉。

[17] 方志遠、黃瑞卿：〈明清江右商的經營觀念與投資方向〉。

[18] 許寰：〈簡論清代江西宗法勢力對商品經濟的影響〉，《贛南師範學院學報（社科版）》1992 年第 2 期。

　　方志遠指出，很多江西商人都是貧弱的中小商人，大多進行個體經營，那麼這些江西商人之間的關係及其對社會秩序造成的影響，是需要進一步檢討的課題。

　　方氏還指出清代的江西商人投資宗族，許璦討論了這種宗族之間存在的衝突，因此江西商人所屬的宗族之間的關係也有進一步具體檢討的空間。

　　此外，由於江西商人的流動，其移居地的社會秩序受到何種影響，同樣也是問題所在。方氏指出江西商人在各地提出訴訟，對此進行整理之後，可分為三類：「商人之間的債務糾紛」、「因從事典當業及施放高利貸而引起的江西商人與各地居民間的債務及產權糾紛」、「工商業活動與國家政策法令的矛盾及商人的違法行為而引起的訴訟」。[19]他還認為，伴隨著從江西到湖廣的人口遷移，江西的「健訟」之風也在湖廣蔓延開來。[20]關於江西商人在移居地頻繁提起訴訟的背景等，也有進一步檢討的餘地。

　　在本文中，作為檢討上述問題的一環，首先檢證江西商人出現的狀況，接下來討論江西商人的活動對移居地社會秩序的影響和江西商人的活動與訴訟發生的關係。

二、江西商人出現的狀況

　　關於明代江西出現江西商人，王士性《廣志繹》卷四「江南諸省」有以下記載：

　　　江浙閩三處，人稠地狹，總之不足以當中原之一者。故身不有技則口不糊，足不出外則技不售。惟江右尤甚，而其士商工賈，譚天懸

---

[19] 方志遠：〈明清江右商與商事訴訟〉。

[20] 方志遠：〈明清湘鄂贛地區的「訟風」與地域文化的轉移〉。

河。又人人辯足以濟之。……故作客莫如江右，而江右又莫如撫州。

由上可知，明末江西（尤其是撫州府）人口眾多，居民為了生活，作為商人外出。關於這種狀況，張瀚《松窗夢語》卷四「商賈記」也有記載：

> 江西三面距山，背沿江漢，實為吳楚閩越之交，古南昌為都會。地產窄而生齒繁，人無積聚，質儉勤苦而多貧。多設智巧，挾技藝以經營四方，至老死不歸。……南饒廣信，阜裕勝於建袁，以多行賈。而瑞臨吉安，尤稱富足。南贛谷林深邃，實商賈入粵之要區也。

由上可見，江西人多且貧，所以居民外出，南康府、饒州府、廣信府尤其多從商者。而關於各個地方（各府）的狀況，如嘉靖《臨江府志》卷一「郡域志第一」之一載：「土瘠民貧，性儉嗇負氣，勤苦作業。然地狹而庶仰食旁郡，或棄農遠服賈矣。庶故易訟」。

臨江府也因為地瘠民貧，而存在棄農為商的人。關於臨江府的狀況，《江西輿地圖說》「臨江府」項下也稱「地狹民稠，趣利逐末」。

至於撫州府，光緒《撫州府志》卷一二「地理·風俗」所引《嘉靖志》載：「金谿民務耕作，故地無餘利。土狹民稠，為商賈三之一」。在撫州府金谿縣，因為人口眾多，居民不能僅靠農業生活，許多都轉而經商。

光緒《撫州府志》卷一二「地理·風俗」所引鄧元錫《方域記（志？）》也稱：「撫州地平衍，介江湖間。風願俗樸，賢哲輩出。人稱多商，行旅達四裔，有棄妻子老死不歸者」。由此可知，不僅是金谿縣，整個撫州府都是如此，到了明末，由於人口眾多，居民們變成商人，外出謀生。

南昌府也有這種參與經商活動的現象。如《江西輿地圖說》「南昌府·南昌縣」稱：「民磽鄙逐末趣利。」而且萬曆新修《南昌府志》卷三「風土」載：

> 生齒繁夥，村落叢集，土淺田瘠，稼穡桑麻之入，不足以給養生送

> 死之需。賦役之供悉取辦四方,歲以為常。所以南昌、豐、進商賈
> 工技之流,視他邑為多。無論秦蜀齊楚閩粵,視若比鄰,浮海居夷,
> 流落忘歸者十常四五。故其父子兄弟夫婦,有自少至白首不相面者,
> 恒散而不聚,無怨語也。

從以上記載可以窺見,在明末的南昌府,人口眾多而耕地貧瘠,居民們生活
淒苦,所以南昌縣、豐城縣、進賢縣外出謀生的商人、工匠較他縣為多,其
中很多常年不歸。

　　以上可見明代江西各個地方(多三角洲地帶的南昌府和多河谷平原地帶
的撫州府等)的居民商人化的狀況,因為人口增加以及隨之而來的生活窮困
化,原本從事農業生產的當地人很難僅僅依靠農業為生,只好離開本縣,外
出經商。總之,對於明末江西的居民而言,「經商的選擇」是自然而然的結果。

　　有關經商的居民之間的關係,如《江西輿地圖說》「撫州府」稱:「其疆
土瘠民稠……邇民多逐末,以競刀錐好訟,而貧且盜」。由此可知,明末撫州
府土地貧瘠而人口眾多,很多人通過經商來謀利,這些居民之間相互競爭,
從而發生了訴訟戰。

　　而且前引嘉靖《臨江府志》卷一「郡域志第一」之一也稱「庶故易訟」,
居民商人化的狀況容易引起訴訟。成為商人、移居到各地的這些居民(江西
商人)在移居之處如何活動呢?以下想要就此進行具體討論。

三、明代江西「山區」的江西商人與社會秩序

　　然而,同樣是江西境內,多三角洲地帶的南昌府和多河谷平原地帶的撫
州府等是江西商人的出身地,而與它們不同的是,南部山區則多為移居地。
在明末的江西南部山區(贛州府、南安府),從江西其他縣來的移民增加,他
們進行「山區開發」,經濟作物的生產和商業活動十分活躍,這種移民活動與

由此帶來的商品經濟的發展對「山區」的社會秩序有何影響？關於明末江西「山區」的開發與社會秩序，今湊良信、唐立宗、甘利弘樹、黃志繁等與筆者都已經有詳細的闡述。[21]以下根據這些成果，論述江西商人的活動與社會秩序之間的關係。

關於明末贛州府的情況，如周用〈乞專官分守地方疏〉（載《周恭肅公集》卷一九「奏疏」）有以下記載：

> 南贛地方田地山場坐落開曠，禾稻竹木生殖頗蕃，利之所在人所共趨。吉安等府各縣人民年常前來謀求生理，結黨成羣，日新月盛，其搬運穀石、砍伐竹木及種靛栽杉、燒炭鋸板等項，所在有之。又多通同山戶田主，置立產業，變客作主，差徭糧稅，往來影射，靠損貧弱。

從這一內容可知，多河谷平原地帶的吉安府等的居民成群結隊地湧向贛州府，從事搬運穀物、採伐竹木、生產藍靛等工作。從移民們參與穀物搬運、竹木採伐、藍靛等生產來看，他們之中應該也存在買賣穀物、竹木、藍靛等的人。

又，前引《松窗夢語》卷四〈商賈記〉稱「南贛谷林深邃，實商賈入粵

[21] 可參考以下文獻：今湊良信：〈明代中期的「土賊」——以南贛地帶的葉氏為中心〉，《中國史上亂的圖像》，雄山閣出版，1986年；甘利弘樹：〈明末清初廣東、福建、江西交界地區的廣東山寇——特別以五總賊鍾凌秀為中心〉，《社會文化史學》38，1998年；甘利弘樹：〈華南山區研究的路徑——以廣東、福建、江西交界地區為中心〉，《歷史評論》663，2005年；唐立宗：〈在「盜區」與「政區」之間：明代閩粵贛湘交界的秩序變動與地方行政演化〉，國立台灣大學文學院，2002年；黃志繁：《「賊」「民」之間：12-18世紀贛南地域社會》，生活‧讀書‧新知三聯書店，2006年；前引拙著《傳統中國的法與秩序》。此外，關於江西南部「山區開發」、「山區經濟」，可參考以下文獻：傅衣凌：〈明末清初閩贛昆鄰地區的社會經濟與佃農抗租風潮〉，《明清社會經濟史論文集》，人民出版社，1982年；曹樹基：〈明清時期的流民和贛南山區的開發〉，《中國農史》1985年第4期；蕭麗：〈明清時期贛南地區的開發與城鄉商品經濟〉，《第七屆明史國際學術討論會論文集》，東北師範大學出版社，1999年；楊國楨：〈明清東南區域平原與山區經濟研究序論〉，《中國社會經濟史研究》1995年第2期。

之要區也」，由此可知贛州府是商人的交通要沖。因此，移民中應該也有江西
商人。

在這種狀況下，社會秩序變得如何了呢？從前述的既往研究[22]可知以下內
容。在明代中期，出現了地主（田主）聚集移民（無產、失業的農民），從而
形成盜賊團夥的現象，以及農民脫離地主的影響、成為強盜的現象，治安因
此惡化。所以朝廷在弘治八年（1495）設置了南贛巡撫。

到了正德年間（1506-1521），無產、失業的農民人口超出了地主能夠接
納、召募的範圍，向來以經濟作物的栽培為生的少數民族畬族與這些農民合
流，由此發生叛亂。這一叛亂被南贛巡撫王守仁（陽明）鎮壓，為了建設新
秩序，王守仁創立了南贛鄉約。此後，這股勢力作為投降者，時而是官軍，
時而又成了叛軍，直到萬曆（1573-1619）初年，依然存續。以這些投降者為
中心的本地武裝勢力形成了獨立的秩序。

由此可知，移民們在經商的同時，在當地定居並形成了獨立的武裝力量。
在這種狀況下，地方社會發生的糾紛又該如何解決呢？在天啟《重修虔臺志》
卷八「紀事五」嘉靖四十五年（1566）五月條中，對於被稱為「三巢之賊」
的本地勢力（他們被稱為「新民」），有以下描述：「即今廣東之和平、龍川、
興寧、江西之龍南、信豐、安遠諸縣版圖業已蠶食過半、一應錢糧、詞訟、
有司不敢詰問者、積有年歲矣」。在這種以「新民」為中心的本地勢力的控制
下，事實上官府無法參與處理當地所發生的糾紛。

有關這一具體情況，如天啟《贛州府志》卷一八「紀事志」嘉靖三十六
年（1557）三月條記載：「（龍南賊賴）清規本平民，素有機知。嘗從征三浰
有功，後充本縣老人，善為人解紛息鬥，縣官常委用之」。由此可知，糾紛的
處理，是以本地勢力的領袖為中心，進行調停，縣官也多將這類糾紛委託給
他們處理。

在與廣東、福建交界之處、頗多山地、到了明代進行「山區開發」的龍

---

[22] 參考注 21 的相關文獻。

南縣和安遠縣等,這種情況十分明顯。從今湊氏、唐氏所舉事例來看,這些本地勢力之間時常借助官府的力量,以武力為背景進行互鬥。

因此,在明代中期的「山區」,移民加入了被稱為「土賊」的、有武裝的本地勢力,並以此為中心形成了有強烈自律性的秩序,所以在地方社會發生的糾紛傾向於由本地勢力的領袖來調停,本地勢力之間也經常發生以武力為背景的互鬥。

在明代末年(萬曆年間)土賊被鎮壓、新縣(長寧縣、定南縣)被設置等明朝加強了對於這個地方的統治能力之後,就顯現出與上述糾紛解決情況不盡相同之處。如關於贛州府信豐縣的情況,《江西輿地圖說》「贛州府·信豐縣」項下稱:「客主為敵國,頻年搆訟」。而距離與廣東、福建交界之處稍遠的興國縣,乾隆《興國縣志》卷八「官師·蔡鍾有」有如下記載:

> 萬曆末,由鄉舉知縣事。……邑中僑戶多桀黠喜訟,不得逞,則更
> 託他籍或一人而三四籍者徧控。於其地關提淆亂,熒惑耳目,視必
> 不勝之處,則堅匿不赴,既受拘復截奪於路,以為常。鍾有請於上
> 僚,痛釐治之。

由此可見,在贛州興國縣,「僑戶」(它縣出身的移民)採用不正當的手段,提起訴訟。由以上可知,在明末(特別是萬曆年間)的江西「山區」,江西其他縣出身的移民(也包括江西商人)在進行「山區開發」之際,頻繁地提出訴訟,與土著居民形成對立。

四、明代雲南的江西商人與社會秩序

以下擬對明代很多江西商人移居雲南的狀況進行考察。前引《廣志繹》卷四「江南諸省」對雲南的江西商人的活動有如下記載:

余備兵瀾滄，視雲南全省，撫人居什之五六，初猶以為商販，止城市也。既而察之，土府土州，凡僰玀不能自致於有司者，鄉村間徵輸里役，無非撫人為之矣。然猶以為內地也。及遣人撫緬，取其途經酋長姓名回，自永昌以至緬莽，地經萬里，行閱兩月，雖異域怪族，但有一聚落，其酋長頭目無非撫人為之矣。

從上述內容來看，在明末，撫州府出身者從事商業活動，移居雲南一帶，並且扎根該地，代替土著居民，成為當地的酋長、頭目，負責徵稅、勞役等事務。為何會出現這種局面？前引《廣志繹》卷五「西南諸省」記載如下：

滇雲地曠人稀，非江右商賈僑居之，則不成其地，然為土人之累亦非鮮也。余讞囚閱一牘。甲老而流落，乙同鄉壯年，憐而收之，與同行賈，甲喜得所。一日，乙偵土人丙富，欲賺之。與甲以雜貨入其家，婦女爭售之。乙故爭端，與丙競相推毆。歸則致甲死而送其家，嚇以二百金則焚之以滅跡，不則訟之官。土僰人性畏官，傾家得百五十金遺之，是夜報將焚矣。一親知稍慧，為擊鼓而訟之，得大辟。視其籍，撫人也。及偵之，其事同、其騙同、其籍貫同，但發與未發、結與未結、或無幸而死、或幸而脫，亡慮數十家。蓋客人訟土人如百足蟲，不勝不休。故借貸求息者，常子大於母，不則亦本息等，無錙銖敢逋也。獨余官瀾滄兩年，稔知其弊，於撫州客狀，一詞不理。

由上可知，雲南土著居民害怕官府，所以撫州府出身的商人（江西商人）利用訴訟，搶奪土著居民財產。總之，在前述撫州府出身者成為雲南各地酋長、頭目的背景下，土著居民與地方官府之間的關係相當疏遠。在江西商人起訴土著居民的背景下，也存在同樣的情況。如《皇明條法事類纂》卷一二〈雲南按察司查究江西等處客人朵住地方生事例〉有詳細記載：

> 切見雲南遠在萬里，各邊衛府軍民相參，山多田少，不通舟車。近
> 年雨水不調，五穀少收，米糧湧貴，過活艱難。有浙江、江西等布
> 政司安福、龍游等縣客商人等不下三五萬人，在衛府坐理，偏處城
> 市、鄉村、屯堡，安歇生放錢債，利上生利收債，米穀賤買貴賣，
> 娶妻生子，置買奴僕，遊食無度，二三十年不回原籍。有等詭詐之
> 徒，稱係某官弟姪兒男，窺伺有權官員生辰喜慶，饋送交結，或遂
> 託公事，或告追錢債，攪擾衙門，軍民受害。又有將本錢蕩散，糾
> 合為盜，或起抗詞訟，詐騙財物，無所不為。

由此可見，江西（吉安府安福縣等）出身的商人們通過高利貸和經商來積累
財富、娶妻生子，在雲南各地定居，進而接近地方官員，拉攏與他們的關係，
從而奪取土著居民的金錢，或是利用訴訟，巧奪土著居民的財產。總之，在
江西商人起訴土著居民的背景中，先前所述土著居民與官府的關係進一步疏
遠，而江西商人與官府的關係則更加密切。這與江西商人獨佔商業活動也有
關係。

結 語

本文在整理、檢討以往對於江西商人研究的基礎上，考察了江西商人與
社會秩序的關係。作為研究這一問題的一個工作環節，筆者逐一檢討了明代
江西出現商人的情況、明代江西「山區」與雲南境內江西商人的活動及其對
各地社會秩序的影響。

其結果是確認了以下情況：在明代的江西，隨著商人的出現，訴訟頻繁
發生，而且明代移居到江西「山區」和雲南的江西商人同樣頻繁提起訴訟，
與土著居民形成對立；在明代的雲南，他們利用土著居民與地方官府之間疏
遠的關係，獨佔商業活動與徵稅勞役等事務，積蓄財富，成為地方酋長、頭

目，強化與地方官的關係，以訴訟為手段，搶奪土著居民的財產。

由此來看，在明代的雲南，江西商人頻頻提起訴訟，在此背景之下，土著居民與官府之間的關係疏遠，而江西商人與官員的關係則得到加強。也正是由於這種狀況的存在，江西商人在掠奪土著居民財產的時候，才會使用訴訟這種手段。

那麼，在此之後，移居各地的江西商人又會如何呢？有關清代江西商人移居地四川的情況，山田賢指出，一方面，移民構建宗族、形成秩序，而另一方面，也發生與叛亂相關的糾葛。[23]如《清高宗實錄》卷一三五一乾隆五十五年（1790）三月庚子條稱：「署四川總督孫士毅奏：川省五方雜處，民情獷悍，命案倍於他省。」

由此可知，在清代中期的四川，移民（也包括江西商人）在構建宗族、形成秩序的過程中，也因互相之間的糾葛而頻繁發生糾紛與訴訟。今後有必要在這一問題上對江西商人在移居地的活動與社會秩序之間的關係進行進一步的具體檢討。

此外，本文考察了江西商人的活動與社會秩序的關係，為了闡明傳統中國商人集團活動的展開與社會秩序的關係，也有必要比較本文所述江西商人的活動與山西商人等其他商人集團的活動，這是今後的課題。

追記：本文的初稿報告於韓國成均館大學現代中國研究所、台灣中央研究院近代史研究所共同主辦的「中國傳統商業習慣和現代企業文化」國際學術會議，在此基礎上撰成了韓語論文（收入朴基水等著《中國傳統商業習慣在東亞的展開》，韓國學術情報，2012 年），又在韓語論文的基礎上撰寫了日語論文。研究報告以及韓語論文的發表，得到了成均館大學朴基水教授、釜山大學洪成和教授的諸多關照，謹此致謝。

---

[23] 前引山田賢《移民的秩序——清代四川地域社會史研究》。

清代江西、福建的「溺女」習俗與法
——以與「厚嫁」、「童養媳」等習俗的關係為中心

緒　言

　　在考察傳統中國地域社會中法運用的實態時，也有必要考慮各地域居民多樣的習俗與慣例的影響。例如，在明清時代，「賣妻、典妻習慣」見於中國各地，岸本美緒認為，其具體情況因地域而有所不同，且地方官在首先考慮禁止性律條規定的基礎上，也考慮當事者的感情與經濟狀況，其目標是以不拘於律條的方式加以解決。[1]又，說起來，歷代王朝都不得不在一般法之外制定每個地域適用的特別法和省例，而筆者推測這一背景與這些習慣也有關係。

　　不過，傳統中國社會一般存在「多子多福」的想法，而另一方面，在南方的江西、福建、浙江等地則顯見「溺女」的習俗（因為也有溺殺兒子的現象，以及「不舉子」、「溺子」、「溺嬰」等說法，所以以下統一稱為「溺女」[2]）。

---

[1] 岸本美緒：《不准賣妻嗎？——明清時代的賣妻、典妻習慣》（《中國史學》八卷，1998 年）。

[2] 參考以下史料等：《宋會要輯稿》刑法二之一五〇「大觀三年十一月九日」條「兵部侍郎詳定一司敕令王裏等奏，福建荊湖南北江南東西有生子不舉者」。《宋會要輯稿》刑法二之一四七「紹興三年十一月八日」條「臣僚言，浙東衢嚴之間，田野之民每憂口眾為累，及生其子率多不舉。又旁近江東饒信皆然」。《清世祖實錄》「順治十六年閏三月丙子」條「都察院左都御史魏裔介條陳四事……一曰，福建、江南、江西等處甚多溺女之風，忍心滅倫，莫此為甚。請敕嚴行察禁，以廣好生」。《清穆宗實錄》「同治五年二月庚子」條「御史林式恭奏……近來廣東、福建、浙江、山西等省仍有溺女之風」。《清德宗實錄》「光緒四年二月庚戌」條「翰林院代遞檢討王邦璽奏請禁民間溺女一折……此風各省皆有，江西尤甚」。一如上記，宋代史料業已指出江西、福建、浙江存在「溺女之風」（生子不舉），且清代史料亦屢屢言及。

這一習俗盛行，在成為「少『女子』化」社會的地域中，與結婚相關的訴訟頻發以及「賣妻」增加等各種社會問題隨之發生。[3]因此，地方官屢屢發布針對「溺女」的禁令。

　　關於這種「溺女」習俗，曾我部靜雄業已進行過綜合性論述；此後，劉靜貞、常建華、林麗月、趙建群、張建民、肖倩、郭松義等多位研究者又予以進一步考察，而喜多三佳、五味知子則分別檢證了對於「溺女」的處罰和防止事業。[4]

---

[3]　參考以下文獻等：肖倩《清代江西溺女狀況與禁誡文》（《史林》2001 年第 1 期）。常建華《明代溺嬰問題初探》（收入張國剛主編《中國社會歷史評論》第四輯，北京，商務印書館，2002 年）。王美英《明清時期長江中游地區的溺女問題初探》（《武漢大學學報（人文科學版）》第 59 卷第 6 期，2006 年）。史國棟《清代溺嬰現象對鄉民婚姻生活的影響》（《傳承（學術理論版）》2009 年第 9 期）。王春春《從人口調節看清代的溺女嬰和童養媳現象》（《法制與社會》2010 年第 14 期）。李錦偉《清代江西的溺嬰及其社會後果》（《江蘇廣播電視大學學報》2012 年第 3 期）。

[4]　有關宋—清的「溺女」，參考以下文獻等：曾我部靜雄《溺女考》（收入同氏《支那政治習俗論考》，築摩書房，1943 年）。西山榮久《支那的姓氏與家族制度》（六興出版部，1944 年）第七章「殺兒（Infanticide），特別是溺女的研究」。馮爾康《清代的婚姻制度與婦女的社會地位述論》（收入中國人民大學清史研究所編《清史研究集》第五輯，北京，光明日報出版社，1986 年）。吳寶琪《宋代產育之俗研究》（《河南大學學報（哲學社會科學版）》1989 年第 1 期）。陳廣勝《宋代生子不育風俗的盛行及其原因》（《中國史研究》1989 年第 1 期）。林汀水《宋時福建「生子多不舉」原因何在》（《中國社會經濟史研究》1991 年第 2 期）。趙建群《清代「溺女之風」述論》（《福建師範大學學報（哲學社會科學版）》1993 年第 4 期）；同氏《試述清代拯救女嬰的社會措施》（《中國社會經濟史研究》1995 年第 4 期）。臧健《南宋農村「生子不舉」現象之分析》（《中國史研究》1995 年第 4 期）。張建民《論清代溺嬰問題》（《經濟評論》1995 年第 2 期）。劉靜貞《不舉子：宋人的生育問題》（臺北，稻鄉出版社，1998 年）。郭松義《倫理與生活——清代的婚姻關係》（北京，商務印書館，2000 年）第三章「婚姻社會圈（下）」、第六章「童養媳」。前引肖氏《清代江西溺女狀況與禁誡文》；同氏《清代江西民間溺女與童養》（《無錫輕工大學學報（社會科學版）》第 2 卷第 3 期，2001 年）；同氏《清代江西溺女風俗中的「奢嫁」問題》（《江南大學學報（人文社會科學版）》第 4 卷第 4 期，2005 年）。前引常氏《明代溺嬰問題初探》。喜多三佳《與殺嬰處罰相關的一個考察——以清代為中心》（《四國大學經營情報研究所年報》第 9 號，2003 年）。林麗月《風俗與罪愆：明代的溺女記叙及其文化意涵》（收入游鑑明主編《無聲之聲 II 近代中國的婦女與社會（1600-1950）》，臺北，中央研究院近代史研究所，2003 年）。王薔《江西古代溺女陋習漫談》（《南方文物》2004 年第 4 期）。譚志雲、劉曼娜《清代湖南溺嬰之俗與社會救濟》（《船山學刊》2005 年第 1 期）。常建華《清代溺女嬰問題》（收入同氏《婚姻內外的古代女性》，北京，中華書局，2006 年）。前引王氏《明清時期長江中游地區的溺女問題初探》。毛立平《嫁妝對清代婚姻的影響及其引發的社會問題》（《北京檔案史料》2007 年第 1 期）。汪毅夫《清代福建的溺女之風與童養婚俗》（《東南學術》2007 年第 2 期，後收入同氏《閩台地方研究》，福州，福建教育出版社，2008 年）。薛剛《清代福建溺女陋習及整飭》（《歷史教學（高校版）》2007 年第 5

　　那麼「溺女」習俗是如何盛行起來的呢？關於宋代「溺女」（不舉子）盛行的背景，曾我部靜雄認為是巨額的結婚費用、重稅、與家產分配相關的事情（討厭在家產分配以後生孩子的傾向）等。[5] 又，吳寶琪指出，這與過重的賦稅、「重男輕女」問題，以及沒有獲得現代的避孕技術相關；[6] 陳廣勝認為，基本原因是超過生產力的人口增加，但也與丁賦負擔過重、家產分配以及和結婚相關的事情、「重男輕女」思想有關。[7] 而且林汀水指出，在福建，其原因是土地兼並、賦役轉嫁、丁身錢（身丁錢、人頭稅）負擔過重；[8] 臧健則認為這與貧困和身丁錢的徵收有關。[9] 姚延玲也提出了與上述諸說相同的見解，[10] 而劉靜貞依據以上研究指出，宋代很多人將「根本性生活資源的不足」、「過重的賦稅負擔」、「與未來資產分配相關的考量」等經濟性理由作為「生子不舉」的原因，在思考這些要素的因果關係之際，有必要考慮南北的地域差異（例如在實施身丁錢的南方，「生子不舉」成為問題等）和時間的差異（與丁賦的關聯性在南宋甚為顯著，而這並不是差異的唯一原因，政府和地方官的應對之法等也有變化，北宋將重點置於禁令、教化，而南宋則置於經濟援助）等。[11]

期）。姚延玲《宋代溺嬰問題探析》（《河北青年管理幹部學院學報》第 78 期，2008 年）。劉昶《清代江南的溺嬰問題：以余治〈得一錄〉為中心》（《蘇州科技學院學報（社會科學版）》第 25 卷第 2 期，2008 年）。曾春花、羅艷紅《清代婺源的溺女陋習與育嬰事業》（《南昌工程學院學報》第 27 卷第 5 期，2008 年）。五味知子《清中期江西省袁州府的溺女防止事業——以〈未能信錄〉為線索》（收入松尾金藏紀念獎學基金會編《飛向明天——人文社會學的新視點 I》，風間書房，2008 年）。前引史氏《清代溺嬰現象對鄉民婚姻生活的影響》。前引王氏《從人口調節看清代的溺女嬰和童養媳現象》。前引李氏《清代江西的溺嬰及其社會後果》。此外，有關本稿引用的中文文獻、公牘的收集，承蒙山本英史教授賜予建議。

5　前引曾我部氏《溺女考》。

6　前引吳氏《宋代產育之俗研究》。

7　前引陳氏《宋代生子不育風俗的盛行及其原因》。

8　前引林氏《宋時福建「生子不育」原因何在》。

9　前引臧氏《南宋農村「生子不育」現象之分析》。

10　前引姚氏《宋代溺嬰問題探析》。

11　前引劉氏《不舉子》。

　　另一方面，有關明代的「溺女」，常建華認為直接原因是由「婚姻論財」所帶來的妝奩猛漲與一般人的貧困，其背景中存在「重男輕女」的思想；[12]而林麗月也指出，成化、弘治年間以後「溺女之風」盛行，其要因在於婚姻習俗的奢侈。[13]有關清代的「溺女」，趙建群認為根本原因在於因人口增加與農業生產發展不平衡而產生的人口壓力增強，其結果則是貧困化加劇，再加上「厚嫁之風」與「重男輕女」觀念，形成了「溺女之風」；[14]而張建民也認為基本原因是人口激增和勞動者的貧困化，因此「溺男」也同樣存在，因「貴男賤女」觀念的存在，「溺女」則更為多見，「婚姻論財」帶來了直接性影響。[15]另一方面，肖倩指出，江西富裕階層「溺女」的原因是作為商品經濟發展之產物的「奢嫁」；[16]而郭松義通過檢證浙江、福建、江西、湖南、廣東的事例等，言及「婚嫁論財」與「溺嬰」的關係。[17]其他與清代相關的研究大致也得出了與上述任一之說相同的見解。

　　通過對以上觀點的整理可知，宋代至清代「溺女」習俗盛行的背景，與因人口增加（在宋代則還得加上重稅）所導致的貧困、「厚嫁之風」、「重男輕女」思想、與家產分割相關的事情等有所關聯。但是，在以上研究中，有關「溺女」習俗盛行的背景，除了劉靜貞的宋代研究外，其他研究大體上是對貧困、「厚嫁」習俗等原因的綜合性論述，並未考察有關地域性差異。為了闡明「溺女」習俗的背景與法律之間的關係，筆者認為有必要進一步檢證明清時代各地域的習俗、習慣、風氣的不同等所導致的地域性差異（包括與「溺女」較少的地域之間的比較），且也有必要檢證地方官應對之法是否存在地域性差異。

---

[12] 前引常氏《明代溺嬰問題初探》。

[13] 前引林氏《風俗與罪愆》。

[14] 前引趙氏《清代「溺女之風」述論》。

[15] 前引張氏《論清代溺嬰問題》。

[16] 前引肖氏《清代江西溺女風俗中的「奢嫁」問題》。

[17] 前引郭氏《倫理與生活》第三章。

因此，本稿擬聚焦於被認為是「溺女」習俗最為盛行的清代江西、福建
——彼時彼地的地方官所發布的與「溺女」相關的告示大部分留存至今——著
眼於該地域中「溺女」習俗發生的背景、與此相對的地方官的應對之法、與
其他習俗的關聯，以及地域性的差異，並對此加以檢證。此外，清代的行政
區劃設置了閩浙總督等，一般而言，福建的一部分歸入浙江，一部分分割給
江西，而本稿所論「溺女」盛行的情況，則綜括江西、福建而論之。

一、貧困階層與「溺女」習俗

首先試著研究一下為從來所關注的貧困與「溺女」習俗的關係。例如，
有關江西的情況，《乾隆三十七年按察使歐陽永裿嚴禁溺女示》（同治《廣信
府志》卷二之二「建置・寺觀」所載）寫道：「乃江右惡習，皆以生女為嫌，
每多溺斃。推原其故，或憂育養維艱」。又，有關江西贛州府、南安府的情況，
《西江視臬紀事》卷四「禁瑞金溺女惡習」有如下記載：

> 贛南習俗，溺女成風。業已屢申禁令，乃近訪別屬，溺女多緣食貧
> 居賤，撫養為艱，致恣殘忍。

而且《西江政要》卷一「嚴禁溺女」有以下記載：

> 一，溺女惡俗，宜立法嚴禁也。……無如江右惡俗成風。貧者以衣
> 食為艱……往往生女方離母胎即行溺斃。[18]

---

[18] 《西江政要》有多種版本，本稿所引版本為東京大學東洋文化研究所所藏「按察司本」（大木文庫・總・
章則五五）。

有關福建的情況，民國《政和縣志》卷二一「惠政・東平育嬰堂・宋滋蘭序」記述道，養育女兒之際，因為提供不了飲食、衣服的費用，所以就「溺女」（參考後文記載）。

從以上史料可見，在清代的江西、福建，貧困階層困於生活的結果就是行「溺女」之事。另外，在明清時期，根據家庭的經濟情況而抑制家族的人數，因此「溺男」廣為流行，[19]筆者以為，在江西、福建，貧困階層的「溺嬰」可能並不限於女兒，也包括兒子。

二、富裕階層與「溺女」習俗

在清代的江西、福建，貧困階層行「溺女」之事，另一方面，富裕階層也多見「溺女」。而且其背景中存在前述先行研究已述及的與其他習俗的密切關聯性。以下擬詳細檢證這一關聯性。

（一）「厚嫁」習俗與「溺女」習俗的關係

作為「溺女」背景的習俗，最廣為當時官僚、知識人所知的便是前述的「厚嫁」習俗。例如，有關福建的情況，《福建省例》卷一六「卹賞例・嚴禁溺女」中寫道：「或謂嫁女奩贈需費，不知荊釵裙布遺範可師，正無庸多費也」。[20]又，張伯行《正誼堂文集》卷五「飭禁婚嫁喪葬華奢示」有如下記載：

> 閩為禮義之邦，日來人心漸漓，競趨汰侈，不但舍本業、營末作，
> 麗衣鮮服，游讌酒食，為財之蠹，即婚喪二事，禮有定經，亦不敦
> 尚本根，專飾浮文。富者務其繁華，貧者效彼所為，至賣田以嫁女、

---

[19] 參考前引張氏《論清代溺嬰問題》、前引常氏《明代溺嬰問題初探》等。

[20] 《福建省例》有多種版本，本稿所引版本為東京大學東洋文化研究所所藏《〔福建〕省例》（史・政書・邦計四・七，以及今堀文庫・史・J2092）。

破產以治喪。富者就貧，貧者顛沛。

而民國《政和縣志》卷二一「惠政・東平育嬰堂・宋滋蘭序〔光緒十九年（1893）〕」中也有如此記載：

> 吾閩僻處海隅，俗稱近古。然晚近以來，世風日敝，民俗日偷，竟有溺棄其女而不顧者。原其故則有三焉。一則曰養女長成，飲食衣服之費不給也。一則曰女長須嫁，嫁資又無所出也。其實則以女嫁即為他人婦，不能光大吾閭，養之無益也。始而貧困之家行之，繼則殷富者亦效之。始而殘刻之人忍之，終則長厚者亦為之。

更詳細的情況，則在陳盛韶《問俗錄》卷二「古田縣・水溺」中，記述了福州府古田縣的情況：

> 古田嫁女，上戶費千餘金，中戶費數百金，下戶百餘金。往往典賣田宅，負債難償。男家花燭滿堂，女家呼索盈門。其奩維何？陳於堂者，三仙爵、雙弦桌類是也。陳於室者，蝙蝠座、臺灣箱類是也。施於首者，珍珠環、瑪瑙笄、白玉釵類是也。然則曷儉乎爾？曰：懼為鄉黨訕笑，且姑姊妹女子子勃谿之聲，亦可畏也。緣是不得已，甫生女即溺之。他邑溺女多屬貧民，古田轉屬富民。然則曷與人為養媳乎？曰：女甫長成，知生父母，即逃歸哭泣，許以成奩，肯為某家婦，不許，誓不為某家婦。蓋習俗之極重難返。如此婚禮不得其正，久而激成溺女之禍。可不思拔本塞源之道乎？[21]

---

[21] 日譯文參考陳盛韶（小島晉治、上田信、栗原純譯）《問俗錄——福建、臺灣的民俗與社會》（平凡社，1988 年）卷二「古田縣・殺害親生女兒」。

又，在同書卷四「詔安縣・苗媳」中，則記述了漳州府詔安縣的情況：

> 詔安中戶娶妻聘近百金，下戶五六十金，其餘禮物不資，嫁者奩資
> 如之，故嫁娶均難。嫁者難，斯養女少，娶者難，斯鰥夫多。義男
> 承祧，婺婦招夫，產子繼嗣。其敝俗皆根於此。[22]

　　從上述內容可知，結婚時，妻子一方需要出「妝奩」，丈夫一方則出「聘
金」。乍看之下，兩方相抵，妻子一方並無損失，但因與面子相關，金額本身
（雙方皆是）便會被挑高，因此雙方都苦於這一負擔。[23]而且妻子一方因為要
置辦結婚儀式所用的各種物品，其開銷負擔相對較大。又，因為可以窺知相
對於妻子一方而言，丈夫一方所需花費的金額較少，且又有「重男輕女」的
觀念，考慮到男性雖有花銷但實屬必要，所以可以認為「溺男」相對較少。[24]
　　另一方面，與江西的情況相關，《康熙四十六年巡撫郎廷極禁溺女檄》（同
治《廣信府志》卷二之二「建制・寺觀」所載）有如下記載：

> 天道好生，聖人惡殺。故民物皆歸於胞與，而子女無間於孝慈。本
> 部院蒞任以來，訪聞江右有溺女故習，最為殘忍。或謂生女乏資遣
> 嫁。

又，《乾隆三十七年按察使歐陽永禘嚴禁溺女示》也云「推原其故……或慮妝
奩無措」，《西江政要》卷一「嚴禁溺女」也稱「富室以奩費為慮，往往生女
方離母胎即行溺斃」。而且，《西江政要》卷一「父母溺女旁人救取撫養長大

---

[22] 日譯文參考前引陳氏《問俗錄——福建、臺灣的民俗與社會》卷四「詔安縣・收養養女」。

[23] 黃鳴珂《禁溺告示》（同治《南安府志》卷三二「新造錄」所載）載：「設為妝奩之故而溺女，亦將為
財禮之故而溺男乎？」參考前引郭氏《倫理與生活》第三章。

[24] 參考前引郭氏《倫理與生活》第三章、董笑寒《晚晴江浙地區侈婚現象研究》（《西北大學學報（哲學
社會科學版）》第 43 卷第 2 期，2013 年）。

聽其婚配」中亦有如下記載：

> 查：江省民間生女，每以幼小則養育維艱，長大則嫁奩多費，忍心
> 溺斃，恬不為怪。雖歷奉院司詰誡嚴禁，無如積習久錮，驟難移易。

而光緒《龍南縣志》卷二《地理志・風俗》亦記載了江西贛州府龍南縣的情
況：

> 嫁女重妝奩、鼓吹、迎送、炫耀。俗且貧者固難取辦，富家亦難為
> 繼，故溺女成風。始作俑者，流害不淺。

同治《雩都縣志》卷三「民俗」中記載了贛州府雩都縣的情況：

> 溺女為俗，相沿已久，皆以為當然，而不知其喪心害理之甚。為制
> 奩之艱，而甘為殺女之事，何如存女而以無奩遣之。而貧也非病殺
> 女，則何其忍乎？變雖不自今始，而隨時聞之，皆可駭異者。

　　從以上記載可見，在清代的江西、福建，「厚嫁」習俗甚盛，當時之人皆
認為這種習俗誘發了「溺女」習俗。此外，與「厚嫁」習俗相關，如安徽的
情況，程光緒《申飭溺女示》（《憑山閣增輯留青新集》卷二一《告示》所載）
稱「近聞大江以南，多有溺女之事，而新安尤甚。揆其所出，無非慮日後遣
嫁之費耳」；郭松義更進一步介紹了很多浙江、廣東、湖南等地的事例，[25]可
以確認其他地域也存在類似的情況。

---

[25] 參考前引郭氏《倫理與生活》第三章。

（二）「溺女生男」信念與「溺女」習俗的關係

從相關史料可見，「溺女」的背景與「厚嫁」習俗以外的其他習俗也有密切關聯。例如，《西江視臬紀事》卷四「禁瑞金溺女惡俗」對於江西贛州府瑞金縣的情況進行了非常有趣的描述：

> 獨瑞金風俗，則不在貧戶而在富族，不在齊民而在衿士。……富家巨族子弟英少習於不經之說，謂初胎生女不溺，則必連育三女，而得子必遲。故完婚即期得男，有生女者，當必拋溺。此等喪心滅理之語，不知倡自何人，而各族深信不疑，恬然行之。雖父母不禁，親族不阻。愚薄之俗，衿士亦或不免。此更出於尋常風俗之外者也……安有生女必三、溺女生男之理。[26]

從以上記載可見，瑞金縣不同於贛州府的其他縣，「生女必三、溺女生男」的信念（以下簡稱為「溺女生男」信念）深深根植於富裕階層、下級讀書人之間，這對「溺女」習俗的發生產生了很大影響。

此外，《康熙四十六年巡撫郎廷極禁溺女檄》中亦稱「或謂溺死易於生男」，江西居民中的「溺女生男」信念，亦可於其他史料中得到確認。又如安徽的情況，左輔《念宛齋官書》卷一《禁溺女示》中云「溺女一又為早求生男也，不知得子遲早，自有定數」，由此可以確知，在其他地域也存在「溺女生男」的信念。

三、不「溺女」化及其文化背景

至此為止，可見「溺女」習俗盛行於清代江西、福建的情況，但另一方

---

[26] 參考前引王氏《江西古代溺女陋習漫談》。

面，清代江西、福建也出現了不「溺女」化的現象。以下擬就其實際情況，進行文化背景的考察及檢證。

（一）「童養媳」習俗與不「溺女」化

首先，必須予以關注的不「溺女」化的文化背景是其與「童養媳」習俗的關係。[27]有關其概況，如同治《贛州府志》卷二〇「風俗」中有如下記載：

> 贛多童養媳。每在髫齔或乳哺時入門，略具花燭儀。及長，擇吉祀祖而配合之，謂之合帳。雖不備禮而貧家可免溺女之患，亦變禮之得者。（參《信豐縣志》）[28]

又，《西江視臬紀事》卷四「禁瑞金溺女惡習」中，對贛州府瑞金縣的情況予以了如下記載：

> 蓋瑞俗每娶一婦，動需三四十千，貧民艱於聘娶。故子方孩幼，視村鄰生女滿月七朝，即撫抱童養為子媳，所費不過香燭雞酒及錢數千而已。貧家利於得資，故溺女為少。

於前文所見，在瑞金縣的富裕階層、下級讀書人中，「溺女生男」的信念導致「溺女」盛行，而另一方面，從此處記載可以確知，在貧困階層中，因「童養媳」的普及，則出現了不「溺女」的現象。[29]

---

[27] 有關「童養媳」習俗，參考前引郭氏《倫理與生活》第六章、王躍生《十八世紀中國婚姻家庭研究——建立在1781～1791年個案基礎上的分析》（北京，法律出版社，2000年）第五章等。

[28] 乾隆《信豐縣志》卷一「風俗」載：「至娶髫齔之媳，因婚嫁頗繁，閭閻財匱，男長而不能婚，女大而不能嫁，故從幼議過門，不事妝奩，彼此省節。雖奠雁之文不舉、合巹之禮不講，尚可曰貧不周事、禮不下庶人也」。筆者以為上述《贛州府志》的記載依據的便是此文。

[29] 此外，對於上述三處引用《西江視臬紀事》卷四「禁瑞金溺女惡習」之文所展現的整體像，可以進行以下歸納：在贛南的習俗中，「溺女」蔚為風氣，在瑞金以外的縣，其原因是貧困；而在瑞金縣，因貧困

（二）因貧困而出家與不「溺嬰」化

除「童養媳」習俗以外，出家也與不「溺嬰」化（此處亦含男孩）有關。作為宋代的事例，有關福建福州的情況，汪應辰《文定集》卷一三《請免賣寺觀贍剩田書・小貼子》有如下有趣的記載：

> 契勘福建一路，不舉子之風最甚，獨福州為不然。蓋如民家有三男，或一人或兩人為僧者。今僧既無所得食，人亦不樂為僧。民家生子，其無田產者，恐其無以養之；其有田產者，恐其不能偏及也，則將不能守其故俗矣。

同書卷一三《請免賣寺觀贍剩田書》中又有如下記載：

> 閩中地狹民稠，常產有限。生齒既滋，家有三丁，率一人或二人舍俗入寺觀。所以近來出賣度牒，本路比之他處，率先辦集。

從上述史料可見，在宋代福建的福州，生子三人則生活大變，因此存在一人或二人出家的習俗，而從中可以窺見不「溺嬰」化現象。[30]

雖然無法確知清代福建的福州府是否存在這種習俗，但有關清代的江西，如《西江視臬紀事》卷一「請禁獨子出家」則有以下記載：

> 禮部為請定獨子出家之禁以勵愚俗事。該臣等議得：江西按察使淩燽奏稱，民間獨子嗣繼所關，而愚民俗見每以獨子為難育，輒舍之僧道。是生子本以延宗，而反自絕其後。愚民罔識，莫此為甚。查

階層中普及「童養媳」，所以「溺女」現象消失，而在富裕階層，則以「溺女生男」的信念為背景，所以「溺女」常見。

[30] 參考曾我部靜雄《宋代政經史研究》（吉川弘文館，1974 年）第十六章「宋代福州的佛教」。

定例，僧道年四十以上，始許招受生徒一人。其獨子不許，招受之
處未著有例。請嗣後民間獨子概不許度為僧道，嚴飭地方有司明張
曉示。[31]

依據上述記載，因生活窮困，即便只有一子，也讓其出家，由此便可推斷，
在有數個兒子時，出家則是一般性的狀況。另一方面，有關清代女性的出家，
楊健認為，雖然乾隆帝禁止年輕的女性出家，但實際上因貧困而出家的女性
（成為比丘尼）很多，[32]而在江西、福建，也會存在因貧困而將幼女托於寺觀
的雙親。有鑒於此，筆者以為，清代的貧困階層之所以不「溺女」，有可能是
因為讓其出家。

（三）婚禮的簡化與不「溺女」化

至於其他，因婚禮的簡化也會使得不「溺女」化現象的產生。例如，有
關江西贛州府龍南縣的情況，光緒《龍南縣志》卷二《地理志・風俗》云：「近
時士宦之家不以妝奩為輕重，漸從簡便。此所以清其溺女之源者」。又，同樣
位於江西的饒州府，其相關情況則見於同治《饒州府志》卷三《地輿志三・
風俗》：「縉紳家行之婚嫁極簡樸，納幣諸儀，即富室弗及百金數，資奩稱是，
惟是易舉，故溺女者」。

雖然無法確知這一風潮在實際上擴展有多廣，但從上述記載可以窺知，
即使在「溺女」習俗廣泛可見的江西，也存在因婚禮簡化而出現不「溺女」
化現象的地區。

---

[31] 關於「僧道年四十以上，始許招受生徒一人」，《欽定大清會典事例》卷七五二「私創庵院及私度僧道」
載：「一僧道年逾四十，方准招受生徒一人。如有年未四十，即行招受，及招受不止一人者，照違令律
笞五十」。

[32] 楊健《清王朝佛教事務管理》（北京，社會科學文獻出版社，2008 年）。

四、與江西、福建的「溺女」相關的禁令、告示

　　由上可見，「溺女」習俗的形成和文化背景存在地域性差異，而在這種情況下，地方官們針對「溺女」採取了何種對策？針對「溺女」，表 1 所列為北宋末期以降中央政府屢次頒布的禁令。[33]喜多三佳考察了清代與「溺女」相關的處罰，認為基本上適用「故殺子孫律」，而且被證實反復予以處罰，並非不依律論處。[34]從其主旨來看，與清代一樣，表 1 的⑨（元代）和⑪（明代）也言及「故殺子孫律」相關的內容，可以認為明代以前也存在同樣的情況。[35]

表 1：中央政府與「溺女」相關的主要禁令一覽

時期	禁令	備考（對象等）
①北宋・大觀 3 年（1109）	《宋會要輯稿》刑法 2-49，大觀 3 年 5 月 19 日條	福建
②北宋・大觀 3 年（1109）	《宋會要輯稿》刑法 2-50，大觀 3 年 11 月 9 日條	江西等
③北宋・政和 2 年（1112）	《宋會要輯稿》刑法 2-56，政和 2 年 4 月 12 日條	福建
④南宋・紹興 3 年（1133）	《宋會要輯稿》刑法 2-147，紹興 3 年 11 月 8 日條	浙東等
⑤南宋・紹興 7 年（1137）	《建炎以來系年要錄》卷 117，紹興 7 年 12 月庚申條	浙東
⑥南宋・紹興 22 年（1152）	《建炎以來系年要錄》卷 163，紹興 22 年 9 月癸巳條	
⑦南宋・紹興 23 年（1153）	《建炎以來系年要錄》卷 164，紹興 23 年 6 月壬戌條	福建等
⑧南宋・開禧元年（1205）	《續編兩朝綱目備要》卷 8，開禧元年 3 月庚申條	
⑨元・延祐 4 年（1317）	《元典章》刑部，卷 4，殺卑幼、溺子依故殺子孫論罪	

---

[33] 參考前引曾我部氏《溺女考》、前引常氏《明代溺嬰問題初探》、前引薛氏《清代福建溺女陋習及整飭》等。

[34] 前引喜多氏《與殺嬰處罰相關的一個考察》。

[35] 有關宋代，南宋鄭興裔《鄭忠肅奏議遺集》卷上《請禁民不舉子狀》亦稱：「俗相沿所在多有，而建、劍、汀、邵四州為尤甚……臣謹准本朝律例故殺子孫徒二年，所宜申嚴禁令，下四州守臣，告民法律曉示。」

時期	禁令	備考（對象等）
⑩明・成化 21 年（1485）	《皇明條法事類纂》卷 13，禁約嫁娶奢侈淹死女子例	
⑪明・弘治 3 年（1490）	《皇明條法事類纂》卷 36，處置被殺子孫賴人及淹死初生男女	
⑫清・順治 16 年（1659）	《清世祖實錄》順治 16 年閏 3 月丙子條	福建、江西等
⑬清・康熙 12 年（1673）	《清聖祖實錄》康熙 12 年 10 月巳酉條	
⑭清・雍正 2 年（1724）	《清世宗實錄》雍正 2 年閏 4 月癸未條	育嬰堂設立
⑮清・同治 5 年（1866）	《清穆宗實錄》同治 5 年 2 月庚子條	
⑯清・光緒 4 年（1878）	《清德宗實錄》光緒 4 年 2 月庚戌條	

　　而且在中央政府的這些禁令之外，地方政府層面也發布過禁令。在遵照中央政府禁令的前提下，當時當地的地方官們在研究具體性的預防之策時，也發布各種各樣的書面告示。有關江西、福建，以及與兩省鄰接、盛行「溺女」習俗的浙江所頒布的禁令、告示，其中能夠被證實的部分則依照時代順序整理為表 2、3、4。[36]

表 2：江西「溺女」相關的禁令、告示一覽

時期	場所	題名	發布者	出典
①明・嘉靖年間(1522～66)	江西	〔禁溺女〕歌	江西右參政潘潢	嘉靖《豐乘〔豐城縣志〕》卷 3
②清・順治 18～康熙 6 年（1661～67）	江西省	戒溺女歌	江西參議分守湖西道施閏章	同治《廣信府志》卷 1 之 2
③清・康熙 11～16 年？（1672～77）	江西省饒州府德興縣	條約十款→禁溺女	德興縣知縣毛九瑞	民國《德興縣志》卷 9
④清・康熙 31～33 年（1692～94）	江西省	禁止溺女	吉安府知府張官始	張官始《守邦近略》1 集

---

[36] 參考前引肖氏《清代江西溺女狀況與禁誡文》、前引王氏《明清時期長江中游地區的溺女問題初探》、前引薛氏《清代福建溺女陋習及整飭》。

時期	場所	題名	發布者	出典
⑤清・康熙46年（1707）	江西省	禁溺女檄	江西巡撫郎廷極	同治《廣信府志》卷2之2
⑥清・雍正11～乾隆7年（1733～42）	江西省	禁止溺女並拋棄兒骸	江西按察使凌燽	《西江視臬紀事》卷4
⑦清・雍正11～乾隆7年（1733～42）	江西省贛州府瑞金縣	禁瑞金溺女惡習	江西按察使凌燽	《西江視臬紀事》卷4
⑧清・乾隆16年（1751）	江西省	嚴禁溺女	江西按察使徐以升	《西江政要》卷1
⑨清・乾隆20年（1755）	江西省	父母溺女旁人救取撫養長大聽其婚配	江西按察使范廷楷	《西江政要》卷1
⑩清・乾隆37年（1772）	江西省	嚴禁溺女示	江西按察使歐陽永裼	同治《廣信府志》卷2之2
⑪清・乾隆45年（1780）	江西省廣信府	設立嬰長責成穩婆拯救女嬰序	廣信府知府康基淵	同治《廣信府志》卷2之2
⑫清・乾隆58年（1793）	江西省袁州府	嚴禁溺女	署袁州府張五緯	張五緯《未能信錄》卷3
⑬清・乾隆58年（1793）	江西省袁州府	濟貧救溺序	署袁州府張五緯	張五緯《未能信錄》卷4
⑭清・乾隆58年（1793）	江西省袁州府	勸戒溺女文	署袁州府張五緯	張五緯《未能信錄》卷4
⑮清・乾隆58年（1793）	江西省袁州府	集載勸化溺女原卷條約	江西巡撫陳淮	張五緯《未能信錄》卷4
⑯清・乾隆58年（1793）	江西省袁州府宜春縣萬載縣	酌議宜春縣萬載縣捐銀救溺一切善後章程	署袁州府張五緯	張五緯《未能信錄》卷4
⑰清・乾隆58年（1793）	江西省袁州府萍鄉縣	酌議萍鄉縣捐銀救溺一切善後章程	署袁州府張五緯	張五緯《未能信錄》卷4
⑱清・道光3年（1823）	江西省撫州府金溪縣	收養女嬰記	金溪縣知縣李雲	同治《金溪縣志》卷33之4
⑲清・咸豐9年（1859）	江西省南昌府豐城縣	育嬰六文會碑記	豐城縣知縣哈爾噶尚阿	同治《豐城縣志》卷26

時期	場所	題名	發布者	出典
⑳清・咸豐 9～11 年（1859～61）	江西省南昌府豐城縣	籌給育嬰六文會善後經費諭	豐城縣知縣哈爾噶尚阿	同治《豐城縣志》卷 26
㉑清・同治 1、3～8 年（1862、64～69）	江西省南安府	禁溺告示	南安府知府黃鳴珂	同治《南安府志》卷 32
㉒清・同治 2 年（1863）	江西省吉安府	嚴禁條規→禁溺女	吉安府知府曾省三	同治《安福縣志》卷末
㉓清・時期未詳	江西省南安府上猶縣	戒溺女文	上猶縣邑人廩生朱論	光緒《上猶縣志》卷 17

表 3：福建「溺女」相關的禁令、告示一覽

時期	場所	題名	發布者	出典
①北宋・政和年間（1111～17）	福建路建州政和縣	戒殺子文	政和縣縣尉朱松	《韋齋集》卷 10
②明・崇禎 7～11 年（1634～38）	福建福寧府壽寧縣	禁溺女告示	壽寧縣知縣馮夢龍	崇禎《壽寧待志》卷上
③清・康熙 35～39 年（1696～1700）	福建省漳州府漳浦縣	嚴禁溺女有犯必懲事	漳浦縣知縣陳汝咸	康熙《漳浦縣志》卷 3
④清・乾隆 24 年（1759）	福建省	嚴禁溺女	福建巡撫吳憲	《福建省例》卷 16
⑤清・乾隆 25～35 年（1760～70）	福建省延平府順昌縣	諭士民戒溺女文	順昌縣知縣陳鏷	道光（光緒重刊）《順昌縣志》卷 8
⑥清・乾隆 33 年（1768）	福建省	育嬰堂條規	福建巡撫鄂寧	《福建省例》卷 16
⑦清・時期未詳	福建省	戒殺女歌	周石梁	《堅瓠集》6 集卷 3、《全閩詩話》卷 7

表 4：浙江「溺女」相關的禁令、告示一覽

時期	場所	題名	發布者	出典
①明・嘉靖年間 （1522～66）	浙江溫州府樂清縣	禁溺女裁婚禮約	樂清縣知縣胡用賓	乾隆《溫州府志》卷14
②清・康熙8～12年 （1669～73）	浙江省	禁溺女	浙江巡撫范承謨幕僚魏際瑞	《四此堂稿》卷1
③清・康熙8～13年 （1669～74）	浙江省	禁溺女鋦婢	浙江總督劉兆麒	《總制浙閩文檄》卷4
④清・康熙8～13年 （1699～74）	浙江省	再禁溺女	浙江總督劉兆麒	《總制浙閩文檄》卷4
⑤清・康熙60年 （1721）	浙江省紹興府會稽縣	飭禁溺女事	會稽縣知縣張我觀	《覆甕集》卷1

※表2、3、4記載的僅是原文被留存下來的禁令、告示，除此之外所頒布的禁令、告示，亦多見於各種史料的記載。又，表2、3、4以外，記錄育嬰堂設立經緯等的「育嬰堂記」，很多都載於地方志中。而且，如《鄭光策與福清令夏彝重書》（道光重纂《福建通志》卷55所載）所示，也有地方的知識人給地方官的上申文。

　　根據這些列表可以確知，僅就現存的禁令、告示而言，從北宋政和縣縣尉朱松（朱熹的父親）的《戒殺子文》開始，到明末清初有些地方官製作出《戒溺女歌》，此後，清代的巡撫、按察使、府縣的地方官等連續發布了諸多告示。而從其行文可知，其內容因地方官的不同而呈現出多樣性。從主旨來說，多為遵從儒教倫理的說教，而《點石齋畫報》關於「溺女」的記載也同樣多有因果報應等說法。[37]不過，另一方面，許多禁令、告示也存在共通的內容。

　　例如，在表2之④、⑤、⑭，表3之④、⑤中，即便是女子，為了雙親而成為「孝女」的人很多，所以在對號稱沒有利益而「溺女」的行為予以禁

---

[37] 《點石齋畫報》樂集「溺女果報」、竹集「溺女顯報」、乙集「溺女宜拯」。但是沒有與江西、福建相關的內容。此點承山本英史教授之教示。有關因果報應的記載，參考前引肖氏《清代江西溺女狀況與禁誡文》、前引薛氏《清代福建溺女陋習及整飭》等。宋代也有針對「不舉子」的因果報應說（參考前引劉氏《不舉子》）。

止的文脉中，就會提及「木蘭」。「木蘭」是《古樂府·木蘭辭》所描寫的傳說中的「孝女」，她代替老病的父親，著男裝從軍，立了軍功之後返回故鄉。同樣的語詞，亦見於作為湖南省長沙府地方官的張五維在赴任時所發布的《申明溺女之戒》（《涇陽張公歷任岳長衡三郡風行錄》卷三所載，嘉慶五年〔1800〕）、並非地方官的江西省南昌府豐城縣生員何人鳳所寫《六團育嬰會記》（同治《豐城縣志》卷二六所載，清末·時期未詳）之中。而且，在表 2 之①、②、④、⑤、⑬，表 3 之④、⑦有關戒「厚嫁之風」的文脉裏，又言及「荊釵布裙」。所謂「荊釵布裙」，來源於後漢梁鴻之妻孟光的故事（晉皇甫謐的《列女傳》等），象徵著粗糙的服裝。

　　以上，嘗試著眼於兩個語詞進行檢證，而後擬確認最初提及這兩個語詞之處：「木蘭」始見於表 2 之④的清初吉安府知府張官始的告示，「荊釵布裙」則見於表 2 之①的明末江西右參政潘潢的《〔禁溺女〕歌》。總之，可以窺知的是，在明末清初地方官的文章中，這兩個語詞都超越了省的範圍，不論何人擔任地方官，其告示都予以繼承（但是，兩個語詞都未被表 4 的浙江省告示提及）。因為對於地方官具體以何為參照、如何執筆寫就告示文並不十分清楚，所以無法給出論斷性的說法，但可以確知的是，某個時期所產生的一種說明方法（話語）會為其後的地方官乃至於地方的知識人所繼承、沿襲（但並非強制），處理的方法便有可能定型化。在現實中，只是依舊遵循先例而不大講究對策的地方官也是所在多有。筆者認為，書寫此處所見這般告示（雖然原文無法確認，但其他史料顯示，除了這些原文可得確認的告示之外，還曾發布過許多告示。又，只不過是現在無法確認，除了那些告示〔「那些告示」是指原文無法確認、但有史料證明曾經被發布過的告示——譯者注〕以外，還曾發布過許多告示）的地方官們，一方面參照了先例中的處理方法，另一方面，在某種程度上也有自己的處理之道。

五、地方官對「溺女」的預防之策

　　教化方法因地方官的不同而呈多樣化，預防之策也因反映「溺女」習俗背景的地域差異而有所不同。以下將對清代江西、福建地方官們在考慮「溺女」習俗背景的地域性差異後，採取何種具體性的預防之策予以檢證。此外，預防之策並非僅由地方官採取，宗族也採取了用宗法加以禁止等的應對之策。[38]

（一）貧困階層的對策──「童養媳」的獎勵與「育嬰堂」的設立

　　當貧困作為「溺女」習俗盛行的原因時，地方官以何種方式予以應對？例如，《西江政要》卷一「父母溺女旁人救取撫養長大聽其婚配」對江西有如下記載：

> 若有旁人情願抱養，此亦救全人命之一道。則救全之女養育長大，其恩養之父母，或作己女出嫁，或配伊子為媳，應聽所養父母主持。前本生父母既於甫生之際甘心溺殞其命，則恩義已絕，不得爭執。乃無恥之輩，每探女已長大，爭己女，妄思主婚，異圖財禮，以致經年訐訟，有司以女為伊生，曲為酌斷。將來遇有溺女者，旁人若為抱養，不特養育空勞，且恐訟根難斬，勢必坐視慘斃，不為救援，殊非仰體天地好生之德。請嗣後凡有父母欲溺其女，經旁人救取者，許永為其女，聽其婚配。本生父母只許以親戚往來，不得爭執。如有久後翻控者，從重治罪，並飭有司遵照歷奉誡約，實力勸化。

　　從上述記載可知，在當時存在一種風氣，即第三者救起即將被溺死的女

---

[38] 以下是被宗法所禁的事例。同治《萬年縣志》卷七「善士」載：王鳳儀「溺者重罰。無可罰者，以家法責」。參考前引郭氏《倫理與生活》第三章、前引肖氏《清代江西溺女狀況與禁誡文》。

孩並加以撫育後，親生父母提起不正當之訴（這種「健訟」的風氣也助長了「溺女」習俗）。於是地方官通過支持養父母的立場，使得對第三者的救濟順利展開。

此外，上述記載亦涉及對「童養媳」習俗的預防之策，《西江視臬紀事》卷四「禁止溺女並拋棄兒骸」中亦載「或者居貧食力，撫育為艱，彼繦褓孩提日需有幾，比及稍長，即給人童養為媳亦可」。又，《問俗錄》卷四「詔安縣‧苗媳」對福建的情況予以如下記載：

> 邑設寄乳法苗媳一條……寠人撫女七八年能執箕帚，又七八年能為人婦為人母，無嫁娶之艱，有婦子之樂。且寄乳者月給錢五百，寒有衣帽，疾有藥餌。抱女之媒有賞，溺女之母治罪。民何憚而不為此。余於詔安二十七月中，乳女千二百餘，而去任時，乳婦匍匐道左，依依不捨也。為政之道，順而治之則易，逆而強之則難，寄乳一法，順故也。[39]

以上所示，是福建漳州府詔安縣的地方官，對於以貧困為起因的「溺女」，采取招募「寄乳者」、給予「寄乳者」育兒補貼以及對育兒加以援助的辦法，以及獎勵在贛州府等地業已廣為流行的以「童養媳」習俗予以救濟的方法。[40] 此外，為了救濟嬰兒，宋代的地方官創設了「舉子倉」，而清代江西、福建的地方官與地方權勢者則設立了「育嬰堂」。[41]

---

[39] 日譯文參考前引陳氏《問俗錄——福建、臺灣的民俗與社會》卷四「詔安縣‧收養養女」。

[40] 有關「童養媳」，參考前引張氏《論清代溺嬰問題》、前引肖氏《清代江西民間溺女與童養》、前引汪氏《清代福建的溺女之風與童養婚俗》等。

[41] 有關「育嬰堂」，參考梁其姿《十七、十八世紀長江下游之育嬰堂》（收入中國海洋發展史論文集編輯委員會編《中國海洋發展史論文集》，臺北，中央研究院三民主義研究所，1984年）、星斌夫《明清時代社會經濟史研究》（國書刊行會，1989年）第三篇《清代的社會福祉政策》之二「清代育嬰諸設施的展開與運營」、前引常氏《清代溺女嬰問題》、夫馬進《中國善會善堂史研究》（同朋舍，1997年）、前引趙氏《試述清代拯救女嬰的社會措施》、前引薛氏《清代福建溺女陋習及整飭》、前引曾氏、羅氏《清代婺源的溺女陋習與育嬰事業》、汪毅夫《清代福建救濟女嬰的育嬰堂及其同類設施》（收入前引

（二）「厚嫁」習俗的對策──獎勵「樸素的婚禮」

其次則考察一下針對「厚嫁」習俗的對策。[42]與「厚嫁」習俗相關，在江西，如《康熙四十六年巡撫郎廷極禁溺女檄》記載如下：

> 至於遣嫁之厚薄，原可稱家之有無。與其忍心害理，置之慘死於須臾，何如裙布荊釵，令得全生。

而在福建，《福建省例》卷一六《恤賞例・嚴禁溺女》則有如下記載：

> 或謂嫁女奩贈需費，不知荊釵裙布，遺范可師，正無庸多費也。合行曉示，為此，示仰所屬軍民人等一體知悉，嗣後爾民當互相勸誡，凡嫁女者各崇省儉，不得以珠翠綺羅誇耀鄉里，並永戒溺女惡習。

《問俗錄》卷四「詔安縣・苗媳」中也記載了漳州府詔安縣的情況：「仿周官省禮多婚之政，變而通之，可以濟婚禮之窮」。[43]

前述已及，在清代的江西、福建，由地域所見的婚禮簡樸化現象引起了不「溺女」化，而通過上述記載可以確知，在未見這一現象、「厚嫁」依然成為問題的地區，地方官則對「樸素的婚禮」予以獎勵。

同氏《閩台地方史研究》）、前引五味氏《清中期江西省袁州府的溺女防止事業》等。有關宋代的情況，參考今堀誠二《宋代嬰兒保護事業》（《廣島大學文學部紀要》第八號，1955年）等。此外，以下是地方官設立的例子和地方權勢者設立的例子。地方官設立的例子有：同治《鉛山縣志》卷七「建制・寺觀」載，育嬰堂「康熙四十五年，知縣夏景宣立」（江西省廣信府鉛山縣）。地方權勢者設立的例子：民國《政和縣志》卷二一「惠政」載，東平育嬰堂「光緒五年五月，宋士琛、葉恩光、暨謙光、葉蘭馨等募捐創辦。光緒十九年，宋滋蘭重捐，置有善後田十餘種」（福建省建寧府政和縣）。

[42] 此外，明朝也在成化年間制定了《禁約嫁娶奢侈淹死女子例》，想抑制婚姻費用的奢侈。而成化、弘治年間以後，地方官力圖改革婚俗。參考前引常氏《明代溺嬰問題初探》、前引林氏《風俗與罪愆》。

[43] 日譯文參考前引陳氏《問俗錄──福建、臺灣的民俗與社會》卷四「詔安縣・收養養女」。

（三）「溺女生男」信念的對策

另一方面，對於「溺女生男」信念，地方官又採取了何種對策？例如，對於前述江西贛州府瑞金縣，《西江視臬紀事》卷四「禁瑞金溺女惡習」有以下記載：

> 不知得子遲早，原有命定。安有生女必三、溺女生男之理。人之所以為人，惟此一點天良。今既自行戕滅，則人道已乖安望，復育愚妄不經，殆無諭此。合亟曉諭，為此，示仰瑞邑軍民人等知悉，嗣後生女務即舉育，不得仍惑妄言，恣行殘溺。倘蔽習不除，殘忍猶昔，定即照故殺子孫律擬，尊長不禁、鄉鄰不阻，一體究治。至衿士讀書明理，尤宜以至性感發愚蒙。

而《康熙四十六年巡撫郎廷極禁溺女檄》中亦言「夫得子之遲速，自有定數，並不因育女」。

從以上記載可知，在江西，對於「溺女生男」的信念，地方官致力於說明這是一種如何荒誕不經的想法，並曉諭包含下級讀書人在內的居民，試圖藉此改善風氣。

結 語

以上，本稿著眼於清代江西、福建「溺女」習俗發生的背景、地方官的應對之策，以及該習俗與其他習俗（包含居民的信念）之間的關聯等，並對此加以檢證。以下則歸納檢證內容的要點。

同樣在清代的江西、福建，既有「溺女」習俗盛行的情況，也存在不「溺

女」化的現象。又，在「溺女」習俗的背景中，與江戶時代的日本等一樣，[44]貧困與之相關，而各地區所見的各種習俗（「厚嫁」習俗、「溺女生男」信念等）也有很大影響。但在不「溺女」化的背景中，各種習俗也產生了影響。

因此，既有貧困階層中盛行「溺女」習俗，却因「童養媳」習俗的流行而使得這一現象變少，又有因為「溺女生男」信念，使得富裕階層、下級讀書人中盛行「溺女」習俗，可見「溺女」習俗背景的差異。因此，同樣是說清代江西、福建的「溺女」習俗，但其盛行的背景不一定相同。

其次，地方官一方面參考先例中的應對方法，另一方面也根據以上「溺女」習俗的背景差異，結合各地區的實際情況，推行某種程度上靈活的應對之法（當然，也大量存在不如此應對的地方官，以及對於地區事務沒有充分把握的地方官），如在以貧困為背景的場合，對第三者的救濟（以及其中之一的「童養媳」）和「寄乳者」的養育予以獎勵等；在「厚嫁」為背景的場合，則獎勵「樸素的婚禮」；在富裕階層、下級讀書人「溺女生男」信念為背景的場合，則以曉諭的方式，希望改變他們的想法。而在親生父母對第三者的救濟製造障礙，提起不正當的訴訟時，地方官則採取支持養父母立場的預防之策，以資應對。

通過對上述情況的考量，可以確認的是，在實施「溺女」對策的時候，地方官不得不根據其背景的差異而予以靈活應對。從這個方面說，為了闡明傳統中國地域社會中法運用的實態，有必要探求民間習俗、習慣的地域性差異以及地方官對此的應對之道（針對惡習的預防之策）等。

在具體性的預防之策以外，當時當地的地方官們也會採用各種說教的方法，對民眾進行教化。北宋末期以來，許多地方官寫作了訓誡「溺女」的告示，從其主旨可見，在告示作成的歷史長河中，表現的多樣化與定式化並存。從這一方面考慮，為了考察地方官的應對之策，有必要在宋代至清代的歷史

---

[44] 關於江戶時代日本的狀況，參考菅原憲二《殺嬰》（收入尾形勇等編《歷史學事典》第二卷「身體與生活」，弘文堂 1994 年）等。

長河中進一步檢證各個地方官具體以何為參考、所思為何、如何執筆寫就告示文等問題。

此外，本稿集中檢證了清代的江西、福建，而「溺女」習俗亦見於其他地區，所以有必要根據本稿的內容對其他地區進行進一步檢證，又，前述已及，對於「溺女」習俗以外的其他習俗的文化背景，也有進一步探求的必要。這些研究將是今後的課題。

譯自：山本英史編《中国近世の規範と秩序》，研文出版，2014 年。

第 三 編

宋—清代法秩序民事法相關
文獻目錄〔增補版〕

凡 例

1. 本目錄是對拙編〈宋—清代法秩序民事法相關文獻目錄〉（大島立子編《前近代中國的法與社會——成果與課題》，財團法人東洋文庫，2009 年）本編部分（「索引」除外）的再錄。

2. 本目錄收集了與「宋—清代法秩序與民事法」相關的日文、中文、英文、韓文文獻（研究論文、著作、史料集）的信息。

3. 本目錄主要收錄的是 1980-2007 年出版的文獻，必要時也適當收錄此前出版的文獻。此外，關於日文著作、史料集、譯註、索引，增補了 2008 年以來出版的文獻（在增補文獻的前面標以＊）。

4. 本目錄有意識地去「把握研究動向的具體情況」，對於用各種語言撰成的文獻進行以下分類。

〔論文〕

A. 形成法秩序的各種制度及其特徵

　　（1）法的存在形態　　（2）官方的審判　　（3）民間秩序的形成

B. 民事法的內容

　　（1）家族法　　（2）土地法　　（3）其他民事法

C. 史料介紹‧譯註

　　〔著書‧史料集‧譯註‧索引〕

　　（1）著書　　（2）史料集‧譯註‧索引

5. 各項之下，再劃分為①通代、②宋元時期、③明清時期，按照出版年月的順序排列文獻。

6. 本目錄製作時，主要參考以下文獻。

　　①《東洋學文獻類目》（京都大學人文科學研究所附屬東洋學文獻中心）。

　　②《中國歷史學年鑑》（人民出版社）。

　　③《複印報刊資料》（中國人民大學資料中心）「宋遼金元史」、「明清史」（1994、1995 年曾改名為「中國古代史（2）」）、「法理學‧法史學」。

④〈法史考證重要論文著作目錄〉（楊一凡編《中國法制史考證‧乙編》第4卷，中國社會科學出版社，2003年）。

⑤〈近百年日本學者考證中國法制史論文著作目錄〉（寺田浩明編《中國法制史考證‧丙編》第4卷，中國社會科學出版社，2003年）。

⑥〈東洋法制史文獻目錄〉（法制史學會主頁所載）。※《法制史文獻目錄 III（1980～1989）》（創文社，1997年）。

⑦《中國法律期刊文獻索引》（法律出版社）。

⑧《日本宋代史研究文獻目錄（1982～2003）》（加藤昌等編，宋代史研究會主頁所載）。

⑨〈《清明集》相關研究論文一覽〉（石川重雄編《宋元釋語語彙索引》，汲古書院，1995年）。

⑩〈唐宋變革時期的女性‧婚姻‧家族的研究論著目錄（稿）〉（大澤正昭監修、翁育瑄編，平成12-14年度科學研究費補助金‧基盤研究（C）（2）研究成果報告書附錄，2003年）。

小川快之　編

※出版者按：

1. 本文獻目錄之中文繁簡用字部份，乃依來稿原文呈現。

2. →符號表示該筆資料為前一筆的外語版。

一、日文論文

A. 形成法秩序的各種制度及其特徵

（1）法的存在形態

①通代

中村茂夫「伝統中国法＝雛型説に対する一試論」（『法政理論』12-1、1979 年）。
　　評：岡野誠（『法制史研究』30、1981 年）。

滋賀秀三「伝統中国における法源としての慣習—ジャン・ボダン協会への報告」（『国
　　家学会百年記念・国家と市民』第 3 巻、有斐閣、1987 年所収）。

池田温「伝統中国の法と社会（宋〜清）」（『中国—社会と文化』3、1988 年）。

奥崎裕司「中国近世の『民衆法『—善書の世界」（『中国—社会と文化』3、1988 年）。

梅原郁「中国法制史雑感」（比較法史学会編『歴史と社会のなかの法』、比較法制研究
　　所、1993 年所収）。

松田恵美子「伝統中国の法と社会への一試論」（『名城法学』47-3、1998 年）。
　　評：奥村郁三（『法制史研究』49、2000 年）。

寺田浩明「民間法論を超えて」（『ジュリスト』1258、2003 年）。

中国語訳：呉博訳「超越民間法論」（『民間法』3、山東人民出版社、2004 年、後に『律
　　師文摘』21、2006 年収録）。

英語訳："Beyond the Falk Law Theory." *Kyoto Journal of Law and Politics*, Vol.1 (2004).

寺田浩明「合意と契約—中国近世における「契約」を手掛かりに」（三浦徹・岸本美
　　緒・関本照夫編『比較史のアジア—所有・契約・市場・公正』、東京大学出版会、
　　2004 年所収）。

中国語訳：鄭芙蓉・魏敏訳「中国契約史与西方契約史—契約概念比較史的重新探討」
　　（『民間法』4、山東人民出版社、2005 年）。

岸本美緒「土地を売ること、人を売ること─「所有」をめぐる比較の試み」（三浦徹・
　　岸本美緒・関本照夫編『比較史のアジア─所有・契約・市場・公正』、東京大学出
　　版会、2004 年所収）。

寺田浩明「「非ルール的な法」というコンセプト─清代中国法を素材にして」（『法学
　　論叢』160-3・4、2007 年）。

中国語訳：魏敏訳「「非規則型法」之概念─以清代中国法為素材」（『法制史研究（台
　　北）』12、2007 年）。

寺田浩明「中国伝統法の視角から─朱蘇力／張騏報告へのコメント」（『北大法学論集』
　　58-3、2007 年）。

②宋元代

宮崎市定「宋元時代の法制と裁判機構─元典章成立の時代的・社会的背景」（『東方学
　　報・京都』24、1954 年、後に『宮崎市定全集』11、岩波書店、1992 年収録）。

中国語訳：「宋元時期的法制与審判機構─《元典章》的時代背景及社会背景」（川村康
　　主編『中国法制史考証』丙編第 3 巻、中国社会科学出版社、2003 年所収）。

植松正「元初の法制に関する一考察─とくに金制との関連について」（『東洋史研究』
　　40-1、1981 年）。

中国語訳：「元初法制一考─与金制的関係」（川村康主編『中国法制史考証』丙編第
　　3 巻、中国社会科学出版社、2003 年所収）。
　　評：島田正郎（『法制史研究』32、1983 年）。

大藪正哉「元代の法制と民衆」（『アジア諸民族における社会と文化─岡本敬二先生退
　　官記念論集』、国書刊行会、1984 年所収）。

梅原郁「唐宋時代の法典編纂」（梅原郁編『中国近世の法制と社会』、京都大学人文科
　　学研究所、1993 年、後に『宋代司法制度研究』、創文社、2006 年再録）。

③明清代

谷井陽子「戸部と戸部則例」（『史林』73-6、1990 年）。

森田成満「清代法に於ける官の活動をめぐる不法からの救済」（『星薬科大学一般教
　　育論集』11、1994 年）。

寺田浩明「明清法制史学の研究対象について」（『法学〈東北大学〉』58-3、1994 年）。

萩原守「清代モンゴルの法制史に関する研究─地方裁判文書からのアプローチ」（『三
　　島海雲記念財団研究報告書』55、1994 年）。

寺田浩明「明清法秩序における「約」の性格」（溝口雄三他編『アジアから考える 4 社会と国家』、東京大学出版会、1994 年所収）。

中国語訳：王亜新訳「明清時期法秩序中『約』的性質」（滋賀秀三等著、梁治平・王亜新編『明清時期的民間契約和民事審判』、法律出版社、1998 年所収）。

英語訳："The Nature of Social Agreements (yue) in the Legal Order of Ming and Qing China." *International Journal of Asian Studies*, (Part One) Vol.2, Part 2 (2005). (Part Two) Vol.3, Part 1 (2006).

評：森正夫（『法制史研究』45、1996 年、『森正夫明清史論集』第 3 巻、汲古書院、2006 年所収）。

谷井陽子「清代則例省例考」（『東方学報・京都』67、1995 年）。

中国語訳：「清代則例省例考」（寺田浩明主編『中国法制史考証』丙編第 4 巻、中国社会科学出版社、2003 年所収）。

評：滋賀秀三（『法制史研究』46、1997 年）。

森田成満「清代に於ける民事法秩序の構造」（『星薬科大学一般教育論集』12、1995 年）。

評：中村正人（『法制史研究』46、1997 年）。

寺田浩明「合意と斉心の間」（『明清時代史の基本問題』、汲古書院、1997 年所収）。

寺田浩明「後期帝政中国における法・社会・文化—アメリカと日本の研究者の対話」（『中国図書』1997-1）。

唐澤靖彦「「後期帝政中国における法・社会・文化」序論」（『中国—社会と文化』13、1998 年）。

寺田浩明「近代法秩序と清代民事法秩序—もう一つの近代法史論」（石井三記他編『近代法の再定位』、創文社、2001 年所収）。

ジェローム・ブルゴン（寺田浩明訳）「アンシビルな対話—清代では法と慣習とがシビルローの中に融合しなかった件について」（『中国—社会と文化』20、2005 年）。

寺田浩明「清代刑事裁判における律例の役割・再考—実定法の「非ルール的」なあり方について」（大島立子編『宋—清代の法と地域社会』、財団法人東洋文庫、2006 年所収）。

（2）官方的審判

①通代

小口彦太「中国の法と裁判」（『中世史講座 4 中世の法と権力』、学生社、1985 年所

收）。

赤城隆治「訴訟の性格とその周辺—中国中・近世史の近業から」（『史潮』新 21、1987
　年）。

滋賀秀三「中国法文化の考察—訴訟のあり方を通じて」（日本法哲学会編『東西法文
　化：法哲学年報 1986』、有斐閣、1987 年所収）。

佐立治人「裁判基準としての「人情」の成立について」（『法制史研究』45、1996 年）。

佐立治人「旧中国の地方裁判と法律—法律に従わない判決が持つ意味」（『東洋史研究』
　56-2、1997 年）。

　評：松田恵美子（『法制史研究』48、1999 年）。

②宋元代

高橋芳郎「宋代の抗租と公権力」（宋代史研究会編『宋代の社会と文化〔宋代史研究
　会研究報告第 1 集〕』、汲古書院、1983 年、後に『宋代中国の法制と社会』、汲
　古書院、2002 年再録）。

宮澤知之「南宋勧農論—農民支配のイデオロギー」（中国史研究会編『中国史像の再
　構成—国家と農民—』、文理閣、1983 年所収）。

渡辺紘良「宋代潭州湘潭県の黎氏をめぐって—外邑における新興階層の聴訟」（『東洋
　学報』65-1・2、1984 年）。

赤城隆治「南宋期の訴訟について—「健訟」と地方官」（『史潮』新 16、1985 年）。

草野靖「健訟と書鋪戸—赤城報告に寄せて」（『史潮』新 16、1985 年）。

小林義廣「宋代の「諭俗文」」（宋代史研究会編『宋代の政治と社会〔宋代史研究会
　研究報告第 3 集〕』、汲古書院、1988 年所収）。

細川一敏「資料・宋代の地方官と地方統治の方法」（『弘前大学・文経論叢〈人文〉』
　23-3、1988 年）。

平田茂樹「南宋裁判制度小考—『朱文公文集』巻百「約束榜」を手掛かりとして」（『集
　刊東洋学』66、1991 年）。

　評：川村康（『法制史研究』42、1993 年）。

高橋芳郎「務限の法と茶食人—宋代裁判制度研究（1）」（『史朋〈北海道大学〉』24、
　1991 年、後に『宋代中国の法制と社会』、汲古書院、2002 年収録）。

　評：川村康（『法制史研究』42、1993 年）。

植松正「務限の法と務停の法」（『香川大学教育学部研究報告・第 I 部』86、1992 年）。

　評：高橋芳郎（『法制史研究』43、1994 年、後に『宋代中国の法制と社会』、汲古

書院、2002 年収録）。

石川重雄「南宋期における民事訴訟と番訴―『名公書判清明集』を手がかりに」（『立正史学』72、1992 年）。

佐立治人「『清明集』の「法意」と「人情」―訴訟当事者による法律解釈の痕跡」（梅原郁編『中国近世の法制と社会』、京都大学人文科学研究所、1993 年所収）。
　　中国語訳：《清明集》的『法意』与『人情』―由訴訟当事人進行法律解釈的痕跡」（川村康主編『中国法制史考証』丙編第 3 巻、中国社会科学出版社、2003 年所収）。
　　評：滋賀秀三（『東洋史研究』52-4、1994 年）。

徳永洋介「南宋時代の紛争と裁判―主佃関係の現場から」（梅原郁編『中国近世の法制と社会』、京都大学人文科学研究所、1993 年所収）。

小林義廣「宋代の「勧学文」」（『柳田節子先生古稀記念・中国の伝統社会と家族』、汲古書院、1993 年所収）。

佐藤明「中国前近代の都市行政の内幕―南宋（12 〜 13 世紀）江南の場合」（中村義編『新しい東アジア像の研究』、三省堂、1995 年所収）。

伊藤正彦「元代勧農文小考―元代江南における勧農の基調とその歴史的位置」（『熊本大学文学部論叢〈史学篇〉』49、1995 年）。

青木敦「北宋末〜南宋の法令に附された越訴規定について」（『東洋史研究』58-2、1999 年）。

中島楽章「元代社制の成立と展開」（『九州大学東洋史論集』29、2001 年）。

孫学君「宋代の法律家―科挙制度が生み出した社会的エリートの実像」（『横浜国際社会科学研究』8-3、2003 年）。

今泉牧子「宋代県令の一側面―南宋の判語を手がかりに」（『東洋学報』87-1、2005 年）。
　　評：小川快之（『法制史研究』56、2007 年）。

大澤正昭「胡石璧の「人情」―『名公書判清明集』定性分析の試み」（大島立子編『宋―清代の法と地域社会』、財団法人東洋文庫、2006 年所収）。

高橋芳郎「『清明集』が語る南宋の法文化」（『アジア遊学』96、2007 年）。

③明清代

滋賀秀三「清代の司法における判決の性格―判決の確定という観念の不存在」（『法学協会雑誌』91-8、92-1、1974・1975 年、後に『清代中国の法と裁判』、創文社、1984 年収録）。

滋賀秀三「清代訴訟制度における民事的法源の概括的検討」（『東洋史研究』40-1、1981

年、後に『清代中国の法と裁判』、創文社、1984 年収録）。

　評：中村茂夫（『法制史研究』32、1983 年）。

川勝守「明末清初の訟師について─旧中国社会における無頼知識人の一形態」（『九州
　大学東洋史論集』9、1981 年）。

　評：山根幸夫（『法制史研究』32、1983 年）。

三木聰「清代前期福建の抗租と国家権力」（『史学雑誌』91-8、1982 年、後に『明清
　福建農村社会の研究』、北海道大学図書刊行会、2002 年収録）。

小口彦太「清朝時代の裁判における成案の役割について─刑案匯覧をもとにして」
　（『早稲田法学』57-3、1982 年）。

　評：滋賀秀三（『法制史研究』33、1984 年）。

蒲地典子「档案資料にもとづく清代手続法の研究」（『近代中国研究彙報』7、1985
　年）。

滋賀秀三「清代州県衙門における訴訟をめぐる若干の所見─淡新档案を史料として」
　（『法制史研究』37、1988 年）。

　評：中村茂夫（『法制史研究』39、1990 年）。

小口彦太「清代地方官の判決録を通して見たる民事的紛争の諸相」（『中国─社会と
　文化』3、1988 年）。

　評：寺田浩明（『法制史研究』39、1990 年）。

三木聰「抗租と法・裁判─雍正五年（1727）の《抗租禁止条例》をめぐって」（『北海
　道大学文学部紀要』37-1、1988 年、後に『明清福建農村社会の研究』、北海道大
　学図書刊行会、2002 年収録）。

　評：森田成満（『法制史研究』40、1991 年）。

寺田浩明「清代司法制度研究における「法」の位置付けについて」（『思想』6、1990
　年）。

中国語訳：王亜新訳「日本的清代司法制度研究与対『法』的理解」（滋賀秀三等著、
　梁治平・王亜新編『明清時期的民間契約和民事審判』、法律出版社、1998 年所収）。

三木聰「明代里老人制の再検討」（『海南史学』30、1992 年、後に『明清福建農村社会
　の研究』、北海道大学図書刊行会、2002 年収録）。

　評：井上徹（『法制史研究』44、1995 年）。

山本英史「雍正紳衿抗糧処分考」（『中国近代史研究』7、1992 年、後に『清代中国
　の地域支配』、慶應義塾大学出版会、2007 年収録）。

夫馬進「明清時代の訟師と訴訟制度」（梅原郁編『中国近世の法制と社会』、京都大学
　人文科学研究所、1993 年所収）。

中島楽章「明代中期の老人制と郷村裁判」(『史滴〈早稲田大学〉』15、1994 年)。
　評：井上徹 (『法制史研究』44、1995 年)。

中島楽章「明代中期、徽州府下における「値亭老人」について」(『史観〈早稲田大学〉』
　131、1994 年)。

夫馬進「訟師秘本『蕭曹遺筆』の出現」(『史林』77-2、1994 年)。

中国語訳：「訟師秘本《蕭曹遺筆》的出現」(寺田浩明主編『中国法制史考証』内編第
　4 巻、中国社会科学出版社、2003 年所収)。

寺田浩明「清代民事司法論における「裁判」と「調停」─フィリップ・ホアン (Philip
　C.C.Huang) 氏の近業に寄せて」(『中国史学』5、1995 年)。

唐澤靖彦「話すことと書くこととのはざまで─清代裁判文書における供述書のテクス
　ト性」 (『中国─社会と文化』10、1995 年) 。

中島楽章「明代前半期、里甲制下の紛争処理─徽州文書を史料として」(『東洋学報』
　76-3・4、1995 年、後に『明代郷村の紛争と秩序』、汲古書院、2002 年収録)。

伊藤正彦「明代里老人制理解への提言」(『東アジアにおける社会・文化構造の異化過
　程に関する研究』、平成 6-7 年度科学研究費研究成果報告書、1996 年所収)。

車恵媛「明末、地方官の人事異動と地方輿論」 (『史林』79-1、1996 年) 。

夫馬進「訟師秘本の世界」(小野和子編『明末清初の社会と文化』、京都大学人文科学
　研究所、1996 年所収)。
　評：川勝守 (『法制史研究』47、1998 年)。

上田信「そこにある死体─事件理解の方法」(『東洋文化』76、1996 年)。

谷井陽子「明代裁判機構の内部統制」(梅原郁編『前近代中国の刑罰』、京都大学人文
　科学研究所、1996 年所収)。

寺田浩明「権利と冤抑─清代聴訟世界の全体像」(『法学〈東北大学〉』61-5、1997 年)。

中国語訳：王亜新訳「権利与冤抑─清代聴訟和民衆的民事法秩序」 (滋賀秀三等著、
　梁治平・王亜新編『明清時期的民間契約和民事審判』、法律出版社、1998 年所収)。
　評：唐澤靖彦 (『法制史研究』48、1999 年)。

フィリップ・C・C・ホアン (唐澤靖彦訳)「『中国における法廷裁判と民間調停：清
　代の公定表現と実践』序論」(『中国─社会と文化』13、1998 年)。

→Huang, Philip C.C. *Civil Justice in China : Representation and Practice in the Qing.*
　Stanford University Press, 1996. Introduction.

唐澤靖彦「フィクションとリアリティのはざまで─清代訴状のテクスト的枠組み」
　(『立命館言語文化研究』9-5・6、1998 年)。

寺田浩明「清代聴訟に見える「逆説」的現象の理解について─ホアン氏の「表象と実務」論に寄せて」（『中国─社会と文化』13、1998 年）。

中国語訳：鄭芙蓉訳「関于清代聴訟制度所見『自相矛盾』現象的理解──対黄宗智教授的『表達与実践』理論的批判」（『私法〈北京大学〉』4-2、2004 年）。

滋賀秀三「清代の民事裁判について」（『中国─社会と文化』13、1998 年）。
　評：高見澤磨（『法制史研究』49、2000 年）。

唐澤靖彦「清代における訴状とその作成者」（『中国─社会と文化』13、1998 年）。

山本進「明清時代の地方統治」（『歴史評論』580、1998 年）。

山本英史「明末清初における地方官の赴任環境」（『史潮』新 45、1999 年）。

稲田清一「清末、江南における「地方公事」と鎮董」（『甲南大学紀要文学編』109、1999 年）。

中島楽章「明代の訴訟制度と老人制──越訴問題と懲罰権をめぐって」（『中国─社会と文化』15、2000 年）。
　評：青木敦（『法制史研究』51、2002 年）。

鈴木こずえ「旧中国地方裁判制度の実態について─聴訟と官箴」（『愛知論叢』68、2000 年）。

熊遠報「抄招給帖と批発──明清徽州民間訴訟文書の由来と性格」（『明代史研究』28、2000 年、後に『清代徽州地域社会史研究』、汲古書院、2003 年収録）。

唐澤靖彦「清代告訴状のナラティブ─歴史学におけるテクスト分析」（『中国─社会と文化』16、2001 年）。

寺田浩明「中国清代民事訴訟と「法の構築」─『淡新档案』の一事例を素材として」（『法社会学』58、2003 年）。

中国語訳：李力訳「中国清代的民事訴訟与『法之構築』─以淡新档案的一个案例為素材」（『私法〈北京大学〉』3-2、2004 年）。

山本英史「健訟の認識と実態─清初の江西吉安府の場合」（大島立子編『宋─清代の法と地域社会』、財団法人東洋文庫、2006 年所収）。

（3）民間秩序的形成

①通代

濱島敦俊「東アジアにおける国家と共同体─中世」（『現代歴史学の成果と課題』II・2、1982 年所収）。

森正夫「中国前近代史における地域社会の視点―中国史シンポジウム「地域社会の視点―地域社会とリーダー」基調報告」（『名古屋大学文学部研究論集』83〈史学 26〉、1982 年、後に『森正夫明清史論集』第 3 巻、汲古書院、2006 年収録）。

森正夫「宋代以降の士大夫と地域社会―問題点の模索」（谷川道雄他編『中国士大夫階級と地域社会との関係についての総合的研究』、昭和 57 年度科学研究費補助金総合研究（A）研究成果報告書、1983 年、後に『森正夫明清史論集』第 3 巻、汲古書院、2006 年収録）。

井上徹「宋代以降における宗族の特質の再検討―仁井田陞の同族「共同体」論をめぐって」（『名古屋大学東洋史研究報告』12、1987 年、後に『中国の宗族と国家の礼制』、研文出版、2000 年収録）。

岸本美緒「モラル・エコノミー論と中国社会研究」（『思想』792、1990 年）。

山田賢「中国史における人の移動と社会変容」（社会経済史学会編『社会経済史学の課題と展望』、有斐閣、1992 年所収）。

葭森健介「中国史における「社会」と「人間」の把握をめぐって―共同体、地域社会、モラル・エコノミー」（『中国―社会と文化』7、1992 年）。

足立啓二「中国専制国家の発展」（『歴史評論』515、1993 年）。

岸本美緒「比較国制史研究と中国社会像」（『人民の歴史学』116、1993 年）。

大澤正昭「中間層論と人間関係論への一視点」（中村哲編『東アジア専制国家と社会・経済』、青木書店、1993 年所収）。

岸本美緒「「市民社会論」と中国」（『歴史評論』527、1994 年）。

遠藤隆俊「中国近世宗族論の展開―士大夫研究への一視角」（『集刊東洋学』71、1994 年）。

井上徹「宗族理解をめぐる若干の問題―遠藤隆俊氏の論評に接して」（『集刊東洋学』72、1994 年）。

官文娜「中国の宗法制と宗族およびその研究の歴史と現状」（『立命館文学』557、1998 年）。

井上徹「宗族普及の一局面―江蘇洞庭東山を対象として」（『中国―社会と文化』13、1998 年、後に『中国の宗族と国家の礼制』、研文出版、2000 年収録）。

伊藤正彦「中国史研究の「地域社会論」―方法的特質と意義」（『歴史評論』582、1998 年）。

井上徹「宋元以降における宗族の意義」（『歴史評論』580、1998 年）。

井上徹「伝統中国の宗族に関する若干の研究の紹介」（『弘前大学・文経論叢〈人文〉』

33-3、1998 年）。

岸本美緒「宋代から清代中期を中心に」（『東方学』100、2000 年）。

山本英史「日本の伝統中国研究と地域像」（同編『伝統中国の地域像』、慶應義塾大学
　　出版会、2000 年所収）。

葭森健介「「地域社会の視点」・「共同体論」・「基層社会」──1981 中国史シンポジウム
　　再論」（『名古屋大学東洋史研究報告』25、2001 年）。

小林義廣「日本における中国の家族・宗族研究の現状と課題」（『東海大学紀要〈文
　　学部〉』78、2002 年）。

井上徹「中国近世の地域社会に関する覚書」（『歴史科学』170、2002 年）。

谷川道雄「中国前近代社会の基本構造試論」（『名古屋大学東洋史研究報告』26、2002
　　年）。

濱島敦俊「中国近世社会経済史研究の『粗さ』について」（『史学雑誌』111-11、2002
　　年）。

松原健太郎「「宗族」研究と中国法制史学──近五十年来の動向」（『法制史研究』57、
　　2008 年）。

②宋元代

小林義廣「宋代史研究における宗族と郷村社会の視角」（『名古屋大学東洋史研究報告』
　　8、1982 年）。

本田治「宋代の村社と宗族──休寧県と白水県における二例」（『歴史における民衆と
　　文化──酒井忠夫先生古希祝賀記念論集』、国書刊行会、1982 年所収）。

丹喬二「南宋江南デルタにおける抗租について──黄震『慈渓黄氏日抄分類』の分析を
　　中心に」（『史叢〈日本大学〉』31、1983 年）。

伊原弘「宋代の士大夫覚え書──あらたな問題の展開のために」（宋代史研究会編『宋
　　代の社会と宗教〔宋代史研究会研究報告第 2 集〕』、汲古書院、1985 年所収）。

渡辺紘良「宋代在郷の士大夫について」（『史潮』新 17、1986 年）。

小島毅「宋朝士大夫の研究をめぐって」（『中国──社会と文化』1、1986 年）。

佐藤明「宋代四川における在地社会の形成と国家」（『歴史学研究』573、1987 年）。

遠藤隆俊「范氏義荘の諸位・掌管人・文正位について──宋代における宗族結合の特質」
　　（『集刊東洋学』60、1988 年）。

梅原郁「宋代の形勢と官戸」（『東方学報・京都』60、1988 年）。

金井德幸「南宋福建の祭祀社会と郷約」（『立正大学・東洋史論集』1、1988 年）。

佐藤明「宋代郷村社会論に関する学説史的研究」（『史叢〈日本大学〉』42、1989 年）。

小林義廣「宋代における宗族と郷村社会の秩序—累世同居を手がかりに」（『東海大学紀要・文学部』52、1990 年）。

丹喬二「宋元時代江南圩田地帯における村落共同体について—濱島敦俊氏の「田頭制」論にふれて」（『日本大学人文科学研究所研究紀要』40、1990 年）。

遠藤隆俊「宋末元初の范氏について—江南士人層の一類型」（『歴史〈東北大学〉』74、1990 年）。

戸田裕司「黄震の広徳軍社倉改革—南宋社倉制度の再検討」（『史林』73-1、1990 年）。

大澤正昭「中国社会史研究と『清明集』」（『ソフィア』40-4、1991 年）。

佐藤明「前近代中国の地域支配の構図—南宋期江南東西路を中心に」（『中国史学』1、1991 年）。

戸田裕司「救荒・荒政研究と宋代在地社会への視角」（『歴史の理論と教育』84、1992 年）。

伊藤正彦「『義役』—南宋期における社会的結合の一形態」（『史林』75-5、1992 年）。

井上徹「元末明初における宗族形成の風潮」（『弘前大学・文経論叢〈人文〉』27-3、1992 年）。

井上徹「宗族形成の動因について—元末明初の浙東・浙西を対象として」（『和田博德教授古稀記念・明清時代の法と社会』、汲古書院、1993 年所収）。

宮澤知之「宋代農業社会史研究の展開」（谷川道雄編著『戦後日本の中国史論争』、河合文化研究所、1993 年所収）。

戸田裕司「朱熹と南康軍の富家・上戸—荒政から見た南宋社会」（『名古屋大学東洋史研究報告』17、1993 年）。

草野靖「宋代の形勢戸」（『福岡大学・人文論叢』25-1、1993 年）。

佐藤明「南宋期石門酒庫の胥吏について」（『柳田節子先生古稀記念・中国の伝統社会と家族』、汲古書院、1993 年所収）。

小松恵子「宋代以降の徽州地域発達と宗族社会」（『史学研究』201、1993 年）。

遠藤隆俊「宋代蘇州の范氏義荘について—同族的土地所有の一側面」（宋代史研究会編『宋代の知識人—思想・制度・地域社会—〔宋代史研究会研究報告第 4 集〕』、汲古書院、1993 年所収）。

佐竹靖彦「宋代の家族と宗族—宋代の家族と社会に関する研究の進展のために」（『人

文学報〈東京都立大学〉』257、1995 年）。

柳田節子「宋代郷原体例考」（宋代史研究会編『宋代の規範と習俗〔宋代史研究会研究報告第 5 集〕』、汲古書院、1995 年、後に『宋代庶民の女たち』、汲古書院、2003 年再録）。

小林義廣「宋代福建莆田の方氏一族について」（中国中世史研究会編『中国中世史研究続編』、京都大学学術出版会、1995 年所収）。

丹喬二「中国史上の村落共同体に関する一試論」（『宋元時代史の基本問題』、汲古書院、1996 年所収）。

赤城隆治「近世地方政治の諸相」（『宋元時代史の基本問題』、汲古書院、1996 年所収）。

植松正「元朝支配下の江南地域社会」（『宋元時代史の基本問題』、汲古書院、1996 年所収）。

近藤一成「宋代の士大夫と社会」（『宋元時代史の基本問題』、汲古書院、1996 年所収）。

丹喬二「中国史上の村落共同体に関する一考察」（『宋元時代史の基本問題』、汲古書院、1996 年所収）。

寺地遵「義役・社倉・郷約」（『広島東洋史学報』1、1996 年）。

小林義廣「宋代吉州の欧陽氏一族について」（『東海大学紀要〈文学部〉』64、1996 年、後に『欧陽脩──その生涯と宗族──』、創文社、2000 年収録）。

小林義廣「北宋中期における宗族の再認識について」（『東海大学紀要〈文学部〉』68、1997 年）。

佐竹靖彦「唐宋期福建の家族と社会──山洞と洞蛮」（『人文学報〈東京都立大学〉』277、1997 年）。

佐竹靖彦「唐宋期福建の家族と社会──閩王朝の形成から科挙体制の展開まで」（『中国近世家族与社会学術研討会論文集』、中央研究院歴史語言研究所、1998 年所収）。

川村康「宋代「法共同体」初考」（宋代史研究会編『宋代社会のネットワーク〔宋代史研究会研究報告第 6 集〕』、汲古書院、1998 年所収）。
　評：島居一康（『法制史研究』49、2000 年）。

遠藤隆俊「宋代における「同族ネットワーク」の形成」（宋代史研究会編『宋代社会のネットワーク〔宋代史研究会研究報告第 6 集〕』、汲古書院、1998 年所収）。

柳田節子「宋代の父老──宋朝専制権力の農民支配に関連して」（『東洋学報』81-3、1999 年、後に『宋代庶民の女たち』、汲古書院、2003 年収録）。

青木敦「健訟の地域的イメージ──11〜13 世紀江西社会の法文化と人口移動をめぐって

」（『社会経済史学』65-3、1999 年）。

小林義廣「北宋中期の士大夫と宗族」（『創文』427、2000 年）。

岡元司・勝山稔・小島毅・須江隆・早坂俊廣「総論：相互性と日常空間―「地域」と
　　いう起点から」（宋代史研究会編『宋代人の認識―相互性と日常空間―〔宋代史研
　　究会研究報告第 7 集〕』、汲古書院、2001 年所収）。

小川快之「宋代信州の鉱業と「健訟」問題」（『史学雑誌』110-10、2001 年）。

小川快之「宋代饒州の農業・陶瓷器業と「健訟」問題」（『上智史学』46、2001 年）。

小林義廣「宋代宗族研究の現状と課題―范氏義荘研究を中心に」（『名古屋大学東洋
　　史研究報告』25、2001 年）。

小林義廣「南宋時期における福建中部の地域社会と士人」（『東海史学』36、2002
　　年）。

遠藤隆俊「宋代の地域社会と宗族―その学説史的検討」（『高知大学学術研究報告・
　　人文科学』51、2002 年）。

遠藤隆俊「宋代の宗族研究と空間、コミュニケーション」（平田茂雄・遠藤隆俊・岡
　　元司編『宋代社会の空間とコミュニケーション』、汲古書院、2006 年所収）。

中島楽章「累世同居から宗族形成へ―宋代徽州の地域開発と同族結合」（平田茂雄・
　　遠藤隆俊・岡元司編『宋代社会の空間とコミュニケーション』、汲古書院、2006
　　年所収）。

岡元司「宋代地域社会史研究と空間、コミュニケーション」（平田茂雄・遠藤隆俊・
　　岡元司編『宋代社会の空間とコミュニケーション』、汲古書院、2006 年所収）。

小川快之「宋代長江中下流域における農業と訴訟」（宋代史研究会編『宋代の長江流
　　域―社会経済史の視点から―〔宋代史研究会研究報告第 8 集〕』、汲古書院、2006
　　年所収）。

小林義廣「宋代蘇州の地域社会と范氏義荘」（『名古屋大学東洋史研究報告』31、2007
　　年）。

戸田裕司「唐仲友弾劾事件の社会史的考察―南宋地方官の汚職と係累」（『名古屋大学
　　東洋史研究報告』31、2007 年）。

③明清代

森正夫「明末の社会関係における秩序の変動について」（『名古屋大学文学部三〇周年
　　記念論集』、名古屋大学文学部、1979 年、後に『森正夫明清史論集』第 3 巻、汲古
　　書院、2006 年収録）。

森正夫「明代の郷紳──士大夫と地域社会との関連についての覚書」（『名古屋大学文学部研究論集』77〈史学 26〉、1980 年、後に『森正夫明清史論集』第 3 巻、汲古書院、2006 年収録）。

山本英史「浙江省天台県における「図頭」について──18 世紀初頭における中国郷村支配の一形態」（『史学〈慶応義塾大学〉』50、1980 年）。

山名弘史「清末江南の義荘について」（『東洋学報』62-1、1980 年）。

大谷敏夫「清代江南の水利慣行と郷董制」（『史林』63-1、1980 年、後に『清代政治思想史研究』、汲古書院、1991 年収録）。

夫馬進「明末反地方官士変」（『東方学報・京都』52、1980 年）。

夫馬進「明末反地方官士変補論」（『富山大学人文学部紀要』4、1981 年）。

上田信「明末清初・江南の都市の「無頼」をめぐる社会関係──打行と脚夫」（『史学雑誌』90-11、1981 年）。

多賀秋五郎「宗族爛熟期における義荘条規について──湖南善北黄氏の場合」（『歴史における民衆と文化──酒井忠夫博士古稀祝賀記念論集』、国書刊行会、1982 年所収）。

上田信「地域の履歴──浙江省奉化県忠義郷」（『社会経済史学』49-2、1983 年）。

檀上寛「『鄭氏規範』の世界──明朝権力と富民層」（小野和子編『明清時代の政治と社会』、京都大学人文科学研究所、1983 年所収）。

上田信「地域と宗族──浙江省山間部」（『東洋文化研究所紀要』94、1984 年）。

王連茂（三木聰訳）「明末泉州の佃租収奪と「斗柁会」闘争」（『史朋〈北海道大学〉』17、1984 年）。

三木聰「清代の福建における抗租の展開」（『北海道大学文学部紀要』34-1、1985 年、後に『明清福建農村社会の研究』、北海道大学図書刊行会、2002 年収録）。

岸本美緒「『歴年記』に見る清初地方社会の生活」（『史学雑誌』95-6、1986 年、後に改稿のうえ『明清交替と江南社会』、東京大学出版会、1999 年収録）。

佐伯有一「明清交替期の胥吏像一斑」（『中村治兵衛先生古稀記念東洋史論叢』、刀水書房、1986 年所収）。

三木聰「抗租と阻米──明末清初期の福建を中心として」（『東洋史研究』45-4、1987 年、後に『明清福建農村社会の研究』、北海道大学図書刊行会、2002 年収録）。

岸本美緒「明末清初の地方社会と「世論」」（『歴史学研究』573、1987 年、後に『明清交替と江南社会』、東京大学出版会、1999 年収録）。

上田信「明清期、浙東における州県行政と地域エリート」（『東洋史研究』46-3、1987

年）。

濱島敦俊「明初城隍考」（『榎博士頌寿記念東洋史論叢』、汲古書院、1988 年所収）。

上田信「中国の地域社会と宗族—14〜19 世紀の中国東南部の事例」（『シリーズ世界
史への問い 4 社会的結合』、岩波書店、1989 年所収）。

井上徹「宗族の形成とその構造—明清時代の珠江デルタを対象として」（『史林』72-5、
1989 年）。

田仲一成「蕭山県長河鎮来姓祠産簿剖析—清代浙東宗族における祠産形成と組織統合
の過程」（『東洋文化研究所紀要』108、1989 年）。

濱島敦俊「明末江南郷紳の具体像—南潯・荘氏について」（岩見宏・谷口規矩雄編『明
末清初期の研究』、京都大学人文科学研究所、1989 年所収）。

濱島敦俊「明代の水利技術と江南地主社会の変容」（『シリーズ世界史への問い 2 生
活の技術・生産の技術』、岩波書店、1990 年所収）。

山田賢「清代の地域社会と移住宗族—四川省雲陽涂氏の軌跡」（『社会経済史学』55-4、
1990 年、後に『移住民の秩序—清代四川地域社会史研究—』、名古屋大学出版会、
1995 年収録）。

山本英史「紳衿による税糧包攬と清朝国家」（『東洋史研究』48-4、1990 年、後に『清
代中国の地域支配』、慶應義塾大学出版会、2007 年収録）。

渋谷裕子「明清時代徽州江南農村社会における祭祀組織について—「祝聖会簿」の紹
介（1・2）」（『史学〈慶応義塾大学〉』59-1、59-2、1990 年）。

中村哲夫「清末の地方習慣調査の報告書について」（『布目潮渢博士古稀記念論集・
東アジアの法と社会』、汲古書院、1990 年所収）。

岸本美緒「明清時代の郷紳」（『シリーズ世界史への問い 7 権威と権力』、岩波書店、
1990 年所収、後に改稿のうえ『明清交替と江南社会』、東京大学出版会、1999 年
再録）。

中島楽章「明末清初の紹興の幕友」（『山根幸夫教授退休記念明代史論叢記念（下）』、
汲古書院、1990 年所収）。

西川喜久子「珠江三角洲の地域社会と宗族・郷紳—南海県九江郷のばあい」（『北陸
大学紀要』14、1990 年）。

山田賢「旧中国における同族結合・同郷結合に関する覚書—四川省雲陽県訪問記」（『史
朋〈北海道大学〉』23、1990 年、後に『移住民の秩序—清代四川地域社会史研究
—』、名古屋大学出版会、1995 年収録）。

濱島敦俊「明清時代江南農村の「社」と土地廟」（『山根幸夫教授退休記念明代史論

叢（下）』、汲古書院、1990 年所收）。

鈴木博之「明代徽州府の郷約について」（『山根幸夫教授退休記念明代史論叢（下）』、汲古書院、1990 年所收）。

鈴木博之「明代徽州府の族產と戶名」（『東洋学報』71-1・2、1990 年）。

鈴木博之「清代における族產の展開—歙県の許蔭祠をめぐって」（『山形大学史学論集』10、1990 年）。

山田賢「「紳糧」考—清代四川の地域エリート」（『東洋史研究』50-2、1991 年、後に『移住民の秩序—清代四川地域社会史研究—』、名古屋大学出版会、1995 年収録）。

三木聰「沙県—清代福建の一地方社会」（『史朋〈北海道大学〉』24、1991 年、後に『明清福建農村社会の研究』、北海道大学図書刊行会、2002 年収録）。

岸本美緒「明清期の社会組織と社会変容」（社会経済史学会編『社会経済史学の課題と展望』、有斐閣、1992 年所収）。

山田賢「中国史における人の移動と社会変容」（社会経済史学会編『社会経済史学の課題と展望』、有斐閣、1992 年、後に『移住民の秩序—清代四川地域社会史研究—』、名古屋大学出版会、1995 年収録）。

鈴木博之「清代徽州府の宗族と村落」（『史学雑誌』101-4、1992 年）。

檀上寛「明清郷紳論」（谷川道雄編著『戦後日本の中国史論争』、河合文化研究所、1993 年所収）。

岸本美緒「明末清初江南の地方民衆と権力者たち」（『歴史学研究』651、1993 年）。

井上徹「宗族形成の再開—明代中期以降の蘇州地方を対象として」（『名古屋大学東洋史研究報告』18、1994 年、後に『中国の宗族と国家の礼制』、研文出版、2000 年収録）。

西川喜久子「珠江デルタの地域社会—新会県のばあい」（『東洋文化研究所紀要』124、1994 年）。

片山剛「珠江デルタの集落と「村」—清末の南海県と順徳県」（『待兼山論叢〈大阪大学〉』28、1994 年）。

三木聰「抗租と図頼—『点石斎画報』「刁佃」の世界」（『海南史学』32、1994 年、後に『明清福建農村社会の研究』、北海道大学図書刊行会、2002 年収録）。

岸本美緒「明清交替期の江南社会」（『歴史と地理』483、1995 年）。

森正夫「明末における秩序変動再考」（『中国—社会と文化』10、1995 年、後に『森正夫明清史論集』第 3 巻、汲古書院、2006 年収録）。

森正夫「『錫金識小録』の性格について」(『名古屋大学文学部研究論集』122〈史学41〉、1995年、後に『森正夫明清史論集』第3巻、汲古書院、2006年収録)。

中谷剛「明清時代崇明島の地域社会と宗族」(『年報社会科研究〈岩手県高校〉』36、1995年)。

小田則子「清代の華北農村における青苗会について」(『史林』78-1、1995年)。

中島楽章「徽州の地域名望家と明代の老人制」(『東方学』90、1995年)。

三木聰「軽生図頼考—特に『威逼』との関連について」(『史朋〈北海道大学〉』27、1995年、後に『明清福建農村社会の研究』、北海道大学図書刊行会、2002年収録)。

三木聰「死骸の恐喝—中国近世の図頼」(泥棒研究会編『盗みの文化誌』、青弓社、1995年所収)。

中島楽章「明代徽州の一宗族をめぐる紛争と同族統合」(『社会経済史学』62-4、1996年)。
　中国語訳:「圍繞明代徽州一宗族的糾紛与同族統合」(『江淮論壇』2000-2・3)。
　評:上田信(『法制史研究』47、1998年)。

濱島敦俊「農村社会—覚書」(『明清時代史の基本問題』、汲古書院、1997年所収)。

上田信「山林および宗族と郷約」(木村靖二・上田信編『人と人の地域史』、山川出版社、1997年所収)。
　評:松原健太郎(『法制史研究』49、2000年)。

鈴木博之「徽州の村落と祠堂」(『集刊東洋学』77、1997年)。

渋谷裕子「徽州文書にみられる「会」組織について」(『史学〈慶応義塾大学〉』67-1、1997年)。

片山剛「華南地方社会と宗族」(『明清時代史の基本問題』、汲古書院、1997年所収)。

鈴木博之「徽州の村落と祠堂」(『集刊東洋学』77、1997年)。

井上徹「蘇州社会と宗族」(『歴史』89、1997年)。

井上徹「清朝と宗法主義」(『史学雑誌』106-8、1997年、後に『中国の宗族と国家の礼制』、研文出版、2000年収録)。

三木聰「明清時代の地域社会と法秩序」(『歴史評論』580、1998年)。

山田賢「中国明清時代史研究における「地域社会論」の現状と課題」(『歴史評論』580、1998年)。

中島楽章「明代後期、徽州郷村社会の紛争処理」(『史学雑誌』107-9、1998年、後に『明代郷村の紛争と秩序』、汲古書院、2002年収録)。
　中国語訳:「明代後期徽州郷村社会的糾紛処理」(寺田浩明主編『中国法制史考証』丙

編第4巻、中国社会科学出版社、2003年所収）。

　評：川勝守（『法制史研究』49、2000年）。

高橋芳郎「明代徽州府休寧県の一争訟──『著存文巻集』の紹介」（『北海道大学文学部紀要』46-2、1998年、後に『宋代中国の法制と社会』、汲古書院、2002年収録）。

寺田浩明「満員電車のモデル──明清期の社会理解と秩序形成」（今井弘道他編『変容するアジアの法と哲学』、有斐閣、1999年所収）。

英語訳："The Crowded Train Model: The Concept of Society and the Maintenance of Order in Ming and Qing dynasty China." In *Law in a Changing World: Asian Alternatives* (Archiv fuer Rechts-und Sozialphilosophie, Beiheft 72), 1998.

中島楽章「明末徽州の佃僕制と紛争」（『東洋史研究』58-3、1999年、後に『明代郷村の紛争と秩序』、汲古書院、2002年収録）。

熊遠報「清代徽州地方における地域紛争の構図──乾隆期婺源県西関壩訴訟を中心として」（『東洋学報』81-1、1999年、後に『清代徽州地域社会史研究』、汲古書院、2003年収録）。

西川喜久子「清代珠江デルタの地域社会──香山県のばあい（上・下）」（『北陸大学紀要』22・22、1999・2001年）。

山本英史「清代康熙年間の浙江在地勢力」（同編『伝統中国の地域像』、慶應義塾大学出版会、2000年、後に『清代中国の地域支配』、慶應義塾大学出版会、2007年収録）。

三木聰「伝統中国における図頼の構図──明清時代の福建の事例について」（歴史学研究会編『紛争と訴訟の文化史』、青木書店、2000年、後に『明清福建農村社会の研究』、北海道大学図書刊行会、2002年再録）。

濱島敦俊「『民望』から『郷紳』へ──16・7世紀の江南士大夫」（『大阪大学大学院・文学研究科紀要』41、2001年）。

渋谷裕子「安徽省休寧県龍田郷浯田嶺村における山林経営方式の特徴」（『史学〈慶応義塾大学〉』71-4、2002年）。

黒岩高「械闘と謡言」（『史学雑誌』111-9、2002年）。

上田信「封禁・開採・弛禁」（『東洋史研究』61-4、2003年）。

山田賢「記憶される「地域」」（『東洋史研究』62-2、2003年）。

中谷剛「明清時代崇明県の抗租の変遷──佃戸の結合と手段」（『明代史研究会創立三十五年記念論集』、汲古書院、2003年所収）。

中島楽章「明代徽州の小規模同族と山林経営」（『明代史研究会創立三十五年記念論

集』、汲古書院、2003 年所収）。

熊遠報「村落社会における「銭会」」（『明代史研究会創立三十五年記念論集』、汲古書
　　院、2003 年所収）。

岸本美緒「明末清初における暴力と正義の問題」（須田努・趙景達・中嶋久人編『暴
　　力の地平を超えて―歴史学からの挑戦―』、青木書店、2004 年所収）。

日野康一郎「明末民変と山地開発の問題―江西省上饒県の場合」（『東洋学報』86-4、
　　2005 年）。

中島楽章「清代徽州の山林経営・紛争・宗族形成―祁門凌氏文書の研究」（『社会経済
　　史学』72-1、2006 年）。

濱島敦俊「明末華北の地方士人像―張肯堂『𪟝辭』に見る」（大島立子編『宋―清代
　　の法と地域社会』、財団法人東洋文庫、2006 年所収）。

小川快之「明代江西における開発と法秩序」（大島立子編『宋―清代の法と地域社会』、
　　財団法人東洋文庫、2006 年所収）。

岸本美緒「中国における暴力と秩序―前近代の視点から」（『歴史評論』689、2007 年）。

鈴木博之「明清時代、徽州の里社について」（『山根幸夫教授追悼記念論叢・明代中国
　　の歴史的位相（上）』、汲古書院、2007 年所収）。

佐藤文俊「清初における土寨的秩序の解体―山東・河南を例として」（『山根幸夫教授
　　追悼記念論叢・明代中国の歴史的位相（上）』、汲古書院、2007 年所収）。

甘利弘樹「明代広東における反乱の諸相」（『山根幸夫教授追悼記念論叢・明代中国の
　　歴史的位相（上）』、汲古書院、2007 年所収）。

B. 民事法的内容

（1）家族法

①通代

滋賀秀三「中国における均分相続の原則と嫡長子相続観念との関係」（『法制史研究』
　　7、1957 年）。

堀毅「東アジアにおける法と慣習」（『中央学院大学総合科学研究所紀要』3-1、1986
　　年）。

堀毅「東アジアにおける法と慣習（2）―同姓不婚について」（『中央学院大学総合科
　　学研究所紀要』3-2、1986 年）。

堀毅「東アジアにおける法と慣習（3）～（5）─「童養媳」について（上・中・下）」（『中央学院大学総合科学研究所紀要』4-2、5-1、6-2、1987・1989 年）。

勝山稔「宋元明時代の文芸作品に見える女家主導の離婚事例について」（『中央大学大学院研究：年報文学研究科』24、1995 年）。

韓秀城「漢民族の家族制度と婚姻形態」（『比較民俗研究』16、1999 年）。

川村康「法と孝の相剋」（阪倉篤秀編『さまざまな角度からの中国論』、晃洋書房、2003 年所収）。

大島立子「「承継」判例から見た法の適用─宋・元・明代の比較から」（同編『宋─清代の法と地域社会』、財団法人東洋文庫、2006 年所収）。

②宋元代

仁井田陞「宋代の家産法における女子の地位」（『法制史研究』1、1952 年、後に『中国法制史研究─奴隷農奴法・家族村落法─』、東京大学出版会、1962 年収録）。

滋賀秀三「中国家族法補考①～④─仁井田陞博士『宋代の家産法における女子の地位』を読みて」（『国家学会雑誌』67-5・6、9・10、11・12、68-7・8、1953～1955 年）。

川村康「宋代における養子法─判語を主たる史料として（上・下）」（『早稲田法学』64-1、64-2、1988・1989 年）。
　評：七野敏光（『法制史研究』40、1991 年）。

柳田節子「南宋期家産分割における女承分について」（『劉子健博士頌寿紀念宋史研究論集』、同朋舎、1989 年、後に改訂のうえ『宋代庶民の女たち』、汲古書院、2003 年再録）。

中国語訳：「論南宋時期家産分割中的『女承分』」（川村康主編『中国法制史考証』丙編第 3 巻、中国社会科学出版社、2003 年所収）。
　評：小松恵子（『広島大学東洋史研究室報告』13、1991 年）。

柳田節子「宋代女子の財産権」（『法政史学』42、1990 年）。
　評：川村康（『法制史研究』41、1992 年）。

大島立子「元朝の「女壻」について」（『史論〈東京女子大学〉』43、1990 年）。

永田三枝「南宋期における女性の財産権について」（『北大史学』31、1991 年）。
　評：柳田節子（『法制史研究』42、1993 年、後に『宋代庶民の女たち』、汲古書院、2003 年収録）。

小松恵子「宋代における女性の財産権について」（『広島大学東洋史研究室報告』13、1991 年）。

柳田節子「宋代の女戸」(『柳田節子先生古稀記念・中国の伝統社会と家族』、汲古書院、1993年、後に『宋代庶民の女たち』、汲古書院、2003年再録)。

板橋眞一「宋代の戸絶財産と女子の財産権をめぐって」(『柳田節子先生古稀記念・中国の伝統社会と家族』、汲古書院、1993年所収)。

川村康「宋代贅婿小考」(『柳田節子先生古稀記念・中国の伝統社会と家族』、汲古書院、1993年所収)。

大島立子「元代家族の分籍について」(『柳田節子先生古稀記念・中国の伝統社会と家族』、汲古書院、1993年所収)。

高橋芳郎「親を亡くした女たち―南宋期のいわゆる女子財産権について」(『東北大学東洋史論集』6、1995年、後に『宋代中国の法制と社会』、汲古書院、2002年収録)。
　中国語訳:「『父母已亡』女児的継承地位―論南宋時期的所謂女子財産権」(川村康主編『中国法制史考証』丙編第3巻、中国社会科学出版社、2003年所収)。
　　評:柳田節子(『法制史研究』46、1997年、後に『宋代庶民の女たち』、汲古書院、2003年収録)。

柳田節子「元代女子の財産継承」(『宋元社会経済史研究』、創文社、1995年、後に『宋代庶民の女たち』、汲古書院、2003年再録)。

キャスリン・バーンハート(沢崎京子訳)「中国史上の女子財産権―宋代法は「例外」か?」(『中国―社会と文化』12、1997年)。

→Bernhardt, Kathryn. "Inheritance Rights of Daughters: The Song Anomaly?" *Modern China*, Vol.21, No.3(1995).

柳田節子「宋代における義絶と離婚・再嫁」(『宋代庶民の女たち』、汲古書院、2003年所収)。

→「宋代婦女的離婚・再嫁与義絶」(『慶祝鄧広銘九十華誕論文集』、河北教育出版社、1997年所収)。

若江賢三「『元典章』及び『唐律疏議』に見られる前近代中国の「不孝」罪」(『愛媛大学法文学部論集〈人文科学編〉』2、1997年)。

大澤正昭「南宋の裁判と女性財産権」(『歴史学研究』717、1998年、後に歴史学研究会編『紛争と訴訟の文化史』、青木書店、2000年収録)。
　中国語訳:劉馨珺訳「南宋的裁判与女性財産権」(『大陸雑誌』101-4、2000年)。
　　評:川村康(『法制史研究』51、2002年)。

佐立治人「唐戸令応分条の復元条文に対する疑問―南宋の女子分法をめぐる議論との関連で」(『京都学園法学〈京都学園大学〉』29、1999年)。

柳田節子「宋代裁判における女性の訴訟」（中国女性史研究会編『論集中国女性史』、
　　吉川弘文館、1999年、後に『宋代庶民の女たち』、汲古書院、2003年再録）。
　評：大澤正昭（『法制史研究』50、2001年）。

柳田節子「宋代女性史料をよむ」（学習院大学文学部史学科編『歴史遊学——史料を読
　　む』、山川出版社、2001年所収）。

大澤正昭「唐宋変革期の婚姻と家族——一夫一婦婚のイデオロギーと社会実態」（『唐宋
　　変革期における女性・婚姻・家族の研究』、平成12-14年度科学研究費補助金基盤
　　研究（c）（2）研究成果報告書、2003年所収）。

青木敦「南宋女子分法再考」（『中国——社会と文化』18、2003年）。

翁育瑄「北宋墓誌に見える財産権に関する史料について」（『上智史学』48、2003年）。

大澤正昭「唐宋時代の家族と女性——新たな視点の模索」（『中国史学』15、2005年）。
　評：川村康（『法制史研究』56、2007年）。

大島立子「元代における「孝」と「不孝」」（『愛大史学』15、2006年）。

翁育瑄「宋代の姦罪」（『お茶の水史学』50、2006年）。

大島立子「元代親族間の殺傷事件」（『山根幸夫教授追悼記念論叢・明代中国の歴史的
　　位相（上）』、汲古書院、2007年所収）。

高橋芳郎「粧奩は誰のものか——南宋代を基点にして」（『史朋〈北海道大学〉』40、2007
　　年）。

③明清代

中谷英雄「明律上に於ける女性の地位——唐律と比較して（1～7）」（『信愛紀要〈和
　　歌山信愛女子短期大学〉』20～26、1980～86年）。

中谷英雄「唐明律上に於ける家族関係用語解（1、2）」（『信愛紀要〈和歌山信愛女
　　子短期大学〉』27・28、1986・87年）。

陳青鳳「清朝の婦女旌表制度について——節婦・烈女を中心に」（『九州大学東洋史論
　　集』16、1988年）。

陳青鳳「清代の刑法における婦女差別——特に傷害殺人・姦淫罪における」（『九州大
　　学東洋史論集』18、1990年）。

夫馬進「中国明清時代における寡婦の地位と強制再婚の風習」（前川和也編『家族・
　　世帯・家門——工業化以前の世界から——』、ミネルヴァ書房、1993年所収）。

臼井佐知子「徽州文書からみた「承継」について」（『東洋史研究』55-3、1996年）。

臼井佐知子「徽州における家産分割」（『近代中国』25、1997年）。

森田成満「清代家族法に於ける教令の秩序とその司法的保護」（『星薬科大学一般教育論集』15、1997 年）。

　評：奥村郁三（『法制史研究』48、1997 年）。

喜多三佳「清代の寡婦の地位についての一考察」（『四国大学経営情報研究所年報』8、2002 年）。

森田成満「清代に於ける性を巡る法秩序のその司法的保護」（『星薬科大学一般教育論集』20、2002 年）。

喜多三佳「嬰児殺の処罰に関する一考察─清代を中心として」（『四国大学経営情報研究所年報』9、2003 年）。

森田成満「清代に於ける妻女の生活秩序を侵す罪とそれへの対応」（『星薬科大学一般教育論集』21、2003 年）。

中谷剛「清代食糧騒擾における女性」（『佐久間重男先生米寿記念明代史論集』、汲古書院、2002 年所収）。

喜多三佳「清代の「嬰児殺し」をめぐって」（『創文』463、2004 年）。

中島楽章「明代中期、徽州農民の家産分割─祁門県三都の凌氏」（『山根幸夫教授追悼記念論叢・明代中国の歴史的位相（上）』、汲古書院、2007 年所収）。

（2）土地法

①通代

寺田浩明「中国近世における自然の領有」（『シリーズ世界史への問い 1 歴史における自然』、岩波書店、1989 年所収）。

中国語訳：馮瀟訳「中国近世土地所有制研究」（法律史研究編集委員会・中日文化交流叢書編集委員会合編『中外法律史新探（法律史研究第二輯）』、科学出版社、1994 年所収）。

中島楽章「墓地を売ってはいけないか？─唐─清における墓地売却禁令」（『九州大学東洋史論集』32、2004 年）。

岸本美緒「土地市場と「找価回贖」問題─宋代から清代の長期的動向」（大島立子編『宋─清代の法と地域社会』、財団法人東洋文庫、2006 年所収）。

②宋元代

高橋芳郎「宋代官田の「立価交佃」と「一田両主制」」（『東北大学東洋史論集』4、1990

年、後に『宋代中国の法制と社会』、汲古書院、2002 年収録）。

青木敦「開発・地価・民事的法規—『清明集』に見える若干の土地典売関係法をめぐって」（『待兼山論叢〈史学編〉』40、2006 年）。

③明清代

藤井宏「一田両主制の基本構造 3〜10」（『近代中国』7〜11、13〜15、1980〜1984 年）。

寺田浩明「田面田底慣行の法的性格—概念的検討を中心にして」（『東洋文化研究所紀要』93、1983 年）。

中国語訳：「田面田底慣例的法律性—以概念性的分析為主」（寺田浩明主編『中国法制史考証』丙編第 4 巻、中国社会科学出版社、2003 年所収）。
　評：栗原純（『法制史研究』34、1985 年）。

細川一敏「『中人』より観た中国郷村の土地所有意識と人間関係」（『弘前大学・文経論叢〈人文〉』19-3、1984 年）。

松田吉郎「清代台湾中北部の水利事業と一田両主制の成立過程」（『佐藤博士退官記念中国水利史論叢』、国書刊行会、1984 年所収）。

藤井宏「初期一田両主制の新研究—嘉靖「龍渓県志」の記載を中心として」（『東方学』69、1985 年）。

寺田浩明「『崇明県志』に見える「承価」「過投」「頂首」について—田面田底慣行形成過程の一研究」（『東洋文化研究所紀要』98、1985 年）。
　評：片山剛（『法制史研究』36、1987 年）。

濱島敦俊「明清時代の地主佃戸関係と法制」（菊池英夫編『変革期アジアの法と経済』昭和 58-60 年度文部省科学研究費（一般研究 A）研究成果報告書、1986 年所収）。

濱島敦俊「「主佃之分」小考」（『中村治兵衛先生古稀記念東洋史論叢』、刀水書房、1986 年所収）。

岸本美緒「『租覈』の土地所有論」（『中国—社会と文化』1、1986 年、後に『清代中国の物価と経済変動』、研文出版、1997 年収録）。

滋賀秀三「崇明島の承価と過投—寺田浩明氏の論考の驥尾に附して」（『千葉大学・法学論集』1-1、1986 年）。

寺田浩明「清代中期の典規制にみえる期限の意味について」（『東洋法史の探究—島田正郎博士頌寿記念論集—』、汲古書院、1987 年所収）。
　評：森田成満（『法制史研究』38、1989 年）。

森田成満「清代土地所有権法補論」（『東洋法史の探究—島田正郎博士頌寿記念論集

　　─』、汲古書院、1987 年所収）。

寺田浩明「清代土地法秩序における「慣行」の構造」（『東洋史研究』48-2、1989 年）。

中国語訳：王莉莉訳・周薀石校「関於清代土地法秩序「慣例」的結構」（劉俊文主編
　　『日本中青年学者論中国史・宋元明清巻』、上海古籍出版社、1995 年所収）。

鶴見尚弘「元末明初の魚鱗冊」（『山根幸夫教授退休記念明代史論叢記念（下）』、
　　汲古書院、1990 年所収）。

唐文基（鶴見尚弘訳）「明清時代福州地方、土地典売文書の研究」（『東洋学報』72-1・
　　2、1991 年）。

山本英史「明清黟県西遁胡氏契約文書の検討」（『史学〈慶應義塾大学〉』65-3、1996
　　年）。

岸本美緒「明清時代における「找価回贖」問題」（『中国─社会と文化』12、1997 年）。

中国語訳：「明清時代的『找価回贖』問題」（寺田浩明主編『中国法制史考証』丙編第
　　4 巻、中国社会科学出版社、2003 年所収）。

森田成満「清代法に於ける墳塚の秩序」（『星薬科大学一般教育論集』17、1999 年）。
　　評：寺田浩明（『法制史研究』50、2001 年）。

森田成満「清代に於ける民事法秩序の構造再論─特に土地所有権に着眼して」（山内
　　進編『混沌のなかの所有』、国際書院、2000 年所収）。

松原健太郎「契約・法・慣習─伝統中国における土地取引の一側面」（濱下武志・川
　　北稔編『地域の世界史 11 支配の地域史』、山川出版社、2000 年所収）。

王泰升（鈴木賢訳）「台湾における法文化の変遷─不動産売買を素材として─」（『北
　　海道大学法学論集』54-6、2004 年）。

（3）其他民事法

①通代

高橋芳郎「中国史における恩と身分─宋代以降の主佃関係とも関連させて」（『史朋〈北
　　海道大学〉』26、1993、後に『宋─清身分法の研究』、北海道大学出版会、2001 年
　　収録）。
　　評：岸本美緒（『法制史研究』45、1996 年）。

丹喬二「宋より清に至る佃戸・奴婢・雇工人の法的身分について」（『松村潤先生古稀
　　記念・清代史論叢』、汲古書院、1994 年所収）。
　　評：岸本美緒（『法制史研究』45、1996 年）。

伊藤正彦「中国近世の身分制に関する覚書」（『熊本大学・文学部論叢〈史学篇〉』74、
　　2002年）。

②宋元代

高橋芳郎「宋代の士人身分について」（『史林』69-3、1986年、後に『宋—清身分法の
　　研究』、北海道大学図書刊行会、2001年収録）。
　　評：木田知生（『法制史研究』37、1988年）。
高橋芳郎「宋代の「良賤制」と雑人・雑戸」（『史朋〈北海道大学〉』20、1987年）。
大澤正昭「「笞」・「僕」・「家族関係」」（中国史研究会編『中国専制国家と社会統合』、
　　文理閣、1990年所収）。
大島立子「元朝の戸籍」（比較家族史学会監修『戸籍と身分登録』、早稲田大学出版
　　部、1997年所収）。
丹喬二「宋代佃戸の移転の自由・不自由問題と「主僕の分」」（『史叢〈日本大学〉』62、
　　2000年）。

③明清代

高橋芳郎「明末清初期、奴婢・雇工人身分の再編と特質」（『東洋史研究』41-3、1982
　　年、後に『宋—清身分法の研究』、北海道大学図書刊行会、2001年収録）。
西村かずよ「明末清初の奴僕について」（小野和子編『明清時代の政治と社会』、京
　　都大学人文科学研究所、1983年所収）。
小山正明「文書史料からみた明・清時代徽州府の奴婢・庄僕制」（『東アジア史にお
　　ける国家と農民—西嶋定生博士還暦記念—』、山川出版社、1984年、後に『明清
　　社会経済史研究』、東京大学出版会、1992年再録）。
高橋芳郎「明代の奴婢・義子孫・雇工人—万暦十六年新題例の前提」（『柳田節子先
　　生古稀記念・中国の伝統社会と家族』、汲古書院、1993年、後に『宋—清身分法
　　の研究』、北海道大学図書刊行会、2001年再録）。
渡昌弘「明末清初・上海桃家の「家人」—奴僕理解のために」（『東洋史論集〈東北
　　大学〉』6、1995年）。
マシュー・H・ソマー（寺田浩明訳）「晩期帝政中国法における売春：18世紀におけ
　　る身分パフォーマンスからの離脱」（『中国—社会と文化』12、1997年）。
岸本美緒「明清時代の身分感覚」（『明清時代史の基本問題』、汲古書院、1997年所
　　収）。

岸本美緒「清代における「賎」の観念——冒捐冒考問題を中心に」（『東洋文化研究所
　　紀要』144、2003 年）。

C.　史料介紹・譯注

①通代

②宋元代

仁井田陞「清明集戸婚門の研究」（『中国法制史研究——法と慣習・法と道徳——』、東京
　　大学出版会、1964 所収）。

吉田寅「『慶元条法事類』の書誌学的一考察」（『中嶋敏先生古稀記念論集（下）』、
　　汲古書院、1981 所収）。

石川重雄「中国社会科学院歴史研究所・宋遼金元史研究室点校『名公書判清明集』上・
　　下」（『立正大学東洋史論集』1、1988 年）。

川村康「宋代史研究者必読の史料『名公書判清明集』」（『東方』90、1988 年）。

古垣光一「はじめて全容が明らかになった明版『名公書判清明集』」（『東方』95、1989
　　年）。

古林森廣「宋代の官箴書について」（『吉備国際大学開学記念論文集・国際社会研究
　　の視座』、1990 年、後に『中国宋代の社会と経済』、国書刊行会、1995 年再録）。

古林森廣「南宋の官箴書「州県提綱」について」（『兵庫教育大学研究紀要』10-2、
　　1990 年、後に『中国宋代の社会と経済』、国書刊行会、1995 年収録）。

川村康「慶元条法事類と宋代の法典」（滋賀秀三編『中国法制史——基本資料の研究——』、
　　東京大学出版会、1993 年所収）。

島田正郎「疑獄集・折獄亀鑑・棠陰比事」（滋賀秀三編『中国法制史——基本資料の研究
　　——』、東京大学出版会、1993 年所収）。

佐竹靖彦「作邑自箴」（滋賀秀三編『中国法制史——基本資料の研究——』、東京大学出版
　　会、1993 年所収）。

植松正「元典章・通制条格」（滋賀秀三編『中国法制史——基本資料の研究——』、東京大
　　学出版会、1993 年所収）。

高橋芳郎「名公書判清明集」（滋賀秀三編『中国法制史——基本資料の研究——』、東京大
　　学出版会、1993 年、後に『宋代中国の法制と社会』、汲古書院、2002 年再録）。

佐竹靖彦「『作邑自箴』の研究——その基礎的再構成」（『人文学報〈東京都立大学〉』

238、1993 年）。

中国語訳：「《作邑自箴》研究—対該書基礎結構的再思考」（川村康主編『中国法制史考証』丙編第 3 巻、中国社会科学出版社、2003 年所収）。

　評：梅原郁（『法制史研究』45、1996 年）。

大澤正昭「『清明集』の世界—定量分析の試み」（『上智史学』42、1997 年）。

舩田善之「『元典章』解読のために—工具書・研究文献一覧を兼ねて」（『開篇』18、1999 年）。

高橋芳郎「『名公書判清明集』巻六戸婚門訳注稿（その 1・2）」（『北海道大学文学部紀要』48-2・3、1999・2000 年）。

古林森廣「元代の官箴書『牧民忠告』について」（『東洋経済史学会記念論集・中国の歴史と経済』、中国書店、2000 年所収）。

高橋芳郎「『名公書判清明集』巻七戸婚門訳注稿」（『北海道大学文学研究科紀要』103、2001 年）。

高橋芳郎「上海図書館所蔵『名公書判清明集』校本の対校本について」（『史朋〈北海道大学〉』35、2003 年）。

小川快之「『清明集』と宋代史研究」（『中国—社会と文化』18、2003 年）。

③明清代

川越泰博「『皇明祖訓』編纂考—とくに『祖訓録』との関係について」（『アジア史研究〈中央大学〉』7、1983 年）。

濱島敦俊「北京図書館蔵『莆陽讞牘』簡紹—租佃関係を中心に」（『北海道大学文学部紀要』32-1、1983 年）。

西川喜久子「『順徳北門羅氏族譜』考（上・下）」（『北陸史学』32・33、1983・1984年）。

滋賀秀三「淡新档案の初歩的知識—訴訟案件に現れる文書の類型」（『東洋法史の探求』、汲古書院、1987 年所収）。

　評：中村茂夫（『法制史研究』39、1990 年）。

劉重日（姜鎮慶訳）「徽州文書の収蔵・整理と研究の現状」（『東洋学報』70-3・4、1989年）。

白井佐知子「徽州文書と徽学研究」（『史潮』新 32、1993 年）。

周紹泉（岸本美緒訳注）「徽州文書の分類」（『史潮』新 32、1993 年）。

加藤直人「入関前清朝の法制資料」（滋賀秀三編『中国法制史―基本資料の研究―』、東京大学出版会、1993 年所収）。

山根幸夫「明・清の会典」（滋賀秀三編『中国法制史―基本資料の研究―』、東京大学出版会、1993 年所収）。

濱島敦俊「明代の判牘」（滋賀秀三編『中国法制史―基本資料の研究―』、東京大学出版会、1993 年所収）。

中国語訳：柏樺縮訳「明代之判牘」（『中国史研究』1996-1）。（徐世虹・鄭顯文訳）「明代之判牘」（『中国古代法律文献研究』1、巴蜀書社、1999 年）。

岸本美緒「明清契約文書」（滋賀秀三編『中国法制史―基本資料の研究―』、東京大学出版会、1993 年所収）。

寺田浩明「清代の省例」（滋賀秀三編『中国法制史―基本資料の研究―』、東京大学出版会、1993 年所収）。

森田成満「清代の判語」（滋賀秀三編『中国法制史―基本資料の研究―』、東京大学出版会、1993 年所収）。

蒲地典子「清季華北の「郷保」の任免―中国第一歴史档案館蔵『順天府全宗』宝坻県档案史料の紹介を兼ねて」（『近代中国研究彙報』17、1995 年）。

喜多三佳「『天台治略訳注稿（1）～（4）、（5）～（9）』」（『鳴門教育大学研究紀要（人文・社会科学篇）』11・12・14・15、1996・1997・1999・2000 年、『四国大学紀要』18・19・20・21、2002・2003・2004・2005 年）。

臼井佐知子「徽州文書と徽州研究」（『明清時代史の基本問題』、汲古書院、1997 年所収）。

臼井佐知子「中国明清時代における文書の管理と保存」（『歴史学研究』703、1997 年）。

山本英史「ハーバードイェンチン図書館所蔵の清代契約文書について」（『東洋学報』79-1、1997 年）。

松浦章「中国史における徽学の高揚」（『東方』193、1997 年）。

中島楽章「明末徽州の里甲制関係文書」（『東洋学報』80-2、1998 年）。

小田則子「中国第一歴史档案館所蔵の『順天府档案』について」（『史林』81-1、1998 年）。
　評：喜多三佳（『法制史研究』49、2000 年）。

伊藤正彦「『教民榜文』訳注稿（上）」（『熊本大学・文学部論叢〈史学篇〉』82、2004 年）。

阿風「明清徽州訴訟文書の分類」（『地域文化研究〈史資料ハブ〉』7、2006 年）。

瞿屯建「徽州文書の由来、発見、収蔵と整理」(『地域文化研究〈史資料ハブ〉』7、2006
年)。

二、日文著作・史料集・譯注・索引

（標＊者為 2008 年以後出版的文獻）

（1）著作

①通代

清水盛光『支那社会の研究』（岩波書店、1939 年）。

清水盛光『支那家族の構造』（岩波書店、1942 年）。

仁井田陞『支那身分法史』（東方文化学院、1942 年、座右宝刊行会、1943 年再版、後に『中国身分法史』と改題のうえ、東京大学出版会、1983 年）。

牧野巽『支那家族研究』（生活社、1944 年）。

牧野巽『近世中国宗族研究』（日光書院、1949 年）。

滋賀秀三『中国家族法論—その基本原理』（弘文堂、1950 年）。

仁井田陞『中国法制史研究—土地法・取引法—』（東京大学出版会、1960 年、補訂版、1980 年）。

仁井田陞『中国法制史研究—法と慣習・法と道徳—』（東京大学出版会、1962 年、補訂版、1980 年）。

仁井田陞『中国法制史研究—奴隷農奴法・家族村落法—』（東京大学出版会、1964 年、補訂版、1980 年）。

旗田巍『中国村落と共同体理論』（岩波書店、1973 年）。

牧野巽『近世中国宗族研究〔牧野巽著作集 3〕』（御茶の水書房、1980 年）。

広池千九郎著（内田智雄校訂）『東洋法制史研究』（創文社、1983 年）。

中国史研究会編『中国史像の再構成—国家と農民—』（文理閣、1983 年）。
　評：岸本美緒（『法制史研究』34、1985 年）。

大塚勝美『中国家族法論—歴史と現状—』（御茶の水書房、1985 年）。

評：加藤美穂子（『中国研究月報』449、1985 年）。

草野靖『中国の地主経済―分種制―』（汲古書院、1985 年）。

評：丹喬二（『史学雑誌』95-11、1986 年）。柳田節子（『法制史研究』36、1987
年）。東北大学宋代史談話会（『集刊東洋学』55、1986 年）。中谷剛・奥崎
裕司（『史潮』新 22、1987 年）。松田吉郎（『東洋史研究』44-3、1985 年）。

牧野巽『中国社会史の諸問題〔牧野巽著作集6〕』（御茶の水書房、1985 年）。

草野靖『中国近世の寄生地主制―田面慣行―』（汲古書院、1989 年）。

評：寺田浩明（『千葉大学・法学論集』4-2、1990 年）。

中国史研究会編『中国専制国家と社会統合―中国史像の再構成 II―』（文理閣、1990
年）。

今堀誠二『中国封建社会の構成』（勁草書房、1991 年）。

中村哲編『東アジア専制国家と社会・経済―比較史の視点から―』（青木書店、1993
年）。

評：則松彰文（『社会経済史学』60-6、1994 年）。伊藤正彦「中国前近代史把握
方法に関する断章」（『新しい歴史学のために』214、1994 年）。

張晋藩（何天貴・後藤武秀訳）『中国法制史（上・下）』（中央大学出版部、1993・
1995 年）。

梅原郁編『中国近世の法制と社会』（京都大学人文科学研究所、1993 年）。

評：滋賀秀三（『東洋史研究』52-4、1994 年）。

滋賀秀三編『中国法制史―基本資料の研究―』（東京大学出版会、1993 年）。

評：ポールチェン（『法制史研究』44、1995 年）。何勤華（『国家学会雑誌』107-1、
1994 年）。中村正人（『東方』152、1993 年）。

溝口雄三『中国の公と私』（研文出版、1995 年）。

王亜新『中国民事裁判研究』（日本評論社、1995 年）。

評：西野喜一（『ジュリスト』1108、1997 年）。

足立啓二『専制国家史論―中国史から世界史へ―』（柏書房、1998 年）。

評：岸本美緒（『歴史学研究』722、1999 年）。太田幸男（『新しい歴史学のために』
235、1999 年）。吉田晶（『新しい歴史学のために』235、1999 年）。

滋賀秀三『中国家族法の原理：改訂版』（創文社、2000 年）。

井上徹『中国の宗族と国家の礼制―宗法主義の視点からの分析―』（研文出版、2000
年）。

評：寺田浩明（『集刊東洋学』85、2001 年）。菊池秀明（『社会経済史学』66-6、
2000 年）。小島毅（『歴史学研究』749、2001 年）。山田賢（『名古屋大学東

洋史研究報告』26、2002 年）。

著者反論：「小島毅氏の批判に答える」（『歴史学研究』758、2002 年）。「寺田浩
　　明氏の疑問と提案に答える」（『集刊東洋学』87、2002 年）。「山田賢氏の疑問
　　に答える」（『名古屋大学東洋史研究報告』28、2004 年）。

高橋芳郎『宋―清身分法の研究』（北海道大学図書刊行会、2001 年）。
　　評：伊藤正彦「中国近世身分制に関する覚書」（『熊本大学・文学部論叢』74、2002
　　　　年）。寺田浩明（『東洋史研究』60-4、2002 年）。陶安あんど（『史学雑誌』112-7、
　　　　2003 年）。

滋賀秀三『中国法制史論集―法典と刑罰―』（創文社、2003 年）。
　　紹介：滋賀秀三「中国における法典編纂の歴史―新著刊行の報告」（『日本学士院紀
　　　　要』58-1、2003 年）。
　　評：高橋芳郎（『創文』458、2003 年）。

大島立子編『宋―清代の法と地域社会』（財団法人東洋文庫、2006 年）。
　　評：青木敦（『法制史研究』57、2008 年）。

三木聰編『伝統中国の訴訟・裁判史料に関する調査研究〔平成 16 年度～平成 18 年度
　　科学研究費補助金・基盤研究（B）研究成果報告書〕』（北海道大学大学院文学研究
　　科東洋史学研究室、2007 年）。
　　※「伝統中国判牘資料目録稿（明清篇）」掲載。

＊大島立子編『前近代中国の法と社会―成果と課題』（東洋文庫、2009 年）。

＊小川快之『伝統中国の法と秩序―地域社会の視点から―』（汲古書院、2009 年）。
　　評：洪成和（『明清史研究（韓国）』34、2010 年）。寺田浩明（『法制史研究』60、
　　　　2011 年）。紹介・批評：劉馨珺『『唐律』与宋代法文化』（国立嘉義大学、2010
　　　　年）。

＊石岡浩・川村康・七野敏光・中村正人『史料からみる中国法史』（法律文化社、2012
　　年）。

＊山本英史編『中国近世の規範と秩序』（研文出版、2014 年）。
　　評：亀岡敦子（『史学〈三田史学会〉』83-4、2015 年）。

＊三木聰編『宋―清代の政治と社会』（汲古書院、2017 年）。

②宋元代

仁井田陞『唐宋法律文書の研究』（東方文化学院東京研究所、1937 年、大安、1967 年、
　　東京大学出版会、1983 年）。

河原由郎『宋代社会経済史研究』（勁草書房、1980 年）。

大藪正哉『元代の法制と宗教』（秀英出版、1983 年）。

梅原郁『宋代官僚制度研究』（同朋舎、1985 年）。

　評：斯波義信（『東洋史研究』46-2、1987 年）。中嶋敏（『法制史研究』37、1988
　　　年）。

柳田節子『宋元郷村制の研究』（創文社、1986 年）。

　評：高橋芳郎（『歴史学研究』570、1987 年、後に『宋代中国の法制と社会』、汲
　　　古書院、2002 年収録）。島居一康（『東洋史研究』45-3、1986 年）。中村治
　　　兵衛（『史学雑誌』96-7、1987 年）。

柳田節子『宋元社会経済史研究』（創文社、1995 年）。

　評：高橋芳郎（『宋代中国の法制と社会』、汲古書院、2002 年所収）。梅原郁（『東
　　　洋史研究』55-4、1997 年）。

古林森廣『中国宋代の社会と経済』（国書刊行会、1995 年）。

大澤正昭編著『主張する〈愚民〉たち―伝統中国の紛争と解決法』（角川書店、1996
　年）。

　評：大金富雄（『上智史学』42、1997 年）。伊藤正彦（『東方』195、1997 年）。戸田
　　　裕司（『季刊中国』48、1997 年）。平田茂樹「宋代社会史研究の現状と課題―
　　　大澤正昭編『主張する〈愚民〉たち―伝統中国の紛争と解決法』を手掛かりと
　　　して」（『人文研究〈大阪市立大学〉』50-11、1998 年）。

小島毅『中国近世における礼の言説』（東京大学出版会、1996 年）。

植松正『元代江南政治社会史研究』（汲古書院、1997 年）。

高橋芳郎『宋代中国の法制と社会』（汲古書院、2002 年）。

　評：青木敦（『社会経済史学』69-3、2003 年）。

柳田節子『宋代庶民の女たち』（汲古書院、2003 年）。

　評：大澤正昭（『歴史評論』652、2004 年）。小川快之（『歴史学研究』793、2004
　　　年）。青木敦（『社会経済史学』70-4、2004 年）。程郁（『中国史研究動態』2005-7）。
　　　寺地遵（『広島東洋史学報』9、2004 年）。大島立子（『中国女性史研究』14、
　　　2005 年）。

大澤正昭『唐宋時代の家族・婚姻・女性―婦は強く』（明石書店、2005 年）。

　評：大島立子（『東洋史研究』65-2、2006 年）。高橋芳郎（『社会経済史学』71-6、
　　　2006 年）。翁育瑄（『上智史学』50、2006 年）。

梅原郁『宋代司法制度研究』（創文社、2006 年）。

　評：近藤一成（『東洋史研究』67-1、2008 年）。川村康（『法制史研究』57、2008 年）。

＊遠藤隆俊・平田茂樹・浅見洋二編『日本宋史研究の現状と課題―1980 年代以降を中

　心に』（汲古書院、2010 年）。

＊青木敦『宋代民事法の世界』（慶應義塾大学出版会、2014 年）。
　　評：小川快之（『歴史学研究』952、2016 年）。平田茂樹（『史学雑誌』125-7、2016
　　　年）。

＊大澤正昭『南宋地方官の主張――『清明集』『袁氏世範』を読む』（汲古書院、2015
　　年）。
　　評：今泉牧子（『上智史学』61、2016 年）。近藤一成（『史学雑誌』126-9、2017 年）。
　　　梅村尚樹（『歴史学研究』958、2017 年）。

③明清代

佐野学『清朝社会史：第 1 部国家と社会』（文求堂、1948 年）。

村松祐次『中国経済の社会態制』（東洋経済新報社、1949 年）。

百瀬弘『明清社会経済史研究』（研文出版、1980 年）。

島田正郎『清末における近代的法典の編纂〔東洋法史論集 3〕』（創文社、1980 年）。
　　評：宮坂宏（『法制史研究』31、1982 年）。

濱島敦俊『明代江南農村社会の研究』（東京大学出版会、1982 年）。

多賀秋五郎『中国宗譜の研究（上・下）』（日本学術振興会、1982 年）。
　　評：滋賀秀三（『法制史研究』34、1985 年）。

滋賀秀三『清代中国の法と裁判』（創文社、1984 年）。
　　評：岸本美緒（『中国研究月報』449、1985 年）。小口彦太（『法制史研究』35、
　　　1986 年）。高島俊男（『東方』149、1993 年）。

森田成満『清代土地所有権法研究』（勁草書房、1984 年）。
　　評：岸本美緒（『中国研究月報』449、1985 年）。寺田浩明（『法制史研究』35、
　　　1986 年）。

星斌夫『中国社会福祉政策史の研究――清代の賑済倉を中心に――』（国書刊行会、1985
　　年）。

島田正郎『明末清初モンゴル法の研究〔東洋法史論集 6〕』（創文社、1986 年）。
　　評：二木博史（『法制史研究』37、1988 年）。

岩見宏『明代徭役制度の研究』（同朋舎、1986 年）。
　　評：谷口規矩雄（『法制史研究』37、1988 年）。山根幸夫（『東洋史研究』46-1、
　　　1987 年）。

東洋史研究会編『雍正時代の研究』（同朋舎、1986 年）。

森正夫『明代江南土地制度の研究』（同朋舎、1988 年）。

荘司格一『中国の公案小説』（研文出版、1988 年）。

山根幸夫『明清史籍の研究』（研文出版、1989 年）。

石橋秀雄『清代史研究』（緑蔭書房、1989 年）。

呉金成（渡昌弘訳）『明代社会経済史研究─紳士層の形成とその社会経済的役割─』
　　（汲古書院、1990 年）。

森田明『清代水利社会史の研究』（国書刊行会、1990 年）。

島田正郎『清朝蒙古例の実効性の研究〔東洋法史論集 7〕』（創文社、1992 年）。
　　評：岡田英弘（『法制史研究』43、1994 年）。

小山正明『明清社会経済史研究』（東京大学出版会、1992 年）。
　　評：岸本美緒（『歴史学研究』643、1993 年）。山田賢（『千葉史学』23、1994
　　年）。

上田信『伝統中国─〈盆地〉〈宗族〉にみる明清時代』（講談社、1995 年）。
　　評：村井寛志（『中国研究月報』49-3、1995 年）。

山田賢『移住民の秩序─清代四川地域社会史研究─』（名古屋大学出版会、1995 年）。
　　評：井上徹（『東洋史研究』54-3、1995 年）。荒武達朗（『名古屋大学東洋史研究報
　　告』21、1997 年）。

檀上寛『明朝専制支配の史的構造』（汲古書院、1995 年）。

岡本さえ『清代禁書の研究』（東京大学出版会、1997 年）。

夫馬進『中国善会善堂史研究』（同朋舎出版、1997 年）。
　　評：川勝守（『法制史研究』48、1999 年）。

岸本美緒『明清交替と江南社会─17 世紀中国の秩序問題─』（東京大学出版会、1999
　　年）。
　　評：森正夫（『思想』917、2000 年）。山本英史（『史学雑誌』109-11、2000 年、後
　　に『清代中国の地域支配』、慶應義塾大学出版会、2007 年収録）。山崎覚士（『洛
　　北史学』2、2000 年）。則松彰文（『東洋史研究』59-4、2001 年）。山田賢（『社
　　会経済史学』67-4、2001 年）。岩井茂樹（『歴史学研究』752、2001 年）。

濱島敦俊『総管信仰─近世江南農村社会と民間信仰─』（研文出版、2001 年）。
　　評：岸本美緒（『史学雑誌』111-8、2002 年）。水越知（『東洋史研究』61-4、2003
　　年）。

三木聰『明清福建農村社会の研究』（北海道大学図書刊行会、2002 年）。
　　評：太田出（『東洋史研究』62-2、2003 年）。村上衛（『社会経済史学』68-6、2002

年）。卜永堅（『九州学林』4-2、2006 年）。

中島楽章『明代郷村の紛争と秩序—徽州文書を中心として—』（汲古書院、2002 年）。
　評：伊藤正彦（『社会経済史学』69-1、2003 年）。加藤雄三（『東洋史研究』62-1、
　　2003 年）。

熊遠報『清代徽州地域社会史研究—境界・集団・ネットワークと社会秩序—』（汲古
　書院、2003 年）。
　評：中島楽章（『社会経済史学』69-6、2004 年）。

萩原守『清代モンゴルの裁判と裁判文書』（創文社、2006 年）。
　評：二木博史（『法制史研究』57、2008 年）。

山本英史『清代中国の地域支配』（慶應義塾大学出版会、2007 年）。
　評：岸本美緒（『史学雑誌』120-11、2011 年）。荒武達朗（『法制史研究』58、2008
　　年）。

＊岸本美緒『地域社会論再考』（研文出版、2012 年）。
　評：島田美和（『中国研究月報』67-9、2013 年）。甘利弘樹（『歴史学研究』914、
　　2014 年）。則松彰文（『史学雑誌』125-10、2016 年）。

＊岸本美緒『風俗と時代観』（研文出版、2012 年）。
　評：島田美和（『中国研究月報』67-9、2013 年）。甘利弘樹（『歴史学研究』914、
　　2014 年）。則松彰文（『史学雑誌』125-10、2016 年）。

＊三木聰『伝統中国と福建社会』（汲古書院、2015 年）。
　評：小川快之（『中国研究月報』70-7、2016 年）。上田信『歴史評論』800、2016 年）。
　　山本英史（『史学雑誌』126-3、2017 年）。稲田清一（『社会経済史学』82-4、2017
　　年）。

＊山本英史『赴任する知県—清代の地方行政官とその人間環境』（研文出版、2016 年）。

＊奥山憲夫『明代武臣の犯罪と処罰』（汲古書院、2018 年）。

（2）史料集・譯注・索引

①通代

山腰敏寛『中国歴史公文書読解辞典』（汲古書院、2004 年）。

＊三木聰・山本英史・高橋芳郎編『伝統中国判牘資料目録』（汲古書院、2010 年）。

②宋元代

植松正編『元典章年代索引』（同朋舎、1980 年）。

梅原郁訳注『名公書判清明集』（同朋舎、1986 年）。

    評：高橋芳郎「梅原郁訳注『名公書判清明集』訂誤」（『名古屋大学東洋史研究報告』
        12、1987 年）。滋賀秀三（『法制史研究』37、1988 年）。滋賀秀三「訳注『清明
        集』書評の補」（『東洋法制史研究会通信』3、1989 年）。

    筆者補足：「拙訳『清明集』に対する高橋芳郎氏の「訂誤」について」（『名古屋大
        学東洋史研究報告』13、1988 年）。

赤城隆治・佐竹靖彦編『宋元官箴総合索引』（汲古書院、1987 年）。

梅原郁『慶元条法事類語彙輯覧』（京都大学人文科学研究所、1990 年）。

清明集研究会編『『名公書判清明集』（懲悪門）訳注稿（その 1～5）』（清明集研究会、
    1991～1995 年、販売:汲古書院）。

    評：滋賀秀三（『法制史研究』42、1992 年）。

吉田寅編『『慶元条法事類』諸本対校表（稿）』（立正大学東洋史研究室、1992 年）。

清明集研究会編『『名公書判清明集』（人品門）訳注稿〈上・下〉』（同、2000・2002
    年、販売:汲古書院）。

清明集研究会編『『名公書判清明集』（人倫門）訳注稿』（同、2005 年、販売:汲古書院）。

高橋芳郎『訳注『名公書判清明集』戸婚門—南宋代の民事的紛争と判決—』（創文社、
    2006 年）。

    紹介：高橋芳郎「宋代判語の難しさ」（『創文』489、2006 年）。

    評：戸田裕司（『法制史研究』57、2008 年）。

高橋芳郎『訳注『名公書判清明集』官吏門、賦役門、文事門』（北海道大学出版会、
    2008 年）。

清明集研究会編『『名公書判清明集』（官吏門）訳注稿〈上〉』（同、2008 年、販売:汲
    古書院）。

＊高橋芳郎『黄勉斎と劉後村、附文文山—南宋判語の訳注と講義』（北海道大学出版
    会、2011 年）。

③明清代

東京大学東洋文化研究所図書室編『我妻栄先生旧蔵アジア法制関係文献資料目録』（東
    京大学東洋文化研究所図書室、1982 年）。

濱下武志・久保亨・上田信・岸本美緒・臼井佐知子・寺田浩明編『東洋文化研究所所蔵中国土地文書目録解説（上・下）〔東洋学文献センター叢刊 40・48〕』（東京大学東洋文化研究所附属東洋学文献センター、1983・1986 年）。

旧雍正朱批諭旨研究班『雍正朱批諭旨索引稿―見出し項目』（旧雍正朱批諭旨研究班刊、1990 年）。

名古屋大学東洋史研究室編『《御製大誥》索引稿』（名古屋大学東洋史研究室、1995年）。

唐立、楊有赓、武内房司主編『貴州苗族林業契約文書匯編（1736―1950）（全 3 巻）』（東京外国語大学アジア・アフリカ言語文化研究所、2001～2003 年）。

岩淵慎編『中国第一歴史档案館・遼寧省档案館編中国明朝档案編匯総目録』（私家版、2003 年）。

＊西英昭『『臺灣私法』の成立過程―テキストの層位学的分析を中心に』（九州大学出版会、2009 年）。
　　評：春山明哲（『中国研究月報』64-6、2010 年）。岸本美緒（『社会経済史学』76-4、2011 年）。

三、中文論文

A.形成法秩序的各種制度及其特徵

（1）法的存在形態

①通代

趙田雲「中国古代契約的形式的源和流」（『文史』16、1983 年）。

張国華「中国伝統法律文化評估」（『中外法学〈北京大学〉』1990-1）。

陳景良「試論中西伝統法文化的内在差異及其歴史的借鑑」（『法学評論』1992-4）。

張秀容主持「中国法制史与台湾法制史之関係」（『政大法学評論』51、1994 年）。

俞鹿年「近年来大陸学者法律史学研究述評」（『中国史学』5、1995 年）。

田成有「理解中国伝統法文化的幾個問題」（『政治与法律』1999-1）。

孫光妍「対中国伝統法律文化的幾点反思」（『学習与探索』1999-1）。

劉敏「論伝統調解制度及其創造性転化—一種法文化学的分析」（『社会科学研究』1999-1）。

黄啟昌「試論中国古代的反貪立法」（『中国史研究』1999-1、後に『複印報刊資料：法理学・法史学』1999-4 収録）。

劉韶華、范海燕「中国伝統法律思想中価値取向的民法学思考」（『中央政法管理幹部学院学報』1999-2、後に『河北法学』1999-4 収録）。

王志武「古代中国民法不発達的文化原因初探」（『貴州社会科学』1999-5）。

胡旭晟「試論中国伝統訴訟文化的特質」（『南京大学法律評論』1999-春、後に『複印報刊資料：法理学・法史学』1999-8 収録）。

郭建「中国古代民事法律文化基本特徴概述」（『法律史論集』2、法律出版社、1999 年）。

李祝環「中国伝統民事契約研究」（『法律史論集』2、法律出版社、1999 年）。

蔡玉霞「簡論中国伝統法律文化」（『政法論叢』2001-1）。

陳暁楓・柳正権「中国法制史研究世紀回眸」（『法学評論』2001-2）。

顧元「中国古代的法律体系与法典体例—張晋藩教授『諸法併存、民刑有分』理論述評」（『政法論壇』2001-3）。

徐忠明「制作中国法律史：正史、档案与文学—関于歴史哲学与方法的思考」（『学術研究』2001-6、後に『複印報刊資料：法理学・法史学』2001-10 収録）。

岡野誠（楊永良訳）「日本之中国法史研究現況」（『法制史研究（台北）』1、2001 年）。

劉海年・馬小紅「五十年来的中国法制史研究」（『法律史論集』3、法律出版社、2001年）。

李強「中国伝統法文化的形成及近代転型」（『長江論壇』2002-1）。

陳剰勇「法、礼、刑的属性—対中国『法律』史研究方法論的一個反思—（上・下）」（『浙江社会科学』2002-5・6、後に『複印報刊資料：法理学・法史学』2003-4 収録）。

王志強「中国伝統法的地域性論略」（『経済社会体制比較』2002-3、後に『複印報刊資料：法理学・法史学』2002-9 収録）。

李婉麗「論我国典権法律制度之演変」（『当代法学』2002-7）。

仁井田陞「東亜法典的形成」（『法制与社会発展』2003-1、後に『複印報刊資料：法理学・法史学』2003-6 収録）。

郭成偉・孟慶超「論『天道』観対中国伝統法律的影響」（『政法論壇（中国政法大学学報）』2003-5）。

戴建国「関于中国法律史研究規範問題的思考」（『中西法律伝統』3、中国政法大学出版社、2003 年）。

曾憲義、馬小紅「中国伝統法的『一統性』与『多層次』之分析——兼論中国伝統法研究中応慎重使用『民間法』一詞」（『法学家』2004-1、後に『複印報刊資料：法理学・法史学』2004-4 収録）。

陳景良「反思法律史研究中的『類型学』方法—中国法律史研究的別一種思路」（『法商研究』2004-5）。

林瑞「中西法律文化的対比—韋伯与滋賀秀三的比較」（『法制与社会発展』2004-6、後に『複印報刊資料：法理学・法史学』2005-1 収録）。

陶安「法典与法律之間—近代法学給中国法制史带来的影響」（『法制史研究（台北）』5、2004 年）。

寺田浩明（呉博訳）「超越民間法論」（『民間法』3、山東人民出版社、2004 年、後に

『律師文摘』21、2006 年収録）。

→「民間法論を超えて」（『ジュリスト』1258、2003 年）。

寺田浩明「中国契約史与西方契約史─契約概念比較史的重新探討」（『民間法』4、山東人民出版社、2005 年）。

→「合意と契約─中国近世における「契約」を手掛かりに」（三浦徹・関本照夫・岸本美緒編『比較史のアジア─所有・契約・市場・公正』、東京大学出版会、2004 年）。

寺田浩明「中国固有法秩序与西方近代法秩序」（『民間法』4、山東人民出版社、2005 年）。

胡興東「元明清時期国家法対民間糾紛解決機制的規制研究」（『雲南大学学報・法学版』2007-4）。

寺田浩明（魏敏訳）「「非規則型法」之概念─以清代中国法為素材」（『法制史研究（台北）』12、2007 年）。

→「「非ルール的な法」というコンセプト─清代中国法を素材にして」（『法学論叢』160-3・4、2007 年）。

②宋元代

楊国宜「略論元朝的法律」（『安徽師範大学学報・哲社版』1982-3）。

趙勝「宋代的印刷禁令」（『河北師範大学学報』1982-6）。

陳抗生「論両宋法律思想的特点」（『中州学刊』1984-4）。

石磊「元朝法律制度述略」（『内蒙古社会科学』1985-2）。

趙暁耕「試論宋代的有関民事法律規範」（『法学研究』1986-3）。

傅百臣「金代法制初探」（『史学集刊』1986-4）。

陳景良「両宋法制歴史地位新論」（『史学月刊』1989-3）。

郭東旭「論宋代法律中『例』的発展」（『史学月刊』1991-3、後に鄧広銘・漆侠主編『中日宋史研討会中方論文選編』、河北大学出版社、1991 年収録）。

姜錫東「宋代買売契約初探」（鄧広銘・漆侠主編『中日宋史研討会中方論文選編』、河北大学出版社、1991 年所収）。

柳立言「宋代的「法制」与「法治」」（『歴史月刊』56、1992 年）。

王雲海「論宋代法制」（『国際宋史研討会論文選集』、河北大学出版社、1992 年所収）。

唐自斌「試論南宋封建法制的敗壊及原因」（『湖南師範大学学報・社科版』23-4、1994

年）。

何天明「試論元朝的法制建設」（『黑龍江民族叢刊』1996-3）。

黃震天「論遼代法律」（『北方文物』1996-3）。

劉曉「日本有関元代法制史研究概述」（『中国史研究動態』1996-4）。

郭東旭「宋代買売契約制度的発展」（『河北大学学報・哲社版』1997-3、後に『複印報
　　刊資料：宋遼金元史』1997-4、『複印報刊資料：法理学・法史学』1998-1、『宋朝法
　　律史論』、河北大学出版社、2001 年再録）。

白翠琴「略論元朝法律文化特色」（『民族研究』1998-1、後に『複印報刊資料：法理
　　学・法史学』1998-6 収録）。

何勤華「宋代的判例法研究及其法学価値」（『華東政法学院学報』2000-1）。

郭東旭「論宋朝法律文化特徴」（『転変与定型：宋代社会文化史学術研討会論文集』、
　　台湾大学、2000 年、後に『宋朝法律史論』、河北大学出版社、2001 年再録）。

李敏昌「論宋代法律制度的特点」（『三峽大学学報・人文社科版』2001-2）。

沈仁国「元代反贓賄法述論」（『江蘇教育学院学報・社科版』2002-1）。

郭東旭「宋朝以贓致罪法略述」（『河北大学学報・哲社版』2002-3）。

呉秋紅「論宋代的法律教育」（『黃岡師範学院学報』2002-4）。

張志勇「論遼代的法律思想」（『社会科学輯刊』2002-4）。

戴建国「20 世紀宋代法律制度史研究的回顧与反思」（『史学月刊』2002-8）。

王旭・郭暁英「元代二元法律文化対法律形式的影響」（『前沿』2002-11）。

張暁麗「宋代重法区与平法区的劃分及影響」（『淮北煤炭師範学院学報・哲社版』
　　2003-2）。

趙暁耕「両宋法律思想的変革及其特点」（『河南省政法管理幹部学院学報』2003-2、後
　　に『複印報刊資料：法理学・法史学』2003-6 収録）。

孔学「《名公書判清明集》所引宋代法律条文述論」（『河南大学学報・社科版』2003-2）。

趙華富「元代契尾翻印件的発現」（『安徽大学学報・哲社版』2003-5、後に『複印報刊
　　資料：宋遼金元史』2003-4 収録）。

屈文軍「《元典章》的史料価値和通読要領」（『内蒙古社会科学』2003-6）。

宮崎市定「宋元時期的法制与審判機構—《元典章》的時代背景及社会背景」（川村康
　　主編『中国法制史考証』丙編第三巻、中国社会科学出版社、2003 年所収）。

→「宋元時代の法制と裁判機構—元典章成立の時代的・社会的背景—」（『東方学報・
　　京都』24、1954 年、後に『宮崎市定全集』11、岩波書店、1992 年収録）。

植松正「元初法制一考—与金制的関係」（川村康主編『中国法制史考証』丙編第3巻、中国社会科学出版社、2003年所収）。

→「元初の法制に関する一考察—とくに金制との関連について—」（『東洋史研究』40-1、1981年）。

戴建国「宋代編勅初考」（尤韶華主編『中国法制史考証』甲編第5巻、中国社会科学出版社、2003年所収）。

王侃「宋代指揮考」（尤韶華主編『中国法制史考証』甲編第5巻、中国社会科学出版社、2003年所収）。

王侃「宋例考析」（尤韶華主編『中国法制史考証』甲編第5巻、中国社会科学出版社、2003年所収）。

趙旭「論北宋法律制度中『例』的発展」（『北方論叢』2004-1）。

劉長江「元代法政体制述論」（『重慶師範大学学報・哲社版』2005-2）。

郭尚武「論宋代民事立法的劃時代貢献」（『山西大学学報・哲社版』2005-3、後に『複印報刊資料・法理学・法史学』2005-8収録）。

劉雲生「宋代招標、投標制度論略」（『広東社会科学』2005-5、後に『複印報刊資料：法理学・法史学』2005-12収録）。

牛傑「論宋代契約関係和契約法」（『中州学刊』2006-2）。

陳志英「社会変革与宋代民事法的発展」（『河北法学』2006-5）。

李玉年「元代法律体系之構建—元代法律組成解析」（『安徽史学』2007-3、後に『複印報刊資料：明清史』2007-3収録）。

趙彦龍「論西夏契約及其制度」（『寧夏社会科学』2007-4、後に『複印報刊資料・：宋遼金元史』2007-4収録）。

楊卉青「宋代社会変革与契約法的発展述論」（『理論導刊』2007-8）。

③明清代

楊一凡「明大誥与朱元璋的重典治吏思想」（『学習与探索』1981-2）。

陳梧桐「明大誥与朱元璋封建専制的強化」（『法律史論叢』3、1983年）。

楊一凡「明初重典治民考実」（『法律史論叢』3、1983年）。

陳柯雲「徽州文書契約研究概観」（『中国史研究動態』1987-5、後に『複印報刊資料：明清史』1987-7収録）。

閻崇年「清代法制簡編」（『社会科学輯刊』1989-4）。

陳連營「明初法制教育述評」(『河南大学学報・社科版』1991-4)。

周紹泉「明清徽州契約与合同異同探究」(『中国史学』3、1993 年)。

黄曉明「從《明大誥》看明初法制」(『駐馬店師範專科学校学報』1994-4)。

阿風「明代徽州批契与其法律意義」(『中国史研究』1997-3)。

岸本美緒「清代民事法秩序─模式和比較─」(『中国研究』3-1、1997 年)。

呂麗「《清会典》的根本法与行政法的合一性」(『吉林大学社会科学学報』1998-2、後に『複印報刊資料：法理学・法史学』1998-4 収録)。

寺田浩明(王亜新訳)「明清時期法秩序中『約』的性質」(滋賀秀三等著、梁治平・王亜新編『明清時期的民間契約和民事審判』、法律出版社、1998 年)。

→「明清法秩序における「約」の性格」(溝口雄三他編『シリーズアジアから考える 4 社会と国家』、東京大学出版会、1994 年)。

周永坤「明代護農立法散論」(『政治与法律』1999-1)。

邱遠猷「明太祖朱元璋重典懲貪」(『法律史論集』2、法律出版社、1999 年)。

王志強「論清代条例中的地区性特別法」(『復旦学報・社科版』2000-2)。

鮑春紅「試論明初法律教化」(『蕪湖師範專科学校学報』2000-2)。

鄭秦「康熙現行則例考：律例之外的条例」(『歴史档案』2000-3)。

韓秀桃「清代例的制定与実施─雍正五年『開豁世僕』諭旨在徽州、寧国実施情況的個案分析」(『法制与社会発展』2000-4、後に『複印報刊資料：法理学・法史学』2000-11 収録)。

鄭定・閔冬芳「論清代対明朝条例的継承与発展」(『法学家』2000-6、後に『複印報刊資料：法理学・法史学』2001-3 収録)。

劉洪彪「論朱元璋重典治吏」(『西南民族学院学報・哲社版』2000-9)。

寺田浩明(范愉訳)「関於清代的民事法」(『学人』15、2000 年)。

張晋藩、林乾「《戸部則例》与清代民事法律探源」(『比較法研究』2001-1、後に『複印報刊資料：法理学・法史学』2001-7 収録)。

何勤華「清代法律淵源考」(『中国社会科学』2001-2、後に『複印報刊資料：法理学・法史学』2001-7 収録)。

余洪波「明朝《大誥》頒行動機新議」(『河南社会科学』2001-2、後に『複印報刊資料：法理学・法史学』2001-8 収録)。

周少元「清末法学教育的多様性特点」(『華東政法学院学報』2001-3、後に『複印報刊資料：法理学・法史学』2001-8 収録)。

張生「略論朱元璋犯罪予防思想」(『中央政法管理幹部学院学報』2001-4)。

鄭定、関冬芳「略論清代対明朝条例的継承与発展」(『継承与創新—中国法律史学的世紀回顧与展望』、法律出版社、2001 年所収)。

邱澎生「真相大白?明清刑案中的法律推理」(熊秉真編『認証拠説話—中国篇』、麦田出版公司、2001 年所収)。

殷鳳斌「明初懲貪粛賄法制的歴史考察与借鑑」(『理論与現代化』2002-1)。

袁自永「試論清代民族法制的特点」(『貴州民族学院学報・哲社版』2002-2)。

張晋藩「清朝法政史概論」(『清史研究』2002-3)。

王継軍、趙曉耕、劉涛「伝統法律文化与山西票号的興衰」(『山西大学学報・哲社版』2002-3、後に『複印報刊資料：法理学・法史学』2002-11 収録)。

龍大軒「十九世紀末地方法律実践状況考——一塊碑文透出的歴史信息」(『現代法学』2002-3、後に『複印報刊資料：法理学・法史学』2002-11 収録)。

張兆凱「朱元璋重典懲貪得失新論」(『求探』2002-4)。

李雲霞「清朝的法律制度述略」(『満族研究』2002-4)。

卞利「明清時期徽州的民間禁賭」(『安徽師範大学学報・人文社科版』2002-4)。

湯毅平「論明初的法制反腐懲貪」(『湖南行政学院学報』2002-6)。

冀蔭「清代民族法制概説」(『西南民族学院学報・哲社版』2002-7)。

馬薇薇「試論清代的例対明代的例之継承」(『燕山大学学報・哲社版』2003-2)。

俞江「『契約』与『合同』之辨—以清代契約文書為出発点」(『中国社会科学』2003-6、後に『複印報刊資料：法理学・法史学』2004-3 収録)。

邱澎生「有資用世或福祚子孫：晩明有関法律知識的両種価値観」(『清華学報(台湾)』新 33-1、2003 年)。

谷井陽子「清代則例省例考」(寺田浩明主編『中国法制史考証』丙編第 4 巻、中国社会科学出版社、2003 年所収)。

→「清代則例省例考」(『東方学報・京都』67、1995 年)。

楊一凡「明初重典補考」(楊一凡主編『中国法制史考証』甲編第 6 巻、中国社会科学出版社、2003 年所収)。

李力「清代法律制度中的民事習慣法」(『法商研究』2004-2、後に『複印報刊資料：法理学・法史学』2004-7 収録)。

楊昂「略論清例対明例之継受」(『華南理工大学学報・社科版』2004-3)。

冀汝富「清代保障商旅安全的法律機制：以《西江政要》為例」(『清史研究』2004-4)。

吳欣「明清時期的『中人』及其法律作用与意義──以明清徽州地方契約為例」(『南京大学法律評論』2004-春、後に『複印報刊資料：法理学・法史学』2005-3 收錄)。

李雪梅「明清碑刻中的制定法与習慣法」(『中国古代法律文献研究』2、中国政法大学出版社、2004 年)。

李愛栄「清代権利観念研究」(『蘭州学刊』2005-1)。

李瑩「朱元璋『重典治吏』的弊端与借鑑」(『黑龍江省政法管理幹部学院学報』2005-1)。

李洪文「明初重典治吏的立法和実践初探」(『湖南商学院学報』2005-3)。

謝冬慧「論明朝初期的重典治貪制度」(『安徽工業大学学報・社科版』2005-4)。

李留文「清代則例初探」(『広西社会科学』2005-9)。

陳支平・欒成顕・陳学文・岸本美緒・王振忠「明清契約文書与歴史研究筆談」(『史学月刊』2005-12、後に『複印報刊資料：明清史』2006-6 收錄)。

　　※陳支平「努力開拓民間文書研究的新局面」。欒成顕「明清契約文書的研究価值」。陳学文「土地契約文書与明清社会、経済、文化的研究」。岸本美緒「東京大学東洋文化研究所契約文書研究会的 30 年」。王振忠「収集、整理和研究徽州文書的幾点思考」。

程李英「家族族規在明清法律体系中的地位」(『安徽警官職業学院学報』2006-4)。

李留文「清代則例的特点及其利用」(『貴州社会科学』2006-5)。

夏紅永「清代的律、例、令初考」(『池州師範専科学校学報』2006-6)。

葉雯「従則例的纂修看清代的行政管理」(『清史論叢』2006 年号)。

劉道勝「明清徽州民間契約関係的維系」(『安徽師範大学学報・人文社科版』2007-2)。

潘洪鋼「中国伝統社会中的『具文』現象：以清代禁賭禁娼為例的討論」(『学習与実践』2007-5)。

(2) 官方的審判

①通代

張金蘭「《官箴》要義及其現実意義」(『嘉応大学学報』1995-4)。

馬作武「古代息訟之術探討」(『武漢大学学報・哲社版』1998-2、後に『複印報刊資料：法理学・法史学』1998-5 收錄)。

刑暁軍「伝統中国的『厭訟』現象及其対現代社会的啟示」(『汕頭大学学報』1998-2)。

李文海・趙暁華「『厭訟』心理的歴史根源」(『光明日報』1998 年 3 月 6 日、後に『複印報刊資料：法理学・法史学』1998-4 收錄)。

程宗璋「中国伝統社会『無訟観』的再認識」（『湖北民族学院学報・社科版』1998-5、
　　後に『中華文化論壇』1999-3 収録）。

侯淑雯「中国古代法官自由裁量制度的発展脈絡」（『法商研究』1999-1、後に『複印報
　　刊資料：法理学・法史学』1999-3 収録）。

于語和「試論『無訟』法律伝統産生的歴史根源和消極影響」（『法学家』2000-1、後に
　　『複印報刊資料：法理学・法史学』2000-5 収録）。

張鳴芳「中国伝統的重民恤獄思想和実践」（『当代法学』2000-3）。

李交発「中国伝統訴訟文化寛厳之辨」（『法商研究』2000-3）。

陳景良「崔述反『息訟』思想論略」（『法商研究』2000-5）。

任志安「無訟：中国伝統法律文化的価値取向」（『政治与法律』2001-1）。

杜聞「中国古代民訴証明標準初探」（『研究生法学』2001-2）。

周少元・韓秀桃「中国古代県治与官箴思想—以《欽頒州県事宜》為例」（『政法論壇』
　　2001-2）。

陳景良「訟師与律師：中西司法伝統的差異及其意義」（『中国法学』2001-3）。

霍存福「中国伝統法文化的文化性状与文化追尋—情理法発生・発展及其命運」（『法制
　　与社会発展』2001-3）。

李交発「中国伝統訴訟文化軽重之辨」（『求索』2001-5）。

夏新華「中国的伝統訴訟原則」（『現代法学』2001-6）。

張勇「従歴代官箴看中国古代司法」（『継承与創新—中国法律史学的世紀回顧与展望』、
　　法律出版社、2001 年所収）。

梁鳳栄「論中国古代的調処制度及其影響」（『継承与創新—中国法律史学的世紀回顧与
　　展望』、法律出版社、2001 年所収）。

陳亜平「情・理・法：礼治秩序」（『読書』2002-1）。

黄暁明「無争無訟与中国古代訴訟価値的取向」（『訴訟法学研究』2002-3）。

曹智「中国伝統民事訴訟之考証」（『広州大学学報・社科版』2002-5）。

龔汝富「中国古代健訟之風与息訟機制評析」（『光明日報』2002 年 7 月 23 日）。

胡旭晟「中国伝統訴訟文化的価値取向」（『中西法律伝統』2、中国政法大学出版社、
　　2002 年）。

肖文「中国古代公証的民間様式与官方様式」（『民間法』1、山東人民出版社、2002 年）。

鄧建鵬「健訟与賤訟：両宋以降民事訴訟中的矛盾」（『中外法学〈北京大学〉』2003-6、
　　後に『複印報刊資料：法理学・法史学』2004-4 収録）。

方立新・許翰信「糾葛、訟師与中国古代法律文化」(『浙江大学学報・人文社科版』
　　2003-6）。

鄭秦「司法制度考」(蘇亦工主編『中国法制史考証』甲編第 7 巻、中国社会科学出版
　　社、2003 年所収）。

沈国琴「論中国伝統司法権的構造」(『中国社会科学院研究生院学報』2004-1）。

吳勇「試析伝統無訟価値観産生根源及其歴史影響」(『広西商業高等専科学校学報』
　　2004-2）。

潘宇「中国伝統訴訟観念辨析」(『長春師範学院学報』2005-3）。

王忠春「無訟的『理由』—来自伝統社会官員対訴訟成本的社会考量」(『山東科技大学
　　学報・社科版』2005-4）。

汪世栄「判例在中国伝統法中的功能」(『法学研究』2006-1）。

②宋元代

楊廷福、銭元凱「宋朝民事訴訟制度述論」(『宋史論集』、中州書画社、1983 年所収）。

莫家斉「南宋民事訴訟証拠制度管見」(『法学季刊』1985-2）。

戴建国「宋代的獄政制度」（『上海師範大学学報・哲社版』1987-3）。

郭東旭「宋代之訟学」(『河北学刊』1988-2、後に『宋朝法律史論』、河北大学出版社、
　　2001 年収録）。

郭東旭「南宋的越訴法」（『河北大学学報』1988-3、後に『宋朝法律史論』、河北大
　　学出版社、2001 年収録）。

戴建国「宋代的公証機構—書舗」(『中国史研究』1988-4、後に『宋代法制初探』、黒
　　龍江人民出版社、2000 年収録）。

陳智超「宋代的書舗与訟師」(『劉子健博士頌寿紀念宋史研究論集』、同朋舎、1989 年
　　所収）。

何忠禮「論南宋刑政未明之原因及其影響—由《名公書判清明集》所見」(『東方学報・
　　京都』61、1989 年）。

賀衛方「中国古代司法判決的風格与精神—以宋代判決為基本依拠兼与英国比較」(『中
　　国社会科学』1990-6）。

孔慶明「南宋的書判与民法」(『中国法律史国際学術討論会論文集』、陝西人民出版社、
　　1990 年所収）。

潘栄生「宋代『公証書舗』補説」(『中国史研究』1991-4）。

陳高華「元朝的審判機構和審判程序」(『東方学報・京都』66、1994 年)。

林煌達「宋代官箴与吏員管理」(『中国歴史学会史学集刊』26、1994 年)。

李明德「元代司法制度述略」(『法学研究』1995-1)。

何忠禮「略論宋代士大夫的法制観念」(『浙江学刊』1996-1)。

蘇基朗「宋代的司法与法治秩序」(『大陸雑誌』92-3、1996 年)。

陳景良「試論宋代士大夫司法活動中的德性原則与審判芸術—中国伝統法律文化研究之
　　二」(『法学』1997-3)。

陳景良「試論宋代士大夫司法活動中的人文主義批判之精神」(『法商研究』1997-5)。

王平宇「従「清明集」看南宋地方官対待「争業」訴訟的態度」(『思与言』35-4、1997
　　年)。

郭東旭「論南宋名公的審判精神—読《名公書判清明集》有感之一」(『宋史研究論文
　　集』、雲南民族出版社、1997 年、後に『宋朝法律史論』、河北大学出版社、2001
　　年再録)。

李俊清「宋代対政府官員的法律監督」(『中国行政管理』1998-3)。

鄭強勝「宋代吏風初探」(『中国史研究』1998-4)。

陳景良「試論宋代士大夫的法律観念」(『法学研究』1998-4)。

王志強「南宋司法裁判中的価値取向—南宋書判初探」(『中国社会科学』1998-6、後に
　　『複印報刊資料：法理学・法史学』1999-1 収録)。

王德毅「宋代的官箴—公正廉明」(『歴史月刊』124、1998 年)。

王平宇「承襲与調適—元代的官箴」(『歴史月刊』124、1998 年)。

曽代偉「金朝訴訟審判制度論略」(『民族研究』1999-2、後に『複印報刊資料：法理
　　学・法史学』1999-6 収録)。

夏邦「略論包公的『人治』司法模式」(『華南師範大学学報・社科版』1999-3)。

劉新「包拯的法律思想与中国伝統法律文化」(『法学家』1999-3、後に『複印報刊資
　　料：法理学・法史学』1999-8 収録)。

黄山松・胡寧寧「略論宋代州県公吏違法」(『中共浙江省委党校学報』1999-5、後に『複
　　印報刊資料：法理学・法史学』2000-2 収録)。

陳景良「元朝民事訴訟与民事法規論略」(『法律史論集』2、法律出版社、1999 年)。

蕭忠文「論宋代『巡検司』設置的作用及意義」(『江西公安専科学校学報』2000-1)。

何勤華「宋代的判例法研究及其法学価値」(『華東政法学院学報』2000-1)。

裴汝成「宋代『代写状人』和『写状鈔書舗』—読(名公書判清明集)札記」(『半粟集』、

河北人民出版社、2000 年所収）。

春楊「宋代対司法的監督制度和慣例研究」（『中西法律伝統』1、中国政法大学出版社、
　　2001 年）。

陳景良「訟学与訟師：宋代司法伝統的詮釈」（『中西法律伝統』1、中国政法大学出版
　　社、2001 年）。

陳景良「宋代士大夫法律批判意識論略」（『継承与創新——中国法律史学的世紀回顧与展
　　望』、法律出版社、2001 年所収）。

劉馨珺「南宋獄訟判決文書中的「健訟之徒」」（『中國歷史学会史学集刊』33、2001 年、
　　後に『宋史研究集』31、蘭台出版社、2002 年収録）。

楊国宜「略論包拯的民本思想」（『安徽師範大学学報・人文社科版』2002-1）。

淮建利「北宋初年懲貪措施述論」（『鄭州大学学報・社科版』2002-1）。

陳景良「訟学、訟師与士大夫——宋代司法伝統的転型及其意義」（『河南省政法管理幹部
　　学院学報』2002-1、後に『複印報刊資料：法理学・法史学』2002-6 収録）。

鄭穎慧「宋代官箴清廉思想論略」（『河北大学成人教育学院学報』2002-4）。

周宝栄「北宋官方対民間出版的管制」（『中南民族学院学報・人文社科版』2002-6）。

祖慧「論宋代胥吏的作用及影響」（『学術月刊』2002-6）。

屈超立「両宋的民事調処」（『人民法院報』2002 年 10 月 28 日）。

劉馨珺「論宋代獄訟中「情理法」的運用」（『法制史研究（台北）』3、2002 年）。

石濤「宋代提点刑獄司研究」（『聊城大学学報・社科版』2003-1）。

屈超立「宋代民事案件的上訴程序考述」（『現代法学』2003-2）。

屈超立「論宋代転運司的司法職能」（『浙江学刊』2003-4、後に『複印報刊資料：宋遼
　　金元史』2003-4 収録）。

李鳴「西夏司法制度述略」（『西南民族大学学報・人文社科版』2003-6）。

張徳英「宋代学校中的『自訟斎』」（『文史知識』2003-12）。

戴建国「宋代審判制度考」（尤韶華主編『中国法制史考証』甲編第 5 巻、中国社会科
　　学出版社、2003 年所収）。

戴建国「宋代提点刑獄司考略」（尤韶華主編『中国法制史考証』甲編第 5 巻、中国社
　　会科学出版社、2003 年所収）。

戴建国「宋代公証書舗考」（尤韶華主編『中国法制史考証』甲編第 5 巻、中国社会科
　　学出版社、2003 年所収）。

薛梅卿「宋代寛典治吏考略」（尤韶華主編『中国法制史考証』甲編第 5 巻、中国社会

科学出版社、2003 年所収）。

王志強「南宋司法裁判引用的法条考」（尤韶華主編『中国法制史考証』甲編第 5 巻、
　　中国社会科学出版社、2003 年所収）。

陳高華「元代的審判機構和審判程序考」（尤韶華主編『中国法制史考証』甲編第五巻、
　　中国社会科学出版社、2003 年所収）。

佐立治人「《清明集》的『法意』与『人情』—由訴訟当事人進行法律解釈的痕跡」（川
　　村康主編『中国法制史考証』丙編第三巻、中国社会科学出版社、2003 年所収）。

→「『清明集』の「法意」と「人情」—訴訟当事者による法律解釈の痕跡」（梅原郁編『中
　　国近世の法制と社会』、京都大学人文科学研究所、1993 年所収）。

鄧勇「論中国古代法律生活中的『情理場』—従《名公書判清明集》出発」（『法制与社
　　会発展』2004-5）。

陳景良「宋代司法伝統及其現代意義」（『河南省政法管理幹部学院学報』2005-3）。

郭東旭・鄭迎光「宋朝司法腐敗現象簡論」（『河北大学学報・哲社版』2005-5）。

黄玉環「提点刑獄公事与審刑院、御史台推勘官」（『貴州民族学院学報・哲社版』
　　2005-5）。

趙旭「論宋代民間訴訟的保障与局限」（『史学月刊』2005-5）。

牛傑「宋代好訟之風産生原因再思考—以郷村司法機制為中心」（『保定師範専科学校学
　　報』2006-1）。

陳景良「宋代『法官』、『司法』和『法理』考略—兼論宋代司法伝統及其歴史転型」（『法
　　商研究』2006-1）。

張利「『義理決獄』探析—以《名公書判清明集》為主要依拠」（『河北学刊』2006-2）。

楊建宏「論宋代官方諭俗文与基層社会控制」（『湖南社会科学』2006-3）。

陳景良「宋代司法伝統的現代解読」（『中国法学』2006-3）。

傅日晶「試論宋代司法制度的発展」（『学術探索』2006-3）。

胡興東「元代司法運作機制之研究」（『雲南大学学報・法学版』2006-6、後に『複印報
　　刊資料：法理学・法史学』2007-2 収録）。

崔蘭琴、張喩忻「略論宋代法官行為責任制」（『江南大学学報・人文社科版』2007-1）。

李華、王存河「試析宋代証拠制度発達的原因」（『甘粛政法学院学報』2007-1、後に『複
　　印報刊資料：法理学・法史学』2007-6 収録）。

張正印「宋代司法中的『吏強官弱』現象及其影響」（『法学評論』2007-5、後に『複印
　　報刊資料：法理学・法史学』2007-12 収録）。

③明清代

巨煥武「明代的訴訟費用—囚紙」(『大陸雜誌』62-4、1981 年)。

曹培「清代州県民事訴訟初探」(『中国法学』1984-2)。

巨煥武「明代判決書的格式及其記載方法」(『大陸雜誌』68-3、1984 年)。

趙中男「試論明代的『老人』制度」(『東北師範大学学報・哲社版』1987-3)。

余興安「明代里老制度考述」(『社会科学輯刊』1988-2)。

孫謙「晩清時期訴訟観的演変」(『江漢論壇』1991-2)。

鄭秦「清代州県審判試析」(『清史論叢』8、1991 年)。

王興亜「明代実施老人制度的利与弊」(『鄭州大学学報・哲社版』1993-2)。

古鴻廷・黄昭仁「清代知県研究」(『中華文化学報』1、1994 年)。

古鴻廷「清代知県研究」(『人事管理』32-8 (378)、1995 年)。

杜婉言「明代訴訟制度」(『中国史研究』1996-2)。

陶建平「清代地方官場病及其救治之道：陳宏謀従政箴言探要」(『学術論壇』1996-2)。

徐志明「従明清小説看中国人的訴訟観念」(『中山大学学報・社科版』1996-4)。

那思陸「明代錦衣衛与司法審判」(『空中大学社会科学学報』4、1996 年)。

卞利「明代徽州的訴訟：兼析明代民間訴訟観念的変化」(『光明日報』1997 年 5 月 13 日)。

周紹泉「徽州文書所見明末清初的糧長、里長和老人」(『中国史研究』1998-1)。

季雲飛「清代台湾民間械闘与清政府的対策」(『社会科学輯刊』1998-4)。

那思陸「清代台湾案件的司法審判機関」(『社会科学学報〈空中大学〉』6、1998 年)。

那思陸「清代台湾案件的司法審判程序」(『政大法学評論』60、1998 年)。

寺田浩明（王亜新訳）「日本的清代司法制度研究与対『法』的理解」(滋賀秀三等著、梁治平・王亜新編『明清時期的民間契約和民事審判』、法律出版社、1998 年所収)。

→「清代司法制度研究における「法」の位置付けについて」(『思想』792、1990 年)。

寺田浩明（王亜新訳）「権利与冤抑—清代聴訟和民衆的民事法秩序」(滋賀秀三等著、梁治平・王亜新編『明清時期的民間契約和民事審判』、法律出版社、1998 年所収)。

→「権利と冤抑—清代聴訟世界の全体像」(『法学〈東北大学〉』61-5、1997 年)。

寺田浩明（王亜新訳）「清代民事審判：意義与性質—日美両国学者之間争論」(『北大法律評論』1-2、法律出版社、1998 年)。

段自成「明清郷約的司法職能及其産生原因」(『史学集刊』1999-2)。

寺田浩明（潘健訳・王亜新校）「清代民事審判与近代法型秩序」（『中外法学〈北京大学〉』1999-2、後に張中秋編『中国法律形象的一面—外国人眼中的中国法』、法律出版社、2002 年収録）。

張鳴芳「《皇明条法事類纂》所反映的明中期訴訟立法上的重民恤獄思想」（『河北法学』1999-2、後に『複印報刊資料：法理学・法史学』1999-5 収録）。

那思陸「明代的司法制度」（『政大法学評論』61、1999 年）。

韓秀桃「《教民榜文》所見明初基層里老人理訟制度」（『法学研究』2000-3）。

高王凌「清代有関農民抗租的法律和政府政令」（『清史研究』2000-4）。

張可輝「清朝司法行政述略」（『行政与法』2001-4）。

卜永堅「清代法律中的「不応為」律与雍正五年「奸頑佃戸」例」（『中国文化研究所学報』2001-10）。

那思陸「明代内閣与司法審判」（『法制史研究（臺北）』2、2001 年）。

那思陸「明代司礼監与司法審判」（『空中大学社会科学学報』9、2001 年）。

巫仁恕「明代的司法与社会—従明人文集中的判牘談起」（『法制史研究（臺北）』2、2001 年）。

周紹泉「退契与元明的郷村裁判」（『中国史研究』2002-2、後に『複印報刊資料：明清史』2002-5 収録）。

徐林「明吏為政心態与吏治腐敗」（『東北師範大学学報・哲社版』2002-3）。

龔汝富「明清的尚訟現象和職業『律師』」（『文史知識』2002-8）。

陳玉心（趙嵐訳）「清代健訟外証—威海衛英国法庭的華人民事訴訟」（『環球法律評論』2002-秋季号）。

那思陸「明代三法司与司法審判」（『空中大学社会科学学報』10、2002 年）。

柏樺「明清州県司法審判中的『六濫』現象」（『清史研究』2003-1）。

趙旭光「清代地方司法管轄浅析」（『天中学刊』2003 増刊）。

夫馬進「訟師秘本《蕭曹遺筆》的出現」（寺田浩明主編『中国法制史考証』丙編第 4 巻、中国社会科学出版社、2003 年所収）。

→「訟師秘本『蕭曹遺筆』の出現」（『史林』77-2、1994 年）。

劉鳳雲「明清時期地方官衙浅論—兼論城市空間文化」（『故宮博物院院刊』2002-1）。

方瀟「伝統法制之吏治境遇：道德虚張与法律萎縮及其他：以明初重典治吏為背景的一種文化解析」（『河南省政法管理幹部学院学報』2003-5）。

尤韶華「明代訴訟制度考略」（楊一凡主編『中国法制史考証』甲編第 6 巻、中国社会

科学出版社、2003 年所収）。

瞿東堂「論清代的訴訟制度」（『華北水利水電学院学報・社科版』2004-4）。

瞿東堂「論清代的刑名幕友及其在政治生活中的作用」（『河南師範大学学報・哲社版』2004-4）。

周藝「試析明代民眾訴訟観念的特点及其成因：兼談其対現代的借鑑意義」（『哈爾濱学院学報』2004-9）。

徐忠明「明清訴訟：官方的態度与民間的策略」（『社会科学論壇』2004-10 A）。

邱澎生「以法為名：明清訟師与幕友対法律秩序的衝撃」（『新史学（台北）』15-4、2004年）。

寺田浩明（鄭芙蓉訳）「関于清代聴訟制度所見『自相矛盾』現象的理解──対黄宗智教授的『表達与実践』理論的批判」（『私法〈北京大学〉』4-2、2004 年）。

→「清代聴訟に見える「逆説」的現象の理解について──ホアン氏の「表象と実務」論に寄せて」（『中国──社会と文化』13、1998 年）。

寺田浩明（李力訳）「中国清代的民事訴訟与『法之構築』──以淡新档案的一个案例為素材」（『私法〈北京大学〉』3-2、2004 年）。

→「中国清代民事訴訟と「法の構築」──『淡新档案』の一事例を素材にして」（『法社会学』58、有斐閣、2003 年）。

吳秋紅「論清代判例的適用」（『理論月刊』2005-2）。

林乾「訟師対法秩序的衝撃与清朝嚴治訟師立法」（『清史研究』2005-3）。

鄧建鵬「清代訟師的官方規制」（『法商研究』2005-3）。

王改萍「從《詳情公案》看明代訴訟制度」（『山西警官高等專科学校学報』2005-4）。

徐忠明「明清刑事訴訟『依法判決』之辨正」（『法商研究』2005-4、後に『複印報刊資料：法理学・法史学』2005-12 収録）。

徐中明「関于明清時期司法档案中虛構与真実：以《天啟崇禎年間潘氏不平鳴稿》為中心的考察」（『法学家』2005-5）。

陸平舟「官僚、幕友、胥吏：清代地方政府的三維体系」（『南開学報・哲社版』2005-5、後に『複印報刊資料：明清史』2006-2 収録）。

劉婷婷「淺議清代的調解制度」（『雲南大学学報・法学版』2005-6、後に『複印報刊資料：法理学・法史学』2006-2 収録）。

霍存福「唆訟、嚇財、撓法：清代官府眼中的訟師」（『吉林大学社会科学学報』2005-6、後に『複印報刊資料：法理学・法史学』2006-4 収録）。

修雲福「論清朝訟師対司法秩序的維持功能」（『辺疆経済与文化』2005-9）。

劉愫貞「清代判詞語言的法文化視角」(『学術交流』2005-11)。

柏樺「『情理法』与明代州県司法審判」(『学習与探索』2006-1)。

卞利「明清時期民事訴訟立法的調整与農村基層社会的穏定」(『江海学刊』2006-1)。

李方明「清代司法実践中的情理初探」(『白城師範学院学報』2006-1)。

霍存福「従業者、素養、才能：職業与専業視野下的清代訟師」(『遼寧大学学報・哲社科版』2006-1)。

汪毅夫「訟師唆訟：清代閩省内地和台地的社会問題」(『廈門大学学報・哲社科版』2006-2、後に『複印報刊資料：明清史』2006-7収録)。

張小也「清代的地方官員与訟師——以《樊山批判》与《樊山政書》為中心」(『史林』2006-3)。

楊婉琪、肖建文「明代『里老』名称考辨」(『古今農業』2006-3)。

張従容「疑案、存案、結案：従春阿氏案看清代疑案了結技術」(『法制与社会発展』2006-4)。

鄧建鵬「清代健訟社会与民事証拠規則」(『中外法学〈北京大学〉』2006-5)。

徐忠明「清代司法官員知識結構的考察」(『華東政法学院学報』2006-5)。

何偉「試論古代中国司法審判的倫理性——以清代審判為例」(『法制与社会』2006-8)。

鄭小春「明清徽州訴訟文書的遺存及其特点」(『巢湖学院学報』2007-1)。

龔汝富「明清訟師秘本制作的経験与素材」(『江西師範大学学報・哲社版』2007-1)。

蔣鉄初「清代民事疑難案件的処理模式初探」(『求索』2007-1)。

劉錦龍、呉光輝「刑名幕友与清代法律教育」(『九江学院学報』2007-2)。

鄧建鵬「清代訴訟費用研究」(『清華大学学報・哲社版』2007-3)。

潘宇「明清訟師秘本中的状詞解析」(『法制与社会発展』2007-3)。

鄧建鵬「清代州県訟案的裁判方式研究：以『黄岩訴訟档案』為考査対象」(『江蘇社会科学』2007-3)。

柏樺「清代州県司法与行政——黄六鴻与《福恵全書》」(『北方法学』2007-3)。

尤陳俊「明清日常生活中的訟学伝播——以訟師秘本与日用類書為中心考察」(『法学』2007-3、後に『複印報刊資料：法理学・法史学』2007-8収録)。

蔣鉄宇「明清民事習慣的証拠功能」(『北方論叢』2007-4)。

曽維冰「明朝民事訴訟変革初探：以唐宋『務限』為参照系」(『瓊州学院学報』2007-4)。

龔汝富「明清時期司法官吏的法律教育」(『江西財経大学学報』2007-5)。

高峰雁「従訟師問題看清代地方司法的表達与実践」(『史学月刊』2007-6)。

文偉「明初里老人在基層社会中的職責」(『哈爾濱学院学報』2007-10)。

（3）民間秩序的形成

①通代

王思治「宗族制度淺論」(『清史論叢』1982-4)。

李文治「中国封建宗族社会土地関係与宗族宗法制」(『歴史研究』1989-5)。

張鳳池「対豪強勢力的歴史考察」(『黄淮学刊』1990-2)。

張中秋「民族（部落）・宗族（家族）・国家（社会）──伝統中国集団本位法的形成与発
　　　展」(『上海社会科学院学術季刊』1991-4)。

王日根「宋以来義田発達述略」(『中国経済史研究』1992-4)。

趙華富「論徽州宗族繁栄的原因」(『民俗研究』1993-1)。

王日根「義田及其在封建社会中後期之社会功能淺析」(『社会学研究』1993-6)。

劉修明「中国社会的転機与社会史研究：『地域社会与伝統中国』国際学術討論会述評」
　　　(『学術月刊』1994-12)。

周天游、葛承雍「中国社会史研究的新趨向：『地域社会与伝統中国』国際学術会議綜
　　　述」(『歴史研究』1995-1)。

唐力行「徽州方氏与社会変遷──兼論地域社会与伝統中国」(『歴史研究』1995-1)。

王日根「宋以来義田生成機制論」(『厦門大学学報・哲社版』1995-4、後に『複印報刊
　　　資料：宋遼金元史』1996-3 収録)。

曹天生「徽学研究的新動向：『首届国際徽学学術討論会』綜述」(『中国史研究動態』
　　　1995-6)。

林済「論近世宗族組織合形成的歴史条件与総体歴程」(『華南師範大学学報・社科版』
　　　1996-3)。

黎小龍「義門大家庭的分布与宗族文化的区域特徴」(『歴史研究』1998-2)。

夏新華、李勝偉「論中国伝統訴訟中的宗法倫理原則」(『河南省政法管理幹部学院学報』
　　　2001-5)。

卜安淳「従《水滸伝》看伝統中国社会法治観念的層次性」(『南京大学法律評論』2001-
　　　秋)。

馬建興「中国宗族制度与封建国法」(『継承与創新──中国法律史学的世紀回顧与展望』、
　　　法律出版社、2001 年所収)。

范忠信「宗法社会組織与中華法律伝統的特徴」（『中西法律伝統』1、中国政法大学出版社、2001年）。

龔汝富「江西古代『尚訟』習俗浅析」（『南昌大学学報・人文社科版』2002-2）。

鄭定、馬建興「論宗族制度与中国伝統法律文化」（『法学家』2002-2、後に『複印報刊資料：法理学・法史学』2002-7収録）。

姚偉鈞「宗法制度的興亡及其対中国社会的影響」（『華中師範大学学報・人文社科版』2002-3）。

趙華富「関於徽州宗族制度的三個問題」（『安徽史学』2003-2）。

張中秋「郷約的諸属性及其文化原理認識」（『南京大学学報・哲学人文社科版』2004-5、後に『複印報刊資料：法理学・法史学』2005-1収録）。

田水「郷約、民間秩序的重建」（『江蘇警官学院学報』2004-5）。

常建華「宋明以来宗族制形成理論辨析」（『安徽史学』2007-1、後に『複印報刊資料：明清史』2007-4収録）。

②宋元代

温峰「南宋末年江西建昌的佃戸暴動」（『中国農民戦争論叢』3、1981年）。

柯昌基「宋代的家庭公社」（『南充師範学院学報』1982-3）。

刑鉄「宋代的義荘」（『歴史教学』1987-5）。

許懐林「陸九淵家族及其家規述評」（『江西師範大学学報・哲社科版』1989-2）。

柯昌基「元明家族公社（家族共同体）述略」（『中国古代社会経済史諸問題』、福建人民出版社、1989年所収）。

宋三平「宋代封建家族的物質基礎是墓祭田」（『江西大学学報』1991-1）。

許懐林「鄭氏規範剖析―兼論「義門」聚居的凝聚力」（鄧広銘・漆侠主編『中日宋史研討会中方論文選編』、河北大学出版社、1991年所収）。

王善軍「宋代族産初探」（『中国経済史研究』1992-3、後に『複印報刊資料：宋遼金元史』1993-2収録）。

唐代剣「試論宋代大家庭的社会職能」（『社会科学』1993-7）。

王善軍「唐宋之際宗族制度変革概論」（鄧広銘・王雲海主編『宋史研究論文集』、河南大学出版社、1993-12）。

唐代剣「宋代大家庭的生活及其社会職能」（『中国歴史発展探奥』1994-5）。

柳立言「宋代同居制度下的所謂「共財」」（『中央研究院歴史語言研究所集刊』65-2、

1994 年）。

宋三平「宋代的墳庵与封建家族」（『中国社会経済史研究』1995-1）。

程民生「論宋代南方習俗特点」（『中国歴史地理論叢』1996-1）。

王莉「对南宋福清林氏家族的幾点認識」（『中国社会経済史研究』1996-1）。

王善軍「宋代宗族制度的社会職能及其对階級関係的影響」（『河北大学学報‧哲社版』
　　1996-3、後に『複印報刊資料：宋遼金元史』1996-4 收録）。

成岳冲「浅論宋元時期寧波水利共同体的褪色与回流」（『中国農史』1997-1）。

何明「中国伝統家庭経済形態浅析：基于宋代的考察」（『雲南学術探索』1998-3）。

王善軍「強宗豪族与宋代基層社会」（『河北大学学報‧哲社版』1998-3）。

唐群「有感于宋代的『全民皆商』」（『史学月刊』1998-5）。

楊德華‧胡興東「元代『約会』制度初探」（『雲南師範大学学報‧哲社版』1999-5、後
　　に『複印報刊資料：宋遼金元史』2000-1 收録）。

刁培俊「宋代宗族与宗族制度研究」（『中国史研究動態』2000-5）。

王小紅「近十余年宋代郷村社会生活研究概述」（『中国史研究動態』2001-1）。

王善軍「近 20 年来宋代社会生活史研究綜述」（『中国史研究動態』2001-2）。

雷家宏「従民間争訟看宋朝社会」（『貴州師範大学学報‧社科版』2001-3）。

舒仁輝「宋朝大家庭論略」（『杭州師範学院学報‧人文社科版』2001-5）。

許懐林「宋代福建的民間訴訟」（『福州師範専科学校学報』2001-6、後に『複印報刊資
　　料：宋遼金元史』2002-2 收録）。

許懐林「宋代民風好訟的成因分析」（『宜春学院学報‧社会科学』2002-1）。

李静「論北宋的平民化宗法思潮」（『重慶師範学院学報‧哲社版』2002-4）。

吳雅婷「回顧一九八〇年以来宋代的基層社会研究」（『中国史学』12、2002 年）。

佐竹靖彥「宋代建州地域的土豪和地方行政」（『漆侠先生紀念文集』、河北大学出版社、
　　2002 年所收）。

王善軍「范氏義荘与宋代范氏家族的発展」（『中国農史』2004-2）。

申小紅「略論宋代的宗族自治」（『甘肅社会科学』2004-3）。

楊建宏「論宋代家訓家範与民間社会控制」（『船山学刊』2005-1、後に『複印報刊資料：
　　宋遼金元史』2005-2 收録）。

周揚波「宋代郷約的推行状況」（『浙江大学学報‧人文社科版』2005-5）。

荘華峰、丁雨晴「宋代長江下游圩区水事糾紛与政府対策」（『光明日報』2007 年 1 月
　　12 日）。

譚景玉「宋代郷村社会的多元権威─以民間糾紛的調解為例」(『江淮論壇』2007-1)。

③明清代

張顕清「明代縉紳地主浅論」(『中国史研究』1984-2、後に『複印報刊資料：明清史』1984-9)。

張研「試論清代建置族田的地主在宗族、義荘中的地位」(『清史研究通訊』1985-3、後に『複印報刊資料：明清史』1986-1 収録)。

徐暁望「試論明清時期官府和宗族的相互関係」(『厦門大学学報・哲社版』1985-3)。

傅衣凌「明清封建地主論」(『厦門大学学報・哲社版』1985-4、後に『複印報刊資料：明清史』1986-1 収録)。

李恩普「明末的抗租闘争和奴僕暴動」(『歴史教学』1985-12、後に『複印報刊資料：明清史』1986-2 収録)。

唐力行「論徽商与封建宗族勢力」(『歴史研究』1986-2、後に『複印報刊資料：明清史』1986-6 収録)。

張研「清代族田経営初探」(『中国経済史研究』1987-3)。

李洵「論明代江南地区士大夫勢力的興衰」(『史学集刊』1987-4、後に『複印報刊資料：明清史』1988-1 収録)。

李文治「明代宗族制的体現形式及其基層政権作用（論封建所有制是宗法宗族制発展変化的最終根源）」(『中国経済史研究』1988-1、後に『複印報刊資料：明清史』1988-5 収録)。

三木聰「清代前期福建農村社会与佃農抗租闘争」(『中国社会経済史研究』1988-2)。

朱勇「清代江南宗族法的社会作用」(『学術界』1988-4)。

韋慶遠「従族譜、契約文書看清代閩台間的宗法関係」(『史学集刊』1989-4、後に『複印報刊資料：明清史』1990-3 収録)。

方志遠「明代吉安的争訟」(『江西経済史論叢』1、1989 年所収)。

常建華「試論乾隆朝治理宗族的政策与実践」(『学術界』1990-2、後に『複印報刊資料：明清史』1990-6 収録)。

王日根「論明清時期福建家族内義田的発展及其社会背景」(『中国社会経済史研究』1990-2、後に『複印報刊資料：明清史』1990-8 収録)。

馮爾康「清代宗族制的特点」(『社会科学戦線』1990-3、後に『複印報刊資料：明清史』1990-9 収録)。

陳柯雲「略論明清徽州的郷約」(『中国史研究』1990-4、後に『複印報刊資料：明清史』

1991-1 收錄）。

唐力行「明清徽州的家庭与宗族結構」(『歷史研究』1991-1、後に『複印報刊資料：明清史』1991-3 收錄）。

王日根「清代福建義田与鄉治」(『中国社会経済史研究』1991-2）。

鄭德華「清代広東宗族問題研究」(『中国社会経済史研究』1991-4）。

鄭振満「清代福建合同式宗族的発展」(『中国社会経済史研究』1991-4、後に『複印報刊資料：明清史』1992-1 收錄）。

濱島敦俊「明初城隍考」(『社会科学家』1991-6）。

朱勇「清代的宗族法」(『文史知識』1992-1）。

王日根「論清代義田的発展与成熟」(『清史研究』1992-2）。

方志遠「明代吉安的争訟」(『南昌職業技術師範学院学報』1992-4）。

任昉「明代的鄉紳」(『文史知識』1993-2）。

趙華富「歙県棠樾鮑氏宗族個案報告」(『江淮論壇』1993-2）。

卞利「明中葉以来徽州争訟和民俗健訟問題探論」(『明史研究』1993-3）。

卞利「明清徽州民俗健訟初探」(『江淮論壇』1993-5）。

高寿仙「明初徽州族長的経済地位——以休寧県朱勝右為例」(『江淮論壇』1994-4）。

趙華富「明清徽州西遞明経胡氏的繁盛」(『安徽史学』1994-4）。

陳学文「略論明中葉的生産観与消費観」(『浙江社会科学』1994-6）。

陳柯雲「明清徽州宗族対鄉村統治的加強」(『中国史研究』1995-3）。

范金民「清代蘇州家族義田的発展」(『中国史研究』1995-3）。

牛建強「明代徽州地区之社会変遷」(『史学月刊』1995-4）。

王先明「清代社会結構中紳士階層的地位与角色」(『中国史研究』1995-4、後に『複印報刊資料：明清史』1996-2 收錄）。

王日根「明清福建与江南義田的比較」(『学術月刊』1996-1）。

王日根「明清福建与江南義田的比較研究」(『史林』1996-2）。

陳柯雲「明清徽州族産的発展」(『安徽大学学報』1996-2、後に『複印報刊資料：明清史』1996-4 收錄）。

林済「論近世宗族組和形成的歴史条件与総体歴程」(『華南師範大学学報・社科版』1996-3）。

趙毅「明代豪民和債論綱」(『東北師範大学学報』1996-5）。

邵鴻「明清江西農村社区中的会：以楽安県流坑村為例」(『中国社会経済史研究』
　　1997-1)。

林震「試論明清興化族田的発展及作用」(『寧徳師範専科学校学報・哲社版』1997-1)。

朴元熇「従柳山方氏看明代徽州宗族組織的拡大」(『歴史研究』1997-1、後に『複印報
　　刊資料：明清史』1997-2 収録)。

曹鳳祥「論明代族田」(『社会科学戦線』1997-2、後に『複印報刊資料：明清史』1997-3
　　収録)。

龔佩華「広東台山浮石趙氏宗族家族制度試析」(『中山大学学報・社科版』1997-4)。

林済「従黄州看明清宗族社会変化」(『湖北師範学院学報・哲社版』1997-4)。

謝長法「清代族譜的纂修及其倫理教化」(『中国研究（香港）』3-1 (25)、1997 年)。

鄭振満「清代閩南郷族械闘的演変」(『中国社会経済史研究』1998-1)。

劉永華「17 至 18 世紀閩西佃農的抗租、農村社会与郷民文化」(『中国経済史研究』
　　1998-3)。

葉顕恩・林粲禄「明清珠江三角洲沙田開発与宗族制」(『中国経済史研究』1998-4)。

洪璞「試述明清以来宗族的社会救助功能」(『安徽史学』1998-4)。

伍躍「徽学在中国史研究中的崛起（明清史研究的新動向）」(『中国史研究動態』
　　1998-5)。

劉蘭肖「清代宗族研究概述」(『歴史教学』1998-9)。

卞利「論明清時期徽商的法制観念」(『安徽大学学報・哲社版』1999-4、後に『複印報
　　刊資料：法理学・法史学』1999-11、『複印報刊資料：明清史』2000-1 収録)。

卞利「明代徽州的民事糾紛与民事訴訟」(『歴史研究』2000-1、後に『複印報刊資料：
　　法理学・法史学』2000-6 収録)。

張研「清代中後時期中国基層社会組織的縦横依頼与相互関係」(『清史研究』2000-2、
　　後に『複印報刊資料：明清史』2000-4 収録)。

中島楽章（李建雲訳)「囲繞明代徽州一宗族的糾紛与同族統合」(『江淮論壇』2000-2・
　　3)。

→「明代徽州の一宗族をめぐる紛争と同族統合」(『社会経済史学』62-4、1996 年)。

汪毅夫「試論明清時期的閩台郷約」(『中国史研究』2002-1)。

王毅「再論明代流氓文化与専制政体的関係―兼答高寿仙先生」(『社会学研究』
　　2002-2)。

劉森「中国伝統社会的資産運作形態―関于徽州宗族『族会』的会産処置」(『中国社会

経済史研究』2002-2、後に『複印報刊資料：明清史』2002-6 収録）。

秦燕「明清時期陝北社会宗族的形成与発展」（『中国歴史地理論叢』2002-3）。

張星久「対伝統社会宗族、郷紳歴史地位的再認識」（『湖北行政学院学報』2002-4）。

寧波「清代社会結構変遷的歴史特点之一：郷紳勢力対基層社会控制的加強」（『牡丹江
　　師範学院学報・哲社版』2002-4）。

康春華「調適和融通：国家権力与客家宗族系統之間的二重変奏：以明代中葉崇義為例」
　　（『嘉応大学学報・哲社版』2002-5）。

卞利「明清時期徽州的郷約簡論」（『安徽大学学報・哲社版』2002-6）。

鄭伝斌・蘇新留「明代河南流民問題与社会控制」（『史学月刊』2002-6）。

唐力行・張翔鳳「国家民衆間的徽州郷紳与基層社会控制」（『上海師範大学学報・哲社
　　版』2002-6）。

修朋月、寧波「清代社会郷紳勢力対基層社会控制的加強」（『北方論叢』2003-1）。

袁海燕「清代江西的郷紳、望族与地方社会—新城県中田鎮的個案研究」（『清史研究』
　　2003-2）。

謝宏維「清代徽州外来棚民与地方社会的反応」（『歴史档案』2003-2）。

謝宏維「清代徽州棚民問題及応対機制」（『清史研究』2003-2）。

謝宏維「生態環境的悪化与郷村社会控制：以清代徽州的棚民活動為中心」（『中国農
　　史』2003-2）。

王日根「論明清郷約属性与職能的変遷」（『厦門大学学報・哲社版』2003-2、後に『複
　　印報刊資料・明清史』2003-4 収録）。

常建華「明代徽州的宗族郷約化」（『中国史研究』2003-3、後に『複印報刊資料：明清
　　史』2003-6 収録）。

左衛民、辛国清、周洪波「中国伝統社会糾紛解決機制研究論綱（上）：以明清為契入
　　点」（『西南民族大学学報・人文社科版』2003-6）。

饒偉新「明清時期華南地区郷村聚落的宗族化与軍事化：以贛南郷村圍寨為中心」（『史
　　学月刊』2003-12）。

中島楽章「明代後期徽州郷村社会的糾紛処理」（寺田浩明主編『中国法制史考証』丙
　　編第 4 巻、中国社会科学出版社、2003 年所収）。

→「明代後期、徽州郷村社会の紛争処理」（『史学雑誌』107-9、1998 年）。

楊国安「主客之間：明代両湖地区土著与流寓的矛盾与衝突」（『中国農史』2004-1）。

謝宏維「棚民、土著与国家：以清中期江西省万載県土棚学額紛争案為例」（『中国史研

究』2004-2)。

張小也「健訟之人与地方公共事務─以清代漕訟為中心」(『清史研究』2004-2、後に『複
　印報刊資料：明清史』2004-6 収録)。

韓秀桃「《不平鳴稿》所見明末徽州的民間糾紛及其解決」(『中国文化研究』2004-3)。

鄭哲雄、張建民、李俊甲「環境、移民与社会経済：清代川、湖、陝交界地区的経済開
　発和民間風俗之一」(『清史研究』2004-3)。

謝宏維「清代棚民及其対社会経済的影響」(『歴史教学』2004-3)。

蕭鳳霞、劉志偉「宗族、市場、盗寇与蛋民─明以後珠江三角洲的族群与社会」(『中国
　社会経済史研究』2004-3、後に『複印報刊資料：明清史』2004-6 収録)。

袁海燕「明代中葉郷約与社区治理：吉安府郷約的個案研究」(『華南農業大学学報・社
　科版』2004-3)。

卞利「明清徽州郷(村)規民約論綱」(『中国農史』2004-4、後に『複印報刊資料：明
　清史』2005-2 収録)。

陳進国「風水信仰与郷族秩序的議約化─以契約為証」(『中国社会経済史研究』
　2004-4)。

羅艶春「祠堂与宗族社会」(『史林』2004-5)。

邱澎生「市場、法律与人情：明清蘇州商人団体提供『交易服務』的制度変遷」(『開放
　時代』2004-5)。

常建華「明代江浙贛地区的宗族郷約化」(『史林』2004-5)。

韓秀桃「《不平鳴稿》所見明末徽州的民間糾紛及其解決」(『中国文化研究』2004-秋、
　後に『複印報刊資料：法理学・法史学』2005-2 収録)。

王泰昇等「戴炎輝的「郷村台湾」研究与淡新档案─在地「法律与社会」研究取径的断
　裂、伝承和対話」(『法制史研究(台北)』5、2004 年)。

張玉「束鹿県張氏家族契約文書述略」(『文物春秋』2005-1)。

張立高「試論明清宗族恤孤」(『喀什師範学院学報』2005-1)。

朴元熇「明清時代徽州的市鎮与宗族：歙県岩鎮和柳山方氏環岩派」(『上海師範大学学
　報・哲社版』2005-1)。

徐斌「香火廟：訴訟与械鬥─以晚清黄岡県個案為例」(『武漢大学学報・人文社科版』
　2005-2)。

洪性鳩「明代中期徽州的郷約与宗族的関係：以祁門県文堂陳氏郷約為例」(『上海師範
　大学学報・哲社版』2005-2)。

龔汝富「清代江西賦税訟案浅析─以《名花堂録》為例」(『中国社会経済史研究』

2005-2）。

冀汝富「清代江西賦税糾紛案浅析」（『歴史档案』2005-3）。

卞利「明清典当和借貸法律規範的調整与郷村社会的穩定」（『中国農史』2005-4、後に『複印報刊資料：明清史』2006-3 収録）。

羅志華「生態環境、生計模式与明清時期閩西社会動乱」（『龍岩学院学報』2005-5）。

范金民「清代徽商与経営地民眾的糾紛：六安徽州会館案」（『安徽大学学報・哲社版』2005-5）。

蕭放「明清家族共同体組織民俗論綱」（『湖北民族学院学報・哲社版』2005-6、後に『複印報刊資料：明清史』2006-3 収録）。

張小也「明清時期区域社会中的民事法秩序：以湖北漢川汊汉黄氏的《湖案》為中心」（『中国社会科学』2005-6）。

胡中生「憑族理説与全族誼：宗族内部民事糾紛的解決之道：清光緒年間、黟県宏村汪氏店屋互控案為例」（『済南大学学報』2005-6）。

馮爾康「明清時代的歴史特点及其走向 6 清代宗族、村落与自治問題」（『河南師範大学学報・哲社版』2005-6、後に『複印報刊資料：明清史』2006-2 収録）。

周致元「明代徽州官府与宗族的救荒功能」（『安徽大学学報・哲社版』2006-1）。

馮爾康「簡論清代宗族的『自治』性」（『華中師範大学学報・人文社科版』2006-1）。

常建華「郷約・保甲・族正与清代郷村治理──以凌燾《西江視臬紀事》為中心」（『華中師範大学学報・人文社科版』2006-1）。

卞利「明清徽州村規民約和国家法之間的衝突与整合」（『華中師範大学学報・人文社科版』2006-1）。

鄧慶平「山西寿陽祁氏宗族考略」（『廊坊師範学院学報』2006-1）。

秦富平「明清郷約研究述評」（『山西大学学報・哲社版』2006-3）。

于秀萍「明清河北宗族興盛原因探析」（『滄州師範專科学校学報』2006-3）。

張崇旺「明清江淮的水事糾紛」（『光明日報』2006 年 4 月 11 日）。

侯欣一「清代江南地区民間的健訟問題──以地方志為中心的考察」（『法学研究』2006-4）。

王忠春「試析明清時期的健訟之風」（『蘭台世界・理論版』2006-7）。

井上徹「明末広州的宗族──従顔俊彦『盟水斎存牘』看実像」（『中国社会歴史評論』6、2006 年）。

徐忠明、杜金「清代訴訟風気的実証分析与文化解釈：以地方志為中心的考察」（『清華

　　法学』2007-1）。

呉建新、袁海燕「明清広東人的風水観：地方利益与社会糾紛」（『学術研究（広州）』
　　2007-2）。

陳瑞「明清時期徽州宗族社会関係控制初探」（『安徽史学』2007-2、後に『複印報刊資
　　料：明清史』2007-5 収録）。

楊松水「興学、決訟、賑災：清代皖中紳士与地方社会」（『安慶師範学院学報・社科版』
　　2007-3）。

高寿仙「明代攬納考論——以解京銭糧物料為中心」（『中国史研究』2007-3、後に『複印
　　報刊資料・明清史』2007-11 収録）。

鄭小春「汪氏祠墓糾紛所見明清徽州宗族統治的強化」（『安徽大学学報・哲社版』
　　2007-4）。

馮剣輝「徽州宗族歴史的建構与衝突——以黄墩叙事為中心」（『安徽史学』2007-4、後に
　　『複印報刊資料・明清史』2007-9 収録）。

葉顕恩、周兆晴「明清珠江三角洲宗族制与土地制度」（『珠江経済』2007-9）。

B. 民事法的內容

（1）家族法

①通代

徐揚傑「宋明以来的封建家族制度述論」（『中国社会科学』1980-4）。

馬新、斎涛「略論中国古代的家産継承制度」（『人文雑誌』1987-5）。

翟婉華「中国古代的離婚制度」（『蘭州学刊』1989-1）。

林明「中国家族制度的特点及与封建法律関係」（『山東社会科学』1993-1）。

楊雅彬「中国家族制度的演変」（『社会科学戦線』1993-4）。

徐揚傑「中国家族史研究的歴史和現状」（『中国史研究動態』1994-6）。

劉華「論家法族規的法律整合作用」（『社会科学』1994-6）。

刑鉄、高崇「宋元明清時期的婦女継承権問題」（『河北師範学院学報』1996-1）。

黄嫣犁「中国伝統社会的法律与婦女地位」（『北京大学学報』1997-3）。

羅洪洋「論中国古代婦女在婚姻家庭中的法律地位」（『貴州民族学院学報』1997-3）。

方小芬「家法族規的発展歴史和時代特徴」（『上海社会科学院学術季刊』1998-3）。

柳立言「是否只要「同居共財」便足以構成法律意義上的家庭？─回應羅彤華教授的答辯」（『大陸雜誌』102-2、2001 年）。

李交發「論古代中國家族司法」（『法商研究』2002-4、後に『複印報刊資料：法理学・法史学』2002-9 收録）。

程維栄「論中国伝統財產継承制度的固有矛盾」（『政治与法律』2004-1）。

②宋元代

島田正郎（卓菁湖訳）「南宋家產継承法上的幾種現象─日本早稲田大学島田正郎教授応宋史座談会邀請講演講稿」（『大陸雜誌』30-4、1965 年）。

莫家斎「從名公書判清明集看宋朝継承制度」（『法学雜誌』1984-6）。

張邦煒「宋代婦女再嫁問題探討」（鄧広銘・徐規主編『宋史研究論文集』、1984 年年会編刊）。

唐代剣「宋代的婦女再嫁」（『南充師範学院学報』1986-3）。

郭東旭「宋代財產継承法初探」（『河北大学学報』1986-3、後に『宋朝法律史論』、河北大学出版社、2001 年收録）。

方建新「宋代婚姻論財」（『歷史研究』1986-3）。

王墨・黄君革「淺論宋代婦女的社会地位」（『広東民族学院学報』1988-1）。

魏天安「宋代戶絶条貫考」（『中国経済史研究』1988-3）。

袁俐「宋代女性財產権述論」（『宋史研究集刊』2、杭州大学歷史系宋史研究室、1988 所收）。

張邦煒「宋代婚姻制度的種種特色」（『社会科学研究』1989-3）。

王暁清「元代収継婚制述論」（『内蒙古社会科学・文史哲版』1989-6）。

宋東侠「宋代婦女離婚権淺議」（『青海教育学院学報』1989-増刊）。

李弘祺「宋代的社会与家庭」（『清華学報』19-1、1989 年）。

呉宝琪「宋代的離婚与婦女再嫁」（『史学集刊』1990-1）。

柳田節子「試論南宋時期家產分割中的婦女継承権」（『宋史研究通訊』1991-1）。

屈超立「從宋代婚姻法規与司法実践看宋代婦女的社会地位」（『四川大学学報叢刊 53 宋代文化研究』、1991 年所收）。

刑鉄「宋代的財產遺嘱継承問題」（『歷史研究』1992-6、後に『複印報刊資料：宋遼金元史』1993-2 收録）。

游恵遠「從宋代婦女的婚姻観察其家族角色与地位」（『勤益学報』9、1992 年）。

姚紅「従寡婦財産権的変化看両宋女子地位的昇降」(『浙江学刊』1993-1)。

張靖龍「元代婦女再嫁問題初探」(『社会学研究』1993-1)。

游恵遠「宋代婦女的財産権」(『勤益学報』11、1993年)。

劉静貞「女無外事?―墓誌銘中所見之北宋士大夫社会秩序理念」(『婦女与両性月刊』4、1993年)。

肖懐安「近年来宋代婚姻問題研究綜述」(『中国史研究動態』1994-1)。

刑鉄「唐宋時期的立嗣継承財産問題」(『河北師範学院学報』1994-3)。

唐自斌「略論南宋婦女的財産権与婚姻権利問題」(『求索』1994-6)。

游恵遠「宋代婦女的職業類別所反映的婦女社会地位」(『勤益学報』12、1994年)。

瞿宛華「論元代的収継婚」(『甘粛社会科学』1995-4)。

鐘年・孫秋雲「宋代的婦女生活」(『文史知識』1995-8)。

徐規「宋代婦女的地位」(『仰素集』、杭州大学出版社、1995年所収)。

陶晋生「北宋婦女的再嫁与改嫁」(『新史学(台湾)』6-3、1995年)。

盧建華「近十年来宋代婦女研究」(『史学月刊』1996-1)。

鐘年・孫秋雲「内体与精神的双重禁錮:宋代婦女生活」(『文史雑誌』1996-1)。

宋東侠「論宋代婦女改嫁盛行的原因」(『青海師範大学学報・哲社版』1996-1)。

劉春萍「南宋婚姻家庭法規範中婦女地位芻議」(『求是学刊』1996-6)。

游恵遠「宋代的妾在家庭中的角色与地位」(『勤益学報』13、1996年)。

劉春萍「南宋継承法規範初探」(『学術交流』1997-2)。

宋東侠「宋代婦女的法律地位論略」(『青海師範学院学報・社科版』1997-2)。

呉旭霞「浅談宋代婦女的就業」(『学術研究』1997-10)。

柳田節子「宋代婦女的離婚・再嫁与義絶」(『慶祝鄧広銘教授九十華誕論文集』、河北教育出版社、1997年所収)。

→「宋代における義絶と離婚・再嫁」(『宋代庶民の女たち』、汲古書院、2003年所収)。

戴建国「宋代家法族規試探」(『宋史研究論文集』、雲南出版社、1997年所収)。

臧健「宋代家法与女性」(『慶祝鄧広銘教授九十華誕論文集』、河北教育出版社、1997年所収)。

王善軍「従《名公書判清明集》看宋代的宗祧継承及其与財産継承的関係」(『中国社会経済史研究』1998-2)。

柳立言「宋代的家庭糾紛与仲裁：争財篇」（『中国近世家族与社会学術研討会論文集』、
　　中央研究院歴史語言研究所、1998 年所收）。

柳立言「従法律糾紛看宋代的父権家長制—父母舅姑与子女媳婿相争」（『中央研究院
　　歴史語言研究所集刊』69-3、1998 年）。

劉静貞「正位於内？—宋代女性的生活空間」（『銭穆先生紀念館館刊』6、1998 年）。

許曼「近年来宋代区域社会人士家族婦女研究綜述」（『宋史通訊研究』1999-1）。

李侃諭「宋代的婦女地位及其生活」（『史化』27、1999 年）。

戴建国「宋代家族政策初探」（『大陸雜誌』99-4、1999 年）。

柳立言「養児防老：宋代的法律与社会」（『中国家庭及其倫理研討会論文集』、1999 年
　　所收）。

粟品孝「宋代家族研究論著目録」（『宋代文化研究』8、巴蜀書社、1999 年所收）。

藏健「対宋元家族制度、家法与女性的考察」（『山西師範大学学報・社科版』2000-2）。

杜桂栄「宋代女子離婚・再嫁与社会地位」（『湖北大学学報・哲社版』2000-3）。

王善軍「宋代家庭結構初探」（『社会科学戦線』2000-3）。

余貴林「宋代買売婦女現象初探」（『中国史研究』2000-3、後に『複印報刊資料：宋遼
　　金元史』2000-4 収録）。

徐適端「試析元代婦女在法律中的地位」（『中国史研究』2000-4）。

大澤正昭（劉馨珺訳）「南宋的裁判与女性財産権」（『大陸雜誌』101-4、2000 年）。

→「南宋の裁判と女性財産権」（『歴史学研究』717、1998 年、後に『唐宋時代の家
　　族・婚姻・女性—婦は強く』、明石書店、2005 年収録）。

李淑媛「唐宋戸絶財産継承之分配及其帰属」（『法制史研究（台北）』1、2000 年）。

呂志興「宋代立嗣制度探析」（『現代法学』2001-3）。

宋燕鵬、張文科「従《名公書判清明集》看南宋族長的職権」（『邯鄲師範専科学校学報』
　　2001-4）。

劉志芳「従婚姻権利看宋代婦女地位」（『咸陽師範学院学報』2001 増刊）。

王徳毅「家庭倫理与親子関係」（『宋代社会与法律—《名公書判清明集》討論—』、東
　　大図書公司、2001 年所收）。

蒋義斌「《名公書判清明集》中立継与継絶的判例」（『宋代社会与法律—《名公書判清
　　明集》討論—』、東大図書公司、2001 年所收）。

張斐怡「従判例看宋元時期法律対婚外情事件的処理」（『宋代社会与法律—《名公書判
　　清明集》討論—』、東大図書公司、2001 年所收）。

方儷璇「従《名公書判清明集》看宋代婦女的婚姻生活」(『宋代社会与法律—《名公書判清明集》討論—』、東大図書公司、2001 年所収)。

鄭銘徳「《名公書判清明集》中所見墓地相関問題」(『宋代社会与法律—《名公書判清明集》討論—』、東大図書公司、2001 年所収)。

柳立言「子女可否告母?—伝統「不因人而異其法」的観念在宋代的局部実現」(『国立台湾大学法学論叢』30-6、2001 年)。

宋東俠「簡析宋代在室女的財産権」(『青海師範大学学報・哲社版』2002-1)。

姜密「中国古代非『戸絶』条件下的遺嘱継承制度」(『歴史研究』2002-2、後に『複印報刊資料:法理学・法史学』2002-10 収録)。

許曼、易素梅「唐宋婦女史研究与歴史学国際学術討論会綜述」(『歴史研究』2002-2)。

初春英「也論宋代婦女的離婚、再嫁及其地位」(『黒龍江教育学院学報』2002-3)。

洪宜嫃「論宋代婦女再嫁与否的経済因素」(『史苑』62、2002 年)。

黄純怡「宋代戸絶之家的立嗣—以判例為主的探討」(『興大人文学報』32 下、2002 年)。

游恵遠「元代的家産観念与婦女財産権」(『勤益学報』20-2、2002 年)。

宋東俠「宋代厚嫁述論」(『蘭州大学学報・社科版』2003-2)。

臧健「宋代家法的特点及其対家族中男女別角色的認定」(鄧小南主編『唐宋女性与社会』、上海辞書出版社、2003 年所収)。

柳田節子「論南宋時期家産分割中的『女承分』」(川村康主編『中国法制史考証』丙編第 3 巻、中国社会科学出版社、2003 年所収)。

→「南宋期家産分割における女承分について」(『劉子健博士頌寿紀念宋史研究論集』、同朋舎、1989 年、後に改訂のうえ『宋代庶民の女たち』、汲古書院、2003 年再録)。

高橋芳郎「『父母已亡』女児的継承地位—論南宋時期的所謂女子財産権」(川村康主編『中国法制史考証』丙編第 3 巻、中国社会科学出版社、2003 年所収)。

→「親を亡くした女たち—南宋期のいわゆる女子財産権について—」(『東北大学東洋史論集』6、1995 年、後に『宋代中国の法制と社会』、汲古書院、2002 年収録)。

大澤正昭「『妬婦』、『悍妻』以及『懼内』—唐宋変革期的婚姻与家庭之変化」(鄧小南主編『唐宋女性与社会』、上海辞書出版社、2003 年所収)。

→「「妬婦」「悍妻」そして「懼内」—唐宋変革期における婚姻の一齣—」(『唐宋変革期における女性・婚姻・家族の研究』、平成 12-14 年度科学研究費補助金基盤研究(c)(2)研究成果報告書、2003 年、後に『唐宋時代の家族・婚姻・女性—婦は強く』、明石書店、2005 年再録)。

李華瑞「宋代婦女地位与宋代社会史研究」（鄧小南主編『唐宋女性与社会』、上海辞書
　　出版社、2003 年所収）。

蔣義斌「「清明集」「子訟継母」、「収養異姓」案例分析」（『人文集刊』1、2003 年）。

游恵遠「元代犯姦罪試析」（『勤益学報』21-1、2003 年）。

李淑娥、魂簇「元代収嫂婚考」（尤韶華主編『中国法制史考証』甲編第 5 巻、中国社
　　会科学出版社、2003 年所収）。

高楠、王茂華「宋代家庭中的奩産糾紛：以在室女為例」（『貴州文史叢刊』2004-2）。

秦新林「元代収継婚俗及其演変与影響」（『殷都学刊』2004-2、後に『複印報刊資料：
　　宋遼金元史』2004-4 収録）。

高楠「宋代家庭中的奩産糾紛：以已婚女為例」（『中国社会経済史研究』2004-3）。

何徳廷「関于元代婚姻制度的独特性与進歩性的若干思考」（『政法学刊』2004-3）。

曾代偉「蒙元『義絶』考略」（『西南民族大学学報・人文社科版』2004-11）。

柳立言「宋代分産法「在室女得男之半」新探（上・下）」（『法制史研究（台北）』5・6、
　　2004 年）。

郭麗冰「宋代婦女奩産権的探討」（『広東農工商職業技術学院学報』2005-2）。

魏天安「宋代的戸絶継承法」（『中州学刊』2005-3、後に『複印報刊資料：宋遼金元史』
　　2005-3 収録）。

高楠・呉克燕「透視宋代墓祭田争訟」（『保定師範専科学校学報』2005-4）。

李智萍「宋代女戸的財産来源」（『平頂山学院学報』2005-6）。

楊果・鉄愛花「従唐宋性越軌法律看女性人身権益的演変」（『中国史研究』2006-1、後
　　に『複印報刊資料・宋遼金元史』2006-1 収録）。

陳大為「従社会法律層面看唐宋女子再嫁問題」（『青海師範大学学報・哲社科版』
　　2006-2）。

杜棟「宋代戸絶財産継承制度初探」（『韶関学院学報』2006-2）。

邢鉄・薛志清「宋代的諸子平均析産方式」（『河北師範大学学報・哲社版』2006-2）。

陳志英「宋代民間物権関係的家族主義特徴」（『河北法学』2006-3）。

李智萍「宋代女戸的立戸規範」（『平頂山学院学報』2007-1）。

譚暁玲「元代的婦女再嫁」（『内蒙古社会科学』2007-4）。

③明清代

馮爾康「清代的家庭結構及其人際関係」（『文史知識』1987-11）。

馮爾康「清代的婚姻制度与婦女的社会地位述論」(『清史研究集』4、1987 年)。

鄭振満「明清福建的家庭結構及其演変趨勢」(『中国社会経済史研究』1988-4、後に『複印報刊資料：明清史』1989-2 収録)。

王志明「明清家族社会認同准則」(『華東師範大学学報』1992-6)。

丁偉忠「明代的婦女教育」(『中国典籍与文化』1994-3)。

朱勇「国家法与宗族法：清代宗族法与国家法律之比較及宗族政策的演変」(『東海大学法学研究』9、1995 年)。

賴惠敏・徐思泠「清代旗人婦女財産権之浅析」(『近代中国婦女史研究』4、1996 年)。

郭松義「清代的納妾制度」(『近代中国婦女史研究』4、1996 年)。

賴惠敏・徐思泠「情慾与刑罰：清前期犯奸案件的歴史解読 (1644-1795)」(『近代中国婦女史研究』6、1998 年)。

阿風「明清時期徽州婦女在土地買売中的権利与地位」(『歴史研究』2000-1)。

郭松義「清代 403 宗民刑案件中私通行為考察」(『歴史研究』2000-3)。

王志強「清代的喪娶、継継及其法律実践」(『中国社会科学』2000-6、後に『複印報刊資料：法理学・法史学』2001-4 収録)。

賴惠敏・朱慶薇「婦女、家庭与社会：雍乾時期拐逃案的分析」(『近代中国婦女史研究』8、2000 年)。

王東平「清代回疆婚姻制度研究」(『漢学研究』18-1 (35)、2000 年)。

鄭秦「十八世紀中国親族法的基本概念」(『比較法研究』2001-1)。

毛立平「百年来清代婚姻家庭史研究述評」(『安徽師範大学学報・人文社科版』2002-1)。

張小也「従分家継産之訟看清代的法律与社会—道光、光緒年間陝西相関案例分析」(『清史研究』2002-3)。

張研「対清代徽州分家文書書写程式的考察与分析」(『清史研究』2002-4、後に『複印報刊資料：明清史』2003-2 収録)。

郭松義「従贅婿地位看入贅婚的家庭関係—以清代為例」(『清史研究』2002-4、後に『複印報刊資料：明清史』2003-1 収録)。

程郁「近二十年中国大陸清代女性史研究綜述」(『近代中国婦女史研究』10、2002 年)。

胡中生「明清徽州的人口買売与婚配」(『安徽史学』2003-2)。

宋立中「婚嫁論財与婚娶離軌：以清代江南為中心」(『社会科学戦線』2003-6)。

賴惠敏「婦女無知？清代内府旗婦的法律地位」(『近代中国婦女史研究』11、2003 年)。

鄭媛元「明代未婚女子的貞節観—従「烈士不背君、貞女不辱父」談起」(『婦研縦横』

67、2003 年）。

顧盼、張純寧「明代徽州婦女繼承、処置夫家產業之権限—以徽州散件売契為例」（『東
　　吳歷史学報』9、2003 年）。

蘇亦工「明清婚姻制変遷考略」（蘇亦工主編『中国法制史考証』甲編第七 7 巻、中国
　　社会科学出版社、2003 年所収）。

呂寬慶「従清代立嗣継承個案看清代地方官対法律正義的救済」（『清史研究』2004-1）。

趙崔莉「明代婦女的法律地位」（『安徽師範大学学報・人文社科版』2004-1）。

汪慶元「明代徽州『義男』考略」（『中国社会経済史研究』2004-1、後に『複印報刊資
　　料：明清史』2004-3 収録）。

吳欣「論清代再婚婦女的婚姻自主権」（『婦女研究論叢』2004-2）。

趙崔莉「明代婦女的二元性及其社会地位」（『遼寧大学学報・哲社版』2004-5）。

陳惠馨「清朝的法律帝国：従清代内閣題本刑科婚姻姦情档案談起」（『法制史研究（台
　　北）』5、2004 年）。

欒成顕「明清徽州宗族的異姓承継」（『歷史研究』2005-3、『複印報刊資料・明清史』
　　2005-5 収録）。

陳桂炳「明代惠安張坑張氏家族之族規家範」（『泉州師範学院学報』2005-5）。

左平・孔令帆「清代『売妻包管文約』」（『四川档案』2005-6）。

卞利「明清時期婚姻立法的調整与基層社会的穩定」（『安徽大学学報・哲社版』2005-6）。

吳欣「清代婦女民事訴訟権利考析：以档案与判牘資料為研究対象」（『社会科学』
　　2005-9）。

呂寬慶「論清代立嗣継承中的財產因素」（『清史研究』2006-3）。

楊劍利「論清代婦女的社会地位—従清法典看」（『江海学刊』2006-3、後に『複印報刊
　　資料：明清史』2006-12 収録）。

范紅軍・賀軍妙「明代析產合戶的家庭結構」（『河北師範大学学報・哲社版』2006-4）。

毛立平「清代婦女嫁妝支配権的考察」（『史学月刊』2006-6、後に『複印報刊資料：明
　　清史』2006-9 収録）。

毛立平「嫁妝対清代婚姻的影響及其引発的社会問題」（『北京档案史料』2007-1）。

毛立平「論清代『奩田』」（『中国社会経済史研究』2007-2、後に『複印報刊資料・明
　　清史』2007-11 収録）。

呂寬慶「清代民間異姓継承問題研究」（『雲夢学刊』2007-4）。

韓寧平「清代徽州的擬血親承継：以《星源甲道張氏宗譜》為中心」（『黄山学院学報』

2007-4）。

（2）土地法

①通代

張伝璽「論中国封建社会土地所有権的法律観念」（『北京大学学報』1980-6）。

葉顕恩「関于徽州的佃僕制」（『中国社会科学』1981-1）。

林祥瑞「試論永佃権的性質」（『福建師範大学学報』1981-1）。

林祥瑞「福建永佃権成田的初歩考察」（『中国史研究』1982-4）。

段本洛「論蘇南永佃制」（『江海学刊』1983-1）。

彭超「試探荘僕、佃僕和火佃的区別」（『中国史研究』1984-1）。

周紹泉「田宅交易中的契尾試探」（『中国史研究』1987-1）。

礫鏗「中国不動産交易的找価問題」（『福建論壇』1987-5）。

李清凌「文書契約租佃制的産生、発展和作用」（『西北師範大学学報』1990-2）。

許懐林「永佃制租佃関係在江西的由来与発展」（『江西師範大学学報・哲社版』1994-4）。

寺田浩明（馮瀟訳）「中国近世土地所有制研究」（『中外法律史新探（法律史研究第二輯）』、科学出版社、1994年所収）。

→「中国近世における自然の領有」（『シリーズ世界史への問い 1 歴史における自然』、岩波書店、1989年）。

鄧勇「中国古代永佃制度及其法文化分析」（『長白学刊』2002-3）。

王旭偉「中華法系土地用益制度的演進」（『瀋陽師範学院学報・社科版』2002-5）。

郭建、姚少傑「倚当、抵当考」（尤韶華主編『中国法制史考証』甲編第 5 巻、中国社会科学出版社、2003年所収）。

付堅強「我国歴史上田宅典権制度流変考」（『中国農史』2004-2）。

王日方「成文法、習慣法与伝統中国社会中的土地流転」（『法制与社会発展』2004-4）。

②宋元代

張邦煒「北宋租佃関係的発展及其影響（一・二）」（『甘粛師範大学学報』1980-3・4）。

余也非「宋元私田地租制度」（『四川大学学報』1981-3）。

漆侠「宋代封建租佃制及其発展」（『陝西師範大学学報』1982-4）。

程溯洛「宋代封建土地所有制的各種形態与農民的負担」(『歴史教学』1982-7)。

董家駿「試論宋代的訴訟法与土地所有制形式的関係──兼与侯外廬先生商榷」(『宋史研究論文集』、上海古籍出版社、1982 年所收)。

趙儷生「試論兩宋土地経済中的幾個主流現象」(『文史哲』1983-4)。

劉和惠「元代徽州地契」(『元史及北方民族史研究集刊』1984-8、後に『複印報刊資料：宋遼金元史』1984-5 收録)。

関履権「宋代封建租佃制的発展与階級関係的変化」(『史学月刊』1985-1)。

李清凌「関于宋代営田的幾個問題」(『西北師範学院学報・社科版』1985-3)。

曾瓊碧「宋代佃耕官田的農民」(『中山大学学報』1985-4、後に『複印報刊資料：宋遼金元史』1986-1 收録)。

楊康蓀「宋代官田包佃述論」(『歴史研究』1985-5)。

丁則良「宋代土地問題」(『歴史教学』1986-1)。

王曾瑜「宋朝的詭名挟戶（上・下）」(『社会科学研究』1986-4・5、後に『複印報刊資料：宋遼金元史』1986-6 收録)。

穆朝慶「論宋代租佃関係中的佃戶成分」(『河南大学学報』1987-1)。

曾瓊碧「宋代租佃官田的『二地主』」(『中国史研究』1987-2、後に『複印報刊資料：宋遼金元史』1987-5 收録)。

莫家斎「南宋土地交易法規述略（《名公書判清明集》研究之一）」(『法学季刊』1987-4)。

酈家駒「兩宋時期土地所有権的転移」(『中国史研究』1988-4、後に『複印報刊資料：宋遼金元史』1989-1 收録)。

姚恩権「元代江南地租形態的演変及其影響」(『東北師範大学学報』1990-1)。

梁太済「兩宋的租佃形式」(鄧広銘・漆侠主編『中日宋史研討会中方論文選編』、河北大学出版社、1991 年所收)。

周龍華「従兩則土地税税額材料看宋代的土地買売」(『貴州社会科学』1992-1)。

楊際平「宋代民田出租的地租形態研究」(『中国経済史研究』1992-1、後に『複印報刊資料：宋遼金元史』1992-4 收録)。

王才忠「北宋的経済発展和土地制度的関係」(『阜陽師範学院学報・社科版』1992-2)。

韓森「宋代的買地券」(鄧広銘・漆侠主編『国際宋史研討会論文選集』、河北大学出版社、1992 年所收)。

曾瓊碧「宋代官田的来源以及官私土地的相互転化」(『中山大学学報・社科版』1993-1、後に『複印報刊資料：宋遼金元史』1993-2 收録)。

曽昭柱「会同発現一件宋代民間売地文契」（『懐化師範専科学校学報』1994-4）。

劉春萍「南宋田宅交易法初探」（『求是学刊』1994-6、後に『複印報刊資料：中国古代
　　史（2）』1995-1 収録）。

呂志興「宋代土地典売制度述論」（『中外法律史新探』、陝西人民出版社、1994 年所収）。

桂栖鵬「元代江南地区封建租佃関係的進一歩発展」（『南京大学学報・哲人社科版』
　　1995-4、後に『複印報刊資料：宋遼金元史』1996-1 収録）。

霍存福「論元代不動産買売程序」（『法学研究』1995-6）。

黄純怡「宋代土地交易初探」（『中興大学文史学報』26、1996 年）。

龍登高「宋代批発交易試探」（『中国社会経済史研究』1997-3）。

姚思全「論元代江南租佃経営模式下労働力的組織管理」（『遼寧師範大学学報・社科版』
　　1997-4）。

余貴林・郝群「宋代典売制度散論」（『中州学刊』1997-5）。

李錫厚「宋代私有田宅的親隣権利」（『中国社会科学院研究生院学報』1999-1、後に『複
　　印報刊資料：宋遼金元史』1999-2 収録）。

史継剛「宋代屯田・営田問題新探」（『中国社会経済史研究』1999-2）。

趙暁耕「両宋法律中的田宅細故」（『法学研究』23-2、2001 年）。

張金嶺「試論晩宋時期対官田的経営」（『社会科学研究』2001-3）。

戴建国「宋代的田宅交易投税憑由和官印田宅契書」（『中国史研究』2001-3、後に『複
　　印報刊資料：宋遼金元史』2002-1 収録）。

戴建国「南宋徽州地契試析」（『継承与創新—中国法律史学的世紀回顧与展望』、法律
　　出版社、2001 年所収）。

李如鈞「従《名公書判清明集》看宋代田宅典売中的「典」」（『宋代社会与法律—《名
　　公書判清明集》討論—』、東大図書公司、2001 年所収）。

王暁如「北宋土地政策対南宋社会的影響」（『河南大学学報・社科版』2002-5）。

鄭定・柴栄「両宋土地交易中的若干法律問題」（『江海学刊』2002-6、後に『複印報刊
　　資料：法理学・法史学』2003-2 収録）。

熊燕軍「従定額租制看宋代江南地区的集約経営」（『湖北大学成人教育学院学報』
　　2003-2）。

柴栄「透視宋代土地租佃制度：対宋代土地経営過程有関法律問題的思考」（『内蒙古大
　　学学報・人文社科版』2003-3）。

熊燕軍「従租佃制形式看宋代租佃契約的訂立」（『湖北大学学報・哲社版』2003-3）。

霍存福「元代不動産買売程序考述」（尤韶華主編『中国法制史考証』甲編第 5 巻、中
　　国社会科学出版社、2003 年所収）。

高楠「宋代的私有田宅糾紛──以親隣法為中心」（『安徽史学』2004-5）。

陳明光「宋朝逃田産権制度与地方政府管理職能変遷」（『文史哲』2005-1）。

魏天安「論宋代的親隣法」（『中州学刊』2007-4、後に『複印報刊資料：宋遼金元史』
　　2007-4 収録）。

③明清代

馮爾康「清代的押租制与租佃関係的局部変化」（『南開学報』1980-1）。

傅衣凌「明代前期徽州土地買売契約中的通貨」（『社会科学戦線』1980-3）。

江太新「清代前期押租制的発展」（『歴史研究』1980-3）。

紀庸「蘇南永佃制起源試探」（『中学歴史』1980-3）。

宋秀元「清代前期地租形態的発展変化」（『社会科学輯刊』1980-6）。

楊国禎「試論清代閩北民間的土地買売（清代閩北土地買売文書剖析）」（『中国史研究』
　　1981-1）。

余也非「明及清前期的私田地租制度」（『重慶師範学院学報』1981-3）。

傅同欽「明清時期的広東沙田」（『学術研究』1981-3）。

李華「清朝前期江蘇租佃関係的珍貴文献（読《江蘇山陽減租全案》）」（『中学歴史』
　　1981-4）。

葉顕恩「釈『火佃』」（『中国史研究』1982-3）。

魏安国「清代華南地区『一田両主』的土地占有制」（『広州研究』1982-3）。

江太新「清初墾荒政策及地権分配情況的考察」（『歴史研究』1982-5）。

伊原弘介「清代台湾的佃戸制」（『中国史研究動態』1982-5）。

西川喜久子「清代珠江下游的沙田」（『中国史研究動態』1982-12）。

樊樹志「明清租佃契約関係的発展（関于土地所有権分割的考察）」（『復旦学報』
　　1983-1）。

阮明道「関于明代的幾件地契」（『南充師範学院学報』1983-1）。

楊国禎「清代浙江田契佃約一瞥」（『中国社会経済史研究』1983-3）。

傅衣凌「福建農村的耕畜租佃契約及其買売文書」（『中国社会経済史研究』1983-4、後
　　に『複印報刊資料：明清史』1984-2 収録）。

劉和恵・張愛琴「明代徽州田契研究」（『歴史研究』1983-5）。

趙岡「関于明清時期土地所有制形式的新材料」(『中国史研究動態』1983-5)。

劉和恵「清代徽州田面権考察（兼論田面権的性質）」(『安徽史学』1984-5、後に『複印報刊資料：明清史』1984-11 収録)。

周遠廉「清代前期的土地買売」(『社会科学輯刊』1984-6)。

呉量愷「清代的農民永佃権及其影響」(『江漢論壇』1984-6、後に『複印報刊資料：明清史』1984-8 収録)。

樊樹志「論明清時代的『一田両主』：関于地主階級歴史運動的側面考察」(『社会経済論集・中国封建史研究』、上海市歴史学会編印、1984 年所収)。

李映発「清代重慶地区農田租佃関係中的幾個問題」(『歴史档案』1985-1)。

黄水「明代土地制度中若干問題的研究概況」(『中国史研究動態』1985-2)。

林祥瑞「永佃権与福建農業資本主義萌芽」(『中国史研究』1985-2、後に『複印報刊資料：明清史』1985-10 収録)。

張海瀛「明代的荘田地主及其対土地買売的影響」(『晋陽学刊』1985-4)。

彭超「論徽州永佃権和『一田二主』」(『安徽史学』1985-4、後に『複印報刊資料：明清史』1985-11 収録)。

張占斌「略論明清封建土地制度」(『松遼学刊・社科版（四平師範学院）』1985 増刊)。

劉淼「略論明代徽州的土地占有形態」(『中国社会経済史研究』1986-2)。

覃延歓「明代広西的『田土之争』」(『中国社会経済史研究』1986-3)。

李文治「論中国封建社会後期的劃分標志（明清時代封建土地関係的松解）」(『中国経済史研究』1986-4、後に『複印報刊資料：明清史』1987-2 収録)。

劉淼「明清時期徽州民田買売制度」(『阜陽師範学院学報』1987-1)。

林金樹「明代中後期江南的土地兼併」(『中国史研究』1987-2、後に『複印報刊資料：明清史』1987-9 収録)。

譚棣華・趙令揚「従広州愛育堂契約文書看清代珠江三角洲的土地関係」(『中国社会経済史研究』1987-4、後に『複印報刊資料：明清史』1988-1 収録)。

戍笙「清代社会各階級処理主佃矛盾的対策」(『清史論叢』7、1987 年)。

李英華「清代土地関係中的両個問題」(『史学論叢』1988-2)。

李英華「明清時期的二地主浅析」(『思想戦線（雲南大学学報）』1988-2、後に『複印報刊資料：明清史』1988-6 収録)。

経君健「清代民田主佃関係政策的歴史地位（清代民田主佃関係政策的探討之三）」(『中国経済史研究』1988-2、後に『複印報刊資料：明清史』1988-9 収録)。

楊国禎「論中国永佃権的基本特徴」(『中国社会経済史研究』1988-2、後に『複印報刊資料：明清史』1988-10 収録)。

鄭慶平「明清時期的土地制度及其発展変化特徴」(『中国農史』1989-1、後に『複印報刊資料：明清史』1989-5 収録)。

劉淼「清代徽州歙県棠樾鮑氏祠産土地関係」(『中国社会経済史研究』1989-4、後に『複印報刊資料：明清史』1989-10 収録)。

張雪慧「明代徽州地区的土地買売及相関問題」(『中国古代社会経済史諸問題』、福建人民出版社、1989 年所収)。

呉量愷「関于清代前期租佃関係的幾個問題」(『中国古代社会経済史諸問題』、福建人民出版社、1989 年所収)。

葉顕恩・譚棣華「珠江三角洲族田的租佃方式和地租形態」(『中国古代社会経済史諸問題』、福建人民出版社、1989 年所収)。

張正明「清代丁村田契研究」(『中国史研究』1990-1、後に『複印報刊資料：明清史』1990-5 収録)。

官美堞「清代地権的変化」(『清史研究通訊』1990-2、後に『複印報刊資料：明清史』1990-12 収録)。

江太新「略論清代前期土地買売中宗法関係的松弛及其社会意義」(『中国経済史研究』1990-3)。

官美堞「明清時期的『田骨』和『田皮』」(『山東大学学報』1990-3)。

謝啟華・何溥瑩「清代的佃農」(『社会科学輯刊』1991-1)。

劉淼「清代徽州祠産土地関係(以徽州歙県棠樾鮑氏、唐模許氏為中心)」(『中国経済史研究』1991-1、後に『複印報刊資料：明清史』1991-9 収録)。

李文治「論明代封建土地関係」(『明史研究』1991 総 1)。

彭超「再談火佃」(『明史研究』1991 総 1)。

李三謀「清代南方永佃制和額租制的関係問題」(『求是学刊』1991-2)。

鄭力民「明清徽州土地典当蠡測」(『中国史研究』1991-3)。

唐文基「関于明清時期福建土地典売中的找価問題」(『史学月刊』1992-3、後に『複印報刊資料：明清史』1992-8 収録)。

周玉英「従清代福建土地典売看農村階級関係」(『福建師範大学学報』1992-3)。

周紹泉「明清徽州畝産蠡測」(『明史研究』2、黄山書社、1992 年)。

張富美「清代典売田宅律令之演変与台湾不動産交易的找価問題」(陳秋坤他編『台湾歴史上的土地問題』、中央研究院台湾史田野研究室、1992 年所収)。

陳秋坤「清代中葉台湾農村経済危機与業佃糾紛—以岸裡社潘姓業主的田業経営為中心 1760-1850」(『*Proceeding of the National Science Council*（Part C）』4-2、1994 年）。

林京梧・陳真「浅談清代的土地制度」(『福建論壇』1995-3）。

沈炳堯「明清遂安県房地産買売」(『中国社会経済史研究』1995-4）。

施民「清代贛南的租田制初探」(『贛南師範学院学報・社科版』1995-5）。

寺田浩明（王莉莉訳・周蘊石校）「関於清代土地法秩序「慣例」的結構」（劉俊文主編『日本中青年学者論中国史・宋元明清巻』、上海古籍出版社、1995 年所収）。

→「清代土地法秩序における「慣行」の構造」（『東洋史研究』48-2、1989 年）。

沈炳堯「明清遂安県房地産価格挙証分析：明清遂安県房地産買売研究之四」(『清史研究』1997-4）。

變成顕「明代土地買売推収過割制度之演変」(『中国経済史研究』1997-4）。

陳照銘「浅談清代台湾不動産契字」(『現代地政』17-12（198）、1997 年）。

斉江「関于土地双重所有権理論的歴史淵源」(『中国土地科学』1998-3）。

柯志明（講）「清代台湾熟番地権的演変」(『宜蘭文献雑誌』36、1998 年）。

黄于玲「国家、族群与土地租佃制度—以清代噶瑪蘭庁対噶瑪蘭人的理番政策為例」（『宜蘭文献雑誌』33、1998 年）。

周玉英「従文契看明清福建土地典売」(『中国史研究』1999-2）。

卞利「清代江西贛南地区的退契研究」（『中国史研究』1999-2）。

劉志偉「地域空間中的国家秩序（珠江三角洲『沙田—民田』格局的形成）」(『清史研究』1999-2、後に『複印報刊資料：明清史』1999-6 収録）。

周紹泉「試解清嘉慶年間一張徽州地契—兼論明清佃権的産生及典売」（『東方学報・京都』71、1999 年）。

頼恵敏「従契約文書看清前期的旗地政策与典売（1644-1820）」(『中央研究院近代史研究所集刊』32、1999 年）。

音正権「明清『永佃』：一種習慣法視野下的土地秩序」(『華東政法学院学報』2000-2）。

陳秋坤「乾隆年間（1780-1795）塔楼社人的田地買売契約」(『屏東文献』2、2000 年）。

陳秋坤「清代屏東地区土地契約与官方文書」(『屏東文献』2、2000 年）。

周翔鶴「清代台湾的地権交易—以典契為中心的一個研究」(『中国社会経済史研究』2001-2、後に『複印報刊資料：明清史』2001-6 収録）。

王志強「試析晩清至民初房地交易契約的概念」(『北大法律評論』2001-4-1）。

鄭佳寧「論清代的典権制度」(『中央政法管理幹部学院学報』2001-6、後に『複印報刊

資料：法理学・法史学』2002-5 収録）。

張海瀛「明代山西的民佃屯田」（『晋陽学刊』2002-1）。

汪柏樹「徽州明清民国地契中的『売』初探：三種地権的名実情况与隠顕形式」（『黄山高等専科学校学報』2002-2）。

梁亜栄「永佃権与土地承包経営権対比研究」（『南京農業大学学報・社科版』2002-3）。

陳学文「明清徽州土地契約文書選輯及考釈」（『中国農史』2002-3）。

夏維中・王裕明「也論明末清初徽州地区土地丈量与里甲制的関係」（『南京大学学報・哲人文社版』2002-4）。

周栄「永佃権与清代農民生活」（『史学月刊』2002-4、後に『複印報刊資料：明清史』2002-5 収録）。

李鳴「明代土地租佃的法律調整」（『現代法学』2002-5）。

陳秋坤「清代塔楼社人社餉負担与産権変遷（1710-1890）」（『台湾史研究』9-2、2002年）。

張愛妹「明清徽州文書的地籍分布──以南京大学歴史系所蔵土地置産簿為中心」（『安徽史学』2003-2）。

周翔鶴「従契約文書看清代台湾竹塹社的土著地権問題」（『台湾研究集刊』2003-2）。

汪柏樹「徽州祠堂当地売田的一些契約」（『黄山学院学報』2003-3）。

鄒萍「論明清福建地区的一般租佃制」（『福建論壇・人文社科版』2003-3）。

黄志繁「地域社会変革与租佃関係──以 16-18 世紀贛南山区為中心」（『中国社会科学』2003-6、後に『複印報刊資料：明清史』2004-2 収録）。

李力「清代民間契約中関于『伙』的観念和習慣」（『法学家』2003-6）。

寺田浩明「田面田底慣例的法律性──以概念性的分析為主」（寺田浩明主編『中国法制史考証』丙編第 4 巻、中国社会科学出版社、2003 年所収）。

→「田面田底慣行の法的性格──概念的検討を中心にして──」（『東洋文化研究所紀要』93、1983 年）。

岸本美緒「明清時代的『找価回贖』問題」（寺田浩明主編『中国法制史考証』丙編第 4 巻、中国社会科学出版社、2003 年所収）。

→「明清時代における「找価回贖」問題」（『中国─社会と文化』12、1997 年）。

寒冬虹・楊靖「国家図書館蔵部分明清土地契約略説」（『文献』2004-1）。

趙岡「估算江蘇長洲田皮産権分配」（『中国史研究』2004-1）。

趙岡「清代前期地権分配的南北比較」（『中国農史』2004-3）。

吳滔「清代江南的一田両主制和主佃関係的新格局―以蘇州地区為中心」(『近代史研究』2004-5)。

喬素玲「従地方志看土地争訟案件的審判―以広東旧方志為例」(『中国地方志』2004-7)。

張研「関于中国伝統社会土地権属的再思考―以土地交易過程中的『郷規』、『郷例』為中心」(『安徽史学』2005-1、後に『複印報刊資料:明清史』2005-3収録)。

洗剣民「従契約文書看明清広東的土地問題」(『歴史档案』2005-3)。

李力「清代民法語境中『業』的表達及其意義」(『歴史研究』2005-4、後に『複印報刊資料:明清史』2006-1収録)。

王德慶「清代土地買売中的『除留』習慣:以陝西紫陽契約与訴訟為例」(『唐都学刊』2006-2)。

王德慶「清代土地買売中的陋規習慣:以陝南地区為例」(『歴史档案』2006-3)。

趙岡「永佃制与過密型生産」(『中国史研究』2006-3)。

王德慶「清後期陝南地区的租佃習慣研究」(『陝西理工学院学報・社科版』2006-3)。

陳学文「清代土地所有権転移的法制化―清道光三〇年山西徐溝県王耀田契(私契、官契、契尾)的考釈及其他」(『中国社会経済史研究』2006-4)。

李力「清代民間土地契約对于典的表達及其意義」(『金陵法律評論』2006-春)。

童広俊・張玉「試論清代、民国時期冀中農村土地買売中的契約精神―以束鹿県張氏家族土地買売契約為例」(『河北法学』2006-8)。

李伏明「明清永佃与『一田二主』現象新論」(『井岡山学院学報・総合版』2007-9)。

孫守朋「18世紀中国経済変遷背景下基層司法体制考察:以土地産権糾紛審理為例」(『蘭州学刊』2007-11)。

(3) 其他民事法

①通代

丹喬二(馮在哲訳)「日本学術界関于従宋至清佃戸、奴婢、雇工人在法律上身分的討論」(『中国史研究動態』1995-6)。

鄭定・関冬芳「『良賤之別』与社会演進―略論唐宋明清時期的賤民及其法律地位的演変」(『金陵法律論集』2003-秋、後に『複印報刊資料:法理学・法史学』2004-3)。

②宋元代

鄒艾秋「論宋代鄉村客戶的経済地位和封建隷属関係」(『昆明師範学院学報』1983-1)。

柯昌基「宋代的奴隷」(『四川師範学院学報』1983-2)。

郭東旭「論宋代鄉村客戶的法律地位」(『河北大学学報・社科版』1985-3、後に『宋朝法律史論』、河北大学出版社、2001年収録)。

刑鉄「宋代的耕牛出租与客戶地位」(『中国史研究』1985-3、後に『複印報刊資料：宋遼金元史』1986-1収録)。

朱瑞熙「宋代佃客法律地位再探索」(『歴史研究』1987-5、後に『複印報刊資料：宋遼金元史』1987-6収録)。

王曽瑜「宋朝的奴婢、人力、女使和金朝奴隷制」(『文史』1988総29、後に『複印報刊資料：宋遼金元史』1989-1収録)。

王延中「宋代奴婢実態研究」(『史学集刊』1989-4)。

唐剛卯「封建法律中同居法適用範囲的拡大──略論唐宋時期随身、人力、佃客、雇工人的法律地位」(『中国史研究』1989-4)。

李幹・周祉征「元代奴婢探討」(『黒龍江民族叢刊』1990-4)。

楊標平「元代買売奴隷手続」(『敦煌研究』1990-4)。

郭東旭「論宋代婢僕的社会地位」(『河北大学学報・社科版』1993-3、後に『複印報刊資料：宋遼金元史』1993-6、『宋朝法律史論』、河北大学出版社、2001年再録)。

桂栖鵬「元代佃客法律地位辨析」(『浙江師範大学学報』1994-3)。

宋東侠「宋代『女使』簡論」(『河北学刊』1994-5)。

劉向明「元朝法制中的僧侶特権」(『嘉応大学学報・社科版』1998-4)。

王平宇「《名公書判清明集》中所見的女使訴訟」(『宋代社会与法律──《名公書判清明集》討論──』、東大図書公司、2001年所収)。

張百廷「《名公書判清明集》中所見的宋代士人犯法問題」(『宋代社会与法律──《名公書判清明集》討論──』東大図書公司、2001年所収)。

郭尚武「論宋代保護奴婢人身権的劃時代特徴：拠両宋民法看奴婢的人身権」(『晋陽学刊』2004-3)。

戴建国「『主僕名分』与宋代奴婢的法律地位：唐宋変革時期階級結構研究之一」(『歴史研究』2004-4)。

李国鋒「宋代債法的淵源及宋代債法発展的歴史動因」(『河南師範大学学報・哲社版』2006-3)。

③明清代

傅同欽・馬子莊「清代安徽地区莊僕文約簡介」(『南開学報』1980-1)。

周良霄「明代『雇工人』的研究」(『文史』15、1982 年)。

樊樹志「明清的奴僕与奴僕化佃農」(『学術月刊』1983-4)。

韓大成「明代的奴婢」(『歴史論叢』1983 総 3、斉魯書社、1983 年)。

経君健「明清両代農業雇工法律上人身隷属関係的解放」(『明清時代的農業資本主義萌芽問題』、中国社会科学出版社、1983 年所収)。

経君健「明清両代『雇工人』的法律地位問題」(『明清時代的農業資本主義萌芽問題』、中国社会科学出版社、1983 年所収)。

彭超「試探莊僕、佃僕和火佃的区別」(『中国史研究』1984-1、後に『複印報刊資料：明清史』1984-4 収録)。

劉和恵「明代徽州佃僕制考察」(『安徽史学』1984-1、後に『複印報刊資料：明清史』1984-2 収録)。

劉和恵「明代徽州胡氏佃僕文約」(『安徽史学』1984-2、後に『複印報刊資料：明清史』1984-5 収録)。

劉和恵「明代徽州佃僕制補論」(『安徽史学』1985-6、後に『複印報刊資料：明清史』1986-1 収録)。

魏金玉「試説明清時代雇傭労働者与雇工人等級之間的関係」(『中国経済史研究』1986-4)。

陳支平「清代福建的蓄奴和佃僕制残余」(『中国社会経済史研究』1987-2)。

牛建強「明代奴僕与社会」(『史学月刊』2002-4、後に『複印報刊資料：明清史』2002-4 収録)。

郝維華「明清身分契約的法律分析」(『法律史論集』4、法律出版社、2002 年)。

黄晃堂「清代『雇工人』問題考釈」(蘇亦工主編『中国法制史考証』甲編第七巻、中国社会科学出版社、2003 年所収)。

魏金玉「明清時代皖南佃僕奴僕辨」(『中国経済史研究』2005-4)。

陳学文「莊僕非佃戸考略：以隆慶五年胡初莊僕文約為中心」(『中国経済史研究』2007-3)。

C.史料介紹・譯注

①通代

②宋元代

陳智超「明刻本《名公書判清明集》述略」(『中国史研究』1984-4、後に楊一凡・劉篤
　　才主編『中国法制史考証』乙編第 4 巻、中国社会科学出版社、2003 年再録)。

李淑娥「《元典章》試析」(『史学月刊』1986-1)。

黄時鑑「《大元通制》考辨」(『中国社会科学』1987-2)。

陳智超「《名公書判清明集》日文訳注本評介」(『中国史研究動態』1987-4)。

葉新民「一部元朝公文用語辞典—《吏学指南》簡介」(『内蒙古社会科学・文史哲版』
　　1988-6)。

方貴齢「《通制条格》新探」(『歴史研究』1993-3)。

王志強「《名公書判清明集》法律思想初探」(『法学研究』1997-5)。

殷嘯虎「論《大元通制》『断例』的性質及其影響(兼与黄時鑑先生商榷)」(『華東
　　政法学院学報』1999-1、後に『複印報刊資料：法理学・法史学』1999-6 収録)。

屈超立「《名公書判清明集》書判性質述略」(『中国古代法律文献研究』第 1 輯、巴蜀
　　書社、1999 年所収)。

孔学「《慶元条法事類》研究」(『史学月刊』2000-2、後に『複印報刊資料：宋遼金元
　　史』2000-4 収録)。

柳立言「評《名公書判清明集》」(『法制史研究(台北)』2、2001 年)。

劉暁「《大元通制》断例小考」(『法律史論集』3、法律出版社、2001 年)。

曽代偉「《大元通制》淵源考辨」(『現代法学』2003-1、後に『複印報刊資料：法理
　　学・法史学』2003-5 収録)。

黄時鑑「《大元通制》考辨」(尤韶華主編『中国法制史考証』甲編第 5 巻、中国社会
　　科学出版社、2003 年所収)。

方貴齢「《通制条格》考略」(尤韶華主編『中国法制史考証』甲編第 5 巻、中国社会
　　科学出版社、2003 年所収)。

蔵傑斌「《慶元条法事類》文献考略」(尤韶華主編『中国法制史考証』甲編第 5 巻、
　　中国社会科学出版社、2003 年所収)。

尤韶華「宋遼西夏金元法制考証挙要」(尤韶華主編『中国法制史考証』甲編第 5 巻、

中国社会科学出版社、2003 年所収)。

佐竹靖彦「《作邑自箴》研究—対該書基礎結構的再思考」（川村康主編『中国法制史
　考証』丙編第 3 巻、中国社会科学出版社、2003 年所収）。

→「『作邑自箴』の研究—その基礎的再構成—」（『人文学報〈東京都立大学〉』238、
　1993 年）。

鄧勇「『清明集』研究在中国的現状与未来」（『中国史研究（韓国）』43、2006 年）。

③明清代

鄭天挺「清史研究和档案」（『歴史档案』1981-1）。

楊一凡「明《大誥》初探」（『北京政法学院学報』1981-1）。

韋慶遠「明清史研究与明清档案」（『歴史档案』1981-2）。

楊国禎「清代閩北土地文書選編（一・二・三）」（『中国社会経済史研究』1982-1・2・
　3）。

傅衣凌「明成弘間江西社会経済史料摘抄（読《皇明条法事類纂》札記之一）」（『江西
　社会科学』1983-3）。

劉慧珍輯「明代徽州田契選録」（『安徽史学』1985-1・2）。

郭松義「清朝的会典和則例」（『清史研究通訊』1985-4）。

劉孔伏・潘良熾「関于評価朱元璋《大誥》的若干問題」（『萍郷教育学報』1987-1）。

楊一凡「明大誥的版本」（『法学研究』1988-2）。

張正明・陶富海「清代丁村土地文書選編」（『中国社会経済史研究』1989-2、後に『複
　印報刊資料：明清史』1990-2 収録）。

周紹泉「徽州文書的由来・収蔵・整理」（『明代史研究』20、1992 年）。

楊晏平等「清康熙年間契約文書（四）」（『文献』1993-1）。

楊晏平・張志清「清雍正年間契約文書輯録（二）」（『文献』1993-3）。

中国第一歴史档案館「乾隆四十二年査辦彭理寄頓家産案」（『歴史档案』1993-4）。

中国第一歴史档案館「乾嘉年間山東済寧李氏家族争訟家産案」（『歴史档案』1993-4）。

趙愛国「明清档案文献編纂評述」（『档案学通訊』1994-1）。

楊一凡「明代中後期重要条例版本略述」（『法学研究』1994-3）。

濱島敦俊（柏樺縮訳）「明代之判牘」（『中国史研究』1996-1）。

→「明代の判牘」（滋賀秀三編『中国法制史—基本資料の研究—』、東京大学出版会、
　1993 年所収）。

張偉仁「歷史語言研究所現存清代內閣大庫原藏之明清档案」(『国史館館刊』20、1996年)。

沈景鴻「国立故宮博物院清代档案的整理、利用及其成果」(『国史館館刊』20、1996年)。

葉顯恩「晚明珠江三角洲区域社会状態的忠実記録：《盟水斎存牘》簡介」(『広東社会科学』1997-1)。

任麗潔・韓慶明「浅談清会典的特点及内容」(『松遼学刊・社科版』1997-4)。

阿風「徽州文書研究十年回顧」(『中国史研究動態』1998-2)。

沈炳堯「清代山陰、会稽、諸暨県房地産契約文書輯存」(『中国経済史研究』1998-3)。

俞江「《大清民律（草案)》考析」(『南京大学法律評論』1998-春)。

張伯元「《皇明条法事類纂》与《条例全文》的比較考述」(『法律史論集』1、法律出版社、1998年)。

朱鴻「明代初期的官箴」(『歴史月刊』124、1998年)。

陳智超「新発掘出徽州文書」(『中国史研究動態』1999-1)。

濱島敦俊（徐世虹・鄭顕文訳)「明代之判牘」(『中国古代法律文献研究』1、巴蜀書社、1999年)。

→「明代の判牘」（滋賀秀三編『中国法制史─基本資料の研究─』、東京大学出版会、1993年所収)。

頼恵敏「清代巴県県署档案：乾隆朝（1736-1795）司法類」(『近代中国史研究通訊』28、1999年)。

頼恵敏「档案介紹：清代「内閣題本刑科婚姻命案類」」(『近代中国婦女史研究』7、1999年)。

周紹泉「徽州文書与徽学」(『歴史研究』2000-1)。

何勤華「明清案例匯編及其時代特徴」(『上海社会科学院学術季刊』2000-3)。

莊吉發「故宮博物院典蔵清代台湾司法档案」(『法制史研究（台北)』1、2000年)。

呂麗「《清会典》辨析」(『法制与社会発展』2001-6)。

頼恵敏「中央研究院近代史研究所図書館蔵的清代法制史档案簡介」(『法制史研究（台北)』2、2001年)。

勞政武「「清代名吏判牘」評介」(『能仁学報』8、2001年)。

李并成「明清時期河西地区『水案』史料的梳理研究」(『西北師範大学学報・社科版』2002-6)。

李雪梅「澳門明清法律史料之構成」(『中西法律伝統』2、中国政法大学出版社、2002年)。

楊一凡「《大誥》考」(楊一凡主編『中国法制史考証』甲編第 6 巻、中国社会科学出版社、2003 年所収)。

楊一凡「明代稀見法律典籍版本考略」(楊一凡主編『中国法制史考証』甲編第 6 巻、中国社会科学出版社、2003 年所収)。

張伯元「《条例全文》残巻考略」(楊一凡主編『中国法制史考証』甲編第 6 巻、中国社会科学出版社、2003 年所収)。

楊育棠「《盟水斎存牘》点校札記」(『中国古代法律文献研究』2、中国政法大学出版社、2004 年)。

四、中文著作・史料集・譯注・索引

（1）著書

①通代

蕭永清『中国法制史簡編（上・下）』（山西人民出版社、1981・1982 年）。

瞿同祖『中国法律与中国社会』（中華書局、1981 年）。

潘維和『中国民法史』（翰林出版社、1981 年）。

張晋藩『中国法制通史』（法律出版社、1982 年）。

陳顧遠『中国法制史』（中国書店、1988 年）。

陳鵬『中国婚姻史稿』（中華書局、1990 年）。

梁治平『尋求自然秩序中的和諧』（中国政法大学出版社、1991 年）。

張晋藩『中国法制史』（五南出版社、1992 年）。

徐揚傑『中国家族制度史』（人民出版社、1992 年）。

韓国磐『中国古代法制史研究』（人民出版社、1993 年）。

葉孝信等『中国民法史』（上海人民出版社、1993 年）。

李志敏『中国古代民法』（法律出版社、1994 年）。

梁治平編『法律的文化解释（増訂本）』（三聯書店、1994 年）。
　　評：柳立言「「法律文化」对法制史研究的効用」（『新史学（台湾）』10-2、1999 年）。

馮爾康編『中国宗族社会』（浙江人民出版社、1994 年）。

孫秀萍『中国法律史』（中国検察出版社、1995 年）。

曽憲義等主編『中国法制史』（中国人民大学出版社、1995 年）。

徐揚傑『宋明家族制度史論』（中華書局、1995 年）。
　　評：雷家宏「《宋明家族制度史論》座談会総述」（『中国史研究動態』1997-7）。

何炳棣『中国歴代土地数字考実』（聯経出版社、1995 年）。

孔慶明、胡留元・孫季平編『中国民法史』（吉林人民出版社、1996 年）。

張晋藩『中国法律的伝統与近代転型』（法律出版社、1997 年）。

田炯権『中国近代社会経済史研究──義田地主和生産関係』（中国社会科学出版社、1997
年）。

汪世栄『中国古代判詞研究』（中国政法大学出版社、1997 年）。

周紹泉・趙華富編『九五国際徽学学術討論会論文集』（安徽大学出版社、1997 年）。

赫鉄川『中国歴代著名法官評伝』（山東人民出版社、1998 年）。

梁治平編『法律解釈問題』（法律出版社、1998 年）。

費孝通『郷土中国』（北京大学出版社、1998 年）。

中華文化通志編委会編『中華文化通志』（上海人民出版社、1998 年）。
　　※常建華撰「宗族志」、王宏治撰「法学志」、郭建・殷嘯虎・王志強撰「法律志」。

張晋藩『中国民事訴訟制度史』（巴蜀書社、1999 年）。

劉雲生『中国古代契約法』（西南師範大学出版社、2000 年）。

刑鉄『家産継承史論』（雲南大学出版社、2000 年）。

郭成偉『官箴書点評与官箴文化研究』（中国法制出版社、2000 年）。

李文治・江太新『中国宗法宗族制度和族田義荘』（社会科学文献出版社、2000 年）。

張冠梓『論法的成長──来自中国南方山地法律民族志的詮釈』（社会科学出版社、2000
年）。

姚邦藻主編『徽州学概論』（中国社会科学出版社、2000 年、修訂再版、2003 年）。

那思陸、欧陽正『中国司法制度史』（国立空中大学、2001 年）。

程維栄『中国審判制度史』（上海教育出版社、2001 年）。

劉広安『中華法系的再認識』（法律出版社、2002 年）。

余宗其『中国文学与中国法律』（中国政法大学出版社、2002 年）。

倪正茂主編『批判与重建──中国法律史研究反撥』（法律出版社、2002 年）。

梁治平『法辨』（中国政法大学出版社・重印、2002 年）。

徐忠明『包公故事：一個考察中国法律文化的視角』（中国政法大学出版社、2002 年）。
　　評：簡斉儒「通俗文学和法律的更多対話」（『法制史研究（台北）』5、2004 年）。

高道蘊・高鴻均等編『美国学者論中国法律伝統（増訂版）』（清華大学出版社、2004
年）。

白凱『中国的婦女与財産 960─1949』（上海書店出版社、2003 年）。

→Bernhardt, Kathryn. *Women and Property in China: 960-1949*. Stanford University Press, 1999.

張洪林『中国法制史』（中国民主法制出版社、2004 年）。

張晋藩主編『中国司法制度史』（人民法院、2004 年）。

趙華富『徽州宗族研究』（安徽大学出版社、2004 年）。

朱開宇『科挙社会、地域秩序与宗族発展—宋明間的徽州 1100-1644』、台湾大学出版委員会、2004 年）。

朱万曙『論徽学』（安徽大学出版社、2005 年）。

陳恵馨『伝統個人、家庭、婚姻与国家—中国法制史的研究与方法』（五南図書出版公司、2006 年）。

蘇力『法律与文学—以中国伝統戲劇為材料』（三聯書店、2006 年）。

毛国権『宗法結構与中国古代民事争議解決機制』（法律出版社、2007 年）。

郭建『非常説法：中国戲曲小説中的法文化』（中華書局、2007 年）。

②宋元代

朱瑞熙『宋代社会研究』（中州書画社、1983 年）。

蘇基朗『唐宋法制史研究』（中文出版社、1985 年）。

張邦煒『婚姻与社会—宋代』（四川人民出版社、1989 年）。

王雲海主編『宋代司法制度』（河南大学出版社、1992 年）。

薛梅卿『宋刑統研究』（法律出版社、1997 年）。

張希清『宋朝典制』（吉林文史出版社、1997 年）。

游恵遠『宋代民婦的角色与地位』（新文豊出版公司、1998 年）。

張晋藩・郭成偉主編『中国法制通史』（法律出版社、1999 年）。
　　※第 5 巻、宋（季懐銀・屈超立）。

郭東旭『宋代法制研究（第 2 版）』（河北大学出版社、2000 年）。

戴建国『宋代法制初探』（黒龍江人民出版社、2000 年）。

王善軍『宋代宗族和宗族制度研究』（河北教育出版社、2000 年）。

呉海航『元代法文化研究』（北京師範大学出版社、2000 年）。

宋代官箴研読会編『宋代社会与法律—《名公書判清明集》討論—』（東大図書公司、2001 年）。

張希清等『宋朝典章制度』（吉林文史出版社、2001 年）。

郭東旭『宋朝法律史論』（河北大学出版社、2001 年）。

呂志興『宋代法制特点研究』（四川大学出版社、2001 年）。

陶晋生『北宋士族——家族・婚姻・生活』（中央研究院歷史語言研究所、2001 年）。

薛梅卿、趙曉耕主編『両宋法制通論』（法律出版社、2002 年）。

遊惠遠『宋元之際婦女地位的変遷』（新文豐出版公司、2003 年）。

屈超立『宋代地方政府民事審判職能研究』（巴蜀書社、2003 年）。

尤韶華主編『中国法制史考証：甲編（歷代法制考）第 5 卷：宋遼金元法制考』（中国
社会科学出版社、2003 年）。

川村康主編『中国法制史考証：丙編（日本学者考証中国法制史重要論文選訳）第三 3
卷：宋遼西夏元卷』（中国社会科学出版社、2003 年）。

劉馨珺『明鏡高懸——南宋県衙的獄訟』（五南図書出版公司、2005 年）。

趙旭『唐宋法律制度研究』（遼寧大学出版社、2006 年）。

陳志英『宋代物権関係研究』（中国社会科学出版社、2006 年）。

胡東興『元代民事法律制度研究』（中国社会科学出版社、2007 年）。

③明清代

楊雪峰『明代的審判制度』（黎明文化事業公司、1978 年）。

経君健『論清代社会的等級結構』（中国社会科学出版社、1981 年）。

那思陸『清代州県衙門審判制度』（文史哲出版社、1983 年）。

李文治、魏金玉、経君健『明清時代的農業資本主義萌芽問題』（中国社会科学出版社、
1983 年）。

葉顕恩『明清徽州農村社会与佃僕制』（安徽人民出版社、1983 年）。
　評：譚棣華・黄啟臣（『清史研究通訊』1983-1）。傅衣凌・楊国禎（『中国社会経済
　　史研究』1983-3）。卞恩才・林述（『江淮論壇』1983-3）。劉永成（『光明日報』
　　1983 年 9 月 21 日）。

章有義『明清徽州土地関係研究』（中国社会科学出版社、1984 年）。

楊一凡『明初重典考』（湖南人民出版社、1984 年）。
　評：佐藤学（『東洋史研究』44-2、1985 年）。

朱勇『清代宗族法研究』（湖南教育出版社、1987 年）。

楊一凡『明大誥研究』（江蘇人民出版社、1988 年）。

評：林原（『学習与探索』1990-3）。山根幸夫（『東洋学報』72-3、1991 年）。

鄭秦『清代司法審判制度研究』（湖南教育出版社、1988 年）。

楊国楨『明清土地契約文書研究』（人民出版社、1988 年）。

　　評：森田成満（『東洋史研究』48-2、1989 年）。葉顕恩・劉志偉（『中国史研究』1990-1、
　　　　後に『複印報刊資料：明清史』1990-4 収録）。

傅衣凌『明清社会経済変遷論』（人民出版社、1991 年）。

傅衣凌『明清封建土地所有制論綱』（上海人民出版社、1992 年）。

姜守鵬『明清社会経済結構』（東北師範大学出版社、1992 年）。

鄭振満『明清福建家族組織与社会変遷』（湖南教育出版社、1992 年）。

張研『清代族田与基層社会結構』（中国人民大学出版社、1992 年）。

陳秋坤・許雪姫編『台湾歴史上的土地問題』（中央研究院台湾史田野研究室、1992 年）。

李文治『明清時代封建土地関係的松解』（中国社会科学出版社、1993 年）。

経君健『清代社会的賤民等級』（浙江人民出版社、1993 年）。

張晋藩主編『清朝法制史』（法律出版社、1994 年）。

陳秋坤『清代台湾土着地権——官僚・漢佃与岸裡社人的土地変遷　1700-1895』（中央研
　　究院近代史研究所、1994 年）。

銭杭、謝維揚『伝統与転型：江西泰和農村宗族形態——一項社会人類学的研究』（上海
　　社会科学院出版社、1995 年）。

張海鵬他『徽商研究』（安徽人民出版社、1995 年）。

中国第一歴史档案館編『明清档案与歴史研究論文選』（国際文化出版公司、1995 年）。

梁治平『清代習慣法——社会与国家』（中国政法大学出版社、1996 年）。

郭潤濤『官府、幕友与書生——「紹興師爺」研究』（中国社会科学出版社、1996 年）。

張晋藩『清代民法総論』（中国政法大学出版社、1998 年）。

懐効鋒『明清法制初探』（法律出版社、1998 年）。

張晋藩主編『清朝法制史』（中華書局、1998 年）。

滋賀秀三他著・王亜新・梁治平編『明清時期的民事審判与民間契約』（法律出版社、
　　1998 年）。

黄宗智『民事審判与民間調解：清代的表達与実践』（中国社会科学出版社、1998 年）。

　　※改訂版：黄宗智『清代的法律、社会与文化：民法的表達与実践』（上海書店、2001
　　　　年）。

→Huang, Philip C.C. *Civil Justice in China :Representation and Practice in the Qing.*

Stanford University Press, 1996.

評：肖琳（『西北民族研究』2006-2）。寺田浩明（『私法〈北京大学〉』4-2、2004 年）。王洪兵、張思「清代法制史研究路径探析」（『史学月刊』2004-8、後に『複印報刊資料：明清史』2004-6 収録）。

曽秋美『台湾媳婦仔的生活世界』（玉山社、1998 年）。

未了、文菡編『明清法官断案実録（上・下）』（光明日報出版社、1999 年）。

鄭秦主編『清代「服制」命案—刑科題本档案選編』（中国政法大学出版社、1999 年）。

周玉英『明清時期福建経済契約文書研究』（遠方出版社、1999 年）。

許華安『清代宗族組織研究』（中国人民公安大学出版社、1999 年）。

林済『長江中游宗族社会及其変遷—黄州個案研究（明清—1949）』（中国社会科学出版社、1999 年）。

唐力行『明清以来徽州区域社会経済研究』（安徽大学出版社、1999 年）。

安・沃特納（曹南来訳）『烟火接続：明清的収継与親族関係』（浙江人民出版社、1999 年）。

→Waltner, Ann. *Getting an Heir: Adoption and the Construction of Kinship in Late Imperial China*. University of Hawaii Press, 1990.

王跌生『十八世紀中国婚姻家庭研究』（法律出版社、2000 年）。

郭松義『倫理与生活—清代的婚姻関係』（商務印書館、2000 年）。

鄭秦『清代法律制度研究』（中国政法大学出版社、2000 年）。

高浣月『清代刑名幕友研究』（中国政法大学出版社、2000 年）。

蘇亦工『明清律典与条例』（中国政法大学出版社、2000 年）。

張小林『清代北京城区房契研究』（中国社会科学出版社、2000 年）。

郭松義『倫理与生活—清代的婚姻関係』（商務印書館、2000 年）。

趙暁華『晩清訟獄制度的社会考察』（中国人民出版社、2001 年）。

陳瑛珣『明清契約文書中的婦女経済活動』（台明文化事業有限公司、2001 年）。

陳秋坤、洪麗完編『契約文書与社会生活（1600～1900）』（中央研究院台湾史研究所籌備処、2001 年）。

柯志明『番頭家—清代台湾族群政治与熟番地権』（中央研究院社会学研究所、2001 年）。

評：張隆志（『全国新書資訊月刊』34、2001 年）。張隆志「学術論弁、科際対話与台湾歴史社会研究」（『台湾史研究』8-1、2001 年）。王興安（『台大歴史学報』27、2001 年）。岸本美緒（『アジア経済』43-7、2002 年）。

李貞德『公主之死—你所不知道的中国法律史』（三民書局、2001 年）。

錢杭『血緣与地緣之間』（上海社会科学院出版社、2001 年）。

馬学強『従伝統到近代—江南城鎮土地産権制度研究』（上海社会科学院出版社、2001 年）。

張仁善『礼・法・社会—清代法律転型与社会変遷』（天津古籍出版社、2001 年）。

　　評：徐永康「一部研究中国法律社会史的新作」（『江海学刊』2002-2）。

王振忠『徽州社会文化史探微—新発現的 16-20 世紀民間档案文書研究』（上海社会科学院出版社、2002 年）。

那思陸『明代中央司法審判制度』（正典出版文化有限公司、2002 年、北京大学出版社、2004 年）。

　　評：邱澎生（『明代研究通訊』6、2003 年）。

馬学強『従伝統到近代—江南城鎮土地産権制度研究』（上海社会科学院出版社、2002 年）。

蘇亦工『中法西用—中国伝統法律及習慣在香港』（社会科学文献出版社、2002 年）。

張佩国『近代江南郷村地権的歴史人類学的研究』（上海人民出版社、2002 年）。

唐立宗『在「盗区」与「政区」之間：明代閩粤贛湘交界的秩序変動与地方行政演化』（国立台湾大学文学院、2002 年）。

王日根『明清民間社会的秩序』（岳麓書社、2003 年）。

黄宗智『法典、習俗与司法実践：清代与民国的比較』（上海書店出版社、2003 年）。

→Huang, Philip C.C. *Code, Custom, and Legal Practice in China*. Stanford University Press, 2001.

艾馬克（王興安訳）『十九世紀的北部台湾：晩清中国的法律与地方社会』（播種者文化有限公司、2003 年）。

→Allee, Mark Anton. *Law and Local Society in Late Imperial China : Northern Taiwan in the Nineteenth Century*. Stanford University Press, 1994.

柏樺『明清州県官群体』（天津人民出版社、2003 年）。

朱勇主編『《崇德会典》・《戸部則例》及其他—張晋藩先生近期研究論著一瞥』（法律出版社、2003 年）。

楊一凡主編『中国法制史考証：甲編（歴代法制考）第 6 巻：明代法制考』（中国社会科学出版社、2003 年）。

蘇亦工主編『中国法制史考証：甲編（歴代法制考）第 7 巻：清代法制考』（中国社会科学出版社、2003 年）。

寺田浩明主編『中国法制史考証』丙編（日本学者考証中国法制史重要論文選訳）第 4
　　卷：明清卷（中国社会科学出版社、2003 年）。

那思陸『清代中央司法審判制度』（北京大学出版社、2004 年）。

常建華『明代宗族研究』（上海人民出版社、2004 年）。

韓秀桃『明清徽州的民間糾紛及其解決』（安徽大学出版社、2005 年）。

卞利『明清徽州社会研究』（安徽大学出版社、2005 年）。
　　評：陳瑞（『安徽大学学報・哲社版』2005-5）。

孫麗娟『清代商業社会的規則与秩序——従碑刻資料解読清代中国商事慣習法』（中国社
　　会科学出版社、2005 年）。

何朝暉『明代県政研究』（北京大学出版社、2006 年）。

黃志繁『『賊』『民』之間：12-18 世紀贛南地域社会』（三聯書店、2006 年）。

范金民等『明清商事糾紛与商業訴訟』（南京大学出版社、2007 年）。

賴惠敏『但問旗民——清代的法律与社会』（五南図書出版公司、2007 年）。

徐忠明『眾声喧嘩——明清法律文化的復調叙事』（清華大学出版社、2007 年）。

吳欣『清代民事訴訟与社会秩序』（中華書局、2007 年）。

張小也『官民与法：明清国家与基層社会』（中華書局、2007 年）。

（2）史料集・譯注・索引

①通代

王鈺欣、周紹泉編『徽州千年契約文書（全 40 冊）』（花山文芸出版社、1992 年）。

張伝璽主編『中国歴代契約会編考釈』（北京大学出版社、1995 年）。

嚴桂夫『徽州歴史档案総目提要』（黄山書社、1996 年）。

官箴書集成編纂委員会編『官箴書集成（全 10 冊）』（黄山書社、1997 年）。

費成康主編『中国的家法族規』（上海社会科学院出版社、1998 年）。

武樹臣主編『中国伝統法律文化辞典』（北京大学出版社、1999 年）。

王鈺欣・羅仲輝・袁立沢等編『徽州文書類目』（黄山書社、2000 年）。

譚棣華・冼剣民編『広東土地契約文書』（暨南大学出版社、2000 年）。

楊一凡、劉篤才主編『中国法制史考証』乙編（法史考証重要論文選編）第 4 卷：法律
　　史料考釈（中国社会科学出版社、2003 年）。

楊一凡、徐立志主編『歴代判例判牘（全 10 冊）』（中国社会科学出版社、2005 年）。

※第 1 冊（先秦—唐宋）、第 2 冊（宋）、第 3 冊（明）、第 4 冊（明）、第 6 冊（清、刑部判牘）、第 7 冊（清、駁案匯纂）、第 8 冊（清、地方判牘）、第 9 冊（清、私牘）、第 10 冊（清、私牘）。

劉伯山主編『徽州文書（全 10 巻）』（広西師範大学出版社、2005 年）。

楊一凡主編『中国古代地方法律文献・甲編（全 10 冊・影印本）』（世界図書出版公司、2007 年）。

②宋元代

黄時鑑輯点『元代法律資料輯存』（浙江古籍出版社、1988 年）。

中国社会科学院歴史研究所宋遼金元史研究室点校『名公書判清明集（全 2 冊）』（中華書局、1989 年、2002 年再版）。

薛允昇編『慶元条法事類（重印）』（中国書店、1990 年）。

③明清代

張偉仁編『中央研究院歴史語言研究所現存清代内閣文庫原蔵明清档案（全 261 冊）』（中央研究院歴史語言研究所、1986〜1992 年）。

洪煥椿編『明清蘇州農村経済資料』（江蘇古籍出版社、1988 年）。

中国社会科学院歴史研究所・安徽省博物館編『明清徽州社会経済資料叢編（1・2）』（中国社会科学出版社、1988・1990 年）。

中国第一歴史档案館・中国社会科学院歴史研究所編『清代土地占有関係与佃農抗租闘争』（中華書局、1990 年）。

楊国槙編『閩南契約文書綜録〔中国社会経済史研究（季刊）増刊〕』（1990 年）。

『清会典事例（重印）』（中華書局、1991 年）。

『大清歴朝実録法制史料』（成都科技大学出版社、1991 年）。

四川档案館編『清代巴県档案匯編：乾隆巻』（档案出版社、1991 年）。

楊一凡『洪武法律典籍考証』（法律出版社、1992 年）。

張炎憲、王世慶、李季樺編『台湾平埔族文献資料選集—竹塹社（上・下）』（中央研究院台湾史田野研究室、1993 年）。

甘粛省臨夏州档案館編『清河州契文匯編』（甘粛人民出版社、1993 年）。

邱水金、薛小梅編『宜蘭古文書（1〜5）』（宜蘭県文化中心、1994〜99 年）。

村上直次郎訳註復刻『新港文書』（捷幼出版社、1995 年）。

淡新档案校注出版編輯委員会編輯『淡新档案：第 1 編行政 1〜4、5〜8』（台湾大学、
　　1995、2001 年）。

唐文基等編輯『明清経済契約文書選輯』（人民出版社、1996 年）。

陳秋坤『台湾古書契』（立虹出版社、1997 年）。

福建師範大学歴史系『明清福建経済契約文書選輯』（人民出版社、1997 年）。

岸裡大社文書編委会『国立台湾大学岸裡大社文書（全 5 冊）』（台湾大学、1998 年）。

張炎憲編『竹塹古文書』（新竹文化中心、1998 年）。

郭成偉・田濤点校『明清公牘秘本五種』（中国政法大学出版、1999 年）。

上海市档案館編『清代上海房地契档案匯編』（上海古籍出版社、1999 年）。

台湾省文献委員会『草屯地区古文書専輯』（台湾省文献委員会、1999 年）。

王連茂、葉恩典整理『泉州・台湾張士箱家族文献匯編』（福建人民出版社、1999 年）。

胡家瑜主編『道卡斯新港社古文書』（台湾学生書局、1999 年）。

　　※道卡斯（族）＝タオカス（族）。

謝継昌撰稿『凱達格蘭古文書』（台湾大学人類学系、1999 年）。

　　※凱達格蘭（族）＝ケタガラン（族）。

曽振名・童元昭主編『噶瑪蘭西拉雅古文書』（台湾大学人類学系、1999 年）。

　　※噶瑪蘭（族）＝カヴァラン（族）、西拉雅（族）＝シラヤ（族）。

『北京審判制度研究档案資料選編』（中国第一歴史档案館、2000 年）。

台湾省文献委員会『台湾省文献委員会典蔵北部地区古文書専輯（1・2）』（台湾省文献
　　委員会、2000 年）。

劉沢民編『大肚社古文書』（台湾省文献委員会、2000 年）。

張小林『清代北京城区房契研究』（中国社会科学出版社、2000 年）。

洪麗完主編『外埔郷蔵古文書専輯』（外埔郷公所、2001 年）。

曽品滄編『笨港古文書選輯』（国史館、2001 年）。

洪麗完『台湾中部平埔族群古文書研究与導読——道卡斯族崩山八社与拍瀑拉族四社』台
　　中県立文化中心、2002 年）。

福建師範大学歴史系編『明清福建経済契約文書選輯（上・下）』（古佚小説会、2002
　　年）。

高賢治編著『大台北古契字集・二集』（台北市文献委員会、2002・2003 年）。

一凡蔵書館文献編委会編『古代郷約及郷治法律文献十種（全 3 冊）』（黒龍江人民出版
　　社、2005 年）。

劉海岩主編『清代以来土地契証档案選編』（天津古籍出版社、2006 年）。

宋美雲主編『天津商民房地契約与調判案例選 1686-1949』（天津古籍出版社、2006 年）。

五、英文論文

A.形成法秩序的各種制度及其特徵

（1）法的存在形態

①通代

MacCormack, Geoffrey. "Cultural Values in Traditional Chinese Law." *Chinese Culture* , Vol.32, No.4 (1991).

McKnight, Brian E. "Recent Development in the Study of Chinese Legal/Social History and their Possible Significance for Korean Studies." *Journal of East Asian Studies*, Vol.1, No.1 (2001).

Terada, Hiroaki (寺田浩明). "Beyond the Falk Law Theory." *Kyoto Journal of Law and Politics*, Vol.1 (2004).

→「民間法論を超えて」（『ジュリスト』1258、2003 年）。

②宋元代

Langlois, John D Jr. "'Living Law' in Sung and Yüan Jurisprudence." *Harvard Journal of Asiatic Studies,* Vol.41, No.1 (1981).

McKnight, Brian E. "Patterns of Law and Patterns of Thought: Notes on the Specifications (shih) of Sung China," *Journal of the American Oriental Society*, Vol.102, No.2 (1982).

McKnight, Brian E. "From Statute to Precedent: An Introduction to Sung Law and Its Transformation." In McKnight, ed. *Law and the State in Traditional East Asia: Six Studies on the Sources of East Asian Law,* University of Hawaii Press, 1987.

McKnight, Brian E. "Civil Law in Sung China." *Chinese Culture,* Vol.33, No.2 (1992).

McKnight, Brian E. "New Trend in the Study of Song Law." *Abstracts of the 1993 Annual*

Meeting, 46-47. Ann Arbor: Association for Asian Studies (1993).

③明清代

Qu, Tongzu. "The Qing Law: An Analysis of Continuity and Change." *Social Sciences in China*, Vol.1, No.3 (1980).

Zhou,Guangyuan. "Illusion and Reality in the Law of the Late Qing: A Sichuan Case Study." *Modern China*, Vol.19, No.4 (1993).

Bernhardt, Kathryn and Huang, Philip C. C. "Civil Law in Qing and Republican China: The Issues." In Bernhardt, Kathryn and Huang, Philip C. C eds. *Civil Law in Qing and Republican China*, Stanford University Press, 1994.

Scogin, Hugh T Jr. "Civil 'Law' in Traditional China: History and Theory." In Bernhardt, Kathryn and Huang, Philip C. C eds. *Civil Law in Qing and Republican China*, Stanford University Press, 1994.

Terada, Hiroaki (寺田浩明). "The Nature of Social Agreements (yue) in the Legal Order of Ming and Qing China." *International Journal of Asian Studies*, (Part One) Vol.2, Part 2 (2005). (Part Two) Vol.3, Part 1 (2006).

→「明清法秩序における「約」の性格」（溝口雄三他編『アジアから考える 4 社会と国家』、東京大学出版会、1994 年所収）。

Huang, Philip C. C. "Civil Adjudication in China, Past and Present." *Modern China*, Vol.32, No.2 (2006).

（2）官方的審判

①通代

②宋元代

McKnight, Brian E. "Sung Justice: Death by Slicing." *Journal of the American Oriental Society,* Vol.93, No.3 (1973).

Aoki, Atsushi (青木敦). "Sung Legal Culture: An Analysis of the Application of Laws by Judges in the *Ch'ing-Ming Chi.*" *ACTA ASIATICA*, No.84 (2003).

③明清代

Huang, Philip C. C. "Civil Justice in Rural China During the Qing and the Republic." Paper presented at the conference on "Civil Law in Chinese History", UCLA, August 12-14,1991.

Huang, Philip C. C. "Between Informal Mediation and Formal Adjudication, The Third Realm of Qing Civil Justice." *Modern China*, Vol.19, No.3 (1993).
　　評：寺田浩明「清代民事司法論における「裁判」と「調停」—フィリップ・ホアン（Philip C. C. Huang）氏の近業に寄せて」(『中国史学』5、1995 年)。

Zhou, Guangyuan. "Narrative and Action: A Study of Qing Case Reports and Reviews." Paper Presented at the conference on Code and Practice in Chinese Law, UCLA, Aug.8-10, 1993.

Allee, Mark Anton. "Code, Culture, and Custom: Foundations of Civil Case Verdicts in a Nineteenth-Century County Court." In Bernhardt, Kathryn and Huang, Philip C. C. eds. *Civil Law in Qing and Republican China*, Stanford University Press, 1994.

Huang, Philip C. C. "Codified Law and Magisterial Adjudication in the Qing." In Bernhardt, Kathryn and Huang, Philip C. C eds. *Civil Law in Qing and Republican China*, Stanford University Press, 1994.
　　評：寺田浩明「清代民事司法論における「裁判」と「調停」—フィリップ・ホアン（Philip C. C. Huang）氏の近業に寄せて」(『中国史学』5、1995 年)。

Reed, Bradly W. "Money and Justice: Clerks, Runners, and the Magistrate's Court in Late Imperial Sichuan." *Modern China*, Vol.21, No.3 (1995).

Paderni, Paola. "Between Formal and Informal Justice: a Case of Wife Selling in Eighteenth‑Century China." *Ming Qing Yanjiu,* 1996 (1996).

Edwards, R. Randle. "The Role of Case Precedent in the Qing Judicial Process as Reflected in Appellate Rulings." In Hsu, C. Stephen ed. *Understanding China's Legal System-Essays in Honor of Jerome A. Cohen*, New York University Press, 2003.

Faure, David. "The local official in commercial litigation in early nineteenth-century China." *Journal of Law and Politics,* Vol.1, University of Tokyo, 2004.

（3）民間秩序的形成

①通代

Cohen, Myrou L. "Lineage Organization in North China." *Journal of Asian Studies*, Vol.49, No.3 (1990).

Huang, Philip C. C. "'Public Sphere'/'Civil Society' in China? The Third Realm between State and Society." *Modern China,* Vol.19, No.2 (1993).

②宋元代

Zurndorfer, Harriet T. "Local Lineage and Local Development: A Case Study of the Fan Lineage, Hsiu-ning hsien, Hui-chou 800-1500." *T'oung Pao*, Vol.70, No.1-3 (1984).

③明清代

Huang, Philip C. C. "County Archives and the Study of Local Social History: Report on a Year's Research in China." *Modern China*, Vol.8, No.1 (1982).

Rowe, William T. "The Problem of 'Civil Society' in Late Imperial China." *Modern China*, Vol.19, No.2 (1993).

Macauley, Melissa A. "Civil and Uncivil Disputes in Southeast Coastal China, 1723-1820." In Bernhardt, Kathryn and Huang, Philip C. C. eds. *Civil Law in Qing and Republican China*, Stanford University Press, 1994.

Qin, Zheng and Zhou, Guangyuan. "Pursuing Perfection: Formation of the Qing Code." *Modern China,* Vol.21, No.3 (1995).

Terada, Hiroaki (寺田浩明). "The Crowded Train Model: The Concept of Society and the Maintenance of Order in Ming and Qing dynasty China." In *Law in a Changing World: Asian Alternatives* (Archiv fuer Rechts-und Sozialphilosophie, Beiheft 72), 1998.

→「満員電車のモデル─明清期の社会理解と秩序形成」（今井弘道他編『変容するアジアの法と哲学』、有斐閣、1999 年所収）。

Bourgon, Jerome. "Uncivil Dialogue: Law and Custom did not merge into Civil Law under the Qing." *Late Imperial China*, Vol.23, No.1 (2002).

Pomeranz, Kenneth. "An Empire in Transition: Law, Society, Commercialization and State-Formation in Late Imperial China." *Eighteenth-Century Studies,* Vol.35, No.2 (2002).

B.民事法的內容

（1）家族法

①通代

Dennerline, Jerry. "Marriage, Adoption, and Charity in the Development of Lineages in Wu-hsi from Sung to Ch'ing." In Pubie S.Watson and Patricia Ebrey and James Watson ed. *Kinship Organization in Late Imperial China 1000-1940*, University of California Press, 1986.

Bossler, Beverly Jo. "A Daughter is a Daughter All Her Life: Affinal Relations and Women's Networks in Song and Late Imperial China." *Late Imperial China*, Vol.21, No.1 (2000).

Birge, Bettine. "Gender, Property, and Law in China." *Journal of the Economic and Social History of the Orient*, Vol.44, No.4 (2001).

②宋元代

Ebrey, Patricia Buckley. "Women in the Kinship System of the Southern Song Upper Class." In Richard Guisso and Stanley Johannesen ed. *Women in China: Current Directions in Historical Scholarship*, Philo Press, 1981.

Ebrey, Patricia Buckley. "Conceptions of the Family in the Sung Dynasty." *Journal of Asian Studies*, Vol.43, No.2 (1984).

Holmgren, Jennifer. "Observations on Marriage and Inheritance Practices in Early Mongol and Yüan Society." *Journal of Asian History*, Vol.20, No.2 (1986).

Ebrey, Patricia Buckley. "Shifts in Marriage Finance from the Sixth to Thirteenth Century." In Pubie S.Watson and Patricia Buckley Ebrey eds. *Marriage and Inequality in Chinese Society*, University of California Press, 1991.

Bernhardt, Kathryn. "Inheritance Rights of Daughters: The Song Anomaly?" *Modern China*, Vol.21, No.3 (1995).
　日本語訳：沢崎京子訳「中国史上の女子財產権—宋代法は「例外」か？」（『中国—社会と文化』12、1997 年）。
　　評：柳田節子（『宋代庶民の女たち』、汲古書院、2003 年）。

McKnight, Brian E. "Law and the Family in Sung China: Inheritance."（『中国近世家族与社会学術研討会論文集』、中央研究院歷史語言研究所、1998 年所收）。

McKnight, Brian E. "Who Get it When You Go: The Legal Consequences of the Ending of Households (Juehu 絕戶) in the Song Dynasty (960-1279C.E.)." *Journal of the Economic and Social History of the Orient*, Vol.43, No.3 (2000).

Birge, Bettine. "Inheritance and Property Law from Tang to Song: The Move away from Patrilineality." (「唐代至宋代的婚姻和財產法：從父系体系的疏離」、鄧小南編『唐宋女性与社會』、上海辞書出版社、2003 年所収)。

Theiss, Janet. "Women, Property, and Confucian Reaction in Sung and Yüan China (960-1368), by Bettine Birge."Journal of Song-Yuan Studies Vol.35 (2005).

③明清代

Mann, Susan. "Widows in the Kinship, Class, and Community Structures of Qing Dynasty China." *Journal of Asian Studies*, Vol.46, No.1 (1987).

Ng, Vivien. "Sexual Abuse of Daughters in Law in Qing China: Cases from the Xing'an huilan." *Feminist Studies*, Vol.20, No.2 (1994).

Sommer, Matthew Harvey. "The Uses of Chastity: Sex, Law, and the Property of Widows in Qing China." *Late Imperial China*, Vol.17, No.2 (1996).

Bernhardt, Kathryn. "A Ming-Qing Transition in Chinese Women's History? The Perspective from Law." In G.Hershatter et al., *Remapping China: Fissures in Historical Terrain*, Stanford University Press, 1996.

Huang, Philip C. C. "Women's Choices Under the Law: Marriage, Divorce, and Illicit Sex in the Qing and the Republic." *Modern China*, Vol.27, No.1 (2001).

Delporte, Dominiek. "Precedents and the Dissolution of Marriage Agreements in Ming China (1368-1644): Insights from the 'Classified Regulations of the Great Ming'." *Law and History Review*, Vol.21, No.2 (2003).

（2）土地法

①通代

②宋元代

③明清代

Zelin, Madeleine. "The Right of Tenants in Mid-Qing Sichuan: A Study of Land-Related

Lawsuits in the Baxian Archives." *Journal of Asian Studies*, Vol.45, No.3 (1986).

（3）其他民事法

①通代

②宋元代

③明清代

C. 史料介紹・譯注

①通代

②宋元代

Ogawa, Yoshiyuki（小川快之）. "*Qingmingji* 清明集 and Song History Studies in Japan. "*Journal of Song-Yuan Studies* Vol.36 (2006).

③明清代

六、英文著作・史料集・譯注・索引

（1）著作

①通代

Feuerwerker, Albert, ed. *Chinese Social and Economic History from the Song to 1900*. Ann Arbor: Center for Chinese Studies, 1982.

Ebrey, Patricia Buckley, and James L. Watson, eds. *Kinship Organization in Late Imperial China, 1000-1940*. University of California Press, 1986.

序文の日本語訳：川口幸大訳「後期帝政期中国（1000—1940 年）における親族組織・序文」（瀬川昌久・西澤治彦編『文化人類学リーディングス』、風響社、2004 年所収）。

評：Harrell, Stevan: (American Anthropologist, Vol.89, No.3, 1987). Wickberg, Edgar: (Pacific Affairs, Vol.60, No.2, 1987). Telford, Ted A.: (Journal of the American Oriental Society, Vol.108, No.2, 1988).Croll, Elisabeth J.: (Bulletin of the School of Oriental and African Studies, Vol.51, No.3, 1988).

McKnight, Brian E. ed. *Law and the State in Traditional East Asia*, University of Hawaii Press, 1987.

評：Ramseyer, Mark J.: (Monumenta Nipponica, Vol.42, No.4, 1987). Hucker, Charles O.: (American Historical Review, Vol.93, No.3, 1988). Brown, Philip C.: (Journal of Asian Studies, Vol.47, No.2, 1988).

Zurndorfer, H. T. *Change and Continuity in Chinese Local History: The Development of Hui-Chou Prefecture 800 to 1800*. Brill Academic Publishers, 1989.

Huang, Philip C.C. *The Peasant Family and Rural Development in the Yangzi Delta, 1350−1988*. Stanford University Press, 1990.

中国語訳：『長江三角小農家庭与郷村発展：1350−1988』（中華書局、1992 年）。

『長江三角小農家庭与郷村発展:1350−1988』（牛津大学出版社、1994 年）。

評：Weller, Robert P.: (Man, the Journal of the Royal Anthropological Institute, Vol.26, No.4, 1991). Johnson, Graham E.: (Contemporary Sociology, Vol.20, No. 4, 1991). Richardson, Philip: (The Economic History Review, XLIV, No.3, 1991). Whyte, Martin King: (The American Journal of Sociology, Vol.96, No.6, 1991). 夏維中（『中国農史』1992-1）。Faure, David: (American Historical Review, Vol.97, No.2, 1992).Wang, Gabe T.: (Journal of Social History, Vol.25, No.3, 1992). Vermeer, Eduard B.: (Journal of the Economic and Social History of the Orient, Vol.35, No.4, 1992).

Watson, Rubie Sharon and Ebrey, Patricia Buckley eds. *Marriage and Inequality in Chinese Society.* University of California Press, 1991.

評：Arkush, David R.: (Journal of Asian Studies, Vol.51, No.2, 1992).Diamond, Norma: (American Anthropologist, Vol.94, No.3, 1992). Davin, Delia: (The China Quarterly, No.136, 1993). Deuchler, Martina: (Bulletin of the School of Oriental and African Studies, Vol.57, No.2 1994). Bray, Francesca: (American Ethnologist, Vol.21, No.4, 1994). Hill, Ann Maxwell: (Reviews in Anthropology, Vol.22, No.4, 1994).

MacCormack, Geoffrey. *The Spirit of Traditional Chinese Law*. The University of Georgia Press, 1996.

Bernhardt, Kathryn. *Women and Property in China: 960-1949*. Stanford University Press, 1999.

中国語訳：『中国的婦女与財産 960—1949』（上海書店出版社、2003 年）。

評：Ebrey, Patricia Buckley: (Journal of Asian Studies, Vol.59, No.3, 2000).

Zonyi, Michael. *Practicing Kinship: Lineage and Descent in Late Imperial China*. Stanford University Press, 2002.

②宋元代

Burns, Ian R. *Private Law in Traditional China (Sung Dynasty)*: using as a main source of information the work Ming-kung shu-p'an Ch'ing-ming chi. Ph. D. Dissertation, Oxford University, 1972.

Ebrey, Patricia Buckley. *Family and Property in Sung China: Yuan Tsing Precepts for Social Life*. Princeton University Press, 1984.

評：Baker, Hugh D.R.: (Bulletin of the School of Oriental and African Studies, Vol.48, No.3, 1985). Walton, Linda: (Journal of Asian Studies, Vol.45, No.1, 1985). Tillman, Hoyt Cleveland: (Journal of the American Oriental Society, Vol.106, No.2, 1986). Dunstan, Helen: (Journal of the Royal Asiatic Society, 1986, No.1, 1986). McDermott,

Joseph P.: (Harvard Journal of Asiatic Studies, Vol.47, No.1, 1987). Schirokauer, Conrad: (Chinese Literature, Vol.7, No.1-2, 1985). Eberhard, Wolfram: (Pacific Affairs, Vol.59, No.1, 1986). Zurndorfer, Harriet T.: (T'oung Pao, Vol.74, No.1-3, 1988). Chang, Chun-shu: (American Historical Review, Vol.94, No.3, 1989).

Davis, Richard L. *Court and Family in Sung China, 960-1279: Bueaucratic Success and Kinship Fortunes for the Shih of Ming-Chou.* Duke University Press, 1986.

Clark, Hugh R. *Community, Trade, and Networks: Southern Fujian Province from the Third to the Thirteenth Centuries.* Cambridge University Press, 1991.

McKnight, Brian E. *Law and Order in Sung China.* Cambridge University Press, 1992, 2006.
 評：Wyatt, Don J.: (American Historical Review, Vol.99, No.2, 1994). Davis, Richard L.: (Bulletin of the School of Oriental and African Studies, Vol.57, No.1, 1994). Lanciotti, Lionello: (East and West, Vol.43, No.1-4, 1993). Heuser, Robert: (Monumenta Serica, No.42, 1994). Ebrey, Patricia Buckley: (Harvard Journal of Asiatic Studies, Vol.54, No.2, 1994). Smith, Paul J.: (Journal of Song Yuan Studies, Vol.24, 1994). Wallacker, Benjamin E.: (Journal of Asian History, Vol.28, No.1,2, 1994). Dutton, Michael: (The China Quarterly, No.138, 1994). Zelin, Madeleine: (The Historian; A Journal of History, Vol.57, No.2, 1995).

Birge, Bettine. *Women and Property Sung Dynasty China (960-1279): Neo-Confucianism and Social Change in Chien-chou, Fukien.* Ph. D. Dissertation, Columbia University, 1992.
 評：Wallacker, Benjamin E.: (Journal of Asian History, Vol.37, No.1, 2003). McDermott, Joseph P.: (Bulletin of The School of Oriental and African Studies, Vol.67, No.2, 2004).

Ebrey, Patricia Buckley. *Uxorilocal Marriage and Property Law in the Sung Period.* Sponsored by Department of History, University of California, Davis, Institute of Modern History, Academia Sinica. January 3-5, 1992.

Ebrey, Patricia Buckley. *The Inner Quarters: Marriage and the Lives of Chinese Women in the Sung Period.* University of California Press, 1993.
 評：Twitchett, Denis: (The China Quarterly, No.140, 1994). De Pee, Christian: (Journal of The Economic and Social History of The Orient, Vol.38, No.2, 1995). Ko, Dorothy: (Jour n al of Song Yuan Studies, Vol.28, 1998).

Hansen, Valerie. *Negotiating Daily Life in Traditional China: How Ordinary People Used Contracts, 600-1400.* Yale University Press, 1995.
 評：Taylor, Romeyn: (History: Review of New Book, Vol.24, No.4, 1996). Jay, Jennifer W.: (Journal of Asian Studies, Vol.55, No.3, 1996). Zwi Werblowsky, R J.: (Numen,

Vol.43, No.3, 1996). Zelin, Madeleine: (The Journal of Interdisciplinary History, Vol.28, No.1, 1997). Wallacker, Benjamin E.: (Journal of Asian History, Vol.31, No. 1,2, 1997). McKnight, Brian E.: (The American Historical Review, Vol.102, No.4, 1997). 小島毅（『東洋史研究』56-4、1998 年）。McDermott, Joseph P: (Harvard Journal of Asiatic Studies, Vol.58, No.1, 1998). Trombert, Éric: (T'oung Pao, Vol.85, No.55, 1999).

Bossler, Beverly Jo. *Powerful Relations: Kinship, Status, and the State in Sung China (960–1279)*. Council on East Asian Stud., Harvard University, 1998.

評：Jay, Jennifer W.: (American Historical Review, Vol.104, No.3, 1999). 柳立言（『台大歷史學報』24、1999 年）。Davis, Richard L.: (Bulletin of the School of Oriental and African Studies, Vol.62, No.1, 1999). Walton, Linda: (Journal of Asian Studies, Vol.58, No.3,1999). Chaffee, John W.: (Harvard Journal of Asiatic Studies, Vol.60, No.1, 2000). Wright, David C.: (Journal of Asian History, Vol.36, No.1, 2002).

So, Billy K. L. *Prosperity, Region, and Institutions in Maritime China: The South Fukien Pattern, 946-1368*. Harvard University Asia Center: Distributed by Harvard University Press, 2000.

Berge, Bettine. *Women, Property, and Confucian Reaction in Sung and Yuan China (960-1368)*. Cambridge University Press, 2002.

評：Kuhn，Dieter: (Harvard Journal of Asiatic Studies, Vol.63, No.2, 2002). Walton, Linda: (Journal of Asian Studies, Vol.62, No.1, 2002). Gerritsen, Anne: (Journal of the Economic and Social History of the Orient, Vol.46 Part.3, 2002).

③明清代

Wolf, Arthur P. and Chieh-Shan, Huang. *Marriage and Adoption in China, 1845-1945*. Stanford University Press, 1980.

評：陳奕麟（『漢学研究』2-2、1984 年）。Baker, Hugh D. R.: (Bulletin of the School of Oriental and African Studies, Vol.44, No.2, 1981). Strauch, Judith: (Journal of Asian Studies, Vol.40, No.4, 1981). Croll, Elisabeth J.: (Journal of the Royal Asiatic Society, No.2, 1981). Johnson, Elizabeth L.: (Pacific Affairs, Vol.54, No.1, 1981). Meijer, M. J.: (T'oung Pao, Vol.68, No.1–3, 1982).

Duara, Prasenjit. *Culture, Power, and the State-Rural North China, 1900-1942*. Stanford University Press, 1988.

Eastman, Lloyd E. *Family, Fields, and Ancestors: Constancy and Change in China's Social and Economic History, 1550-1949*. Oxford University Press, 1988.

Rowe, William T. *Hankow: Conflict and Community in A Chinese City, 1796-1895*. Stanford University Press, 1989.

Waltner, Ann. *Getting an Heir: Adoption and the Construction of Kinship in Late Imperial China*. University of Hawaii Press, 1990.

　中国語訳:曹南来訳『烟火接続:明清的収継与親族関係』(浙江人民出版社、1999 年)。

　　評:Shepherd, John R.: (Journal of Asian Studies, Vol.50, No.4, 1991). Feuerwerker, Albert: (The Journal of Interdisciplinary History, Vol.22, No.3, 1992). Harrell, Stevan: (American Historical Review, Vol.97, No.4, 1992). Lauwaert, Françoise: (Monumenta Serica, No.41, 1993). McMahon, Keith: (Chinese Literature, No.15, 1993).

Buoye, Thomas Michael. *Violent Disputes over Property Rights in Guangdong during the Qianlong Reign (1736-1759)*. Ph. D. Dissertation, University of Michigan, 1991.

Wakefield, David. *Household Division in Qing and Republican China: Inheritance, Family Property, and Economic Development*. Ph. D. Dissertation, University of California, 1992.

Selvaratnam, Tanya S. J. *To be a Widow: the Interplay of Law and Practice from Ch'ing to Modern Times*. A. B. Dissertation, Harvard University, 1993.

Shephard, John Robert. *Statecraft and Political Economy on the Taiwan Frontier, 1600-1800*. Stanford University Press, 1993.

　　評:許毓良(『台湾史蹟』36、2000 年)。

Bernhardt, Kathryn and Huang, Philip C.C. eds. *Civil Law in Qing and Republican China*. Stanford University Press, 1994.

　　評:寺田浩明(『東洋史研究』54-4、1996 年)。Buoye, Thomas: (Journal of Asian Studies, Vol.54, No.2, 1995). Perdue, Peter C.: (The Journal of Interdisciplinary History, Vol.27, No.1, 1996). McKnight, Brian: (China Review International, Vol.3, No.1, 1996). Kawashima, Yasuhide: (The American Journal of Legal History, Vol.40, No.3, 1996).

Allee, Mark Anton. *Law and Local Society in Late Imperial China : Northern Taiwan in the Nineteenth Century*. Stanford University Press, 1994.

　中国語訳:王興安訳『十九世紀的北部台湾:晩清中国的法律与地方社会』(播種者文化有限公司、2003 年)。

　　評:陳秋坤(『台湾史研究』2-1、1995 年)。Antony, Robert J.: (The American Journal of Legal History, Vol.40, No.3, 1996). Wallacker, Bejamin E.: (Journal of Asian History, Vol.30, No.1, 1996). Ownby, David: (American Historical Review, Vol.101, No.4, 1996). Peerenboom, Randy: (China Review International, Vol.3, No.2, 1996). Dikotter, Frank: (Bulletin of The School of Oriental and African Studies, University of London.

Vol.60, No.3, 1997).

Jones, William C. *The Great Qing Code*. Oxford University Press, 1994.
　　評：Buoye,Thomas: (Journal of Asian Studies, Vol.53, No.4, 1994). Park, Nancy: (The
　　　　American Journal of Legal History, Vol.39, No.4, 1995).

Reed, Bradly W. *Scoundrels and Civil Servants: Clerks, Runners, and County Administration
　　in Late Imperial China*. Ph. D. Dissertation, Dept. of History, UCLA, 1994.

Zhou, Guangyuan. *Beneath the Law: Chinese Local Legal Culture during the Qing Dynasty*.
　　Ph. D. Dissertation, University of California, Los Angeles, 1995.

Huang, Philip C.C. *Civil Justice in China: Representation and Practice in the Qing*. Stanford
　　University Press, 1996.

中国語訳：『民事審判与民間調解：清代的表達与実践』（中国社会科学出版社、1998
　　年）。改訂版：『清代的法律、社会与文化：民法的表達与実践』（上海書店出版社、
　　2001 年）。

序章の日本語訳：唐澤靖彦訳「『中国における法廷裁判と民間調停：清代の公定表現
　　と実践』序論」（『中国—社会と文化』13、1998 年）。
　　評：Jones, William C.: (Journal of Asian Studies, Vol.56, No.4, 1997). Wallacker,
　　　　Benjamin E.: (Journal of Asian History, Vol.31, No.2, 1997). Perdue, Peter C.: (The
　　　　Journal of Interdisciplinary History, Vol.28, No.3, 1998). Bartlett, Beatrice S.:
　　　　(American Historical Review, Vol.103, No.2, 1998). Antony, Robert: (The American
　　　　Journal of Legal History, Vol.42, No.1, 1998). Keller, Perry: (The International and
　　　　Comparative Law Quarterly, Vol.47, No.4, 1998）．郭建「于『細事』処見宏大」（『中
　　　　外法学〈北京大学〉』2002-6）。喩中「社会与文化中的法律」（『二十一世紀』72、
　　　　2002 年）。

Yeung, Sau-chu Alison. *Female Criminality in Qing China: Adulteress-Murderesses in Legal
　　and Popular Culture*. Ph. D. dissertation, University of California, Los Angeles, 1997.

Wakefield, David. *Fenjia: Household Division and Inheritance in Qing and Republican China*.
　　University of Hawaii Press, 1998.

Macauley, Melissa Ann. *Social Power and Legal Culture: Litigation Masters in Late Imperial
　　China*. Stanford University Press, 1998.
　　評：Wallacker, Benjamin E.: (Journal of Asian History, Vol.33, No. 2, 1999). Davis,
　　　　Richard L.: (The American Journal of Legal History, Vol.43, No.2, 1999). 邱澎生
　　　　（『新史学（台湾）』11-3、2000 年）。Sommer, Matthew Harvey: (Journal of Asian
　　　　Studies, Vol.59, No.1, 2000). Leonard, Jane Kate: (China Review International, Vol.7,
　　　　No.2, 2000). Bourgon, Jerome: (Harvard Journal of Asiatic Studies, Vol.61, No.1,

2001). Guy, R Kent: (The American Historical Review, Vol.108, No.5, 2003). Lean, Eugenia: (Law and History Review, Vol.22, No.3, 2004).

Struve, Lynn A. *The Ming-Qing Conflict, 1619-1683: A Historiography and Source Guide.* Ann Arbor: Association for Asian Studies, 1998.

Sommer, Matthew Harvey. *Sex, Law, and Society in Late Imperial China.* Stanford University Press, 2000.

　　評：Ruskola, Teemu: (The American Journal of Legal History, Vol.44, No.4, 2000). Wallacker, Benjamin E: (Journal of Asian History, Vol.35, No.2, 2001). MacAuley, Melissa: (Harvard Journal of Asiatic Studies, Vol.61, No.1, 2001). Diamant, Neil J.: (The American Historical Review, Vol.106, No.2, 2001). Volpp, Sophie: (Journal of the History of Sexuality, Vol.10, No.3&4, 2001). Yates, Robin: (The Journal of Interdisciplinary History, Vol.33, No.3, 2002). Rogaski, Ruth: (Comparative Studies in Society and History, Vol.44, No.3, 2002). Sutton, Donald S.: (Journal of Social History, Vol.35, No.3, 2002). Andrews, Bridie: (Isis, Vol.94, No.2, 2003).

Reed, Bradly W. *Talons and Teeth-County Clerks and Runners in the Qing Dynasty.* Stanford University Press, 2000.

　　評：Wallacker, Benjamin E.: (Journal of Asian History, Vol.35, No.2, 2001). Stapleton, Kristin: (The American Historical Review, Vol.106, No.3, 2001). Yates, Robin: (The Journal of Interdisciplinary History, Vol.33, No.3, 2002).

Huang, Philip C.C. *Code, Custom, and Legal Practice in China.* Stanford University Press, 2001.

中国語訳：『法典、習俗与司法実践：清代与民国的比較』（上海書店出版社、2003 年）。

　　評：Wallacker, Benjamin E.: (Journal of Asian History, Vol.36, No.2, 2002). McKnight, Brian E.: (The Historian; A Journal of History, Vol.65, No.3, 2003).

Szonyi, Michael. *Family lineage organization and social change in Ming and Qing Fujian.* Honolulu University Press, 2001.

Szonyi, Michael. *Practicing kinship: lineage and descent in late imperial China.* Stanford University Press, 2002.

　　評：Ebrey, Patricia: (China Review International Vol.9 No.2, 2002).

Zelin, Madeleine, Ocko, Jonathan K., and Gardella, Robert ed. *Contract and Property in Early Modern China.* Stanford University Press, 2004.

Bouye, Thomas M. *Moral Economy: Violent Disputes over Property Rights in Eighteenth-Century China.* Cambridge University Press, 2006.

（2）史料集・譯注・索引

①通代

②宋元代

McKnight, Brian E. and Liu, James T.C. *The Enlightened Judgments Ching-ming chi: the Sung Dynasty Collection*. State University of New York Press, 1999.

    評：Hansen,Valerie: (Journal of Asian Studies, Vol.59, No.2, 2000). MacCormack, Geoffrey: (Bulletin of the School of Oriental and African Studies, Vol.73, No.3, 2000).

③明清代

七、韓文論文

A.形成法秩序的各種制度及其特徵

（1）法的存在形態

①通代

②宋元代

고병익（高柄翊）「元代의 法制─蒙古慣習法과 中國法과의 相關性─（元代の法制─
蒙古慣習法と中国法との相関性─）」（『歷史學報』3、1952 年）。

③明清代

（2）官方的審判

①通代

②宋元代

이근명（李瑾明）「五代‧宋初 胥吏 存在形態의 變化와 그 性格─胥吏制度의 確立
過程과 關聯하여─（五代‧宋初における胥吏の在り方の変化とその性格─胥吏制
度の確立過程と関連して─）」（『東洋史學研究』40、1992 年）。

신태광（申泰光）「宋代 胥吏의 政治的 機能（宋代胥吏の政治的機能）」（『中國史研
究』6、1999 年）。

박영철（朴永哲）「訟師의 出現을 통해 본 宋代 中國의 法과 社會（訟師の出現から
見た宋代中国の法と社会）」（『法史學研究』27、2003 年）。

박순곤「『名公書判清明集』을 통해 본 宋代地方胥吏의 모습（『名公書判清明集』に
みられる宋代の法と社会：『名公書判清明集』から見た宋代地方胥吏のあり方）」

（『法史學研究』31、2005 年）。

조복현（曹福鉉）「宋代官僚社會에서 賂物授受가 盛行한 背景과 士風（宋代の官僚社会における賂物授受増加の背景と士風）」（『東洋史學研究』95、2006 年）。

남현정「宋代 刺字刑의 施行과 社會的 認識의 變化-『名公書判淸明集』을 中心으로（宋代における刺字刑の施行と社会的認識の変化──『名公書判淸明集』を中心に）」（『法史學研究』35、2007 年）。

③明淸代

민두기（閔斗基）「淸代幕友制와 行政秩序의 特性（淸代幕友制と行政秩序の特性）」（『歷史學報』17・18、1962 年）。

차혜원（車惠媛）「淸代의 行政改革과 淸官論議의 展開─康熙年間前半을 中心으로（淸代の行政改革と淸官論議の展開─康熙年間前半を中心に）」（『歷史學報』172、2001 年）。

차혜원（車惠媛）「18 세기 청조에서의 청관의 위상（18 世紀、淸朝における淸官の位相）」（『中國史研究』18、2002 年）。

김선혜（金仙憓）「明前期里甲制下의 訴訟處理─徽州文書를 中心으로（明代前期里甲制下の訴訟処理─徽州文書を中心に）」（『明淸史研究』18、2003 年）。

김선혜（金仙憓）「明中期地方의 訴訟處理와 里老（明代中期の地方における訴訟処理と里老）」（『東洋史學研究』86、2004 年）。

김선혜（金仙憓）「明後期鄕村組織의 變化와 訴訟處理-徽州地域을 中心으로（明代後期における鄕村組織の変化と訴訟処理─徽州地域を中心に）」（『中國史研究』38、2005 年）。

김경록（金暻録）「명대 공문제도와 행이체계（明代における公文制度と行移体系）」（『明淸史研究』26、2006 年）。

홍성화（洪成和）「청대 민사재판의 성격에 관한 논쟁: 필립 황과 滋賀秀三의 연구를 중심으로（淸代民事裁判の性格に関する論争──フィリップ・ホアンと滋賀秀三の研究を中心に）」（『史林（成大史林）』2007、2007 年）。

（3）民間秩序的形成

①通代

원정식（元廷植）「전근대 中國 宗族社會의 변화와 전란─16～17 세기 복건지역을

중심으로 (前近代中国における宗族社會の変化と戦乱—16～17世紀福建地域を中心に)」(『中國史研究』27、2003年)。

홍성구 (洪性鳩)「1990년대 中國학계의『宗族』연구동향 (1990年代中国学界の「宗族」研究の動向)」(『中國史研究』24、2003年)。

②宋元代

양종국 (梁鍾國)「北宋代 四川士大夫社會의 형성에 관하여 (北宋代の四川における士大夫社会の形成について)」(『史叢〈高麗大学〉』29、1985年)。

이근명 (李瑾明)「南宋時代福建一帶의 海賊과 地域社會 (南宋時代の福建一帶の海賊と地域社会)」(『東洋史學研究』66、1999年)。

이근명 (李瑾明)「南宋初 福建一帶의 民衆叛亂과 地域社會 (南宋初期の福建一帶の民衆叛乱と地域社会)」(『中國學報』39、1999年)。

이근명 (李瑾明)「南宋後半期福建地域社會構造의 變化와 그 性格 (南宋後半期福建の地域社会の構造と変化とその性格)」(『歷史教育』78、2001年)。

이근명 (李瑾明)「南宋時代 荒政의 運用과 地域社會-순희 7년 (1180) 남강군의 기근을 중심으로 (南宋時代における荒政の運用と地域社会—淳熙 7年 (1180) 南康軍の飢饉を中心に—)」(『全南史學』23、2004年)。

김상범 (金相範)「宋代 福州의 祠廟信仰과 地域社會-祠廟政策의 變化와 施行情況을 中心으로 (宋代福州の祠廟信仰と地域社会—祠廟政策の変化と施行情況を中心に—)」(『中國史研究』38、2005年)。

육정임 (陸貞任)「宋代 祖上祭祀와 祭禮의 再構想-階級의 表象에서 宗族結集의 手段으로 (宋代における祖先祭祀と祭礼の再構想—階級の表象から宗族結集の手段まで)」(『韓國史學報』27、2007年)。

③明清代

민두기 (閔斗基)「淸代「生監層」의 性格-특히 그 계층적 고정성을 중심으로 (淸代「生監層」の性格—特にその階層的固定性を中心に)」(『亜世亜研究』20、1965年)。

오금성 (吳金成)「日本에 있어서의 中國 明淸時代 紳士層研究에 대하여 (日本における中国明淸時代紳士層研究について)」(『東亜文化』15、1978年)。

오금성 (吳金成)「日本에서의 명.청社會의 性格研究에 대하여 (日本における明淸社会の性格研究について)」(『東亜文化』22、1984年)。

송정수（宋正洙）「明 建國初 國家權力과 鄉村支配體制의 形成（明建国初における 国家権力と郷村支配体制の形成）」（『全北史學』14、1991 年）。

송정수（宋正洙）「明末清初鄉約保甲制의 形成과 그 發展（明末清初郷約保甲制の形成とその発展）」（『明清史研究會會報』1、1992 年）。

송정수（宋正洙）「明 中期 鄉村社會 動搖와 明朝의 對應（明代中期における郷村社会の動揺と明朝の対応）」（『全北史學』15、1992 年）。

송정수（宋正洙）「清 入關初 鄉村社會와 鄉村支配 研究（清入関初期における郷村社会と郷村支配の研究）」（『東洋史學研究』49-1、1994 年）。

송정수（宋正洙）「正德朝의 鄉村社會와 正陽明의 鄉約・保甲制（正德朝の郷村社会と王陽明の郷約・保甲制）」（『清大史林』6、1994 年）。

오금성（吳金成）「明清時代의 無賴：研究의 現況과 課題（明清時代の無頼：研究の現況と課題）」（『東洋史學研究』50、1995 年）。

박원호（朴元熇）「明代徽州宗族組織 확대의 한 계기（明代徽州における宗族組織拡大の一つ契機）」（『東洋史學研究』55、1996 年）。

원정식（元廷植）「清中期閩南의 械鬪盛行과 그 背景（清代中期閩南における械鬪の頻発とその背景）」（『東洋史學研究』56、1996 年）。

박원호（朴元熇）「明清時代徽州眞應廟統宗祠轉化와 宗族組織（明清時代徽州の真応廟の統宗祠転化と宗族組織）」（『東洋史學研究』60、1997 年）。

송정수（宋正洙）「明末 動乱期의 鄉村狀況과 鄉村防衛活動의 展開（明末動乱期の郷村状況と郷村防衛活動の展開）」（『全北史學』19・20、1997 年）。

이재정（李載貞）「明末清初福建寧化県의 地域支配構造（明末清初福建寧化県の地域支配構造）」（『明清史研究』8、1998 年）。

박원호（朴元熇）「明清時代 徽州商人과 宗族組織（明清時代における徽州商人と宗族組織）」（『明清史研究』9、1998 年）。

이윤석（李允碩）「明後期 蘇州의 治安問題（明代後期の蘇州における治安問題）」（『근세동아시아의 국가와 사회』（近世東アジアの国家と社会）』知識産業社、1998 年所収）。

홍성구（洪性鳩）「明 中期 徽州의 鄉約과 宗族의 關係（明代中期徽州における郷約と宗族の関係）」（『大東文化研究』34、1999 年）。

송정수（宋正洙）「明清時代 鄉村社會와 鄉村支配-鄉約・保甲制의 形成과 施行過程을 중심으로（明清時代の郷村社会と郷村支配—郷約・保甲制の形成と施行過程を中心に）」（『全北史學』15、1999 年）。

원정식（元廷植）「清初 戰亂期 福建의 稅役徵收와 宗族（清初戦乱期の福建における税役徴収と宗族）」（『震壇學報』87、1999 年）。

김선혜（金仙憓）「明末徽州의 訴訟樣相과 特徵（明末徽州における訴訟のあり方と特徴）」（『明清史研究』12、2000 年）。

박원호（朴元熇）「明清時期徽州의 市鎮과 宗族（明清時期徽州における市鎮と宗族）」（『明清史研究』12、2000 年）。

오금성（吳金成）「明末時期의 社會變化와 山區都市의 運命（明末時期の社会変化と山区都市の運命）」（『明清史研究』12、2000 年）。

원정식（元廷植）「청 중기 복건의 징세와 宗族（清代中期福建における徴税と宗族）」（『江原史學』15-1、2000 年）。

조영헌（曹永憲）「明清時代新縣設置와 市鎮社會-江南地域을 中心으로-（明清時代における新県設置と市鎮社会——江南地域を中心に——）」（『明清史研究』17、2002 年）。

김선혜（金仙憓）「明代徽州의 宗族制發達과 訴訟（明代徽州における宗族制発達と訴訟）」（『中國史研究』27、2003 年）。

송정수（宋正洙）「清乾隆時代社會狀況과 鄕約、保甲制의 全開（清乾隆時代の社会状況と郷約保甲制の展開）」（『明清史研究』18、2003 年）。

홍성구（洪性鳩）「清代 徽州의 宗族과 保甲制의 展開（清代徽州の宗族と保甲制の展開）」（『中國史研究』27、2003 年）。

이윤석（李允碩）「明清時代 강남도시 寺觀의 구조변화와 지역社會（明清時代江南都市の寺観の構造的変化と地域社会）」（『明清史研究』18、2003 年）。

홍성구（洪性鳩）「清後期知識人의 宗族・宗法論初探（清代後期における知識人の宗族・宗法論に関する初歩的考察）」（『明清史研究』21、2004 年）。

송정수（宋正洙）「明嘉靖時期의 社會狀況과 保甲制의 展開（明嘉靖時期の社会状況と保甲制の展開）」（『明清史研究』24、2005 年）。

김종박（金鍾博）「明清時期 農村經濟와 市鎮의 形成（明清時期における農村経済と市鎮の形成）」（『祥明大學校人文科學研究』2005、2005 年）。

조영헌（曹永憲）「明清時代 水神祠廟와 徽州商人（明清時代における水神祠廟と徽州商人）」（『大邱史學』85、2006 年）。

강판권（姜判權）「清初,中期安徽省徽州府의 黃山 숲과 環境變化（清初中期安徽省徽州府の黄山山林と環境変化）」（『中國史研究』48、2007 年）。

원정식（元廷植）「明中期福建의 新縣設置,運營과 宗族社會（明代中期の福建における新県設置及び運営と宗族社会）」（『明清史研究』27、2007 年）。

조영헌（曺永憲）「明末清初 善堂善會와 徽州商人（明末清初における善堂善会と徽州商人）」（『中國史研究』47、2007 年）。

B. 民事法的內容

（1）家族法

①通代

②宋元代

육정임（陸貞任）「宋代養子의 財産繼承權（宋代における養子の財産継承権）」（『東洋史學研究』74、2001 年）。

강희수（姜希受）「宋代의 女性 財産權에 대한 研究動向（宋代の女性財産権に対する研究動向）」（『中國史研究』17、2002 年）。

박지훈（朴志焄）「송대 사대부의 여성관-가훈서를 중심으로（宋代における士大夫の女性観―家訓書を中心に）」（『中國學報』46、2002 年）。

육정임（陸貞任）「宋代 遺囑에 의한 財産相續（宋代における遺嘱による財産相続）」（『中國學報』46、2002 年）。

육정임（陸貞任）「宋代分割相續과 家族（宋代における分割相続と家族）」（『東洋史學研究』83、2003 年）。

육정임（陸貞任）「宋代 딸의 相續權과 法令의 變化（宋代における女子相続権と法令の変化）」（『梨花史學研究』30、2003 年）。

우성숙「『名公書判清明集』을 통해 본 宋代 女性의 再婚과 財産問題（『名公書判清明集』にみられる宋代の法と社会：『名公書判清明集』から見た宋代における女性の再婚と財産問題）」（『法史學研究』31、2005 年）。

육정임（陸貞任）「宋元代 族譜修撰과 그 社會史的 意義（宋元代における族譜修撰とその社会史的意義）」（『韓國史學報』22、2006 年）。

육정임（陸貞任）「宋元代紡織業과 女性의 地位（宋元代における紡織業と女性の地位）」（『東洋史學研究』96、2006 年）。

김보영「宋代 女戶의 立戶와 國家管理（宋代における女戶の立戶と国家管理）」（『法史學研究』35、2007 年）。

김경희「宋代 孤兒 後見과 檢校（宋代における孤児後見と検校）」（『法史學研究』36、2007 年）。

배숙희（裵淑姬）「南宋代　江南　家庭生活의　理想的적인　모습-『袁氏世範』을
　　중심으로-（南宋代江南における家庭生活の理想的な在り方―『袁氏世範』を中心
　　に―）」（『中國學報』55、2007 年）。

③明清代

（2）土地法

①通代

②宋元代

이종찬「『名公書判清明集』을　통해　본　宋代　不動産　去來와　親隣法（『名公書判清明
　　集』にみられる宋代の法と社会：『名公書判清明集』から見た宋代における不動産
　　取引と親隣法）」（『法史學研究』31、2005 年）。
배수현「『名公書判清明集』에　나타난　宋代　不動産　去來　契約書의　僞造樣相（『名公
　　書判清明集』にみられる宋代の法と社会：『名公書判清明集』にみられる宋代にお
　　ける不動産取引契約書の偽造の様相）」（『法史學研究』33、2006 年）。

③明清代

양필승（梁必承）「蘇州地方에　있어서의　田面田底權（一田両主制）의　성립과　발전
　　（蘇州地方における田面田底権（一田両主制）の成立とその発展）」（『中國學論
　　叢〈高麗大学〉』4、1988 年）。
정지호（鄭址鎬）「청대　토지경영에　관한　합과（清代の土地経営に関する合夥）」（『明
　　清史研究』18、2003 年）。

（3）其他民事法

①通代

②宋元代

이석현（李錫炫）「宋代雇傭奴婢의　등장과　奴婢觀의　變化（宋代における雇傭奴婢の
　　登場と奴婢観の変化）」（『東洋史學研究』63、1998 年）。
이석현（李錫炫）「奴婢人力身分比考（奴婢と人力の身分比較）」（『宋遼金元史研究』

2、1998 年)。

이석현（李錫炫）「宋代 雇傭人 身分과 法的 地位（宋代における雇傭人の身分と法的地位）」（『宋遼金元史研究』3、1999 年）。

이석현（李錫炫）「宋代隸屬民의 성립과 身分性格（宋代における隸属民の成立と身分的性格）」（『東洋史學研究』73、2001 年）。

이석현（李錫炫）「宋代 隸屬民의 生命權과 社會的 地位（宋代における隸属民の生命権と社会的地位）」（『中國學報』43、2001 年）。

이석현（李錫炫）「宋代 隸屬民의 劳動形態-家内劳動을 中心으로（宋代隸属民の労働形態─家内労働を中心に）」（『東洋史學研究』80、2002 年）。

이석현（李錫炫）「宋代『奴婢』『雇傭人』研究現況과 課題-日本에서의 研究를 中心으로-（宋代における「奴婢」「雇傭人」研究の現状と課題──日本の研究を中心に─）」（『中國史研究』21、2002 年）。

이석현（李錫炫）「『忠僕』과 『頑僕』-宋代의 隸屬民像과 關聯하여-（「忠僕」と「頑僕」─宋代の隸属民像と関連して─）」（『中國史研究』23、2003 年）。

이석현（李錫炫）「송대 불법적 예속민의 성립과 국가권력（宋代における不法的隸属民の成立と国家権力）」（『東洋史學研究』86、2004 年）。

이석현（李錫炫）「宋代 隸屬民의 入仕와 신분이동（宋代における隸属民の入仕と身分移動）」（『中國學報』49、2004 年）。

③明清代

C. 史料介紹・譯注

①通代

②宋元代

전순동（全淳東）「明太祖의 御製大誥에 대한 一考（明太祖の御製大誥に対する一考）」（『忠北史學』2、1989 年）。

이개석（李玠奭）「元朝中期 法典編纂 研究와 『至正條格』의 發見（元朝中期における法典編纂の研究と『至正条格』の発見）」（『東洋史學研究』83、2003 年）。

임대희（任大熙）「譯註：『清明集』「戶婚門」卷四（名公書判清明集卷之四）（訳註：『清明集』「戶婚門」卷四（名公書判清明集卷之四））」（『中國史研究』33、2004 年）。

임대희（任大熙）「譯註：『清明集』「戶婚門」卷五（名公書判清明集卷之五（訳註：『清明集』「戶婚門」卷五（名公書判清明集卷之五））」（『中國史研究』34、2005 年）。

임대희（任大熙）「譯註：『清明集』「戶婚門」卷六（名公書判清明集卷之六）（上）（訳註：『清明集』「戶婚門」卷六（名公書判清明集卷之六）（上））」（『中國史研究』37、2005 年）。

임대희（任大熙）「譯註：『清明集』「戶婚門」卷六（名公書判清明集卷之六）（下）（訳註：『清明集』「戶婚門」卷六（名公書判清明集卷之六）（下））」（『中國史研究』38、2005 年）。

임대희（任大熙）・박구철（朴玖澈）「譯註：『清明集』「戶婚門」卷七（名公書判清明集卷之七）（上）（訳註：『清明集』「戶婚門」卷七（名公書判清明集卷之七）（上））」（『中國史研究』41、2006 年）。

임대희（任大熙）・박구철（朴玖澈）「譯註：『清明集』「戶婚門」卷七（名公書判清明集卷之七）（下）（訳註：『清明集』「戶婚門」卷七（名公書判清明集卷之七）（下））」（『中國史研究』42、2006 年）。

임대희（任大熙）・박구철（朴玖澈）「譯註：『清明集』「戶婚門」卷八（名公書判清明集卷之八）（訳註：『清明集』「戶婚門」卷八（名公書判清明集卷之八））」（『中國史研究』47、2007 年）。

③明清代

오금성（吳金成）「국내소장중국지방지목록（国内所蔵中国地方志目録）」（『東亞文化』25、1987 年）。

八、韓文著作・史料集・譯注・索引

（1）著作

①通代

송정수（宋正洙）『中國近世鄉村社會史（中国近世鄉村社会史）』（慧眼、1997 年）。

②宋元代

양종국（梁鍾國）『宋代士大夫社會研究（宋代士大夫社会研究）』（三知院（삼지원）、
　　1996 年）。

③明清代

오금성（吳金成）『中國近世社會経濟史研究-明代紳士層の形成と社會経濟的役割-（中
　　国近世社会経済史研究—明代紳士層の形成と社会経済的役割—）』（一潮閣、1986
　　年）。
日本語訳：渡昌弘訳『明代社会経済史研究—紳士層の形成とその社会経済的役割—』
　　（汲古書院、1990 年）。
전순동（全淳東）『明王朝成立史研究（明王朝成立史研究）』（開新、2000 年）。
박원호（朴元熇）『明清徽州宗族史研究（明清徽州宗族史研究）』（知識産業社、2002
　　年）。
　　評：唐力行（『歷史研究』2005-2）。
오금성（吳金成）他『明清時代社會経濟史（明清時代社会経済史）』（移山、2007 年）。

（2）史料集・譯注・索引

①通代

②宋元代

정극（鄭克）편（編）・김지수 역（訳）（『절옥귀감: 고대중국의 명판례（折獄龜鑑：
　古代中国の名判例）』（소명출판、2001 年）。

③明清代

中文版後記

　　此次承蒙中國政法大學法律古籍整理研究所趙晶教授的大力相助，拙著《傳統中國的法與秩序——從地域社會的視角出發》（汲古書院，2009 年）的中文版得以出版。趙教授此前就曾關注我的研究，幾次承擔拙文的中譯。在執譯本書時，對我粗拙的日語進行了極為認真的翻譯。而且他的工作不僅限於翻譯，還對引用的史料與原典進行比對，本書的諸多疏漏也因此得以彌補。

　　趙教授對於學問的熱情，令人由衷欽佩，由如此有能力的研究者承擔本書的翻譯，令人大喜過望。而且，在出版前，趙教授還孜孜不倦地與出版社進行溝通。若無趙教授的熱心，本書絕無可能出版。再次對趙教授致以衷心的感謝。

　　元華文創出版有限公司沒有嫌棄本書粗疏的內容，惠予出版，實在令人感激。若無該公司的厚意，本書也難以面世，謹此致謝。

　　本書增加了日語版《傳統中國的法與秩序》出版之後發表的數篇論文以及大島立子編《前近代中國的法與社會——成果與課題》（東洋文庫，2009 年）所刊拙編〈宋—清代法秩序民事法相關文獻目錄〉的改訂增補版。因為內容多是整理、介紹日本的研究動向，所以本書的出版或許有助於國際學術交流。

　　關於日語版《傳統中國的法與秩序》，寺田浩明、洪成和兩位教授分別撰寫了書評，劉馨珺教授在大著《唐律與宋代法文化》中詳為介紹。而附錄各篇論文的撰成，也受到了許多老師的關照。特別是我所參加的公益財團法人東洋文庫「前近代中國民事法令的變遷」研究班的成員濱島敦俊、山本英史、大島立子、大澤正昭、岸本美緒、青木敦、高遠拓兒、西英昭等各位教授，他們給予了諸多教誨。平田茂樹、遠藤隆俊、小浜正子、故川又正智、奧山

憲夫等教授以及五味知子博士也多所惠助。川村康、石川重雄、戶田裕司等教授和友人熊遠報、佐佐木愛、中林廣一等教授常常給我鼓勵。當然，還有許多沒有列出尊姓大名的各位同仁。本書得以出版，有賴各位的幫助，謹致謝忱。

此外，本書的基礎是向東京大學大學院提交的博士學位論文，若無指導教官已故並木賴壽教授的教導，本書絕無下筆的可能。並木教授無法看到本書，真是令人遺憾。

最後，雙親總是溫情地呵護著我這個令他們擔心的兒子，謹以此書表達我對他們的謝意。

小川快之

於世田谷區・恬山草堂

2018 年 4 月 5 日

代譯後記

一

　　梅原郁於 2006 年出版的《宋代司法制度研究》，於 2010 年獲得日本學士院賞，這一象徵日本最高學術榮譽的標識將「本格」的制度史立場的日本宋代法制史研究推到了歷史的頂峰。曾受教於梅原氏的簡牘學、秦漢法制史名家富谷至曾以「正宗的北辰一刀流」來比擬這種研究（《文書行政の漢帝國・あとがき》，名古屋大學出版會，2010，頁 444）。頂峰學者必然需要忍受寂寞，這是「獨孤求敗」的無奈，畢竟並非任何時候、任何領域都能有幸出現「天才總是成群地來」的繁榮景象。

　　2006 年之後日本出版的與宋代法制相關的著作（此處採用嚴格意義上的「法制史」立場，不包括官僚制度等），據筆者目力所及，除了與宋代書判相關的四種日文譯註（清明集研究會：《〈名公書判清明集〉（官吏門）訳注稿》上，2008；《〈名公書判清明集〉（官吏門）訳注稿》下，2010；高橋芳郎：《訳注〈名公書判清明集〉官吏門・賦役門・文事門》，北海道大學出版會，2008；《黃勉齋と劉後村 附文文山──南宋判語の訳注と講義》，北海道大學出版會，2011）外，專著僅有小川快之《伝統中國の法と秩序──地域社會の視点から》（汲古書院，2009）、青木敦《宋代民事法の世界》（慶應義塾大學出版會，2014）和大澤正昭《南宋地方官の主張──〈清明集〉〈袁氏世範〉を読む》（汲古書院，2015）。

　　三本專著至少擁有三個共同特徵：其一，以《名公書判清明集》為主要史料之一，其中小川氏常年參加大澤氏主持的清明集研究會，上述日文譯註亦見他們二位的貢獻；其二，論旨多出於社會史的立場，尤其是關注地域性元素，如小川氏與青木氏都將討論主題聚焦於江西，大澤氏則通過數據統計，標舉了《名公書判清明集》中的福建元素；其三，或多或少以地方官或士大夫的群體或個體為考察對象。類似的努力，亦可見於近藤一成《宋代中國科舉社會の研究》（汲古書院，2009）與中砂明德《中国近世の福建人——士大夫と出版人》（名古屋大學出版會，2012）的部分章節。

　　總而言之，由制度史立場出發的研究，或許只剩下辻正博兼論唐宋的《唐宋時代刑罰制度の研究》（京都大學學術出版會，2010），這大致反映了日本學界的基本研究態勢。學術的發展自然需要多視角的融入，筆者也無意呼籲嚴守制度史立場的法制史研究，只是離開了日本學者原本擅長的制度考證之後，這些著作如何提出有意義的問題、如何有效地完成自問自答，尤其是能否達致「作為方法的社會史」的高度，就成為檢驗這些成果的相應標準。拙評《如何更好地進行定量與定性研究——評大澤正昭〈南宋地方官の主張——《清明集》《袁氏世範》を読む〉》（包偉民、劉後濱主編：《唐宋歷史評論》第 4 輯，社會科學文獻出版社，2018）業已觸及這些問題。由於「健訟」是中國傳統法文化研究領域的熱點問題，筆者在拜讀了諸多學者的論述之後，也有一些感想，謹此藉由對小川氏著作的評述，聊作發揮，以就教方家。

二

　　小川氏的著作由序言、第一章「健訟研究與問題所在」、第二章「宋代信州礦山糾紛的圖景」、第三章「宋代江西、江東饒州的農業與訴訟」、第四章「宋代明州沿海地區的糾紛與秩序」、第五章「明代江西的開發與社會秩序」、結論、附錄《書評：柳田節子著〈宋代的民婦〉》等構成。

　　序言主要強調了傳統中國與近世日本在社會秩序上的差異，前者表現為
「健訟」，即依賴官府力量解決糾紛，而後者則仰賴自治性的地方團體（村），
以內部消化糾紛。此外，他還辨析了「傳統中國」的整體性與地域多樣性、
時期性變化之間的張力，由此引出其撰述目的在於探究形成這種多樣性的深
層模式。

　　第一章梳理了既往學界有關健訟、江西經濟發展、地方社會秩序維持與
利益調整的研究成果，概括出一些代表性的觀點，在此基礎上設定了本書的
研究路徑，「從宋─明的長時段視角出發，同時也措意於秩序維持、利害調整
的視角，嘗試分析江西、浙西、浙東的經濟發展情況（產業與貿易相關的社
會狀況）與訴訟繁興的機制，並考察社會秩序的時期性變化、地域性差異」，
由此提煉出四種社會秩序的「理想類型」：

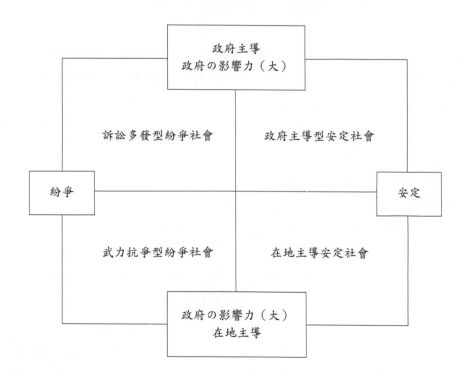

第二章討論宋代信州鉛山場的開發與當地的物資運輸，勾勒出官方政策與「健訟」之間的關係。在小川氏看來，政府推行礦山開採「承買制」（由承包者繳納一定額度的礦產給政府，政府再從承包者手中買取一定額度的礦產）導致了大量人口的湧入，當物價上漲而政府買礦的價格不變時，願意承包者銳減，政府為了維持礦山收入，對當地富民課加繳礦義務，並鼓勵他們互相監督、告發那些逃避承包之人，當地由此頻繁發生訴訟。類似的關係亦見於伴隨開礦而興起的運輸業。

第三章考察的是宋代江西、江東的農業社會，分別涉及饒州三角洲地帶的粗放型農業社會和江西河谷平原地帶的集約型農業社會。在前者，人們熱衷於兼併土地、搶奪糧食以及逃稅，甚至以勾結胥吏進行訴訟的方式實現這些目的，又因為政府制定了獎勵告發逃稅的政策，所以被害者也積極地進行訴訟；在後者，訴訟則多圍繞水利設施和糧食價格展開，由此競爭性傾向而導致訴訟頻發的社會狀態。

第四章檢討宋代明州沿海地區砂岸徵稅承包制實施與廢止時不同的社會狀況：如果設置稅場、政府力量強化，那麼富民承包徵稅，形成「砂主」勢力，且與官府勾結，互相爭奪承包權並對砂民進行違法課徵，由此引發訴訟；一旦廢止稅場、政府力量減弱，那麼「砂主」就迅速淪為海盜，該地區的糾紛就演變為暴力鬥爭。

第五章將第三章的討論延伸至明代，分別討論了江西三角洲地帶、河谷平原地帶和山區的社會秩序。小川氏認為，在明代中期以前，無論是三角洲地帶，還是河谷平原地帶，老人制都在地方上發揮了積極的作用，但到了後期，則進入到訴訟多發的階段。至於江西山區，一開始因為「土賊」勢力強大，當地既形成了較強的自律性秩序，又往往爆發民間械鬥；到了明代末期，政府統治力增強，「土賊」勢力被鎮壓，於是就呈現訴訟多發的趨勢。

小川氏在結尾部分做出總結：經濟發展導致競爭性社會狀態的出現，由於「父老處理糾紛能力弱」，加上「以政府為主體的訴訟處理體制」和「政府對告發不正當行為的獎勵」，「訴訟繁興型糾紛社會」就由此形成；若是政府

影響力無法覆蓋某一地區，則形成「武力抗爭型糾紛社會」。一旦經濟低迷，人們對利益的訴求不高，那麼自然就出現了合作性社會狀態，尤其是地方上有著父老甚至「土賊」勢力的主導，這就形成「本地主導型安定社會」；若是考慮到明代里老人制是國家推行的政策，那麼也可將這種狀態稱為「政府主導型安定社會」。

由於附錄部分與本書其他章節的主題略有距離，與下文所思所評無關，因此不在概述之限。

三

本書出版以後，日本寺田浩明、韓國洪成和曾分別撰寫書評（刊於日本《法制史研究》第 60 號，2010，頁 222-227；韓國《明清史研究》第 34 號，2010），劉馨珺則在專著《〈唐律〉與宋代法文化》（嘉義大學，2010）的「緒論」中簡略概述其觀點，並指出：「小川氏的研究方向固然提供新路徑，不過，如果能夠檢討全國性法條與地方社會發展的關聯，譬如對『銅錢』法令加以整理，或許還可對比出產地與商業地的需求，更深刻分析法制與社會的互動」（頁 5-6）。由於筆者不通韓文，以下只能概述寺田氏的批評性意見，作為本文反思的起點。

寺田氏首先認為本書的實際內容與書名未盡一致，尤其是「法」在最終都未見出場；其次批評本書一方面因江西被認為健訟而以它為討論對象，另一方面卻又宣稱所謂健訟一詞「只是表達官僚等人的認知」，「在使用上如此不明確，那麼探究『健訟』背景這種問題設定與研究方法就沒有那麼大的意義」，由此本書的主題就成了「闡明導致其訴訟增加的具體機制」，這種置換問題的邏輯是奇怪的（作者一方面認為官僚們的健訟評價不足以證實當地的訴訟有所增加，另一方面又依然斷定「健訟評價的唯一背景就是訴訟增加」），而且本書的整體分析也因此有所扭曲，可細分為三：

其一，作者認為訴訟增加的前提是民間社會無法解決糾紛，即社會關係本身欠缺「協調性」、當地民間社會欠缺「自律性」。然而，作者為「協調性」、「自律性」設定了極為嚴苛的標準，如民間所定水利規約因為上申官府，就被作者作為民間社會非「自律性」的指標，而這種鄉間禁約以官府權威為後盾是中國史上的常態，若堅持這種嚴苛的標準，那麼傳統中國社會基本都是作者所謂的非協調性、非自律性的競爭狀態。而且作者也列舉了一些史料，說明訴訟的起因並非是市場性，而是官方無效的介入，以及起訴者將訴訟作為攻擊競爭對手的手段。因此，向政府起訴是民間無法自行解決糾紛時的選擇，這恐怕只是作者一廂情願的假想。

其二，作者列舉的「訴訟」，大多與官府在授權承包與賦役分配上的不公平相關，而這些訴訟的結果就是對利益進行適當的分配或剝奪，這是政府進行地方統治的一環。將這些置於江西健訟評價的背景之中，展現其特有的訴訟結構，這可以說是本書最大的貢獻。但這種「訴訟」，實則與作者強調的「自律性」、「協調性」欠缺的民眾之間的訴訟大異其趣。

其三，好訟實際上是對個人性格的評價，這就涉及到作者所謂「人們的行為模式」問題。換言之，對於江西人而言，糾紛與訴訟的「閾值」為何低於其他地方的人？這並不是如作者那樣，貼上一些「非協調性」、「競爭性」的標籤就可以解答，相較於以前的研究成果，作者無非是用「競爭性社會狀態」取代「人口增加」等罷了。

上述指摘確實切中肯綮，有助於作者進一步檢視既有的研究成果，也為筆者審視既有研究提供了諸多啟示。

四

對於宋代法制史研究者而言，由於史料的限制，「健訟」的江西是一個相對重要的研究對象，本書第一章的學術史回顧便已顯示這一點。在評論青木

敦所持「墾區的移民遷入、人口增加的狀況，當作成為(江西)健訟的直接契機」
這一觀點時，柳立言曾提出疑問：「究竟江西的健訟是真像還是假像？」他的
邏輯是，如果一個地方官在十年前只要處理五個案件，十年之後要處理五十
件，數量上增加十倍，似乎確有健訟，但該地的人口，也從十年前的五千人，
變成十年後的五萬人，也是增加十倍，相對人言，其實訴訟並未增加（《近世
中國之變與不變‧序》，中央研究院，2013，頁 xxxvi）。

　　這實際上就觸及「健訟」問題的本質：所謂「健訟」，究竟是客觀描述某
一地區訴訟數量的大幅增加（高於人口增長的幅度），還是僅僅表達地方官或
評論者的主觀心境？柳氏的疑問針對前者，青木氏或許可以用後者來「打太
極」：「所謂健訟，若權且給予一個解釋的話，它意味著每個人都主動地、積
極地、強硬地提起訴訟，它並不具備在制度上可以被共有的意義。當存在某
一訴訟狀態的時候，士大夫官僚若將它認定為健訟，那麼它就是健訟。我們
所看到的記載，不過就是每個作者所具有的對社會、土地以及身處其中的人
們的行為的印象罷了」（青木敦：《健訟の地域的イメージ——11～13 世紀江
西社會の法文化と人口移動をめぐって》，《社会経済史学》第 65 卷第 3 號，
1999，頁 4；在該文的中譯本中，這段話被縮減為「這裡所謂的健訟，並非
嚴格的法律用語。而是指某個訴訟狀態存在之際，士大夫官僚視為健訟就當
作健訟」。參見《江西有珥筆之民——宋朝法文化與健訟之風》，柳立言主編：
《近世中國之變與不變》，頁 340-341）。若然如此，即使客觀上未達致「健訟」
水準，也不妨礙評論者做出「健訟」的主觀評判。

　　小川氏的看法與青木氏相仿，「『健訟』只是表達官僚等人的認知，實際
情況如何並不清楚，也許只是書寫者本人的感受而已。寫下哪州『健訟』的
判斷時，『健訟』只是作為一種模糊的印象而被使用，實際上，該州總體如何、
州內部是否有所差別等具體問題則不易被確知。而且，『健訟』所表達的意思
也因其書寫之人與時代的不同而有所差異。一般而言，寫入文獻史料的記載，
以該書寫者的視角、感覺而寫就，不能徑斷為『所寫＝實態』」（頁 16）。然
而，在具體行文論證過程中，無論是小川氏還是青木氏，都將江西的「健訟」

當作「實態」，而不觸及書寫者的主觀感受問題。

譬如青木氏認為，「至少對於江西或者袁州來說，唐代以前沒有強烈的健訟認識」(《江西有珥筆之民——宋朝法文化與健訟之風》，頁347)。關於唐代的江西，或許有兩種可能的情況：第一，實情與宋代相同，但沒有健訟評價；第二，實情不同於宋代，所以沒有健訟評價。辻正博曾對隋唐直至宋代的相州進行考察，指出隋唐時期的相州已經出現被後世評價為「健訟」的那些現象，但當時基本沒有人把它們視為一個嚴重的問題(《隋唐時代の相州における司法と社會——「訴訟社會」の成立の前提》，夫馬進編《中國訴訟社會史の研究》，京都大學學術出版會，2011，頁155-180)。如果將相州的情況推而廣之，那麼上文所猜測的第一種情況的可能性更大。如此，唐宋之際究竟發生了何種變化，才導致「健訟」成為一種流行的評價？

一個可能性的猜測是：如鄭顯文推測的那樣，「農忙止訟」制度在開元二十五年修入《雜令》，成為一項訴訟制度(《中國古代「農忙止訟」制度形成的時間考述》，氏著《律令時代中國的法律與社會》，知識產權出版社，2007，頁133-154)，因此「訴田宅、婚姻、債負，起十月一日，至三月三十日檢校，以外不合」，宋初還進一步明確，每年十月一日至正月三十日受理詞狀，三月三十日前斷決完畢(參見薛梅卿點校：《宋刑統》，法律出版社，1998，頁232-233)。從法律制度上將這類案件的起訴時間壓縮到半年之內甚至三個月內，這無疑增加了地方官審理、斷決案件的負擔。同樣是一年五十件訴訟，此前可能分散到十二個月內，陸續進入到地方官的視野當中，此後則集中到半年甚至於三個月內，地方官的主觀感受怎能不發生劇烈變化？這或許是「健訟」印象流行的原因之一吧。

五

在小川氏的社會類型劃分中，政府影響力的強弱是重要的變量，由此分

別形成「訴訟繁興型糾紛社會」、「政府主導型安定社會」與「武力抗爭型糾紛社會」、「地方勢力指導型安定社會」。如前所述，寺田氏業已指出，小川氏對於民間「自律性」的界定極為嚴苛，完全不容有任何政府力量的出現，這與中國史的常態有悖。其實，小川氏自身也深受這種界定之苦，以致於現實中很難找到政府主導與地方勢力指導截然二分的例證，他在結論部分的總結就顯示了這種尷尬：「這種政策是國家強化父老（里老）的指導力、構建『本地主導型安定社會』的一種努力。如果著眼於國家推行里老人制這一點，那麼也可以稱之為『政府主導型安定社會』的體制」（頁152）。

然而，更加令人好奇的是，政府在地方上的影響力表現為何？在非戰爭狀態下，為何或強或弱？這在史料中如何體現？如小川氏在第四章結尾部分稱：「在砂岸上，如果設置稅場、政府力量得到強化，那麼就發生訴訟；若是廢止稅場、政府力量減弱，那麼就形成暴力支配的狀態」（頁116）。但是徵諸其行文，在政府設置稅場時，「砂主」勢力形成，「私置停房，甚於囹圄，拷掠苦楚，非法厲民，含冤吞聲，無所赴愬。鬥毆殺傷，時或有之」（所引為《寶慶四明志》卷二《錢糧・昌國縣》，頁107），政府徵用民船時，「其無賴者則流為海寇」（所引為《開慶四明續志》卷六「省箚」，頁109），即在他所謂「政府力量得到強化」時，武力抗爭型糾紛社會的趨勢似乎十分明顯；反過來，當政府廢止稅場之後，地方官採用的手段是「在砂岸組建『團結』（民兵組織），派遣官僚與『戍卒』（守衛之兵），防止富民盜賊化」（頁114），這難道是「政府力量減弱」？

再以第五章所論江西山區的情況為例，小川氏認為明朝在萬曆年間強化了對該地區的統治，此前呈現本地勢力武裝互鬥的社會狀態，此後則顯現訴訟繁興的趨勢（頁139）。然而，即使是在政府影響力較弱的時期，也並非全是武裝互鬥。如黃志繁的研究就顯示，許多流民其實是以較為和平的方式（如寄莊的身份）進入贛南，和土著爭奪土地等。他引用了隆慶年間贛州通判廖憲的感慨：「余署篆信豐，覽觀風俗，考求利弊，最病者，田歸異郡，役累土著，其為鄉人所有者，殆四分之一耳」，「異郡人經營，刀錐算無遺策，而吾

民贛直無他腸，此算計不若也。異郡人自為童稚時，則已習律尺、弄刀筆，而吾民安田野，懵前經，或不識官府，此智識不若也」（《「賊」、「民」之間：12—18 世紀贛南地域社會》，三聯書店，2006，頁 172-175），小川氏賴以為證的萬曆之後的訴訟糾紛，正是這類土、客之間的田土矛盾。因此，究竟是採用武裝互鬥，還是訴訟解決，其實並不完全取決於政府影響力的增減，既可能是個體行為選擇的偶然性所致，也可能取決於矛盾糾紛類型的特殊性。

總而言之，這種以政府影響力的強弱為指標的模型劃分，易於將政府與民間社會置於不可共容兩極，且忽視民間社會對於政府統治的能動性回應，相比於歷史人類學視野下的區域社會史研究，本書在方法論上無疑顯得保守。

六

柳立言曾經提問：「人口增加，但地方資源豐沛，暫時沒有引起太多的糾紛，便不會產生健訟。江西的人口與資源在哪些時間點出現比例失調？健訟是否在這些時間點發生？這些問題，是應該探討卻難以探討的」（《近世中國之變與不變‧序》，頁 xxxvi）。

值得一提的是，小川氏的研究實際上印證了柳氏的判斷，並部分回答了這些問題。如就鉛山場而言，政府推行「承買制」時，大量人口湧入，其實並未出現「健訟」；而當開發環境惡化（如物價騰漲，而政府買入價不變，無人想要承包）、政府制定獎勵告發不當行為的政策時，各種訴訟就產生了。這就為瞭解「健訟」實態的出現提供了更加多元的思考方向。

此外，誠如寺田氏在書評中指出，小川氏所措意的大部分訴訟類型不同於作為常識性的訴訟，即富民得到政府授權，以此為後盾支配平民，富民與富民之間又圍繞權利展開爭奪，由此牽涉到基層官吏的貪腐行為，進而出現平民告發富民與污吏、富民與富民之間展開訴訟戰（頁 225）。這當然也豐富了我們對傳統中國訴訟形態的認識。

　　總而言之，小川氏的研究揭示了諸多以往研究未曾觸及的層面，但又累於自己建構出來的理想社會模型，使得相關結論簡單化、解釋路徑單一化，這應是本書最大的遺憾吧。

七

　　張小也教授在《官、民與法：明清國家與基層社會》（中華書局，2007）中稱：「遺憾的是，雖然我對歷史人類學的理論與方法有較多的瞭解，然而，對於法律史研究如何與歷史人類學結合這個問題，我的思考尚未成熟」（頁37）。以我有限的閱讀來看，她此後似乎都沒有再分享相關的心得。

　　2009 年 7-8 月，我南下廣州、萬載，參加第七屆歷史人類學高級研修營，不論是聽課還是隨團考察，我始終都在努力思考這一問題。2014 年 9 月，負責中國史學科專門史（社會史）專業區域社會史方向的同事翩然離職，南下高就，指導這一方向的碩士研究生的重擔竟轉移到我的肩上，對於從未在這一領域有過具體研究的我來說，這無疑是一個巨大的考驗。應對之道，只能是廣羅文獻，師生共享閱讀之樂。小川氏這本專著既以「地域社會」為視角，自然進入到我們的視野，雖然本書的觀點、方法與區域社會史有相當大的距離，但不失為一種別樣路徑的參考。於是由我在這幾年內逐章譯出，分享給不通日文的學生。其中，門生王聰聰代為錄入了第五章的引用史料。

　　當然，在更早以前，尤陳俊兄撥冗下鄉至昌平，在閒聊日本學界有關「健訟」研究之際，積極鼓勵我譯出本書，並投稿給他參與編集的「廿一世紀中國法律文化史論叢」。作為法律史學界積極倡導「社科理論」的學者，他的關注點主要在於小川氏對四種社會類型的總結上，用他的原話就是「難得有人進行理論化思考」。

　　2016 年 10 月 12 日，我在臺灣大學中文系康韻梅教授的研究室邂逅元華文創股份有限公司的蔡佩玲總經理，她向我詳細地介紹了電子書的出版與閱

覽情況，並熱情地允諾出版機會。2017 年 11 月 28 日，在從日本同志社大學前往京都大學的公車上，我與康教授商量了在臺的出版計劃。康教授返臺之後即刻與蔡總經理聯絡，出版事宜由此定讞。

　　之所以如此不厭其煩地敘述這一過程，無非是想向以上諸位表示感謝。當然，作者小川快之先生親自審定譯稿、詢問版權轉讓事宜、增補研究目錄等，郭永秉兄提出了若干文句表達的建議，陳欣欣小姐承擔編校之勞，謹此一併申謝。

於京郊源和柳莊
2018 年 6 月 12 日初稿
2018 年 6 月 18 日改訂

國家圖書館出版品預行編目(CIP) 資料

傳統中國的法與秩序：從地域社會的視角出發
／小川快之原著；趙晶編譯. -- 初版. -- 臺北
市：元華文創, 民107.09
　　面；　公分

　ISBN 978-986-393-995-5(平裝)

1.中國法制史　2.宋代　3.明代

586.092　　　　　　　　　　　　　107012070

傳統中國的法與秩序
——從地域社會的視角出發

〔日〕小川快之 原著

趙　晶 編譯

發 行 人：陳文鋒
出 版 者：元華文創股份有限公司
聯絡地址：100 臺北市中正區重慶南路二段 51 號 5 樓
電　　話：(02) 2351-1607
傳　　真：(02) 2351-1549
網　　址：www.eculture.com.tw
E - m a i l：service@eculture.com.tw
出版年月：2018（民 107）年 10 月 初版二刷
定　　價：新臺幣 540 元

ISBN：978-986-393-995-5(平裝)

總 經 銷：易可數位行銷股份有限公司
地　　址：231 新北市新店區寶橋路 235 巷 6 弄 3 號 5 樓
電　　話：(02) 8911-0825　　傳　　真：(02) 8911-0801